Vera Kattermann
Kollektive Vergangenheitsbearbeitung in Südafrika

Vera Kattermann

Kollektive Vergangenheitsbearbeitung in Südafrika

Ein psychoanalytischer Verständnisversuch
der Wahrheits- und Versöhnungskommission

Mit einem Vorwort von Marianne Leuzinger-Bohleber

Hinweis:
Diese Arbeit wurde verfasst als Dissertation zur Erlangung des akademischen Grades eines Doktors der Philosophie (Dr. phil.) an der Universität Kassel, Fachbereich 01 – Erziehungs- und Humanwissenschaften, Disputation am 19.07.2006

Bibliografische Information Der Deutschen Nationalbibliothek
Die Deutsche Nationalbibliothek verzeichnet diese Publikation in der Deutschen Nationalbibliografie; detaillierte bibliografische Daten sind im Internet über <http://dnb.ddb.de> abrufbar.

Originalausgabe
© 2007 Haland & Wirth im Psychosozial-Verlag
Goethestr. 29, D-35390 Gießen.
Tel.: 0641/77819; Fax: 0641/77742
E-mail: info@psychosozial-verlag.de
www.psychosozial-verlag.de
Alle Rechte vorbehalten. Kein Teil des Werkes darf in irgendeiner Form (durch Fotografie, Mikrofilm oder andere Verfahren) ohne schriftliche Genehmigung des Verlages reproduziert oder unter Verwendung elektronischer Systeme verarbeitet, vervielfältigt oder verbreitet werden.
Gesamtherstellung: Majuskel Medienproduktion GmbH, Wetzlar
www.majuskel.de
Printed in Germany
ISBN 978-3-89806-599-3

Ich widme diese Arbeit all jenen Menschen, die weltweit zu Opfern staatlicher Gewalt und politischer Folter gemacht wurden und weiterhin werden. Möge sie eine Ahnung oder auch Erfahrung erreichen, dass Menschen an ihrem Leiden Anteil nehmen.

Inhaltsverzeichnis

VORWORT 11
DANKSAGUNG 15
1. EINLEITUNG 17
1.1. Südafrika: von der gespaltenen Gesellschaft
zur befriedeten Nation? 18
1.2. Kurzer Überblick über die Forschungsarbeit 22
1.3. Zum Sprachgebrauch in der vorliegenden Arbeit 23

2. KOLLEKTIVES BEARBEITEN
TRAUMATISCHER VERGANGENHEIT –
EINE ANNÄHERUNG AN DAS FORSCHUNGSGEBIET 25
2.1. »Vergangenheitsbewältigung«: eine Begriffsklärung 26
2.2. Erinnerndes Subjekt, erinnernde Gesellschaft 30
2.3. Das soziale Gedächtnis:
Funktionen und Funktionalisierungen 33
2.4. Implikationen für die Untersuchung
der südafrikanischen Wahrheitskommission 36

3. EINIGE ÜBERLEGUNGEN
ZU ÜBERTRAGUNGSDISPOSITIONEN
UND GEGENÜBERTRAGUNGSREAKTIONEN
IM VORLIEGENDEN FORSCHUNGSKONTEXT 39

4. EINBLICKE IN DIE GESCHICHTE SÜDAFRIKAS:
VOM KOLONIALEN KONFLIKT
ZUR »REGENBOGENNATION« 53
4.1. Geschichte der Kolonisation:
Mandelhecke und »Konzentrationslager« 54
4.2. Die Apartheidjahre:
gesellschaftliche Spaltung
und gewalttätiger Befreiungskampf 58
4.3. Das Ende der Apartheid –
Ringen um einen politischen Kompromiss 65
4.4. Das Nachapartheid-Südafrika:
die neue »Regenbogengesellschaft« 68
4.5. Historische Akzente für die Untersuchung
der Wahrheitskommission 70

5.	DIE WAHRHEITSKOMMISSION – INSTITUTIONELLE KONZEPTION UND GESELLSCHAFTLICHE BEDEUTUNG 73
5.1.	Die Anatomie einer gesellschaftlichen Konfliktlösung 75
5.1.1.	Das Komitee zur Bearbeitung von Menschenrechtsverletzungen 77
5.1.2.	Das Amnestierungskomitee 79
5.1.3.	Das Komitee für Wiedergutmachungsleistungen 82
5.1.4.	Die Arbeitsweise der Wahrheitskommission 84
5.2.	Die gesellschaftliche Bedeutung der Wahrheitskommission 88
5.2.1.	Die Wahrheitskommission – ein »nationaltherapeutisches« Unterfangen? 89
5.2.2.	Die Wahrheitskommission – Bearbeitung eines sozialen Dramas (Turner)? 93
5.2.3.	Die Wahrheitskommission – Bearbeitung eines kolonialen Dramas (Fanon)? 97
5.2.4.	Das koloniale Drama als Kampf um Anerkennung (Honneth)? 99
5.2.5	Zwischenbetrachtung: das soziale Drama als gewalttätige Befreiung von kolonialer Missachtung 101
5.2.6.	Wiederholen als Teil der Erinnerungsarbeit? 105
5.2.7.	Die Wahrheitskommission – die gesellschaftlicher Produktion von Unbewusstheit (Erdheim)? 106
5.3.	Zusammenfassung und Fragen an das Forschungsmaterial 110
6.	METHODOLOGIE UND METHODEN 113
6.1.	Methodologie 113
6.1.1.	Psychoanalytische Zugänge zur empirischen Auswertung 113
6.1.2.	Psychoanalyse und Linguistische Diskursanalyse 122
6.2	Forschungsmethode 125
6.2.1.	Die Beschaffenheit des Datenmaterials 125
6.2.2.	Zur Auswahl der vorgestellten Protokolle 127
6.2.3.	Auswertungsschritte der empirischen Analyse 129

7.	DIE ANHÖRUNGEN VON OPFERN VON MENSCHENRECHTSVERLETZUNGEN 133
7.1.	Hintergründe und atmosphärische Einstimmung auf das empirische Material 133
7.2.	Die Anhörung von Mr und Mrs Juqu 139
7.2.1.	Die Aussage von Mrs Juqu: »Deine Wunde ist auch unsere Wunde« 140
7.2.2.	Die Reinszenierung der Hilflosigkeit 144
7.2.3.	Abschließende Überlegungen 158
7.3.	Diskussion: die Opferanhörungen der Wahrheitskommission 162
7.3.1.	Die Aussage vor der Wahrheitskommission als Heilung des Traumas? 163
7.3.2.	Der Heilungsdiskurs der Wahrheitskommission – Lesarten und Verständnisebenen 171
7.3.3.	Heilungsdiskurs und Opferkult als politische Indienstnahme der Traumatisierten 180
7.3.4.	Gegenströmungen der Opferanhörungen: Anpassungsritus und Widerstandslogik 182
7.3.5.	Das situative Wiederholen der Konflikte 183
8.	DIE AMNESTIERUNGSANHÖRUNGEN 187
8.1.	Hintergründe und atmosphärische Einstimmung auf das empirische Material 187
8.2.	Die Amnestierungsanhörung von Aboobakar Ismail 193
8.2.1.	Konfrontationen um die Frage der Moral 196
8.2.2.	Der Nachweis der Unverhältnismäßigkeit 202
8.2.3.	Abschließende Überlegungen 210
8.2.4.	Der Amnestierungsbeschluss 214
8.3.	Diskussion: Die Amnestierungsanhörungen 215
8.3.1.	Die Abwehr der Schuldfrage 215
8.3.2.	Das latente Anhörungsgeschehen: Auseinandersetzung um Schuld 220
8.3.3.	Die Ambivalenz der Schuldfrage 223
8.4.	Perspektiven von Tätern und Opfern: eine Gegenüberstellung im Rahmen einer Amnestierungsanhörung 230

8.4.1. Die Sicht der Opfer 231
8.4.2. Entschädigung oder Entschuldigung? 242
8.4.3. Zusammenfassende Überlegungen 246

9. ZUSAMMENFASSENDE DISKUSSION 251

9.1. Die Wahrheitskommission
 als Versuch gesellschaftlicher Konfliktlösung:
 Ambivalenzen und Widersprüche
 in der Arbeit mit Tätern und Opfer 255
9.2. Institutionelle Spaltung als Möglichkeit
 der Bearbeitung von Widersprüchen
 und Ambivalenzen 258
9.3. Die Dialektik der Spaltungen
 in den institutionellen Bearbeitungsmustern 261
9.4. Die Rolle des Gremiums
 in der Dialektik der Spaltungen 263
9.5. Der Versöhnungsdiskurs:
 Das Propagieren gesellschaftlicher Kohärenz
 als Gegenbewegung zur Dialektik der Spaltungen 265
9.5.1. Südafrika als ein Kollektiv von Opfern 266
9.5.2. Die narzisstische Gratifikation
 der Versöhnungsbereitschaft als
 konkrete Umsetzung afrikanischer Spiritualität 268
9.5.3. Von der Spaltung der Gesellschaft
 zur Spaltung der Geschichte 275
9.5.4. Facetten des Versöhnungsdiskurses
 als Facetten der gesellschaftlichen Konfliktlösung 276
9.6. Abschließende Überlegungen 279

10. SCHLUSSBETRACHTUNG UND AUSBLICK 283

10.1. Symbolische Konfliktlösungen
 und Herrschaftslegitimierung 287
10.2. Abschließende Überlegungen und Ausblick 290

ANMERKUNGEN 299
BIBLIOGRAFIE 341
FILMISCHES MATERIAL 365

Vorwort

Marianne Leuzinger-Bohleber

Sich versöhnen im Sinne einer politisch geprägten Vergangenheitsbewältigung? »Dies kann man wahrscheinlich mit überhaupt keiner Vergangenheit, sicher aber nicht mit dieser. Das Höchste, was man erreichen kann, ist zu wissen und auszuhalten, dass es so und nicht anders gewesen ist, und dann abzuwarten, was sich daraus ergibt« (Hannah Arendt 1960, S. 22).

Vera Kattermann zitiert diese Aussage von Hannah Arendt zu nationalsozialistischer Vergangenheitsbearbeitung zu Beginn der hier vorgelegten Arbeit, die sich den Möglichkeiten und Grenzen kollektiver Konflikt- und Vergangenheitsbearbeitung am Beispiel der südafrikanischen Wahrheits- und Versöhnungskommission widmet. Die Autorin hat sich schon seit Jahren mit den politischen Prozessen in Südafrika auseinandergesetzt. Das Problem der Weitergabe schwerer Traumatisierungen im Zusammenhang mit man-made-disasters hat sie als Psychoanalytikerin intensiv beschäftigt, auch als Angehörige der zweiten Generation von Deutschen nach der Shoah.

Die Arbeit zeigt auf, wie die südafrikanische Gesellschaft nach dem Ende der Apartheid vor dem Scherbenhaufen einer von massiver Gewalt gekennzeichneten Vergangenheit stand. Die unzähligen Toten, Verletzten und Gefolterten können das emotionale Erbe dieser Geschichte nur unzureichend vergegenwärtigen. Eine exemplarische politische Neuordnung auf dem Schutt des Apartheidregimes aufzubauen, bedeutete eine enorme Herausforderung und rückte die Frage in den Mittelpunkt, welche gesellschaftliche Form für die Auseinandersetzung mit der politischen Gewalt gefunden werden könne. Das Modell, das Südafrika durch die Einrichtung einer Wahrheits- und Versöhnungskommission (Truth and Reconciliation Commission) wählte, übte auch international eine große Anziehung aus. Handelte es sich hier um eine neue Form der »Erinnerungskultur« oder gar um den Versuch einer »Heilung einer traumatisierten Gesellschaft«?

Vera Kattermann verfolgt in der beeindruckend differenzierten Arbeit das Ziel, diesen Versuch – von außen und mit Hilfe eines psychoanalytisch geschulten und wissenschaftlich kontrollierten Blicks – genauer zu betrachten und mit grundsätzlichen Fragestellungen zu verbinden: Was verbirgt sich hinter den Konzepten von Wahrheit und Versöhnung, wie sollen sie »produziert« werden? Welche Prozesse sind hierfür vorgesehen? Was bedeuten sie für den Einzelnen und was bedeuten sie für das Kollektiv? Ohne Anspruch, der Komplexität und Vielschichtigkeit des Themas umfassend gerecht zu werden, bietet die Autorin dem Leser dieses Buches eine Fülle von Informationen, angefangen bei einem historischen Überblick über die Geschichte und die politischen Ereignisse in Südafrika bis hin zu einer umfassenden Auseinandersetzung mit der aktuellen interdisziplinären Traumaforschung.

Interessant und ausgesprochen gut lesbar geschrieben wird auch die Konzeption und die Bedeutungsebenen der südafrikanischen Wahrheitskommission zusammenfasst. Sie untersuchte Gewalttaten im Zeitraum vom 1. März 1960 (an dem das Massaker von Sharpeville stattfand) und dem 10. Mai 1994 (dem Tag der Ernennung von Nelson Mandela zum Präsidenten nach den ersten demokratischen Wahlen). Durch die enorme Aufmerksamkeit, die die Medien den Anhörungen zollten (wöchentlich wurden Zusammenfassungen im Fernsehen und im Radio ausgestrahlt) wurde eine breite öffentliche Beachtung erzielt. Auch die enge Zusammenarbeit der Kommission mit geschulten Journalisten erwies sich als wichtig.

Die »Anatomie einer gesellschaftlichen Konfliktlösung« (Waldmeir) wird von Vera Kattermann durch ihre Analysen der politischen Bedeutung der Arbeit der Wahrheitskommission vorgestellt, welche z. B. die finanzielle Bedeutung der Wiedergutmachung für die Opfer, die Ritualisierung sowie die religiöse Konnotation des Versuchs, »geschehenes Unrecht zu verzeihen« – ein gerade von Bischof Tutu stark propagierter Anspruch – umfassen. In ihren Analysen plädiert sie dafür, sich in einem »Versuch eines Metaverständnisses der angestrebten Konfliktbearbeitung« der Komplexität der Relevanz der Wahrheitskommission für die südafrikanische Gesellschaft möglichst umfassend anzunähern. Gleichzeitig problematisiert die Autorin den Versuch, eine ganze Gesellschaft »auf die Couch zu legen«, in dem Traumatisierungen im öffentlichen Raum der Erinnerung zugänglich gemacht werden – und daher als eine Art »Durcharbeitung« oder sogar Therapie verstanden werden könnten. Sie weist darauf hin, dass eine Übertragung individualpsychologischer Konzepte auf eine ganze Gesellschaft methodisch unzulässig ist. Dennoch ermöglichten die öffentlichen Aussagen den über 20.000 Opfern, den erlittenen Traumatisierungen im öffentlichen Raum Gehör zu verschaffen und so eine Art *testimony* abzulegen, was für diese Individuen, wie wir aus der Traumaforschung wissen, vermutlich eine therapeutische Wirkung zeigte. Durch das historisch wohl nie dagewesene Ausmaß dieser *testimonies* ist durchaus eine langfristig positive Rückwirkung auf die Gesellschaft im Allgemeinen zu erwarten.

Das sorgfältige, auf psychoanalytischen und diskursanalytischen Methoden basierende Vorgehen bei der Analyse solcher transkribierter Anhörungen erlaubt tiefgehende Einsichten und Erkenntnisse zur manifesten und latenten Bedeutung der Arbeit der Wahrheits- und Versöhnungskommission. So legen Kattermanns Studien nahe, dass es, angesichts der langen traumatischen Geschichte dieses Landes, nicht nur um die »re-conciliation« ging, sondern eher um »conciliation«, denn hinter der konkreten Versöhnungspragmatik verbarg sich der viel weitreichendere Auftrag einer stellvertretenden symbolhaften Befriedung der Gesellschaft überhaupt. Diesen Auftrag charakterisiert die Autorin als ein Paradoxon:

> »Es hat die Arbeit der Wahrheitskommission (…) zentral bestimmt: Einerseits war der gesellschaftliche Konflikt Grundlage und Ausgangsbasis ihrer Arbeit, der Weg seiner Bearbeitung konnte also das Wagnis eines Wiedererweckens seiner konfliktgeladenen und gewalttätigen Charakters nicht umgehen. Die damit verbundene erneute Konfrontation zwischen Tätern und Opfern bedeutete in der gesellschaftlichen Übergangssituation andererseits jedoch eine enorme Gefährdung; die gerade erst errungene demokratische Ordnung war gerade darauf angewiesen, die sozialen Spaltungen zu überbrücken und ein Minimum an gesellschaftlicher Kohärenz herzustellen. Eine von jahrhundertelangem Hass geprägte Gesellschaft, die über Jahrzehnte hinweg Aggressionen durch gewaltsame Aktionen artikuliert und agiert hatte, musste nun sehr plötzlich darauf verzichten – wie aber würde das so entstehende Vakuum zu füllen sein? Die neue Machtelite war auf die soziale Befriedung unmittelbar angewiesen, aggressive Konfrontationen vor der Wahrheitskommission mussten also unbedingt vermieden werden (…) Die Wahrheitskommission musste also in ihrer täglichen Arbeit die Pole von konfliktfokussierendem und konfliktvermeidendem Herangehen verbinden – ein eigentlich nicht auflösbarer Widerspruch« (S 253 f.).

Daher lag, so die Autorin, das besondere Verdienst der Wahrheitskommission vor allem darin, die undankbare und a priori eben nicht befriedigend lösbare Aufgabe dennoch anzunehmen, die Möglichkeit des Scheiterns zu schultern und auszuloten, welche Antworten auf diesen Widerspruch sich dennoch finden lassen. Mit dieser Leistung sei ihr weit mehr gelungen als den meisten Staaten, die sich weltweit bis heute den Herausforderungen dieses Paradoxons gesellschaftlicher Vergangenheitsbearbeitung zu stellen hatten. Umgekehrt entbinde die enorme Achtung vor dieser Leistung aber nicht davon, die Erfolge ebenso wie die unbefriedigenden und problematischen Aspekte dieser gesellschaftlichen Konfliktlösung herauszuarbeiten und zu diskutieren – ein weiteres Ziel der hier vorgelegten Arbeit (vgl. S. 255).

Das kritische Nachdenken einer deutschen Psychoanalytikerin »über die Möglichkeiten und Grenzen kollektiver Konflikt- und Vergangenheitsbearbeitung« in einer Gesellschaft, tausende von Kilometern entfernt, mutet wie ein Versuch an, sich der Verantwortung zu stellen, die eine globalisierte Welt von einzelnen, aber auch von verschiedene Berufsgruppen (auch von der psychoanalytischen Community) und ihrem spezifischen, professionellen Wissen abfordert. Ohne den Einfluss von wissenschaftlichen Arbeiten wie der hier publizierten zu überschätzen, können sie sich dennoch als eine von vielen, unverzichtbaren Stimmen in einem interdisziplinären und politischen Diskurs Gehör verschaffen. Dies mag bestenfalls zu einer öffentlichen Erinnerungskultur beitragen und damit die Wahrscheinlichkeit einer unbewussten Wiederholung von Traumatisierungen nach man-made-disasters verringern helfen. Daher wünsche ich diesem wichtigen Buch eine breite Leserschaft!

Danksagung

Mein herzlicher Dank gilt allen, die zum Entstehen und Gedeihen dieser Arbeit beigetragen haben.

Frau Prof. Dr. Marianne Leuzinger-Bohleber war mir mit ihrem wissenschaftlichen Rat, ihrer Ermutigung und ihrer Bereitschaft, meine Fragen jederzeit und wohlwollend mit mir zu erörtern, eine große Hilfe. Ihre Hinweise und Rückmeldungen haben diese Arbeit entscheidend geprägt. Dafür möchte ich meinen herzlichen Dank aussprechen.

PD Dr. Norbert Spangenberg hat mich geduldig durch wissenschaftliche Höhen und Tiefen dieser Arbeit begleitet; durch sein Vertrauen auf ihr Gelingen fühlte ich mich immer wieder gut und sicher »gehalten«. Sein Ratschlag, im Zweifelsfall immer der Richtung meines Interesses und einer lustvollen Neugier zu folgen, hat das Schreiben fast durchgängig zu einer freudvollen Erfahrung gemacht. Auch an ihn geht ein sehr großes Dankeschön.

Als Wegbegleiter durch alle Phasen des Entstehens war meine wissenschaftliche Arbeitsgruppe ein wichtiger Anker für die innere und äußere Auseinandersetzung. Ich danke Iris Wachsmuth, Dietke Sanders, Urs Karl und Magdalene Rübenstahl für die vielen Stunden beglückenden gemeinsamen Arbeitens, für die vielfältige Unterstützung und Hilfe, für die intellektuellen Anregungen, vor allem aber auch für die Freundschaft, die in den Jahren der gemeinsamen Arbeit als kostbares Geschenk gewachsen ist.

Für Hinweise und den Austausch zu Fragen in Bezug auf die Wahrheitskommission danke ich Gunnar Theißen, Volker Nerlich, Annelies Verdoolaege, Lars Buur und Antje Pedain. Jede/r dieser Wissenschaftler/innen hat mir durch seine bzw. ihre Rückmeldungen entscheidend weitergeholfen.

Meinen Freunden Terri und Karel Bakker sowie Paul Haupt aus Südafrika danke ich für viele Stunden gemeinsamer Diskussionen und hilfreicher Aufklärung beim Versuch, die südafrikanischen Konflikte eingehender zu verstehen. Auch Khalo Mathabane, Theresa Meyer und Itumeleng Mahabane gilt mein Dank für unbürokratische Hilfestellung.

Andrea Huppke, Doris Junk und Adriane Wachholz unterstützten mich als psychoanalytische Kolleginnen mit Ideen und Anregungen bei der in Kapitel 7 vorgestellten Auswertung. Vielen Dank!

Martin Weimer, Mechtild Klingenburg-Vogel, Henny van Vuuren, Kerstin Stellermann, John Berwick, Barbara Eckey, und Anna Staufenbiel-Wandschneider haben mich durch ihre Rückmeldungen und Hinweise auf wichtige Akzente für die Ausarbeitung meiner Überlegungen aufmerksam gemacht. Ihnen, ebenso wie Susanne Schettler, Susan Scharwieß und Peter Seidl für logistische Hilfestellungen und Holger Wölfle für Korrekturfragen, gilt mein aufrichtiger Dank.

Vera Kattermann, 2007

1. Einleitung

because of you
this country no longer lies
between us but within
it breathes becalmed
after being wounded
in its wondrous throat

in the cradle of my skull
it sings, it ignites
my tongue, my inner ear, the cavity of heart
shudders towards the outline
new in soft intimate clicks and gutturals

of my soul the retina learns to expand
daily because by a thousand stories
I was scorched

a new skin

I am changed forever. I want to say:
forgive me
forgive me
forgive me

You whom I have wronged, please
take me

with you.

Antjie Krog (1998, S. 278)

1.1. Südafrika: Von der gespaltenen Gesellschaft zur befriedeten Nation?

Die südafrikanische Schriftstellerin Antjie Krog eröffnet mit ihrem Gedicht, als eine Art Hommage an die Wahrheitskommission geschrieben, einen Zugang zu den mit kollektiver Vergangenheitsarbeit verbundenen intensiven Gefühlswelten: Südafrika wird hier spürbar als ein Land im gesellschaftlichen Umbruch, in den Nachwirkungen massiver gewalttätiger Konflikte, einem verletzten Tier gleichend, das ruhen darf, nachdem Scham und Schuld, Verzweiflung, Hoffnung und Sehnsucht durchlebt, durchlitten und als tiefe Erschütterung ausgelotet wurden. Das einst gespaltene und spaltende »Land der Lügen« atmet auf und kann neu erlebt und sinnlich erfahren werden – getragen von der Hoffnung auf Vergebung und Zugehörigkeit. Schrecken und Hoffnung liegen in diesem Gedicht sehr nah beieinander.

Für mich als außen stehende Beobachterin ist nicht nur die Intensität der mit dem gesellschaftlichen Umbruch verbundenen emotionalen Wandlungsprozesse ergreifend, sondern auch ihre enorme Geschwindigkeit. Wenn ich mir vergegenwärtige, dass noch 1985, nach bereits knapp vierzig Jahren Apartheid-Herrschaft, das Land eine Zuspitzung gewaltsamer Konfrontationen erlebte, wird die Schwindel erregende Dynamik von eskaliertem Konflikt zu friedlicher Machtübergabe besonders deutlich: In Reaktion auf ein Massaker der Apartheidpolizei an Teilnehmern eines Gedenkmarsches für die Opfer von Apartheidgewalt rief der ANC[1] dazu auf, die Townships unregierbar zu machen, die Regierung verhängte den Ausnahmezustand und postierte über 35.000 Soldaten, bei Straßenschlachten mit den Sicherheitskräften kamen über 1.000 Menschen ums Leben.[2] Die große Mehrheit der weißen Bevölkerung unterstützte die gewalttätige und repressive Politik der Apartheidregierung uneingeschränkt (Theissen 2002). Scholl-Latour (1986) schreibt dazu: »Dieser Krisenherd Südafrika wird die Welt noch viele Jahre beschäftigen. Es bedarf einer großen Unerfahrenheit, um auf den baldigen Kollaps der weißen Vorherrschaft zu setzen« (S. 524). Fast undenkbar erscheint es, dass bereits fünf Jahre später Nelson Mandela aus der Haft entlassen wurde und eine Übergangsregierung die Vorraussetzungen für erste freie Wahlen schaffte.

Die Einrichtung einer Kommission für Wahrheit und Versöhnung[3] 1995, also genau zehn Jahre nach diesen Eskalationen der gesellschaftlichen Gewalt, wurde weltweit als vorbildliches Beispiel für den sensiblen Umgang mit einer kollektiven traumatischen Vergangenheit gewertet. Aus der Not im Ringen um einen politischen (Amnestierungs-) Kompromiss geboren, wurde sie zum Symbol für die Entschlusskraft einer Nation, ein öffentliches Forum für die Bearbeitung der gesellschaftlichen Konflikte zu schaffen und nicht etwa den Mantel des Schweigens darüber zu breiten. Von 1995 bis 1998 – dies war die Kernarbeitszeit der Wahrheitskommission[4] – wurde Südafrika damit zu einer sozialen Erinnerungswerkstatt par excellence: Sie startete den Versuch, mit Hilfe der öffentlichen Auseinandersetzung einen Modus für das gesellschaftliche Zusammenleben zu finden, welcher die ausgeübte Gewalt weder leugnet noch vertuscht. Täter konnten Amnestie beantragen, aber sie hatten dafür ein umfassendes Geständnis ihrer Gewaltverbrechen abzulegen. Opfer von Gewalttaten oder deren Hinterbliebene erhielten die Gelegenheit, ihr Leiden öffentlich zu schildern. Über 20.000 Opfer von politisch bedingter Gewalt und über 7.000 Täter gaben ihre Erinnerungen zu Protokoll. In hunderten von Anhörungstagen, die zumeist in Radio und Fernsehen übertragen wurden, erhielten ihre Erzählungen öffentliches Gehör – eine Erinnerungskultur in nie da gewesenen Dimensionen.

Im Gedicht von Antjie Krog, die als Reporterin die Anhörungen der Wahrheitskommission begleitete, wird die Intensität der emotionalen Auseinandersetzung mit den gesellschaftlichen Konflikten für uns erahnbar: Für diese weiße Frau hat das Sich-Einlassen auf die vor der Wahrheitskommission vorgetragenen Erzählungen den dringenden Wunsch nach Vergebung wachgerufen. Scham und Schuld als Mitläuferin werden darin nicht als sich aufnötigende Begrifflichkeiten abstrakt durchkonjugiert, sondern erscheinen als emotionale Notwendigkeit und als Chance innerer Transformation in der Auseinandersetzung mit dem Schicksal der betroffenen Opfer. Die gesellschaftliche Bearbeitung der kollektiven Gewaltverbrechen hat hier offenbar einen starken individuellen Auseinandersetzungsprozess anstoßen können.

Und wie ist mein Bezug zur Wahrheitskommission?
Als Psychologin und auszubildende Psychoanalytikerin kam ich 1997 nach Südafrika, um ein dreimonatiges Praktikum auf einer psychiatrischen Station in Kapstadt zu leisten. Ich war neugierig auf die politische Situation in Südafrika, gerade auch im Vergleich zur deutschdeutschen Situation nach der Wiedervereinigung: Acht Jahre nach dem Fall der Mauer war hier immer noch von der »Mauer in den Köpfen« die Rede. Würde entsprechend auch in Südafrika die »Apartheid in den Köpfen« (Sachs 1993b) fortexistieren?

Da der leitende Psychologe des Krankenhauses, Charles Malcolm, in die Arbeit der Wahrheitskommission einbezogen war, wurde es mir möglich, diese Institution kennen zu lernen und auch Einblick hinter ihre Kulissen zu erhalten.[5] Schnell faszinierte mich dieses Modell gesellschaftlicher Vergangenheitsbearbeitung: Ich war beeindruckt von der enormen Ernsthaftigkeit und dem von Hoffnung getragenen Engagement aller Beteiligten, vor allem aber von der Sprengkraft der in den öffentlichen Anhörungen zutage tretenden Konflikte, von dem hier aufschimmerndem Hass und dem spürbaren Wunsch nach Verzeihen, Vergebung und Versöhnung, von dem Ringen um ein Verstehen eigentlich unverstehbarer Gewalt und der Distanziertheit oder auch Abgebrühtheit mancher Täter. Gerade als Deutsche fühlte ich mich von den verhandelten Konflikten und Ambivalenzen unmittelbar angesprochen und die dadurch aufgeworfenen Fragen bewegten mich. Im Rückbezug auf die gesellschaftliche Situation Südafrikas, in der damals und auch heute das Fortwirken der Apartheid noch bedrückend präsent ist, erschien mir die Arbeit der Wahrheitskommission notwendig und unverzichtbar.

Erst allmählich folgten der Begeisterung auch Zweifel. Viele, die ich nach ihrer Einschätzung fragte, äußerten eher Skepsis: Ein Großteil gerade älterer weißer Südafrikaner/innen erlebte die Wahrheitskommission als voreingenommen auf Seiten der Befreiungsbewegungen und damit nicht wirklich ernst zu nehmend, manche schwarze Bürger/innen fanden, es sei eigentlich eher schädlich, vergangene Wunden aufzureißen und einige farbige sahen sich nicht ausreichend durch die Wahrheitskommission repräsentiert.[6] Mehr und mehr erhielt ich ein Gefühl für die Herausforderungen und ungeklärten Fragen, die sich mit dieser Institution verbinden. Im Laufe der Zeit ging aus diesen Fragen das starke Bedürfnis hervor, die Arbeit der Wahrheitskommission näher zu untersuchen.

Verschiedene Themenbereiche, die auch im zitierten Gedicht von Antjie Krog anklingen, beschäftigten mich hierbei besonders:

Zum einen fragte ich mich nach der Bedeutung und dem Stellenwert des öffentlichen Erinnerns – wozu genau soll es dienen? Muss sich eine Gesellschaft so erinnern wie ein Patient mit traumatischer Vergangenheit auf der Behandlungscouch, dient die Erinnerung so der Heilung? Welche Entsprechung und welche Formen kann dann Freuds Konzept des therapeutischen »Durcharbeitens« ([1914]/1975) auf gesellschaftlicher Ebene finden? Oder entwirft sich eine Gesellschaft eher durch das Erinnern neu, so wie Antjie Krog schreibt »by a thousand stories I was scorched a new skin«?

Wie schlägt sich im Erinnern die mit der Gewalt verbundene Schuldfrage nieder, welche Spaltungen bringt sie mit sich und wie wird sie durch das Erinnern gesellschaftlich ausgetragen oder gebunden? Liegt in der Anstrengung der öffentlichen Erinnerung nicht auch die Hoffnung, dass künftige Generationen von der Last der historischen Traumata befreit werden können, auf dass sie die Konflikte nicht erneut austragen müssen? Dient damit das Erinnern also auch dem Appell: »Nie wieder!«?

Ebenso beschäftigte mich die Frage nach der zeitlichen Verdaulichkeit der Auseinandersetzung: inwiefern lässt sich der Prozess der Bearbeitung traumatischer Erfahrungen zeitlich vorgeben und gesetzlich anordnen, wie im Falle der Wahrheitskommission geschehen?[7] Kann das Durcharbeiten von Schuld und Trauma gleich einem Programm »durchgezogen« werden, vielleicht sogar mit der Auffassung »je schneller, desto besser«? Oder bedarf es sogar einer inneren oder auch öffentlichen Karenzzeit – muss das Durcharbeiten also vielleicht vielmehr seiner eigenen Dynamik im Wechselspiel zwischen Abwehr und Bearbeitungsbemühen geschehen, um wirklich dauerhaft zu gesellschaftlicher Befriedung zu führen? Dann aber wäre zu fragen, welcher Stellenwert der öffentlichen Anordnung einer solchen gesellschaftlichen Auseinandersetzung zukommt. Ist die Wahrheitskommission in diesem Sinne nicht auch als Baustein einer »Vergangenheitspolitik« (Frei 1999) zu begreifen, innerhalb derer die Betonung gesellschaftlicher Versöhnung nicht zufällig ist? Wäre dementsprechend auch zu untersuchen, wer die Adressaten und wer die Nutznießer dieser Politik waren?

Diese Fragen bilden den Hintergrund meines Auseinandersetzungsinteresses, auch wenn ich im Rahmen der vorliegenden Arbeit nicht alle umfassend diskutieren oder gar beantworten kann. Daher galt es, die Komplexität der aufgeworfenen Fragen zu bündeln und dahingehend zu präzisieren, dass sie sowohl den Möglichkeiten dieser Arbeit als auch dem spezifischen Bearbeitungsansatz der Wahrheitskommission gerecht werden.

Entsprechend habe ich mein Forschungsinteresse auf ein Verständnis dieser Institution im Rückbezug auf die von ihr behandelten gesellschaftlichen Konflikte gerichtet. Hierzu habe ich exemplarisch einige der Anhörungen von Tätern bzw. Opfern gesellschaftlicher Gewalt untersucht. Die qualitative Analyse dieser Anhörungen spürt nach den bewussten und unbewussten Äußerungsformen der gesellschaftlichen Konflikte und den verschiedenen Dimensionen ihrer Bearbeitung. Ich versuche, die vielfältigen und teilweise paradox aufgeladenen Facetten dieses Ansatzes gesellschaftlicher Vergangenheitsbearbeitung zusammenzutragen und unter Einbezug einer psychoanalytischen Verständnisebene auch auf ihren latenten Sinnzusammenhang hin zu befragen. Die für mich erkenntnisleitende Frage hierbei ist: Welche bewussten und welche unbewussten Facetten der gesellschaftlichen Konflikte prägen die öffentlichen Anhörungsinszenierungen und welche bewussten und unbewussten Formen der Bearbeitung finden sie?

1.2. Kurzer Überblick über die Forschungsarbeit

Ich beginne meine Forschungsarbeit damit, das Nachdenken über kollektive Erinnerungsarbeit zu präzisieren und den Forschungskontext, innerhalb dessen sich meine Arbeit ansiedelt, abzustecken (Kapitel 2). In Kapitel 3 schließe ich die Reflexion meines Standpunktes als Deutsche an, die sich einer afrikanischen Variante der Vergangenheitsbearbeitung zuwendet. Im Rückbezug auf die psychoanalytische Methode ist es nicht nur hilfreich sondern auch unverzichtbar, zunächst eine Analyse möglicher kultureller »Übertragungsdispositionen« auf den Forschungsgegenstand zu versuchen, um das Spezifische meines Blickwinkels und die Charakteristika meiner Betrachtungsperspektive transparent zu machen.

Hierauf folgt in Kapitel 4 ein Überblick über die südafrikanische Geschichte. Er wird uns ermöglichen, die Ausprägungen und Hintergründe der in der Wahrheitskommission verhandelten gesellschaftlichen Konflikte aufzufächern und eingehender zu verstehen.

In Kapitel 5 stelle ich die Institution der Wahrheitskommission als Ergebnis der Lösung bzw. Bearbeitung der historischen Konflikte umfassend vor. Ich stelle hierzu zunächst ihren institutionellen Aufbau dar, um dann einige Denkansätze zusammenzutragen, die Hinweise auf ihre gesellschaftliche Funktion und Bedeutung geben können. Daran anknüpfend formuliere ich meine zentralen Forschungsfragen, mit denen ich mich dem empirischen Material nähere. Für die empirische Analyse habe ich exemplarisch drei Opfer-Anhörungen sowie zwei Amnestierungsanhörungen untersucht – jewails eine davon stelle ich ausführlicher vor (Kapitel 7 und Kapitel 8). Methodologisch beziehe ich mich vorwiegend auf psychoanalytisch orientierte Auswertungsverfahren, deren theoretische Fundierung und Vorgehensweisen ich in Kapitel 6 vorstelle.

Die Auswertung der Anhörungstranskripte erlaubt dann die zusammenfassende Diskussion der Forschungsfragen, die ich in Kapitel 9 unternehme. In der Schlussbetrachtung (Kapitel 10) versuche ich zuletzt eine Einbettung der Überlegungen in den größeren Forschungszusammenhang zum kollektiven Erinnern.

1.3. Zum Sprachgebrauch in der vorliegenden Arbeit

Zunächst möchte ich noch einige Anmerkungen zur verwendeten Terminologie anfügen.

Im Bezug auf weibliche und männliche Personenbezeichnungen habe ich mich zugunsten der Lesbarkeit für eine flexible Handhabung im Kenntlichmachen weiblicher Bezeichnungen entschieden. Eine einheitliche Lösung zu finden, scheint mir unmöglich, solange ich gleichermaßen stilistisch wie auch geschlechtsspezifisch sensibel vorgehen will. Entsprechend habe ich an manchen Stellen nicht auf einen Querstrich wie z.B. in Mitarbeiter/in verzichten wollen. An anderen Stellen benutze ich weibliche und männliche Formen gleichzeitig oder auch in Abwechslung. Schließlich verzichte ich in einigen Fällen aus stilistischen Gründen auf eine gesonderte Hervorhebung weiblicher Bezeichnungen, meine aber auch dann beide Geschlechter.[8]

Bei den Bezeichnungen für die unterschiedlichen südafrikanischen Bevölkerungsgruppen habe ich mich entschlossen, die historisch geprägten Bezeichnungen für »Weiße«, »Schwarze«, »Farbige« zu übernehmen.[9] Auch der Bericht der Wahrheitskommission bezieht sich auf diese Terminologie.[10] Diese in der rassistischen Ideologie der Apartheid verwurzelte Sprachpraxis ist aufgrund ihrer ideologischen Unterfütterung zu problematisieren, erscheint mir letztlich jedoch für eine präzise Diskussion der sozialen Konflikte hilfreich. Denn gerade diese Terminologie bildet die weiterhin vorherrschende gesellschaftliche Spaltung entlang der sozialen Repräsentationen der Hautfarben ab. Ein ehemaliges ANC-Mitglied macht das damit verbundene Dilemma deutlich: »Wir lehnen die Kategorien ab. Für uns ist jemand nicht schwarz oder weiß oder farbig, das haben wir immer bekämpft. Aber wir müssen sie verwenden, denn anders können wir nicht beschreiben, was wir beschreiben wollen« (Thabo Mbilathshwa, zit. in Wollny 2004, S. 10).

Um die Begrifflichkeiten von »Täter« und »Opfer« wurde im Kontext der Wahrheitskommission eine kontroverse Debatte geführt: der Begriff des »Opfers« wurde z.B. aufgrund seiner Konnotation mit passiver

Hilflosigkeit ausführlich problematisiert.[11] Viele Aktivisten des Befreiungskampfes weigern sich, als »Opfer« bezeichnet zu werden und sehen sich selbst eher als »Überlebende«.[12] Auch der Begriff des »Täters« wurde in Frage gestellt. Manche fanden ihn nicht ausreichend präzise in der Unterscheidung der Schwere und des politischen Kontextes der jeweiligen Taten: waren tatsächlich auch jene als Täter zu bezeichnen, die sich im Befreiungskampf engagiert hatten? Zudem bedeutete das Verwenden dieser Begriffe natürlich immer dann eine problematisch einseitige Festlegung, wenn z.B. ein Befreiungsaktivist sowohl Verbrechen begangen als auch erlitten hatte.[13] Foster et al. (2005) schlagen vor dem Hintergrund dieser Überlegungen die neutralere Bezeichnung »Konfliktprotagonisten« vor. Die Wahrheitskommission entschied sich in ihrem bericht jedoch dafür, die Terminologie von »Tätern« und »Opfern« in Fortführung der auch im Gesetzestext genannten Begrifflichkeiten zu verwenden. Auch ich habe sie für die vorliegende Arbeit übernommen, da nach meinem Verständnis der Nachteil einer Reduzierung vorliegender Ambivalenzen von dem Vorteil begrifflicher Klarheit aufgewogen wird.

2. Kollektives Bearbeiten traumatischer Vergangenheit – eine Annäherung an das Forschungsgebiet

»Unsere Zukunft hängt davon ab, wie viel wir vergessen dürfen und an was wir uns erinnern müssen.«
Peter Ustinov (2004, S. 23)

Die Wahrheitskommission hat seit ihrer Einrichtung weltweit Aufsehen erregt und wird bis heute gerade von ausländischen Beobachtern zu einem besonders gelungenen Modell gesellschaftlicher Konfliktbearbeitung erklärt (vgl. z.B. Frost 1998, Christie 2000). Zwar haben auch andere Gesellschaften vor und nach Südafrika Wahrheitskommissionen eingerichtet,[1] doch keine andere wurde mit ähnlich umfassenden personellen und finanziellen Ressourcen oder annähernd vergleichbaren rechtlichen Kompetenzen ausgestattet (Hayner 1994, 2000b). Heute dient die südafrikanische Wahrheitskommission vielen Nationen mit einer gewaltgeprägten Vergangenheit als Anregung und Vorbild für die öffentliche Auseinandersetzung: das kollektive Erinnern hat darin einen zentralen Stellenwert. Nora (2002) stellt in diesem Zusammenhang einen weltweiten Trend der »Gedächtniskonjunktur« im Zuge weltweiter Dekolonialisierung und Demokratisierung fest, er spricht von einer gleichsam inflationären Beschäftigung mit der Vergangenheit.[2] Dies könnte die Popularität der südafrikanischen Wahrheitskommission erklären, die allerdings von einigen Sozialwissenschaftlern vor Ort als deutlich überschätzt bezeichnet wird (vgl. z.B. Simpson 2002).

Auch in Deutschland lässt sich in den letzten Jahren eine Intensivierung des Erinnerns in Bezug auf den Nationalsozialismus und die Kriegs- und Nachkriegsjahre feststellen (vgl. z.B. Heer 2004). Aleida Assmann (Assmann und Welzer 2005) attestiert den Deutschen sogar eine »Erinnerungsmanie« – das Beschweigen und Ausblenden der nationalsozialistischen Jahre in Deutschland scheint vorbei zu sein. Ein Hinweis auf die intensive Beschäftigung mit der Vergangenheit sind auch die inzwischen viel diskutierten Schlagworte zur öffentlichen Auseinandersetzung: Begriffe wie Vergangenheitsbewältigung, Erinnerungsarbeit, Geschichtsaufarbeitung, Trauerarbeit oder gesellschaftliches Durcharbeiten (vgl. dazu Mitscherlich und Mitscherlich 1967, Mitscherlich 1993) prägen den öffentlichen Diskurs und spiegeln die empfundene Notwendigkeit einer umfassenden Auseinandersetzung mit dem historischen Erbe des Nationalsozialismus. Dass alle diese Begriffe mit Arbeit assoziiert sind, deutet auf die eigentlich empfundene Last und Schwere dieser Aufgabe. Doch worauf genau zielt eigentlich die Forderung nach kollektiver Erinnerungsarbeit und was genau verbindet sich mit der Vorstellung von »Vergangenheitsbewältigung«? Welche Rolle spielen hierbei der Psychotherapie entlehnte Konzepte und Auffassungen und inwiefern lassen sie sich überhaupt auf Kollektive übertragen?[3]

2.1. »Vergangenheitsbewältigung«: eine Begriffsklärung

Um diese Fragen zu beantworten, ist es nötig, zunächst den begrifflichen Kontext abzustecken. So löst z. B. schon das öffentlich häufig und gern verwendete Schlagwort der Vergangenheitsbewältigung bei näherer Betrachtung Unbehagen aus: dieser Begriff lässt assoziativ die Zähmung, Kontrolle oder gar die *Über*wältigung der Vergangenheit anklingen und legt den Eindruck nahe, die Vergangenheit sei ein klar umrissenes »Objekt«, das zu »erledigen« irgendwann einmal endgültig gelungen sein könnte: »Der schon beinahe offiziell gewordene Begriff der Vergangenheits*bewältigung* ist so unpassend wie nur denkbar. ›Bewältigen‹ kommt (...) von ›Bewaltigen‹ oder ›Begewaltigen‹, was einst so viel hieß wie überwältigen oder bezwingen, auch ganz speziell ›frowen bewaltigen und schwechen‹, also vergewaltigen im engsten Sinne. Es scheint, als verrate sich also bereits in dem Terminus ›Vergangenheitsbewältigung‹ per Fehlleistung die Vorstellung, die Erinnerung wie einen Gegner, wie ein Hindernis niederzuringen und zu bezwingen« (Richter 1992, S. 228). Gerade im Rückbezug auf die öffentliche Auseinandersetzung um die nationalsozialistische Vergangenheit Deutschlands wird offenbar, wie illusorisch eine solche Vorstellung ist. Günter Anders urteilt dazu: »Tatsächlich ist der Ausdruck ›Vergangenheitsbewältigung‹ Geschwätz, ihm liegt nicht die kümmerlichste Einsicht in das zugrunde, was den Deutschen während der zwölf fatalen Jahre seelisch zugestoßen, oder richtiger: eben nicht zugestoßen ist« (zit. in Welzer 1997, S. 49). Auch Hannah Arendt (1960b) hat auf den Irrtum hingewiesen, die nationalsozialistische Vergangenheit »bewältigen« zu wollen: »Dies kann man wahrscheinlich mit überhaupt keiner Vergangenheit, sicher aber nicht mit dieser. Das Höchste, was man erreichen kann, ist zu wissen und auszuhalten, dass es so und nicht anders gewesen ist, und dann abzuwarten, was sich daraus ergibt« (S. 33).

Doch auch wenn wir statt von Vergangenheitsbewältigung zutreffender von Vergangenheitsbearbeitung sprechen, bleibt weiterer Klärungsbedarf. Denn die Auseinandersetzung mit kollektiver traumatischer Vergangenheit wird interdisziplinär diskutiert, unterschiedliche wissenschaftliche Zugänge prägen in diesem Kontext heterogene Begrifflichkeiten, beziehen sich auf voneinander abweichende Konzepte und erschweren damit zunächst die Orientierung: Politologie (z. B. Frei 1999, König, Kohlstruck und Wöll 1998, König 1998), Geschichtsforschung (Kielmannsegg 1989, Reichel 1995), Rechtswissenschaften (Rückerl 1984, Zimmermann 1997, Schlink 1998), Philosophie (Cassin 2004), Soziologie (Kölsch 2000) und andere Wissenschaften diskutieren Probleme kollektiver Vergangenheitsbewältigung, ohne dabei die Grenzen ihrer Geltungsansprüche klar abzustecken. Trotz weltweiter »Gedächtniskonjunktur« oder gar Vergangenheitsobsession bleibt das Konzept gesellschaftlicher Vergangenheitsbearbeitung letztlich unscharf (vgl. Dudek 1992; Helmut König 2003).

Ash (2002) hat in Reaktion darauf den Versuch unternommen, einen systematischen Überblick über das Feld der Vergangenheitsbearbeitung zu erstellen und dabei unterschiedliche Ziele und Wege der Bearbeitung einer wie er etwas salopp formuliert »schwierigen Vergangenheit« zusammenzutragen.[4] Er stellt dabei jedoch fest:

> »Ein (...) Problem bei fast allen Diskussionen über dieses nicht besonders klar definierte Geschäft der Geschichtsaufarbeitung besteht darin, daß die verschiedenen Beiträge oft ziemlich unbekümmert zwischen diesen acht Zielen oder Kriterien und den zehn Wegen, die zu ihnen führen, hin- und herspringen. Einmal geht es darum, Säuberungen unter dem Aspekt der Gerechtigkeit zu beurteilen, dann wiederum darum, Strafprozesse unter dem Aspekt der Wahrheitsfindung oder Akte des Gedenkens im Hinblick auf die demokratische Konsolidierung zu bewerten« (a. a. O., S. 36f.).

Gerade die unterschiedliche Verankerung in den jeweiligen wissenschaftlichen Disziplinen dürfte zu dieser konzeptionellen Verwirrung beitragen.

Beschränken wir uns beim Nachdenken über die Dimensionen kollektiver Vergangenheitsbearbeitung aber auf den Bereich von Psychologie und Psychoanalyse, so retten wir uns auch hier keinesfalls in ein Feld gesicherter Erkenntnisse oder fest verankerter Begrifflichkeiten: denn sobald man nach konkreten Vorstellungen und methodologischen Konzepten sucht, wie genau aus psychologischer Sicht ein gesellschaftliches Durcharbeiten vergangener Gewalttaten zu konzipieren ist, so stellt man auch hier einen eklatanten Erklärungsnotstand fest. Tilmann Moser (1992) konstatiert in Bezug auf die deutsche Vergangenheitsbearbeitung, die Diagnose der »Unfähigkeit zu trauern« (Mitscherlich und Mitscherlich 1967) sei schnell gestellt worden, ohne Hinweise darauf zu geben, wie die erwünschte oder verordnete Trauerarbeit denn auszusehen habe bzw. zu fördern sei (vgl. dazu Rauschenbach 1992a, Bohleber 1997, 2001). Auch in diesem Wissenschaftsbereich stoßen wir also auf ein eher ungeordnetes und weitgehend ungeklärtes Feld der Möglichkeiten und Wege kollektiver Vergangenheitsbearbeitung.

Umso schneller ist man verführt, psychotherapeutische Konzepte als Modelle auch für kollektive Prozesse heranzuziehen: so spielt ja die Auseinandersetzung mit einer traumatischen Vergangenheit in der psychoanalytischen Therapie eine zentrale Rolle, davon ausgehend, dass ein Verleugnen von Konflikten krank macht und das Aussprechen bzw. Bewusstmachen Heilung ermöglicht. Aber lassen sich diese Einsichten so ohne weiteres auf die soziale Ebene übertragen? »Einzelne Menschen mögen an der Verdrängung ihrer Vergangenheit krank werden. Damit ist aber noch nicht bewiesen, dass auch für ganze Gesellschaften gelten muss, was für Individuen gilt« (Ignatieff 1996, S. 19).

Ebenso ungeklärt in der öffentlichen Vergangenheitsbearbeitung ist das Verhältnis zwischen Tätern und Opfern kollektiver, politisch bedingter Gewalt: Müssen sie sich erinnern, um sich letztlich zu versöhnen? Ist die Versöhnung Voraussetzung für gesellschaftliche Heilung? Aber wer genau muss sich dann versöhnen? »Meinen wir die Versöhnung eines Individuums mit sich selbst? Oder die Versöhnung eines Individuums mit anderen Individuen? Oder die Versöhnung zwischen unterschiedlichen Rassen-, Gesellschafts- oder Volksgruppen?« (Ash 2002, S. 35).

Die recht pauschale Forderung nach einer Auseinandersetzung mit der Vergangenheit, nach Wahrheit (Hamber 2005), öffentlichem Erinnern oder kollektivem Trauern ist also zu präzisieren im Hinblick darauf, *wer* sich zu erinnern und auseinanderzusetzen hat und *wie*. Die Frage nach den Subjekten und Objekten gesellschaftlicher Vergangenheitsbearbeitung ist genau zu unterscheiden: Denn

»kaum jemals wird danach gefragt, was es denn eigentlich bedeutet, wenn im Land der Täter das Bedürfnis nach einer Bewältigung der Vergangenheit artikuliert wird. Vom ›Unbewältigten‹ im Zusammenhang des Nationalsozialismus und des Holocaust zu sprechen, setzt voraus, dass eine Bewältigung möglich ist, und mehr noch, dass die Subjekte dieser Bewältigung die Deutschen selber seien. Nun bezieht sich der Begriff der Bewältigung (...) auf die Art und Weise, wie jemand, der ein Trauma erlitten hat, wieder in ein als normal betrachtetes Leben zurückfindet – er setzt also eine Beschädigung voraus, nicht eine Schädigung, die man selbst vollzogen hat. Mithin scheint der Topos von der ›unbewältigten Vergangenheit‹ nicht zuletzt eine Umkehrung der Rollen von Tätern und Opfern« (Welzer 1997, S. 49).

Ich möchte Welzer hier entgegenhalten, dass der Begriff der Bewältigung (wenn man ihn denn benutzen will) sich durchaus auch auf die Bewältigung von Scham und Schuld und damit auch auf psychische Auseinandersetzungsprozesse von Tätern beziehen kann. Was seine Überlegung jedoch verdeutlicht, ist, dass der häufig unscharf und undifferenziert gebrauchte Begriff der Vergangenheitsbewältigung im Einzelfall einer genaueren Analyse unterzogen werden sollte, die auch die Fragen beantworten muss, was genau eigentlich »bewältigt« werden soll, von wem, warum und mit welchem Ziel. Im Rückbezug auf die Arbeit der südafrikanischen Wahrheitskommission präzisiert sich damit die Frage, ob das, was als gesellschaftlicher Prozess angestoßen werden sollte, nicht im Hinblick auf unterschiedliche Bearbeitungsnotwendigkeiten von Tätern und Opfern differenziert werden muss – man also weniger von *einer* Form der Vergangenheitsbearbeitung als vielmehr von heterogenen Bearbeitungsebenen ausgehen sollte. Burke (1991) spricht in diesem Zusammenhang von »Konflikterinnerungen und Erinnerungskonflikte[n]« (S. 298). Die gesellschaftlich notwendigen Erinnerungs- und Bearbeitungsanliegen können miteinander konkurrieren und in Widerspruch zueinander treten – damit aber wird eine pauschal formulierte Forderung nach gesellschaftlicher Vergangenheitsbearbeitung obsolet.

Ein psychologisches Verständnis kollektiver Erinnerungsarbeit muss zudem vor allem herausarbeiten, dass öffentliches Reden allein keine therapeutische Veränderung bewirken wird: Denn »wie im einen Raum die Aufhebung des Schweigens zur Heilung nicht ausreicht [gemeint ist hier der individualtherapeutische Raum – Anm. d. Verf.], so reicht auch das Reden im öffentlichen Raum nicht zur Wirklichkeits- und Wahrheitsfindung aus. Das Durcharbeiten nach der Aufhebung des Schweigens entfaltet sich (...) in einer Situation, die im einen Falle (...) dialogisch, im anderen Falle polyvokal ist« (Metraux 2001, S. 339). Immer geht es dabei um den Einbezug emotionaler Prozesse in die Auseinandersetzung. Generell ist das Erinnern von emotionalen Prozessen geprägt: »Everyday practical remembering is not just a matter of self-conciously remembering facts, but of sometimes ›re-feeling‹ certain events, sometimes of being able to reorder by reshaping such feelings« (Shotter 1990, S. 135; vgl. auch Namer 1983). Gesellschaftliches Erinnern muss entsprechend auch das »Wiedererleben kollektiver Gefühlslagen« (Echebarria und Castro 1995, S. 126) umfassen. Diese finden z. B. in öffentlichen Erinnerungsakten und -ritualen Ausdruck.[5] Auch für die Wahrheitskommission könnte entsprechend gelten: »Das Wichtigste bei einer Erinnerungsfeier ist nicht die Vergegenwärtigung des Ereignisses, wie es wirklich war, sondern die emotionale Bedeutung, die sich mit seiner Erinnerung verbindet« (ebd.). Auch hierbei muss zunächst die Frage offen bleiben, in welchem Verhältnis individuelle und kollektive »Gefühlsarbeit« zueinander stehen. Ein einfaches Übertragen individueller Bearbeitungsnotwendigkeiten auf eine kollektive Ebene kann jedenfalls der eigentlichen Komplexität gesellschaftlicher Vergangenheitsbearbeitung nicht gerecht werden – nicht zuletzt auch deswegen, weil »öffentliches, gemeinsames Trauern als bruchlose Fortsetzung individueller Trauerarbeit schlechterdings nicht realisierbar« (Metraux 2001, S. 340) ist.

Die Hürden und Schwierigkeiten, die sich gerade auf kollektiver Ebene den Bearbeitungsbemühungen widersetzen, werden unter Einbezug eines psychoanalytisches Verständnisses greifbarer: Denn Freud ([1914]/1975) hat ja hervorgehoben, dass der eigentlich zu bearbeitende Kern der Erinnerung im *Wiederholen* und *Wiedererleben* der emotionalen Konflikte liegt. Gerade die unbewussten Dimensionen der Konflikte können eben nicht kognitiv erinnert werden, sondern finden zunächst Ausdruck in reaktualisierenden Inszenierungen, die der kognitiven Erinnerung und Bearbeitung erst wieder zugänglich gemacht werden müssen (vgl. z. B. Streeck 2000). Was aber bedeutet dies für das Erinnern gesellschaftlicher Konflikte und der mit ihnen verbundenen unbewussten Dynamiken? Haben hierbei kollektive Erinnerungsrituale und -zeremonien möglicherweise einen besonderen Stellenwert?

2.2. Erinnerndes Subjekt, erinnernde Gesellschaft

Aber es ist noch einmal zu betonen: diese Überlegungen und Fragen setzen eine Selbstverständlichkeit im Vergleichen von individuellen und kollektiven Auseinandersetzungsprozessen voraus, die zu problematisieren ist. Denn ob und wie beide zu vergleichen sind, wird wissenschaftlich kontrovers diskutiert.⁶ So fragt beispielsweise Metraux (2001), ob sich kollektive Traumata »durch Summierung individueller Traumata (...) [ergeben], wobei dann noch zu prüfen wäre, ob ein kollektives Trauma bereits dann vorliegt, wenn zehn Prozent der Individuen dieses Kollektivs unter einem Individualtrauma leiden, oder ob dies erst ab sechzig Prozent (...) der Fall ist« (S. 328). Entsprechend ist zu fragen: »Wäre ein kollektives Trauma dann gesellschaftlich bearbeitet, wenn zehn Prozent der Individuen ihr Trauma überwunden haben – oder ab wann wäre es legitim, davon zu sprechen?« (a.a.O., S. 331).⁷

Diese Fragen deuten das weitgehend ungeklärte Wechselverhältnis zwischen individuellen und kollektiven psychischen Prozessen an. Von hier ausgehend lässt sich weiter fragen, ob es nicht ausreichen könnte, wenn sämtliche von gesellschaftlicher Gewalt betroffenen Individuen ihre Erfahrungen in persönlicher Auseinandersetzung bearbeiten. Oder ist hierzu doch die gesellschaftliche Diskussion unerlässlich? Was wäre dann ihre spezifische Relevanz? Wäre dabei »der Adressat der Heilungsbemühungen ein ›homme moyen‹ (...) oder (...) eine symbolische Entität (die öffentliche Meinung, das gesellschaftliche Bewusstsein (...)?« (ebd.). Jaspers ([1946]/1996) schreibt dazu:

> »Die Selbstdurchhellung als Volk in geschichtlicher Besinnung und die persönliche Selbstdurchhellung scheint zweierlei. Doch geschieht das erstere nur auf dem Wege über das zweite. Was einzelne miteinander in Kommunikation vollziehen, kann, wenn es wahr ist, zum verbreiteten Bewusstsein vieler werden und gilt dann als Selbstbewusstsein eines Volkes. (...) Alle wirkliche Verwandlung geschieht durch Einzelne, in zahlreichen Einzelnen, unabhängig voneinander oder in bewegendem Austausch« (S. 70).⁸

Jaspers Entwurf einer öffentlichen Bearbeitungsleistung erscheint mir allerdings in zweierlei Hinsicht zu idealtypisch. Zum einen wissen wir als Psychoanalytikerinnen und Psychoanalytiker von den vielen Hindernissen und blinden Flecken im Versuch einer »Selbstdurchhellung«, die immer gerade dann besonders tückisch scheitern kann, wenn sie allzu glatt und widerspruchsfrei zu gelingen scheint. Es kommt den tatsächlichen Möglichkeiten und Grenzen öffentlicher Erinnerungsprojekte näher, vielmehr von einer Vermischung von »Erinnerungsbereitschaft und Erinnerungsresistenz« (Bohleber 1997, S. 969) auszugehen. Damit ist zu untersuchen, »wie auf der kollektiv-gesellschaftlichen Ebene die

Konfrontation mit der Realität der Vergangenheit gleichzeitig auch der Abwehr anderer konflikthafter Teile dienen kann und Erinnerung, Verleugnung oder Ignoranz sich verschränken« (a.a.O., S. 971). Die Bedeutung des Vergessens macht die Brüchigkeit aufklärerischer Erinnerungsprojekte besonders transparent:

> »Erinnerung und Vergessen sind dynamisch vielfach miteinander verwoben. Die Erinnerung von bestimmten Ereignissen kann instrumentalisiert werden, um andere Aspekte zurückzudrängen. So entstehen vielfältige Mischungen von Abwehr und Erinnerung, die von aktiver Unterdrückung und vollständigem Vergessen bis zu verschobenem Wissen, Deckerinnerungen und reenactment reichen. Es sind Formen der Abwehr, die grob gewaltsam, aber auch sehr subtil durchgesetzt werden können. Affektive Abkapselung, bearbeitende Phantasie und historische Realität sind in individuellen Erinnerungen, im kollektiven Gedächtnis und in der politischen Auseinandersetzung miteinander verwoben« (a.a.O., S. 968).[9]

Der zweite Einwand gegen Jaspers Darstellung bezieht sich auf seine vorschnelle Entkoppelung individueller und kollektiver Prozesse, die er allzu unbekümmert ins Verhältnis setzt. Der von Jaspers konzipierte Weg von der individuellen »Selbstdurchhellung« zum »Selbstbewusstsein eines Volkes« erscheint nicht nur allzu gradlinig gedacht, sondern umgeht auch das eigentliche Problem einer Konzeptionalisierung gesellschaftlicher Auseinandersetzung im Wechselspiel zwischen individueller und kollektiver Bearbeitung. Geht Jaspers für die kollektive Bearbeitung scheinbar von einer einfachen Summierung individueller »Durchhellungsprozesse« aus, so entgeht ihm dabei meiner Meinung nach die Bedeutung *kollektiver* Erinnerungsdynamiken ebenso wie die Bedeutung symbolischer Bearbeitungsebenen, wie z.B. Erinnerungsrituale oder Gedenkfeiern.[10]

Gerade auf dieser Ebene aber scheint es unabdingbar, die Bedeutung unbewusster Prozesse und die vielfältigen Formen der Abwehr in das Verstehen der Formen kollektiver Vergangenheitsbearbeitung einzubeziehen. Denn Erinnerungsrituale dürften erst dann in ihrem umfassenden Sinnzusammenhang verständlich werden, wenn nicht nur nach ihren bewussten, sondern auch nach ihren unbewussten Funktionen gefragt wird.

Auch mit dieser Überlegung begeben wir uns allerdings auf ungesichertes Gelände. So mahnt Busch (2001) beispielsweise vor einem unreflektierten »Sprung von einem individuellen zum gesellschaftlichen

Unbewussten. Es zeigt sich, wie schwierig es ist, Verdrängung und Abwehr in sozialem Handeln jenseits der therapeutischen Situation so zweifelsfrei herauszupräparieren, dass sie als ein tatsächlich mit dem individuellen Unbewussten (...) zusammenhängendes Phänomen gelten können« (S. 417). Ich begreife Buschs Mahnung, die Existenz eines »gesellschaftlichen Unbewussten« nicht vorschnell als gegeben vorauszusetzen, als Aufforderung, bei der Untersuchung der Wahrheitskommission möglichst präzise herauszuarbeiten, wie sich individuelle Abwehrbewegungen und gesellschaftliche Abwehrleistungen verschränken, möglicherweise aber auch widersprechen. Die dabei forschungsleitende Frage wäre: »Worin bestehen die psychologischen Instrumente der Institutionen genauer, und wie nehmen sie wirklich Einfluss auf das Innenleben ihrer Mitglieder?« (a.a.O., S. 400).

Letztlich aber bleibt das Wechselverhältnis von individuellen und kollektiven psychischen Prozessen bislang nicht abschließend bestimmbar oder festlegbar.[11]

2.3. Das soziale Gedächtnis: Funktionen und Funktionalisierungen

Mit diesen Überlegungen drängt sich schließlich auch die Frage in den Vordergrund, ob, wie und von wem das gesellschaftliche Erinnern angeregt, geformt und gesteuert wird. Die kollektive Beschäftigung mit der Vergangenheit als soziales Phänomen ist eine Forschungsrichtung, als deren Pioniere Emile Durkheim (vgl. z.B. [1912]/1982) und Maurice Halbwachs (1967, 1985) gelten. Ausgehend von ihren Hypothesen haben auch nachfolgende Wissenschaftler/innen die gesellschaftlichen Rahmenbedingungen des öffentlichen Erinnerns mit der Fragestellung untersucht, wie und warum sich Kollektive überhaupt erinnern (vgl. z.B. Niethammer 1980, Bertaux und Bertaux-Wiame 1980, Assmann und Hölscher 1988, Assmann 1992, Welzer 2001). Das »kollektive Gedächtnis« (Halbwachs 1967) ist gerade in seinen sozialen Determinanten zu verstehen. Freilich sind die Antworten hierauf kaum losgelöst von ihren jeweiligen politischen, historischen und sozialen Rahmenbedingungen zu untersuchen. Zentral ist allen jedoch die Annahme, dass Erinnern *per se* ein soziales Phänomen ist; Welzer (2002) spricht z.B. von der »sozialen Verfertigung der Vergangenheit« (S. 219).[12]

Mit der Bezugnahme auf den sozialen Kontext des Erinnerns verbindet sich aber immer auch die Frage nach einer Funktionalisierung der kollektiven Erinnerungsleistungen, nach ihrer machtpolitischen Verankerung oder »Verwertung« (Burke 1991, S. 292).

Das Eingrenzen dessen, was erinnert und was verdrängt werden soll, muss den Ausgangspunkt für ein machtpolitisches Verständnis kollektiver Erinnerungsleistungen bilden. Auch Freud ([1910]/1969) hat sich mit der Funktionalisierung der Erinnerung beschäftigt. Hierzu hat er eine Beobachtung *kollektiver* Erinnerungsprozesse für das Verständnis *individueller* Geschichtsbearbeitung herangezogen: eine Kindheitserinnerung Leonardo da Vincis zum Anlass nehmend, vergleicht er eine persönliche »Mythenbildung« da Vincis mit Geschichtsschreibung und Mythenbildung bei einem frühgeschichtlichen Volk:

> »Es war unvermeidlich, dass diese Vorgeschichte eher ein Ausdruck der Meinungen und Wünsche der Gegenwart als ein Abbild der Vergangenheit wurde, denn vieles war von dem Gedächtnis des Volkes beseitigt, anderes entstellt worden, manche Spur der Vergangenheit wurde missverständlich im Sinne der Gegenwart gedeutet, und *überdies schrieb man ja nicht Geschichte aus den Motiven subjektiver Wissbegierde, sondern weil man auf seine Zeitgenossen wirken, sie aneifern, erheben oder ihnen einen Spiegel vorhalten wollte*. Das bewusste Gedächtnis eines Menschen von den Erlebnissen seiner Reifezeit ist (...) jener Geschichtsschreibung (...) zu vergleichen, und seine Kindheitserinnerungen entsprechen nach ihrer Entstehung und Verlässlichkeit wirklich der spät und tendenziös zurechtgemachten Geschichte der Urzeit eines Volkes« (a.a.O., S. 110; Hervorhebung durch die Verf.).[13]

Die Parallelen einer solchen funktionalisierten Deutung der Vergangenheit sind überzeugend. So können wir denn auch im Falle der Wahrheitskommission nach einer »tendenziösen Zurechtmachung« der Geschichte fragen. Könnte es auch hier darum gegangen sein, »auf die Zeitgenossen zu wirken, sie anzueifern und zu erheben«? Und wer wären die Nutznießer eines solchen Anstoßes?

Die Bedeutung der kollektiven Erinnerung als Versuch der Identitätsfindung ist in diesem Zusammenhang unübersehbar: »In ihrer kulturellen Überlieferung wird eine Gesellschaft sichtbar: für sich und andere. Welche Vergangenheit sie darin sichtbar werden und in der Wertperspektive ihrer identifikatorischen Aneignung hervortreten lässt, sagt etwas über das aus, was sie ist und worauf sie hinauswill« (Assmann 1988, S. 16).[14] Auch Middleton und Edwards (1990b) weisen auf diesen Sachverhalt hin und arbeiten die machtpolitische Dimension dieser »identifikatorischen Aneignung« heraus: »The significance of the notion of institutional (...) remembering is that it shows that collective remembering is essential to the identity and integrity of a community. It is not just that ›he who controls the past controls the future‹ but *he who controls the past controls who we are*« (S. 10; Hervorhebung im Original).

Gehen wir von einer Identität stiftenden Funktion kollektiver Erinnerung aus, so folgert daraus, dass das kollektive Erinnern nach gesellschaftlichen Umbrüchen und politischem Wandel besondere Bedeutung erhält. Connerton (1989) schreibt dazu:

> »All beginnings contain an element of recollection. This is particularly so when a social group makes a concerted effort to begin with a wholly new start« (S. 6); »we see people trying to make out the boundaries of a radical beginning; and in neither case is that beginning, that new image of society's continuity, even thinkable without its element of recollection (...). The attempt to establish a beginning refers back inexorably to a pattern of social memories« (a.a.O., S. 13).[15]

Gerade politische Umbruchphasen scheinen deswegen ein öffentliches Bearbeiten der Vergangenheit zu erfordern: Denn

> »Umbrüche in der Sozialgeschichte sind nicht nur Zeiten der Umverteilung von Macht und Verfügungsgewalt für die Zukunft; sie sind auch Umverteilungen von Verantwortlichkeit für Vergangenes und Geschehenes. Geschichte wird so im doppelten Sinne ›gemacht‹: durch neu geschaffene Tatsachen und vor allem auch durch Neu- und Uminterpretationen, die Geschehenes ins rechte oder zumindest in ein anderes Licht setzen. (...) [Damit] kippen auch die Zuweisungen von Verantwortung und Schuld an die Geschichtsakteure. Aus ehemals Helden werden Täter, aus Tätern werden Opfer und aus Opfern werden Helden. Das führt nicht nur die Relativität von Geschichte (...) vor, sondern auch die offensichtliche Notwendigkeit oder gar den Zwang, solche ›Redefinitionen‹ vorzunehmen« (Busse 1991, S. 48).

Allerdings sind die an diesen Uminterpretationen teilhabenden Individuen keinesfalls als bloße »Rezipienten« machtpolitischer Verfügungen zu verstehen; vielmehr verhalten sie sich ja aktiv zu den Machtinteressen, an denen sie zu partizipieren oder gegen die sie sich aufzulehnen wünschen: »Es geht (...) darum, die Subjektivität eines Individuums zu erfassen und gleichzeitig diesen Ausdruck eines Menschen als Ausgestaltung gesellschaftlicher Möglichkeiten zu verstehen (...). Es kann also nicht darum gehen, eine klare Grenze zwischen Subjektivität und gesellschaftlicher Objektivität zu ziehen, sondern sie in ihrem besonderen Verhältnis zueinander zu erkennen« (Nadig 1986, S. 34; Hervorhebung im Original). Auch Volmerg (1988) stellt fest: »durch die Trennung der Perspektiven [vermag] das Verhältnis von Individuum und Gesellschaft *in seiner widersprüchlichen Einheit* nicht untersucht werden. Die Menschen sind Subjekte und Objekte ihrer Verhältnisse zugleich. Diese beiden Dimensionen in ihren Wechselwirkungen zu erfassen, bestimmen das Erkenntnisinteresse und die Forschungsfragen einer psychoanalytischen Sozialpsychologie« (S. 128; Hervorhebung im Original).

Zusammenfassend wird deutlich, dass das kollektive Erinnern keinesfalls nur aus dem Blickwinkel einer in den öffentlichen Raum verlagerten Heilungsbemühung heraus zu verstehen ist, sondern dass es auch der Neuverortung und Neuverankerung gesellschaftlicher Rollen und gesellschaftlicher Identitäten dient. Gerade diese mit dem Erinnern verbundene Neuformulierung des gesellschaftlichen Selbstverständnisses ist dann auch auf ihre politischen Funktionen hin zu untersuchen.

2.4. Implikationen für die Untersuchung der südafrikanischen Wahrheitskommission

Ausgehend von den in diesem Kapitel zusammengetragenen Fragen und Überlegungen können wir die Wahrheitskommission als institutionalisierte Form des öffentlichen Erinnerns der Untersuchung zugänglich machen. An ihrem Beispiel wird aufzuschlüsseln sein, inwieweit die kollektive Bearbeitung der Vergangenheit heterogene und auch widersprüchliche Erinnerungen zuließ und wie mit den damit einhergehenden Erinnerungskonflikten umgegangen wurde. Welche Bedeutung hatten in diesem Zusammenhang die mit den Erinnerungen verbundenen emotionalen Prozesse? Und lässt sich in den Anhörungen der Wahrheitskommission als öffentlichen Erinnerungsinszenierungen auch das Wiederholen und Reinszenieren unbewusster Konfliktdynamiken beobachten?

Ebenso ist nach der Funktion der Wahrheitskommission im Kontext der südafrikanischen Post-Apartheid-Politik zu fragen. Inwiefern diente die Wahrheitskommission als kollektive Erinnerungswerkstatt dazu, die mit der nationalen Identität verbundenen Fragen und Ambivalenzen zu bearbeiten? Inwiefern ist es ihr dabei gelungen, gesellschaftliche Spaltungen zu überbrücken? Was erwies sich hierbei als besonders hilfreich?

Darüber hinaus wird mich interessieren, ob und wie die Subjekte, indem sie ihre persönlichen Erinnerungen veröffentlichten und zur Diskussion stellten, die öffentliche Interpretation der Vergangenheit zu beeinflussen vermochten. Welche Wünsche, Anliegen, Erwartungen und Vorstellungen waren mit einer öffentlichen Aussage verbunden? Was könnte die Motivation gewesen sein, stellvertretend für die Gesellschaft diese Erinnerungsarbeit zu übernehmen und inwiefern deckte sie sich mit dem gesellschaftlichen Anspruch?

Diese Fragestellungen stecken den Rahmen meines Erkenntnisinteresses ab. Zunächst ist jedoch auch mein Standpunkt als Forscherin in diesen Verständnisversuch einzubeziehen und zu reflektieren.

3. Einige Überlegungen zu Übertragungsdispositionen und Gegenübertragungsreaktionen im vorliegenden Forschungskontext

Erinnern
das ist
vielleicht
die qualvollste Art
des Vergessens
und vielleicht
die freundlichste Art
der Linderung
dieser Qual
Erich Fried (1990, S. 53)

Bevor ich im Folgenden die Hintergründe und die Arbeit der Wahrheitskommission eingehender darstelle, möchte ich kurz inne halten und meinen Untersuchungsstandpunkt reflektieren: Welches ist eigentlich mein Zugang als Deutsche zum Thema der südafrikanischen Vergangenheitsbearbeitung? Welche Erwartungen, Hoffnungen und Ängste ruft die Auseinandersetzung in mir wach? Welche Relevanz hat diese Thematik für mich und welche Relevanz habe ich für diese Thematik?

Mich diesen Fragen zu stellen hat eine überraschende Herausforderung für mich bedeutet. Einerseits schien mir der Versuch einer Beantwortung nicht schwer. Doch in der konkreten Annäherung haben sich die bei der Beschäftigung mit der Wahrheitskommission aufgeworfenen Themen und Fragen schnell zu verwirrenden und verworrenen Knäueln geballt, welche ein neugieriges Erkunden und eine unbefangene Auseinandersetzung zunächst subtil sabotierten. Ich war erstaunt, einen emotional aufwühlenden Sog zu verspüren, den die Verknüpfung der südafrikanischen Fragestellungen mit dem Nachdenken über die deutschen Versuche kollektiver Vergangenheitsbearbeitung auf mich ausübte. So erlebte ich gerade in der Anfangszeit des Forschungsvorhabens einen starken Wunsch nach einer Befragung der deutschen Diskussion um die öffentliche Vergangenheitsbearbeitung. Je mehr ich mich jedoch mit den zugespitzten Kontroversen der Auseinandersetzung beschäftigte (z. B. mit der damals aktuellen Walser-Bubis-Debatte; vgl. Leggewie und Meyer 2005), desto stärker fühlte ich mich von den Widersprüchen und emotionalen Polarisierungen in Bezug auf die Auseinandersetzung mit der NS-Zeit verunsichert und überfordert. Es bedeutete einen Lernprozess, diese Verwirrung erst einmal anzunehmen, auszuhalten und schließlich in ihren emotionalen Schichtungen ansatzweise zu begreifen. In diesem Kapitel möchte ich versuchen, einige dieser Schichtungen freizulegen und in ihrer Relevanz für die vorliegende Forschungsarbeit transparent zu machen.

Wieso und an welcher Stelle hat sich meine oben beschriebene Verwirrung verdichtet? Eigentlich scheinen die Bezüge zwischen südafrikanischer und deutscher Vergangenheitsbearbeitung doch ziemlich offensichtlich. Zunächst einmal drängen sich ja die Parallelen in der ideologischen Unterfütterung der kollektiven Verbrechen auf: hier wie dort bildet die Diskriminierung, Verfolgung und Massentötung aufgrund von Aussehen, Hautfarbe bzw. aufgrund einer sog. Rassenzugehörigkeit den Kernpunkt der ideologischen Rechtfertigungsbemühungen. Die Überschneidungen von Ideologie und Praxis der Rassenverfolgung zwischen dem NS-Deutschland und dem Südafrika der Apartheid sind nicht zu übersehen. Doch schnell wird klar, dass es eben gerade jene Parallelität ist, welche zu den heftigen Gefühlsreaktionen führt: allein die Beschäftigung mit der Ideologie der Apartheid löst starke emotionale Reaktionen aus, da hier der Rassismus einen unverhohlenen und unerschrocken menschenverachtenden Ausdruck fand – und das über Jahrzehnte alltäglicher Apartheidpraxis hinweg.[1] Die Reaktion reicht von Bestürzung und Erschrecken über Abscheu bis hin zu einer ambivalent besetzten Faszination: wie konnte sich ein so menschenverachtendes System so rückhaltlos durchsetzen? Die Parallelen der nazistischen und der Apartheid-Ideologie und -Praxis kommen sich plötzlich beängstigend nah.

Diese Parallelen lassen sich dann auch im Hinblick auf die durch die kollektiven Gewalttaten bedingte Notwendigkeit der Vergangenheitsbearbeitung ziehen und noch konkreter formuliert im Hinblick auf die Auseinandersetzung mit der Schuldfrage. Die Arbeit der Wahrheitskommission bedeutete im Wesentlichen eine Auseinandersetzung mit der Frage nach individueller und kollektiver Schuld. Und natürlich berührt gerade diese Frage mich als deutsche Beobachterin auf besondere Weise: das historische und emotionale Erbe des Nationalsozialismus kreist zentral um die Auseinandersetzung mit Schuld. Könnte man nicht sogar überspitzt formulieren, dass sich die Deutschen durch ihre historischen Erfahrungen in diesem Jahrhundert eigentlich zu Spezialisten in der Auseinandersetzung mit Schuld entwickelt haben müssten? Wie könnte da das Nachdenken über eine andere, fremde Schuld unberührt lassen?

Spätestens an dieser Stelle wird die Qualität von Verwirrung und Verunsicherung verständlicher: Es geht eben nicht um irgendeinen rationalen Vergleich; der Prozess des Vergleichens selbst führt zu emotionalen Erschütterungen, denn die südafrikanischen und die deutschen Erfahrungen sind – trotz aller nahe liegenden Differenzen – beängstigend ähnlich, die Vermischung der rassistischen Ideologien, die daraus abgeleiteten systematischen Tötungen und die damit verbundenen Dimensionen von Schuld schaffen einen eigentümlichen Sog aus Identifikation mit eben jenen Themen, welche in der deutschen Auseinandersetzung um den Nationalsozialismus weiterhin zur Disposition stehen. Dadurch entsteht eine übergroße Nähe, welche den Raum zum Denken und Fühlen einengt. Dann geht mir in Ansätzen immer wieder die Fähigkeit verloren, mein Denken zu ordnen und in klärende Zusammenhänge zu setzen. Vielmehr scheinen die Gedanken und Gefühle zu verkleben und zu verklumpen und machen gleichzeitig den Wunsch nach einem verstehenden Ordnen der Reaktionen umso dringlicher.

Ratlosigkeit. Welchen Zugang kann ich wagen, woran kann ich mich entlang hangeln, um das Geschehen der Verknäuelung aufzuhalten und umzukehren? Vielleicht hilft es mir, das emotionale Geschehen gleichsam zu triangulieren, die übergroße Nähe im Prozess des Vergleichens dadurch zu lockern, dass ich einen dritten Standpunkt in das Nachdenken einbeziehe?

Tatsächlich empfand ich es in der Auseinandersetzung als hilfreich, mich mit der Wahrheitskommission nicht nur über das kollektive Erbe des Nationalsozialismus in Bezug zu setzen, sondern auch über die Fragen der Vergangenheitsbearbeitung, die im Nach-Wende-Deutschland aktuell sind. Der Zusammenbruch der sozialistischen Regierung der DDR mit ihrem weit verzweigten Bespitzelungssystem der Staatssicherheit, die für die physische und psychische Folterung zahlreicher Menschen verantwortlich war, hat nach 1989 die deutsche Debatte um die Möglichkeiten der Bearbeitung kollektiver Schuld wieder belebt.[2] Nun war darüber nachzudenken, wie Stasi-Opfer und -Täter mit den vergangenen Verbrechen würden umgehen können und welche Haltung der Staat hierzu einnehmen sollte (vgl. dazu z. B. Gauck 1991, Ash 1997, Funder 2004, Trobisch-Lütge 2004). Die Betrachtung der Arbeit der Wahrheitskommission ist auch vom Rückbezug auf diese Dimension des Erbes einer politischen Schuld nicht zu lösen.[3]

Doch was bedeutet sie für mich, die ich in der »alten« BRD sozialisiert wurde? Ein unmittelbarer emotionaler Zugang zu dieser Dimension der Auseinandersetzung scheint mir zunächst zu fehlen,[4] wird aber dann deutlich, wenn ich meinen Ärger über die meiner Einschätzung nach unbefriedigende öffentliche Bearbeitung der Verbrechen der Staatssicherheit wahrnehme. Nach und nach kann ich diesen Ärger als einen Versuch verstehen, die wahrgenommenen Unzulänglichkeiten in der Bearbeitung der NS-Schuld zu relativieren oder gar ganz aus dem Blickfeld zu verlieren: der Ärger über die zu beobachtenden Abwehrprozesse in der Auseinandersetzung mit einer mir fremden Schuld dient dann letztlich auch der Befreiung von einem schwer erträglichen Schuldgefühl als Deutsche der dritten Generation nach dem Nationalsozialismus. Die innere Auseinandersetzung mit schuldhaftem Erleben kann so auf einen äußeren Schauplatz verlagert werden, innerhalb dessen ich dann per Identifikation einen moralisch integren Standpunkt vertrete. Tatsächlich aber wirkt die Last des nationalsozialistischen Schulderbes diffus in mir fort als »frei-flottierendes Schuldgefühl« (Diner 1987) bzw. als »entlehnte Schuldgefühle« (Vogt und Vogt 1997). Dieses »frei-flottierende Schuldgefühl« hat für mich als Angehörige der dritten Generation einen dilemmatischen Charakter:

> »Ich bin paradoxerweise an etwas beteiligt, woran ich nie wirklich beteiligt war, werde mit etwas nicht fertig, was ich selbst nicht getan, nie selbst erlebt und gesehen und nicht persönlich zu verantworten habe. Gleichwohl bin ich dem ausgeliefert, was von meinen Eltern oder Großeltern auf mich überkam, so dass es nun in mir wie ein negatives Vermächtnis lebt, das ich gerade deshalb nicht abschütteln kann, weil ich das Vergangene nie selber verantwortet habe. (…) Dieses generative Gedächtnis ist wie eine Fessel« (Sichrovsky 1992, S. 132).

Im Begriff der Fessel klingt das von mir gewählte Bild des verworrenen Knäuels wieder an: damit umschrieben ist einen Zustand, in dem ich mich eingeschnürt und gelähmt fühle – ein Erleben von lebendiger, schöpferischer, emotionaler und intellektueller Beweglichkeit ist darin fern.

Der von Schuldgefühlen »gefesselte« Zustand bezieht sich dabei offenbar nicht ausschließlich auf konkret und individuell zuschreibbare, massive Schuld, denn in meiner Familie ist bislang keine direkte Beteiligung an den nationalsozialistischen Massenverbrechen feststellbar, deren Bearbeitung an mich hätte delegiert werden können. Wachsmuth (2006) arbeitet in einer umfangreichen Studie heraus, wie in erzählten Lebensgeschichten dreier Generationen familiäre Muster in der Tradierung, Bearbeitung und Abwehr der Erfahrungen während des Nationalsozialismus sichtbar werden. Hier zeigt sich, wie auch in Familien von Mitläuferinnen und Mitläufern latente Tradierungs- und Delegationsprozesse wirksam sind. So erlebe ich z. B. Scham für das fehlende politische Engagement meiner Großeltern gegen den Nationalsozialismus. Zudem spüre ich eine generativ weiter getragene Verantwortung für die Verbrechen des nationalsozialistischen Genozids insgesamt. Darin geht es auch um die »politische Haftung« (Jaspers [1946]/1996) eines Kollektivs, um seine »politische, moralische und metaphysische Schuld« (S. 17ff.).

Und hier ähnelt dann natürlich die Verschiebung des emotionalen Geschehens auf den Schauplatz der ehemaligen DDR der Verschiebung auf den Schauplatz der südafrikanischen Auseinandersetzung: hier wie dort kann ich die unbearbeiteten Themen an einem ferneren Beispiel wieder erkennen und mit dem Wunsch betrachten, es möge stellvertretend für mich eine möglichst ideale Lösung gefunden werden. Das emotional Verschlingende in diesem Geschehen kann ich zunächst an die stellvertretenden Protagonisten delegieren; es holt mich erst dann wieder ein, wenn ich mich unmittelbar in den Prozess des Befragens einbeziehe. In dieser Hinsicht hat die Beschäftigung mit der Arbeit der Wahrheitskommission mich zunächst zwar massiv verunsichert, sobald ich meinen Standpunkt als Deutsche dazu zu denken begann, doch hat sie mir schließlich auch ermöglicht, eigene Fragen und Positionen in Bezug auf die deutsche Vergangenheitsbearbeitung auszuloten und darin insbesondere eigenen wie auch kollektiven Bearbeitungslücken nachzuspüren.[5] So habe ich mein Nachdenken über die Wahrheitskommission als Ausdruck eines Wunsches nach der Auseinandersetzung mit einem kollektiven, generativ tradierten Schuldgefühl verstehen können.

Gerade im öffentlichen Interesse Deutschlands wurde die Wahrheitskommission häufig als Institution wahrgenommen, welche eine alternative Auseinandersetzung mit geständigen Tätern anbot. Zumeist ist es dieser Aspekt der Wahrheitskommission, der hier am ehesten bekannt ist und auf Interesse stößt.[6] Könnte es sein, dass mit dem Interesse für den Umgang mit den Tätern des Apartheidregimes sehr ambivalente Gefühle in Bezug auf deutsche Täter verbunden sind, welche die Beobachtung der südafrikanischen Täter so dringlich macht? Die Beschäftigung mit der Schuld der Apartheidtäter kann dann z.B. auch eine Befreiung von der subtil wirksamen Auffassung mit sich bringen, die Deutschen hätten ein besonderes Potential zum Bösen. In der Auseinandersetzung mit den Gräueln der Apartheid würde dann eine Erleichterung darüber liegen, dass nicht nur deutsche Tätern zu grausamem Handeln fähig waren, sondern ähnliche Grausamkeiten auch »am anderen Ende der Welt« verübt wurden.[7] Ebenso aber könnte das Amnestierungsprocedere der Wahrheitskommission eine Erleichterung darüber verheißen, dass Täter, wenn sie sich einsichtig zeigen und ihre Taten gestehen, Bestrafung, Verurteilung und Ausgrenzung umgehen können. Das südafrikanische Beispiel steht damit auch für die Hoffnung, dass Nachfragen, Einfühlung und Verständnis für Täter zumindest denkbar und möglich sind. Und noch mehr als das: die Wahrheitskommission steht auch für die Möglichkeit, dass Täter von kollektiv verantworteten Gewaltverbrechen die Chance erhalten, sich mit ihren Taten auseinanderzusetzen, sich zu ihnen zu bekennen oder sie zu bereuen und mittels dieses Bearbeitungsprozesses eine gesellschaftliche Reintegration anzustreben. So kann das südafrikanische Vorhaben gesellschaftlicher Versöhnung eine ganz besondere Anziehung auf mich als Deutsche ausüben: denn es bedeutet nicht nur die Möglichkeit einer konkreten (Wieder-)Annäherung oder gar Versöhnung nach einem massiven Konflikt, es bedeutet auch die Möglichkeit einer Integration von Täter- und Opferrepräsentanzen in mir. Dies habe ich für mich als einen weiteren zentralen Aspekt in der Auseinandersetzung mit der Wahrheitskommission begriffen.

Aber auch mit dieser Überlegung verbinden sich zunächst Zweifel, welche noch einmal die Qualität der (emotionalen und rationalen) Verwirrung illustrieren, die ich eingangs beschrieben habe. Denn in der Auseinandersetzung mit den Protokollen der Opferanhörungen wurde für mich immer wieder spürbar, wie groß die Verführung zur Identifikation mit den Opfern und zur Empörung über die Täter ist.[8] Tatsächlich bietet die Identifikation mit den Opfern des Apartheidregimes und der moralischen Entrüstung über die Täter die Möglichkeit, eindeutig Stellung zu beziehen und eigene schuldhafte Anteile an die Apartheidtäter delegieren bzw. auf sie projizieren. In dieser Hinsicht liefe die Auseinandersetzung mit den Anhörungen der Wahrheitskommission Gefahr, an einem gleichsam märchenhaften Verständnis der damit verbundenen emotionalen Dynamiken zu scheitern:

> »Auch im Märchen wird das Gute und das Böse voneinander getrennt, meist durch entsprechende Personen charakterisiert (die Guten und die Bösen), wobei von den Guten ein starker Aufforderungscharakter zur Identifikation ausgeht. Die innere Notwendigkeit, sich mit dem Guten zu identifizieren, wird gerade dann besonders beherrschend, wenn die Unsicherheit über das Fortbestehen des Guten am größten ist. So kann man als Reaktion auf den Nationalsozialismus (...) eine vermehrte Tendenz verstehen, sich des Guten in einem selber zu vergewissern oder aber die Zugehörigkeit des Standes zu den ›Guten‹ besonders hervorzuheben« (Lockot 1985, S. 35).

Der Ethnologe Crapanzano (1985) hat ein solches Geschehen eindringlich in Bezug auf die politische Situation unter Weißen in Südafrika beschrieben, die er in den späten achtziger Jahren beforschte:

> »I did not come to South Africa as a neutral observer. I came morally and politically outraged at the brute, unmediated legislation of human inferiority. (...) I indulged myself in horror and disgust and learned later that my indulgence was itself a symptom of the ›System‹. I met many white South Africans who were equally horrified and disgusted. Paradoxically, their horror and disgust rendered their life in South Africa tolerable. It gave them the certainty that they were different« (S. 22f.).

Wie groß die Verführung zu einer einseitigen Identifikation mit den Opfern der Apartheid und damit zur Herstellung einer maximalen Distanz zu den von den Apartheidtätern repräsentierten Anteilen ist, habe ich auch gemeinsam mit meiner Arbeitsgruppe während der Auswertung der Anhörungsprotokolle immer wieder erfahren. Insofern müssen wir die oben formulierte Chance einer durch die Beschäftigung mit der Wahrheitskommission angeregten stellvertretenden Integration von Täter- und Opferanteilen dahingehend präzisieren, dass wir vielleicht gerade als Deutsche immer wieder der Gefahr erliegen, diese Integrationsleistung zugunsten einer einseitigen Opferidentifikation aufzugeben. Eine solche Identifikation mit den Opfern des Nationalsozialismus bzw. der Apartheid kann das »frei-flottierende bzw. entlehnte Schuldgefühl« als Nachfolgegeneration der Täter des Nationalsozialismus als Abwehrleistung scheinbar wirksam bekämpfen. Die »unerträgliche Weißheit des Seins« (Sachs 1993b) in Südafrika ist auch für uns qua Identifikation schwer zu ertragen. Sie spitzt sich aber dann beängstigend zu, wenn wir unsere historische Rolle als Nutznießerinnen kolonialer Ausbeutung und unsere aktuelle Rolle als Profiteure der ökonomischen

Benachteiligung der sog. »Dritt-Welt-Länder« in das Nachdenken einbeziehen. Dann schrumpft die Distanz zu den Mitläufern und Nutznießern der Apartheid plötzlich auf ein minimales Maß und eine moralische Anklage ihres Verhaltens wird als projektive Abwehr eigener schuldhafter Anteile nachvollziehbar.

So zeigt sich deutlich: die Beschäftigung mit der südafrikanischen Wahrheitskommission bedeutet für die deutsche Beobachterin die Wiederkehr des Verdrängten. Die in der Auseinandersetzung mit dem Nationalsozialismus abgewehrten Anteile werden durch die Beschäftigung mit der Wahrheitskommission gleichsam als unverdautes Material wieder dem Bewusstsein zugänglich, die damit verbundenen Gefühle sind jedoch hoch ambivalent und widersprüchlich. Das brutale System der Apartheid wird zum Auslöser für intensive Gefühle, die jedoch nur zum Teil bewusst werden dürfen. Lockot (1985) schreibt in Bezug auf die Auseinandersetzung mit dem Nationalsozialismus: »Gerade die NS-Zeit, in der sogar Massenmorde als bürokratische Vorgänge vollzogen wurden, scheint dazu geeignet zu sein, in dem Betrachter genau die Emotionen zu wecken, die damals fehlten. Die Bereitschaft dazu, hier gefühlsmäßig zu reagieren, liegt in den eigenen Triebimpulsen, die in der Projektion auf die Geschichte wieder belebt werden« (S. 22). Das Spannungsverhältnis zwischen stark emotionalisierenden Gräueltaten und Verbrechen einerseits und ihrer ideologischen Rationalisierung und Banalisierung andererseits ist auch im Apartheidsüdafrika ausgeprägt und erklärt die oben beschriebene emotionale Verwirrung sowie die Heftigkeit der ausgelösten Reaktionen.

»Gegenübertragungsprobleme« auf meinen Untersuchungsgegenstand zeigen sich auch im unbewussten Geschehen bei der Auswahl der analysierten Transkripte. Erst nach Abschluss der empirischen Analysen fiel mir auf, dass ich kein Anhörungsprotokoll näher analysiert habe, das die Aussage eines Opfers von extremer Folter zum Gegenstand hatte. Aus einem statistisch orientierten wissenschaftlichen Anspruch heraus wäre mir diese Auslassung vorzuwerfen, denn ein solches Protokoll hätte die gewonnenen Einsichten zweifellos um weitere Aspekte ergänzen können. Rückblickend wird aber deutlich, dass ich die damit verbundene emotionale Herausforderung oder auch Überforderung scheute. Das Lesen einiger Protokolle, in denen von schweren Folterungen berichtet wurde, brachte mich an eine persönliche Grenze: ich hatte das Gefühl, meine analytischen Fähigkeiten in diesen Momenten einzubüßen und reagierte mit Übelkeit und subtilen Ängsten. Zum Teil konnte ich die entsprechenden Protokolle nicht durchgängig lesen. Es bleibt offen, welche wissenschaftliche Antwort sich auf ein solches Gefühl persönlicher Überforderung im Umgang mit empirischem Material finden lässt. Dass das Ignorieren der subjektiven Reaktionen zugunsten einer möglichst neutralen und statistisch repräsentativen wissenschaftlichen Haltung jedoch keine Lösung sein kann, zeigt sich meiner Meinung nach in einer diskursanalytischen Studie zur Wahrheitskommission, in der die Aussage eines Extremtraumatisierten zu analysieren versucht wird (Blommaert et al. 2006). Die Autoren scheinen als Gegenreaktion zum Entsetzen über die geschilderten Folterungen und Traumatisierungen in eine so nüchterne Betrachtungsweise zu fliehen, dass sie meiner Meinung nach der eigentlich verstörenden Qualität dieser Anhörung weder psychologisch noch linguistisch gerecht werden. Darin spiegelt sich die Notwendigkeit, die eigenen Begrenzungen in der Auseinandersetzung mit dem empirischen Material zu erkennen und diese zum Gegenstand der Diskussion zu machen.

Das Geschehen ist dabei mehrschichtig: denn bei den ausgelösten Reaktionen kann es sich eben nicht nur um Gegenübertragungsgefühle auf traumatisches Material handeln, sondern auch um das Wiederbeleben eigener, unbearbeiteter Konflikte. So beobachteten auch Spangenberg und Merk (1997b) die einsetzende Verunsicherung anlässlich einer Reise ins Nachapartheid-Südafrika: »Die Untersuchung der ›Seelenlandschaft‹ einer Nation, die eine unklare Vision eines psychologischen Neubeginns umzusetzen versucht, wühlt uns als Deutsche auf, weil unsere Familiengeschichten noch wie unverarbeitete Fremdkörper in unserem Inneren schlummern, unser Handeln und Fühlen beeinflussen, ohne dass wir untereinander darüber sprechen können« (S. 10). Die in diesem Zitat anklingende Qualität der Sprachlosigkeit und des Beschweigens erscheint als ein wesentliches Charakteristikum der deutschen Auseinandersetzung – sie ist vielfach beschrieben und diskutiert worden (vgl. z.B. Mitscherlich und Mitscherlich 1967, Müller-Hohagen 1988, Bar-On 1993, Schwan 1997, Grünberg 2001) und macht nur allmählich den Versuchen einer breiteren öffentlichen Diskussion Platz, die weiterhin von Ambivalenz, Scham und Abwehr begleitet ist.

Die Herausforderung bei der Beschäftigung mit der Wahrheitskommission liegt entsprechend darin, dass sie eben jene konflikthaften Emotionen wachruft, die in der deutschen Debatte meist verdrängt oder aber rationalisiert werden. Aber die Beschäftigung mit der Wahrheitskommission fasziniert eben auch: denn sie bildet ein beeindruckendes gesellschaftliches Gegenmodell zum hilflos-trotzigen Beschweigen des Nachkriegsdeutschlands. Hier zeigt sich der gesellschaftliche Wille zu beherzter Aufklärung und unmittelbarer Auseinandersetzung zwischen Tätern und Opfern, der umso größer erscheint, da er nicht etwa aufoktroyiert und von außen übergestülpt, sondern gesellschaftlich eigenständig entwickelt wurde. In Südafrika wurde, anders als im Deutschland der Nachkriegszeit und im Nachwendedeutschland, die Vergangenheitsbearbeitung nicht etwa auf Aktenstudium oder auf letztlich nur eine Minderheit der Täter bezogene juristische Prozesse begrenzt, sondern es wurde eine breite öffentliche Debatte angeregt und gesellschaftliche Verantwortung für eine Rehabilitation der Opfer übernommen. Der Einbezug von Menschen aus allen gesellschaftlichen Gruppierungen in die öffentliche Diskussion und das öffentliche Mitteilen sehr persönlicher Erfahrungen und schmerzhafter persönlicher Betroffenheit sind für mich als Deutsche beeindruckend. Der Wunsch, von erdrückendem Unausgesprochenen, von nicht Greifbarem und Diffusem oder aber von der inzwischen eingeschliffenen »Vergangenheitsrhetorik« (Spangenberg und Merk 1997b) in der deutschen Auseinandersetzung weg zu finden, zeigt sich so gerade durch den Vergleich mit dem südafrikanischen Beispiel:

> »Als Deutsche sind wir eine glatte, intellektuell durchgearbeitete ›Vergangenheitsrhetorik‹ gewohnt, mal sehr gekonnt (...), mal nicht so gekonnt (...) – bei im übrigen erkaltetem Affekt. In Südafrika wird spürbar, wieviel Verdrängungsaufwand erforderlich ist, um diese erkaltete Affektkultur aufrecht zu erhalten. Wer weiß, ob Deutsche nicht ebenso oder noch mehr rassistisch sind, als Menschen in Südafrika, die in einer immer noch rassistischen »heißen Affektkultur« leben? Bedarf eine echte, existentielle Versöhnung der Freisetzung von Haß, Empörung und Ressentiment, damit die Motive für diese vernichtenden rassistischen Affekte erkennbar und vom rassistischen Gegenspieler auch anerkannt werden können?« (a.a.O., S. 8).[9]

In der Sehnsucht nach einer glückenden Auseinandersetzung um schuldhafte Vergangenheit liegt natürlich auch die Neigung zur Idealisierung nahe. Denn Südafrika bietet mit dem Modell der Wahrheitskommission das verführerische Bild einer Nation an, welche die vielfältigen kollektiven Abwehrmechanismen in der Vergangenheitsbearbeitung überwindet und rückhaltlos aufklärt ohne zu verurteilen, versöhnt ohne Zerwürfnis zu säen und tröstet ohne die Wahrheit zu verschweigen. Das erinnert fast an Hollywood-Happy-End-Inszenierungen von Familiendramen.[10] Aber damit fällt es auch schwer, die Defizite und Schwachstellen der südafrikanischen Vergangenheitsbearbeitung zu benennen: denn solange ich ein Idealbild gesellschaftlicher Erinnerungsarbeit benötige, kann ich es mir kaum leisten, es kritisch zu prüfen oder nach misslungenen und scheiternden Aspekten zu fragen. So habe ich in Deutschland häufig eine Reaktion auf die Auseinandersetzung mit den Schwächen der Wahrheitskommission bemerkt, die sich beeilen musste, die problematischen Aspekte ihrer Arbeit zu relativieren und die Auffassung zu bekräftigen, dass es sich hier eben doch um eine einzigartige, gelungene Bearbeitungsleistung handele. Auch ich selbst bemerkte an mir die Neigung, die Wahrheitskommission zu idealisieren – auch wenn ich bald feststellte, dass es bei dieser Neigung nicht blieb, sondern dass ich vielmehr zwischen Polen aus Idealisierung und Entwertung pendelte.

Die gegenläufige Tendenz der Entwertung irritierte mich noch deutlicher. Wenn ich mich allein oder gemeinsam mit meiner Forschungsgruppe dem empirischen Material näherte, stellte ich immer wieder eine subtile Kritikfreudigkeit, ja Gereiztheit fest, aus der heraus ich oder wir nach Verfehlungen und nach Momenten konkreten Versagens in der Arbeit der Wahrheitskommission zu suchen schienen. Diese Neigung, aufzuzeigen, an welchen Stellen die Wahrheitskommission von einem phantasierten Idealbild feinfühliger Auseinandersetzung abwich, mutete mir manchmal von starker Enttäuschung getragen und manchmal fast triumphierend-hämisch an. Die hohen Erwartungen an die Wahrheitskommission konnten so in ein Auflisten ihrer Fehlbarkeiten umschlagen. So notierte ich beispielsweise anlässlich der Auswertung eines Protokolls: »Ich fühle mich wie eine strenge Oberrichterin, die stark moralisierend über das Geschehen richtet«. Ein anderes Mal stellte ich fest: »Beim Bearbeiten erlebe ich mich wie eine Sensationsjournalistin, die hinter einer heilen Fassade die Abgründe der menschlichen Psyche aufdecken will. Mir ist, als müsse ich einen Heiligenschein oder ein Deckmäntelchen fortreißen, als müsse ich Defizite bloßlegen, Schwachstellen entblößen oder massive Lügen enttarnen«. Der subtile Wunsch, die Fehler und Verfehlungen eines idealisierten Prozesses überkritisch entlarven zu wollen, meldete sich während der Arbeit mit dem empirischen Material immer wieder. [11]

Dieser Spannungszustand aus idealisierenden und entwertenden Zugängen hat mich lange Zeit irritiert. Aber auch in der wissenschaftlichen Auseinandersetzung mit der Wahrheitskommission finden sich polarisierte Einschätzungen (vgl. Verdoolaege 2002a). Krog (2004) beschreibt insgesamt in der Resonanz der Weltöffentlichkeit eine Dopplung der Reaktionen: so finde der südafrikanische Versöhnungsprozess zwar ungewöhnlich viel Beifall, jedoch meist gerade von jenen, die notwendige Versöhnungsprozesse im eigenen Land als undurchführbar und unrealistisch abwiesen. Es habe sich »jeder seine Begründung dafür zurechtgelegt, dass er andere töten muss: Die Wahrheits- und Versöhnungskiste ist gut für schwarze Menschen aus der Dritten Welt, aber wir Katholiken / Christen / Muslime / Amerikaner / Juden / Palästinenser lösen das Problem anders – und besser« (a.a.O., S. 4f.). Die darin latent spürbare Entwertung artikuliert sich dann ungebrochen, wenn die südafrikanische »Vergebungs- und Versöhnungsbereitschaft für primitiv, inkonsequent, ahistorisch und verrückt« (a.a.O., S. 5) erklärt wird und man den Schwarzen vorhält, sie hätten sich durch die Wahrheitskommission in die Versöhnung manipulieren lassen. »Wie anders lässt sich das erklären als durch einen Hauch von Rassismus? Schwarze sollten vergeben, Weiße müssen Rache nehmen, Versöhnung ist etwas für ›minderwertige‹ Völker, Rache dagegen für die ›richtigen‹ Nationen« (ebd.). Eine solche Einstellung findet sich auch unter Weißen Südafrikas, die Krog folgendermaßen umschreibt: »Was ist nur los mit diesen Schwarzen, nicht einmal richtig hassen können sie, und mit denen müssen wir nun ein Land teilen« (ebd.).

Diese zugespitzten Formulierungen lösen Betroffenheit aus, aber sie zeigen, wie stark die Wahrnehmung des Geschehens vor der Wahrheitskommission letztlich auch von rassistisch geprägten Erwartungshaltungen und Stereotypien geprägt sein kann, die den Blick für die tatsächliche Vielschichtigkeit dieses kollektiven Vorhabens und der damit verbundenen emotionalen Prozesse verstellen. Eigene unbearbeitete Konflikte werden dann an einem emotionalisierenden Forschungsgegenstand wie diesem notwendigerweise aufbrechen und können den Forschungsprozess bedrohen, z. B. »durch eigene Schuldgefühle, durch ein heimliches Mitgenießen aggressiver Auseinandersetzungen oder sogar Handlungen auf Seiten der Täter oder durch eine kontinuierliche Identifikation mit den Opfern. Ein Analysierender, der beherrscht ist von eigenen unbefriedigten Triebimpulsen, wird vor allem an spektakulären Enthüllungen interessiert sein und in der Identifikation mit dem Geschehen zumindest in der Phantasie Befriedigung finden können« (Lockot 1985, S. 22).

Die beschriebene Doppeltendenz aus Idealisierung und Entwertung ist ein Beispiel für die Vielfältigkeit der Übertragungsreaktionen: so wird einerseits eben das Modell einer idealen Auseinandersetzung ersehnt, weil es zumindest die Möglichkeit des Gelingens der historischen Herausforderung aufzeigt. Andererseits macht die Vorstellung des möglichen Gelingens aber auch das eigene Scheitern und die eigenen

Unzulänglichkeiten im Versuch einer Auseinandersetzung mit der schuldhaften Vergangenheit besonders schmerzlich spürbar. Hinter meinen entwertenden Neigungen in der Betrachtung der Wahrheitskommission habe ich so vor allem Neid und auch Schamgefühle erkannt.

Schließlich aber sind diese Reaktionen *auch* als genuine Gegenübertragungsreaktionen auf das untersuchte Material zu verstehen: denn auch im Diskurs der Wahrheitskommission waren Moralisieren, Idealisieren und Entwerten vorherrschende Tendenzen und eine Neigung zur harmonisierenden Verklärung der Auseinandersetzungen auffallend. Diesen Aspekt werde ich im empirischen Teil und in der anschließenden Diskussion eingehender beleuchten.

Die hier diskutierten Aspekte einer spezifisch deutschen Perspektive und ihr Einfluss auf die Untersuchung der Wahrheitskommission bilden nur einen Ausschnitt aus dem komplexen Übertragungsgeschehen ab, doch wird damit deutlich, dass ich mich nur so, wie ich eben bin, auf das Material einlassen kann: »die ethnozentrische, kulturspezifische Verzerrung ist unvermeidbar. Statt das zu beklagen, müssen wir sie als Quelle systematischer Fehler berücksichtigen« (Devereux 1984, S. 166). Aber im Einbezug der Gegenübertragungsreaktionen liegt noch mehr als das: denn die spezifischen Reaktionen in der Bearbeitung des Materials bergen auch die Chance eines spezifischen Erkenntnisgewinns. *Gerade weil* in Deutschland die Last des Erbes des Nationalsozialismus auch heute noch spürbar ist, bringen wir vielleicht ein besonders seismographenartiges Gespür für die Herausforderungen einer Auseinandersetzung mit schuldhafter Vergangenheit mit. Dieses wäre ein Gegenstück zum Empfinden von Scheitern im Versuch einer differenzierten und umfassenden Auseinandersetzung mit den Gräueln des Nationalsozialismus. Diese beiden Einschätzungen bilden weitere Pole in einer widersprüchlichen und ambivalenten Gegenübertragung auf die südafrikanische Vergangenheitsbearbeitung.

Die persönliche Betroffenheit in dieser Auseinandersetzung kann aber schließlich Anlass sein, das Erbe der Schuld emotional zu teilen: Denn »aus dem Schuldbewusstsein entsteht das Bewusstsein der Solidarität und Mitverantwortung, ohne die die Freiheit nicht möglich ist« (Jaspers [1946]/1996, S. 82). Gemeint ist hier eine Haltung, die sich über das polarisierende Aufspalten in Schuldige und Schuldlose hinwegsetzt. Die Verantwortung für die Verhinderung von Verbrechen gegen die Menschlichkeit ist damit dann nicht mehr nur Aufgabe nationaler Exekutiven und Legislativen, sondern wird letztlich individuell getragen: »Die einzige Antwort, die sich auf dieses Verbrechen geben lässt, ist die, daraus ein Verbrechen aller zu machen. Es zu teilen. Ebenso wie die Idee der Gleichheit, der Brüderlichkeit. Um es zu ertragen, um die Vorstellung davon auszuhalten, das Verbrechen teilen« (Duras 1998, S. 61).

4. Einblicke in die Geschichte Südafrikas: vom kolonialen Konflikt zur »Regenbogennation«

»Die Geschichtsschreibung ist der Königsweg zur Definition eines Landes; die Identität einer Gesellschaft ist weitgehend eine Funktion der historischen Interpretation, die sich in der Auseinandersetzung zwischen strittigen Positionen bildet.«
Edward Said (2004, S. 2)

»Mein Leben lang habe ich mich diesem Kampf des afrikanischen Volkes gewidmet. Ich habe gegen weiße Vorherrschaft gekämpft, und ich habe gegen schwarze Vorherrschaft gekämpft. Ich habe das Ideal der Demokratie und freien Gesellschaft hochgehalten, in der alle Menschen in Harmonie und mit gleichen Möglichkeiten zusammenleben. Es ist ein Ideal, für das ich zu leben und das ich zu erreichen hoffe. Doch wenn es sein soll, so bin ich für dies Ideal auch zu sterben bereit«
Mandela (1994a, S. 496).

Nelson Mandelas Schlussworte in seinem Prozess wegen Hochverrats (über 27 Jahre hat er danach in südafrikanischen Gefängnissen verbracht), vermögen gut, uns auf einen Überblick über die Geschichte Südafrikas einzustimmen, verdeutlichen sie doch die Dramatik eines gesellschaftlichen Konfliktes, dessen Phasen koloniale Beherrschung, einen blutigen Befreiungskampf und schließlich die friedlich errungene Demokratisierung umfassen. Deutlich wird darin, dass dieser Befreiungskampf im Wesentlichen die Durchsetzung eines politischen Ideals, die Demokratie, zum Ziel hatte – und die südafrikanische Wahrheitskommission ist gleichermaßen als Resultat wie auch als Mittel der südafrikanischen Demokratisierung zu verstehen. In diesem Kapitel werde ich Südafrikas Weg durch seine koloniale Geschichte umreißen: um die

Bedeutung der Wahrheitskommission zu verstehen und einzuordnen, gilt es, ihren historischen und politischen Kontext eingehender zu beleuchten.[1]

4.1. Geschichte der Kolonisation: Mandelhecke und »Konzentrationslager«

Die in der kolonialen Geschichte wurzelnden, gesellschaftlichen Konflikte nehmen ihren Anfang mit der Ankunft niederländischer Pioniere am »Kap der guten Hoffnung« im Jahre 1652. Bis dahin lebten dort verschiedene indigene Völkerstämme wie die Khoi-Khoi (früher als »Hottentotten« bezeichnet) und die San (Buschleute) in weitgehend friedlicher Koexistenz. Die Niederlande stellten Mitte des 17. Jahrhunderts die bedeutendste Wirtschaftsmacht dar; daran hatte vor allem die Vereenigde Oostindische Compagnie (VOC) ihren Anteil. Als Seehandelsimperium erkannte sie die Vorzüge eines Stütz- und Anlaufpunktes auf dem Seeweg nach Indien und Asien. So schickte die VOC unter Jan van Riebeeck ein Gruppe abenteuerlustiger Männer ans Kap mit dem Auftrag, das Land zu besiedeln und zu bewirtschaften. Die Geschichte der Kolonisierung Südafrikas beginnt also ohne eigentliche »Eroberungsabsichten« – tatsächlich schien das südliche Afrika für die Großmächte der Zeit strategisch weitgehend uninteressant (so waren portugiesische Schiffe 65 Jahre zuvor nach einer kurzen Landung einfach weitergesegelt). Nicht die Unterwerfung oder gar Ausrottung der Ureinwohner oder die Ausbeutung wertvoller Ressourcen stand auf dem Plan, sondern lediglich das Etablieren einer europäischen Enklave, einer abgeschotteten, »zivilisierten« Welt auf dem Seeweg nach Indien. Entsprechend zeigten sich die knapp eintausend Weißen, welche im folgenden Jahrhundert das Kap besiedelten, eher verschlossen und defensiv gegenüber den schwarzen Einwohnern: man handelte mit ihnen, pflanzte ansonsten aber eine dornige Mandelbaumhecke, um sich vor ihnen zu schützen.[2] Mit der Zeit wandelte sich der Charakter der Beziehungen. Einige der Ureinwohner wurden gejagt und getötet. Anderen wurde das Ackerland entzogen und viele starben an eingeschleppten europäischen Krankheiten. Vor allem aber wurden Schwarze mit Waffengewalt als Arbeitssklaven unterworfen.[3] Die Landwirtschaft entwickelte sich so explosionsartig, dass in der Folge auch Sklaven aus anderen holländischen Kolonien, wie Indonesien, den malayischen Inseln, Indochina und Madagaskar ans Kap gebracht wurden. Heute werden ihre Nachfahren ebenso wie Menschen multiethnischen Ursprungs als »Coloureds«, also Farbige bezeichnet.

Knapp einhundertfünfzig Jahre nach der Besiedlung des Kaps durch die Buren endete ihre Vormachtstellung. Das Britische Empire hatte beschlossen, sich das Kap strategisch anzueignen und besetzte es 1795. Die Unterschiede zwischen den beiden »weißen« Gruppen, die sich fortan die Macht am Kap streitig machten, sind bedeutend und wirken bis heute fort. Tatsächlich trennte ihre jeweilige Lebenskultur zur damaligen Zeit ein wichtiges Jahrhundert europäischer Geschichte: die Abgeschiedenheit der burischen Siedler am anderen Ende der Welt brachte nicht nur ein spezifisches Profil von eher eigenbrödlerischen Individualisten hervor, sie bedeutete vor allem auch die völlige Isolation von den geistigen Entwicklungen Europas. Die Bibel als einziger Bezugspunkt für sämtliche weltlichen, politischen und religiösen Lebensfragen, als einziges Lehrmittel bei der Kindererziehung und als ausschließliche Wissensquelle war für die südafrikanischen Buren noch bis in die Mitte des 18. Jahrhunderts maßgebend, während in Europa längst neue Geistesströmungen und Ideen florierten. Damit bedeutete die Ankunft der Briten für die Buren oder auch Afrikaaner[4], wie sie sich mittlerweile nannten, einen doppelten Schock: ohne die Entwicklungen des 18. Jahrhunderts auf dem europäischen Kontinent miterlebt zu haben, waren sie nun plötzlich mit den gewaltigen technischen und geistesgeschichtlichen Neuerungen des 19. Jahrhunderts konfrontiert. Die Dynamik der Industrialisierung war dabei zunächst ebenso fremd wie die aus der französischen Revolution erkämpften Ideen von Liberalismus und Demokratie. Somit waren Konflikte zwischen alteingesessenen Siedlern und der neuen britischen Besatzung vorprogrammiert. Die Spannungen konzentrierten sich dabei insbesondere auf das 1833 durch die britischen Besatzer erlassene Gesetz zur Abschaffung der Sklaverei. Diese als Unrecht anzusehen, geschweige denn eine Gleichstellung der Ureinwohner anzuerkennen, widerstrebte den Buren, die sich qua calvinistischer Lehre als ein von Gott auserwähltes, zum Herrschen über die Schwarzafrikaner vorbestimmtes Volk ansahen. Ein für die Buren typisches Verhaltensmuster kam auch nun zum Tragen: wer mit den Vorschriften der Autoritäten unzufrieden war, einem sozialen Konflikt aus dem Weg gehen oder neues Land besiedeln wollte, zog einfach in die Weite des südafrikanischen Kontinents hinaus, so weit, bis er sich einen eigenen, rechtsfreien Raum schaffen konnte. Entsprechend machten sich insgesamt 14 000 Buren über einen Zeitraum von zehn Jahren auf eine als »der Große Trek« bezeichnete Völkerwanderung, die dem bibeltreuen Volk als dem biblischen Exodus vergleichbar erschien.[5] Durch die Gründung neuer Burenrepubliken vermochten sie sich zunächst dem Zugriff der britischen Regierung zu entziehen. Zwischen den burischen Siedlern und schwarzen Stämmen kam es im Rahmen dieser neuen Republikgründungen zu blutigen Massakern, die beide Seiten mit Tausenden von Toten bezahlten. Bald auch hatten sich die neuen Burenrepubliken wieder gegenüber den Briten zu verteidigen, die einen einheitlichen südafrikanischen Staat gründen wollten. Neue landwirtschaftliche Technologien hatten einen florierenden Handelsmarkt geschaffen, der territoriale Expansion voraussetzte: so wurde 1844 die burische Kolonie Natal von den Briten annektiert. Riesige Zucker- und Bananenplantagen entstanden und machten die »Einfuhr« neuer Arbeitskräfte aus britischen Kolonien erforderlich. Zwischen 1860 und 1890 wurden über 100 000 Inder als Arbeiter verdingt.[6]

Die Staatsgründung wurde aus britischer Sicht schließlich auch dadurch dringlich, dass 1869 in Kimberley Diamanten und 1886 im Gebiet um Johannisburg Gold entdeckt wurde. Obwohl diese Minen auf dem Territorium einer Burenrepublik lagen, beanspruchte die britische Regierung das Hoheitsrecht darüber. Explosionsartig schossen um die Minen herum neue Städte aus dem Boden, die Unternehmer, Arbeiter, Abenteurer und Habenichtse anzog. Dienstleistungsbetriebe, Kleinunternehmer und Banken profitierten vom plötzlichen Reichtum. Johannesburg wurde in weniger als vierzig Jahren zu größten Stadt Südafrikas mit über 300 000 Einwohnern. Der Gold- und Diamantenrausch grassierte und erforderte elaborierte Technologien, Investitionen und Finanzierungsstrategien. So überrollte die Industrialisierung in wenigen Jahren abermals einen ländlichen burischen Kosmos. Diese Dynamik, die fast an ein koloniales Geschehen erinnert, förderte die Entstehung eines plötzlich auflebenden burischen Bewusstseins. Fanons (1981) Worte zur Situation der Kolonisierten gegenüber ihren Kolonialherren vermögen an dieser Stelle auch die Befindlichkeit der burischen Siedler treffend zu umschreiben: »Wenn sich die Mobilisierung der Massen anläßlich des Befreiungskrieges vollzieht, führt sie in jedes Bewußtsein den Begriff der gemeinsamen Sache, des nationalen Schicksals, der kollektiven Geschichte ein. Dadurch wird die zweite Phase, die der Bildung einer Nation, erleichtert: es existiert ein in Blut und Zorn geschaffenes Bindemittel« (S. 76f.).

Die Politik der Briten, z.B. schon ab 1840 die Afrikaans-Sprache in Schulen und Behörden zu verbieten, trug bei zu dem Gefühl, zu einer verfolgten Minderheit zu gehören. Ein kollektiver Aufschrei erhob sich gegen die britische Macht. Paul Krüger als der politische Kopf der neuen Burenrepublik Transvaal entschied, die Kriegsführung gegen die Besatzer zu wagen. Je erbitterter die Buren in den folgenden dreißig Jahren für ihre Unabhängigkeit kämpften, desto härter griffen die Briten vergeltend zu. Burische Guerillabanden verübten Sabotageakte, im Gegenzug brannten britische Soldaten afrikaanische Farmen nieder, und brachten deren Bewohner in sog. »Konzentrationslager«[7]. Die zunächst humane Absicht dieser Einrichtungen endete für die meisten ihrer Insassen aber tödlich, denn im Krieg wütende Epidemien führten dazu, dass über 20.000 Menschen an Krankheiten oder Mangelernährung starben. Von dieser Verheerung gezeichnet kapitulierten die Buren, so dass die Burenrepubliken durch den Friedensvertrag von Vereeniging 1902 zu britischen Kolonien wurden und 1910 schließlich in die südafrikanische Union eingingen.

In der Folge suchten viele Buren ihr Glück in den neu gegründeten Städten der Briten, aber auch hier fiel die Anpassung an städtische Lebensweisen und an das Englische als Fremdsprache schwer. Dazu kam der plötzliche Verlust von Autorität und empfundener Überlegenheit als *baas* (Meister) über schwarze und farbige Arbeitssklaven: plötzlich mussten burische Männer und Frauen in den Städten mit diesen um einfache Arbeit konkurrieren. Ohne handwerkliche Fertigkeiten oder Berufsausbildungen erlebten sie sich jetzt als weiße Sklaven unter den Briten. Diese Veränderung hatte massive Auswirkungen auf die Bildung eines afrikaanischen Nationalgefühls und damit auch der Apartheidideologie.[8] Das Gefühl tiefer Erniedrigung war nicht nur Anlass für die extensive Beschäftigung mit einer idealisierten burischen Vergangenheit, sondern führte auch zu einem fast obsessiven Herausstreichen des letzten verbliebenen »Privilegs« gegenüber den schwarzen und farbigen Arbeitskonkurrenten: die weiße Hautfarbe.

Von hier nahm die Ideologie der Apartheid (wörtlich Getrenntheit) ihren Ausgang: die unterschiedlichen Ethnien waren zu trennen, um die »Rassen«-Grenzen aufrecht zu erhalten. Das Wahlrecht war ein Privileg, das den Buren zur Durchsetzung dieser Ideologie diente: zahlenmäßig hatten in der ausschließlich weißen Wählerschaft Südafrikas die Buren die Mehrheit und sie nutzten sie in der Folge, um ihre Privilegien auf Kosten der schwarzen und farbigen Bevölkerung durchzusetzen und abzusichern. Die National Party als Vertreterin burischer Interessen machte mit ihrer Politik der Apartheid Wahlkampf und erhielt 1948, nach bereits über zwanzig Jahren als Regierungspartei, in Koalition mit der rechten Afrikaanerpartei die absolute Mehrheit.

4.2. Die Apartheidjahre: gesellschaftliche Spaltung und gewalttätiger Befreiungskampf

Repressive Gesetzgebungen, welche die Rechte von Schwarzen und Farbigen beschnitten, wurden nun von dieser konservativen burischen Regierung eingeführt und in folgenden Jahrzehnten erweitert und verschärft, sodass auf dem Höhepunkt der Apartheidzeit kaum eine Frage öffentlichen und privaten Lebens von insgesamt über zweihundert auf »Rassen«-Fragen ausgerichteten Gesetzesvorschriften unberührt blieb. Der sog. Native Land Act, ein Gesetz aus dem Jahre 1913, billigte beispielsweise der schwarzen Bevölkerung (ca. 70% der Gesamteinwohner) lediglich 13% des südafrikanischen Bodens zum Erwerb von Grundbesitz zu. Kein Schwarzer durfte in Folge anderen Grundbesitz kaufen, mieten oder pachten. Eigentliches Ziel der Apartheidregierung war jedoch, dass im künftigen Südafrika keine schwarzen Südafrikaner/innen mehr leben sollten. Entsprechend wurden 1966 Schwarze ungeachtet ihres Geburtsortes und ihres aktuellen Wohnortes in zehn Stammesgruppen eingeteilt und zu »Staatsbürgern« jeweiliger, neu geschaffener »Homelands« erklärt, d.h. willkürlich bestimmter, »schwarzer« Kleinstaaten. Grundlage hierfür bildete der sog. Group Areas Act.[9] Ganze Stadtteile und Landstriche wurden nun »ethnisch gesäubert« und ihre Bewohner gegen z.T. erbitterten Widerstand zwangsumgesiedelt. Insgesamt 3,5 Millionen Südafrikanerinnen und Südafrikaner waren von dieser Härte betroffen. Nur ausdrückliche Genehmigungen konnten das Recht sichern, auch weiterhin im »weißen« Südafrika leben zu dürfen.

In den »Homelands« wurden meist korrupte Marionettenregierungen etabliert, die von der Apartheidregierung eingesetzt wurden und sich nach deren Willen zu verhalten hatten. »Das Teuflisch-Geniale an dem Homeland-Konzept ist, daß es die Rassenfrage in den Augen der Weißen aufhebt. Alle Afrikaner gehören zu einem Homeland – in Südafrika genießen sie folglich keine staatsbürgerlichen Rechte mehr, sobald die Homelands für unabhängig erklärt werden. Südafrika ist dann ein reinweißes Land – mit zahlreichen Gastarbeitern, die aber bekanntlich auch in den europäischen Ländern kein Wahlrecht haben« (Verheugen 1986, S. 34).

Nur für die Farbigen und Inder als eigentliche, ursprüngliche »Gastarbeiter« der Buren und Briten, gab es natürlich kein »Homeland«, in das man sie hätte schicken können. Kurzerhand erklärte die Regierung die Kapregion als »*coloured preference area*«, also als Gebiet mit Vorzugsrechten für Farbige. Dies bedeutete, dass hier zum Nachteil der schwarzen Arbeitnehmer/innen ausschließlich farbige Arbeitskräfte angestellt werden sollten.

Auch innerhalb der Städte wurden die Wohngebiete nach ethnischer Zugehörigkeit ausgewiesen. In Kapstadt legt noch heute eine riesige Brachfläche in der Innenstadt Zeugnis von der forcierten Trennung ab: einst Ort multikulturellen Lebens mit 60.000 Einwohnern unterschiedlichster Hautfarben wurden seine Bewohner zwangsumgesiedelt, die Häuser komplett eingerissen und dem Erdboden gleichgemacht.[10] Weit vor den Toren der Stadt wurden schwarze und farbige Einwohner in neuen Bezirken, sog. Townships, angesiedelt, die sich schnell zu Elendsgebieten entwickelten. Ein Gesetz gab die Bestimmung vor, dass mindestens ein Kilometer zwischen diesen Townships und der jeweiligen »weißen« Stadt als Pufferzone zu liegen hatte, ein quasi ideelles Relikt der Mandelbaumhecke.[11] Die Townships verfügten über keinerlei infrastrukturelle Versorgung wie Kanalisation, Wasserversorgung oder Elektrizität. Zugleich wurden hier sog. Hostels errichtet, die als Massenunterkünfte für die schwarzen und farbigen Arbeiter im »weißen Südafrika« dienten und bis heute Brennpunkte psychosozialer Verelendung und Gewalt bilden.[12] Jede südafrikanische Stadt hatte entsprechend eigens ausgewiesene Wohngebiete für Weiße, Schwarze und Farbige. Auch zehn Jahre nach der Demokratisierung ist diese schachbrettartige Aufteilung der Wohnstrukturen noch deutlich sichtbar und erinnert an die noch lange kenntlichen Spuren der verschwundenen deutsch-deutschen Mauer.

Ein weiterer, zentraler Baustein der Apartheidgesetze waren die sog. Passgesetze: jede/r Schwarze war gezwungen, stets einen Pass bei sich zu tragen. Wer sich bei Kontrollen nicht ausweisen konnte, wurde festgenommen. Hierdurch konnten die Behörden »illegale Einreisen« kontrollieren. Bei durchschnittlich 2000 Verhaftungen pro Tag wurden in den Jahren der Apartheid insgesamt ca. 18 Millionen schwarze und farbige Südafrikaner/innen wegen Zuwiderhandlungen gegen dieses Gesetz festgenommen. Menschen konnten dabei nach ihrer Verhaftung ohne Gerichtsbeschluss und ohne Hinzuziehen eines Anwalts bis zu neunzig Tage in Haft genommen werden. Dabei kam es auch vor, dass die Verhafteten am 91. Tag nach ihrer Entlassung gleich wieder festgenommen wurden (vgl. Mandela 1994a).

Der Separate Amenities Act führte zur Trennung sämtlicher öffentlichen Einrichtungen nach Hautfarben: Ämter und Behörden, Theater und Kinos, Gefängnisse, Friedhöfe, Kindergärten und Schulen, Geschäfte, Krankenhäuser, Arzt- und Rechtsanwaltspraxen, Hotels und Restaurants, Büchereien, Museen, Busse, Taxis, Toiletten und Schwimmbäder, ja selbst Aufzüge, Parkbänke und Strände wurden für Weiße und sog. »Nicht-Weiße« gesondert ausgewiesen.[13] Sparks (1990) weist darauf hin, dass dieses Gesetzwerk nur eine Praxis fortschrieb, die sowieso schon weithin gängig war. Neu war allein, dass sie jetzt per Gesetz festgeschrieben und zur offiziellen Politik erklärt wurde.

Die Schul- und Hochschulbildung für Weiße, Farbige und Schwarze wurde getrennt organisiert, jeder Volksgruppe wurden eigene Einrichtungen vorbehalten, die sich in Ausstattung, Lernbedingungen und Abschlüssen erheblich voneinander unterschieden.[14] Für schwarze Kinder bestand keine Schulpflicht und der Schulbesuch war nur für die untersten Klassenstufen kostenlos. Schwarze wurden vom Militär ausgeschlossen. Qualifizierte Berufe standen ausschließlich Weißen zu Verfügung. Schwarze durften weder als Verkäufer/innen, noch als Büroangestellte oder Empfangspersonal angestellt werden. Darüber hinaus wurde es Schwarzen verboten, in den (»weißen«) Städten ebenso wie innerhalb ihrer eigenen Townships Geschäfte zu gründen. Handelslizenzen für die Townships wurden nur in sehr eingeschränktem Maße ausgestellt, darüber hinaus mussten sie jährlich erneuert werden, sodass die Ämter die Expansion eines Händlers stets unter Kontrolle halten bzw. verhindern konnten. Banken, Bekleidungsgeschäfte oder Supermärkte in den Townships wurden nicht zugelassen. Auch die Kirchen wurden getrennt, da die Niederländische Reformierte Kirche die Politik der Apartheid mittrug und sogar legitimierte: sie vertrat die Lehre, dass die Trennung der Menschen verschiedener Hautfarben Gottes Wille sei und das burische Volk im Auftrag Gottes die Reinheit der weißen Siedler zu bewahren habe.

Grundlage für die minutiöse Trennung der Bevölkerung nach den Hautfarben bildete der Population Registration Act, der jeden Bürger Südafrikas dazu verpflichtete, sich nach verschiedenen Hautfarbenmerkmalen klassifizieren und registrieren zu lassen:

> »Weißer bezeichnet eine Person, die der Erscheinung nach offenkundig eine weiße Person ist oder die als solche allgemein anerkannt wird, was aber niemanden einschließt, der der Erscheinung nach zwar offenkundig eine weiße Person ist, aber allgemein als Coloured anerkannt ist.(...) Eingeborener (Native) bezeichnet eine Person, die tatsächlich ein Angehöriger einer eingeborenen (aboriginal) Rasse oder eines Stammes ist oder als solche allgemein anerkannt wird (...) Coloured

bezeichnet eine Person, die weder eine weiße Person ist noch ein Eingeborener« (Auszug aus dem Gesetzestext, zit. nach Verheugen 1986, S. 29).

Ab 1959 konnte die Klassifizierung speziell für Farbige groteske Züge annehmen, da der Gesetzestext fortan zwischen sieben verschiedenen Untergruppen von Farbigen unterschied: dazu zählten die Gruppe der Kap-Farbigen, die Gruppe der Malayen (als Nachfahren asiatischer Sklaven), die Gruppe der Griqua (als Mischlinge von Weißen und einem spezifischen Ureinwohner-Stamm), die Gruppe von chinesischen Nachfahren, die Gruppe der Inder, eine Gruppe »anderer Asiaten« und schließlich die Gruppe »aller übrigen Farbigen«. In Zweifelsfällen wurde ein spezifisches Gremium angerufen, das die »Rasse« durch Untersuchung der Körpermerkmale und durch Nachforschungen in den Familien festzulegen versuchte.[15]

Mischehen und Geschlechtsverkehr zwischen den Angehörigen verschiedener »Rassen« wurden verboten. Diese Gesetzgebung zog also auch eine Art unsichtbare Mauer um die Körper, die Mentalität der Mandelbaumhecke setzte sich jetzt als »Berührungstabu« fort.

In dem Maße, wie das Gesetzeswerk der Apartheidregierung die völlige Entrechtung der schwarzen Bevölkerung festzurrte, formierte sich der Widerstand in politischen Organisationen. Mandela beschreibt in seiner Autobiographie (1994a), dass man als Schwarzer quasi unweigerlich in Konflikt mit den Apartheidgesetzen geriet:

»Es war ein Verbrechen, durch eine ›Nur-für-Weiße‹-Tür in Regierungsgebäuden zu gehen, ein Verbrechen, in einem ›Nur-für-Weiße‹-Bus zu fahren, ein Verbrechen, einen ›Nur-für-Weiße‹-Trinkbrunnen zu benutzen, ein Verbrechen, an einem ›Nur-für-Weiße‹-Strand spazieren zu gehen, ein Verbrechen, kein Passbuch bei sich zu haben, ein Verbrechen, in dem Buch die falsche Unterschrift zu haben, ein Verbrechen, arbeitslos zu sein, ein Verbrechen, nicht den richtigen Arbeitsplatz zu haben, ein Verbrechen, an bestimmten Orten zu leben und ein Verbrechen, keinen Platz zum Leben zu haben« (S. 207).

1912 schloss sich eine erste landesweite demokratische Organisation zusammen, die sich für die Rechte der Schwarzen einsetzte. Sie führte zur Gründung des African National Congress (ANC). Ab 1949 formierte sich innerhalb des ANC eine Aktionsgruppe, die zu offenem, zunächst gewaltfreiem Widerstand aufrief. Fortan wurden Streiks, Protestmärsche und Demonstrationen organisiert, die von Regierungsseite immer wieder brutal geahndet wurden. Daraufhin verabschiedete der

ANC mit anderen Organisationen wie dem Pan-African Congress 1955 die Freiheits-Charta, deren Kernsatz die Forderung nach einem demokratischen Staat mit gleichberechtigten Volksgruppen war.

Die Wendung hin zum bewaffneten Widerstandskampf wurde als Reaktion auf massive polizeiliche Gewalt bei einer Massendemonstration gegen das Apartheidregime beschlossen: diese Demonstration entzündete sich am 21. März 1960 an den durch die Regierung erlassenen »Pass-Gesetzen«. In Sharpeville griff die Polizei besonders hart durch und eröffnete Feuer auf die Demonstrantinnen. Mehrere Dutzend Menschen starben, hunderte wurden verletzt.[16] Das Regime ließ keinen Zweifel an seiner Entschiedenheit aufkommen, den schwarzen Widerstand mit härtester Strenge zu ahnden. Der ANC (ebenso wie andere schwarze Widerstandsbewegungen und Gewerkschaften) wurde verboten und konnte fortan nur noch aus dem Untergrund bzw. aus dem Ausland operieren. Die Mitgliedschaft in einer »illegalen Vereinigung« und – wie es die Regierung ausdrückte – das »Fördern kommunistischer Anliegen« und »Hochverrat« konnten mit Freiheitsstrafen von fünf Jahren bis hin zur Todesstrafe geahndet werden. Die Versammlungsfreiheit wurde aufgehoben. Agitatoren und Kämpferinnen wie beispielsweise auch Winnie Mandela wurden mit einem Bann belegt; sie durften niemals mehr als zwei Personen gleichzeitig treffen und standen unter ständiger Polizeikontrolle. Eine mit dem Bann belegte Person durfte in den Medien nicht zitiert werden.

In Reaktion darauf entschied der ANC, sein Prinzip der Gewaltfreiheit aufzugeben und bewaffnete Untergrundgruppen zu gründen:

> »Jede Nation kommt einmal an den Punkt, an dem es nur noch zwei Möglichkeiten gibt: Unterwerfung oder Kampf. Südafrika befindet sich jetzt an diesem Punkt. Wir werden uns nicht unterwerfen, und wir haben keine andere Wahl, als zum Schutz unseres Volkes, unserer Zukunft und unserer Freiheit alle uns zu Verfügung stehenden Mittel zu ergreifen und zurückzuschlagen (…). Unser Verzicht auf Gewalt ist von der Regierung als Einladung aufgefaßt worden, Waffengewalt gegen wehrlose Menschen einzusetzen« (Umkhonto we Sizwe[17] Manifest 1961, zit. nach Murray et al. 1996, S. 118).

Die Entscheidung zum bewaffneten Widerstand wird auch von Fanon (1981) als zentral im Kampf gegen die Kolonisierung beschrieben: Ein »Volk, dem man immer gesagt hat, daß es nur die Sprache der Gewalt verstehe, beschließt, sich durch die Gewalt auszudrücken. (…) Das Argument, das der Kolonisierte wählt, hat ihm der Kolonialherr geliefert, und durch eine ironische Umkehr ist es jetzt der Kolonisierte, der behauptet, daß der Kolonist nur die Gewalt verstehe« (S. 70f.).

Die Gegenreaktion der Regierung ließ nicht lange auf sich warten. Im August 1962 wurde Nelson Mandela angeklagt und zunächst für einige Jahre, später wegen Hochverrats und Anstiftung zur gewaltsamen Revolution zu lebenslänglicher Haft verurteilt.[18] Zusammen mit Mandela wanderten zahllose weitere Befreiungsaktivisten in die Gefangenschaft, vor allem nach »Robben Island«, ein vor Kapstadt gelegenes Inselgefängnis. Der Kampf wurde in den folgenden Jahren und Jahrzehnten von den im Untergrund und aus dem Exil heraus operierenden Aktivisten mit umso härteren Mitteln weitergeführt.

Als besonderes Datum der Gewalteskalationen ging auch der 16. Juni 1976 in die Geschichte ein: an diesem Tag demonstrierten schwarze Schüler gegen die Einführung von Afrikaans, der Sprache der Buren, als Unterrichtssprache. Die Polizei reagierte mit ungewöhnlicher Härte, im Township Soweto wurden zahlreiche Schüler erschossen, landesweite Protestkundgebungen und Streiks waren die Folge. Mehr als 1000 Menschen verloren in diesen Auseinandersetzungen ihr Leben. Inzwischen ist der 16. Juni zu einem Nationalfeiertag Südafrikas geworden, an dem gerade der jugendlichen Opfer der Befreiungskämpfe gedacht wird.

Die Verhärtung der Fronten radikalisierte und politisierte junge Schwarze zunehmend, sie wurden zu treibenden Agitatoren des Kampfes. Die Gewalt wurde zum Bestandteil südafrikanischen (vor allem schwarzen) Alltags der Jugendlichen und stellt das Land noch heute vor große Probleme.[19] Jugendliche Guerillagruppen kontrollierten viele Townships und bekriegten sich in ihren unterschiedlichen politischen Affiliationen untereinander. Dabei wurden bestimmte Bestrafungsaktionen für Abtrünnige, Überläufer oder Aufsässige zu einer gängigen Praxis.[20] Sparks (1990) spricht von einer »generation of black youth so brutalized and desensitized by its violent encounter with white South Africas repressive forces that it would lose all sense of life's value, a generation grown up in the institutionalized violence of Apartheid and the endemic violence of the ghetto« (S. 267).

Auch eine zunächst als Zugeständnis seitens der weißen Regierung deklarierte Reform, die Lockerung der härtesten Apartheidgesetze und das Wahlrecht für Farbige und Inder, konnte nicht zur Entspannung des politisch aufgeheizten Klimas beitragen. Unter den nicht-weißen Südafrikanern war die Ablehnung dieses neuen Systems vorherrschend. Viele waren der Meinung, dass es sich um eine leicht durchschaubare

Strategie der Regimepolitiker handelte, den Widerstand gegen die weißen Machthaber aufzuweichen, indem einem Teil der Bevölkerung Privilegien eingeräumt wurden. Ein breites Bündnis aus über 500 Bürgergruppen und liberalen, politischen Organisationen schloss sich zur United Democratic Front (UDF) zusammen, um eine groß angelegte Kampagne gegen die politische Reform durchzuführen. So boykottierten schließlich auch über 80% der farbigen und indischen Bevölkerung die Wahlen zum neuen Parlament.[21] Auch die Aufhebung der Passgesetze konnte den Druck der Widerstandsbewegung nicht mindern, sondern fachte eher die Wut über Diskriminierung und Entrechtung weiter an. Das Klima von Gewalt und Gegengewalt spitzte sich derart zu, dass die Regierung 1984 für mehrere Jahre den Ausnahmezustand verhängte. Zwischen September 1984 und Dezember 1988 wurden 5085 Menschen getötet, und weit über Zehntausend verletzt (vgl. Bawa 1995, S. 182). Die Presse wurde verstärkt zensiert, die Sicherheitskräfte wurden mit besonderen Machtbefugnissen ausgestattet. In Schnellkursen wurden schwarze Arbeitslose zu Polizeibediensteten, sog. *kitskonstables* ausgebildet, welche die ANC-Guerilla in den Townships bekämpfen sollten. Über 30 000 Schwarze und Farbige wurden in dieser Zeit verhaftet, mehr als in den 25 Jahren des Untergrundkampfes zuvor. Der Ausnahmezustand förderte Folterungen und schwere Menschenrechtsverletzungen und ließ sie zu einem alltäglichen Phänomen werden. Als Antwort auf diese Regierungsstrategie der »eisernen Faust« wurde von den Befreiungsbewegungen der Ruf laut, die Townships durch zivilen Ungehorsam unregierbar zu machen. Konsumboykotte wurden ausgerufen und Sabotageakte durchgeführt. Sparks (1990) beobachtet darin einen quasi-revolutionären Charakter:

> »What happened in South Africa during the years 1984 to 1987 was less than a full-blown revolution, yet it had many of its characteristics, and the perversion of idealism into the element of terror and virtue was among them. (...) Some people who violated the consumer boycotts were ›necklaced‹ or they were forced to eat their purchases (...). Young ›comrades‹ would go to the bus stations in the evenings and smell the breath of workers coming home for signs of alcohol. Those who had been drinking were given ›Omo treatment‹, named after a foaming detergent that was forced down their throats until they vomited« (S. 140).

Die in diesen Zusammenhängen ausgeübten Verbrechen von Schwarzen an Schwarzen bildeten übrigens – anders als man es zunächst erwarten würde – den größten Prozentsatz der vor der Wahrheitskommission angehörten Amnestierungsanträge.[22]

Aus dieser Spirale von Gewalt und Gegengewalt schien es zum damaligen Zeitpunkt keinen Ausweg zu geben. Wie war es möglich, dass bereits wenige Jahre später die ersten freien und demokratischen Wahlen in Südafrika abgehalten werden konnten? Vermutlich ist es auch hier ein Zusammenspiel vieler Faktoren, welche die politischen Veränderungen anregten. Bereits Anfang der achtziger Jahre nahm Mandela aus dem Gefängnis heraus geheime Verhandlungen mit dem politischen Gegner auf, entgegen der Skepsis und Ablehnung seiner Kampfgenossen (vgl. Mandela 1994a). Ebenso nahmen auch die internationalen Forderungen nach deutlichen Reformen zu. Politische Ereignisse auf internationaler Ebene begünstigten und förderten diese Forderungen: das Ende der portugiesischen Diktatur 1974, gefolgt von der Entlassung der portugiesischen Kolonien in die Unabhängigkeit, konfrontierte Südafrika nun mit Nachbarstaaten, die mit dem ANC sympathisierten und ihn unterstützten. Die südafrikanische Regierung sah sich gezwungen, ihre Ausgaben für den Militärhaushalt drastisch zu erhöhen, die Ausgaben stiegen von $60 Millionen in 1960 auf $3 Milliarden in 1982. Dies setzte wiederum ein beschleunigtes Wirtschaftswachstum voraus, was auch bessere Ausbildung und den freien Zugang zum Arbeitsmarkt für Schwarze erforderte. Zudem lasteten internationale Wirtschaftssanktionen und Boykotte auf dem südafrikanischen Handelsvolumen. Ausländische Banken verweigerten die Neufestlegung von Regierungsdarlehen, sodass der Kurs der südafrikanischen Währung drastisch stürzte. Und nicht zuletzt bedeutete auch der Fall der Berliner Mauer ein Ende des Kalten Krieges und damit auch eine Entschärfung der politischen Fronten in Südafrika: das von der Apartheidregierung mit Vorliebe heraufbeschworene Gespenst einer »roten Gefahr« in Gestalt eines von Kommunisten unterwanderten ANC, schrumpfte und milderte die Vorbehalte gegenüber Verhandlungen mit den Befreiungsbewegungen. Die »Pretoriastroika« (Sparks 1995) konnte beginnen.

4.3. Das Ende der Apartheid – Ringen um einen politischen Kompromiss

Ende 1989 trat P.W. Botha überraschend als Präsident zurück und wurde von F.W. de Klerk abgelöst. In seiner Antrittsrede im Februar 1990 machte dieser aus seinem Willen zu einem politischen Kurswechsel keinen Hehl: er kündigte die Aufhebung des Verbots der Oppositionsgruppierungen und die Haftentlassung Mandelas an. Dessen bedingungslose Freilassung am 11. Februar 1990 verdeutlichte die Bereitschaft der Apartheidregierung zur politischen Umkehr. Die über fünf Jahre andauernden geheimen Unterverhandlungen zwischen den gegnerischen Parteien hatten erste Erfolge gezeigt; in den folgenden Jahren wurden denn auch alle wichtigen Apartheidgesetze außer Kraft gesetzt.

Die offizielle Aufnahme politischer Verhandlungen zwischen Regierung und Befreiungsbewegungen bedeutete die Notwendigkeit kontinuierlicher Kompromisse. Allein die Festlegung, wer an den Verhandlungen zur Bildung einer neuen südafrikanischen Verfassung würde teilnehmen dürfen, also die Verständigung auf Kriterien zur Besetzung einer solchen Kommission, bedeutete ein politisches Kräftemessen.

Im Zentrum der Auseinandersetzungen aber stand die Frage nach dem Umgang mit Tätern politischer Gewalt. Die Aufnahme der Verhandlungen setzte auf Seiten des ANC voraus, dass viele ihrer politischen Führer zunächst aus dem Exil oder dem Untergrund zurückkehren mussten, ohne damit eine strafrechtliche Verfolgung für die im Kontext des Befreiungskampfes begangenen Verbrechen zu riskieren. Der ANC legte den bewaffneten Kampf nieder und die Verhandlungen führten zur Einberufung einer *Konvention für ein Demokratisches Südafrika*, CODESA. Sie setzte sich aus 228 Vertretern von insgesamt 19 südafrikanischen Parteien zusammen. CODESA wurde mit den Verhandlungen für die Bildung einer »gemischtfarbigen« Übergangsregierung und für den Entwurf einer neuen Verfassung beauftragt, die allen Bevölkerungsgruppen politische Rechte garantieren sollte.

Diese Zeit des Umbruchs und Aufbruchs in ein demokratisches Südafrika war trotz aller Hoffnung und Euphorie von schweren Erschütterungen gezeichnet. Ultrarechte burische Organisationen versuchten, die Demokratisierung zu sabotieren, Bombenanschläge wurden verübt. Es stand zu befürchten, dass Teile der Armee und der Polizei versuchen würden, durch einen Putsch eine Rückkehr zum Apartheidstaat zu forcieren. Auch die verschiedenen schwarzen Organisationen, insbesondere die militanten Flügel von ANC und IFP[23], lieferten sich heftige Auseinandersetzungen. Erst allmählich wurde bekannt, dass die Geheimdienste der Apartheidregierung diese gewaltsamen Konflikte zwischen den unterschiedlichen Befreiungsorganisationen nicht nur in der Vergangenheit z.T. künstlich angezettelt hatten, sondern diese Praxis auch weiterhin fortsetzten.

Das Wellen heftiger Gewalt ebenso wie derlei Enthüllungen führten immer wieder zum Abbruch der CODESA-Verhandlungen; eine politische Lösung der zugespitzten Situation hing häufig buchstäblich am seidenen Faden.

Die Frage nach der Amnestierung von politischen Straftätern stand in diesen Verhandlungen im Vordergrund: Wie sollte mit den Verbrechen auf beiden Seiten der politischen Lager umgegangen werden? Für die durch Sicherheitskräfte der Apartheidregierung ausgeübten Gewalttaten forderten die Vertreter der ehemaligen Regierung eine Generalamnestie, während der ANC eine lückenlose Aufklärung und Verurteilung der staatlich verantworteten Verbrechen verlangte. Der schwelende Streit um diese für die Befriedung der Gesellschaft zentrale Frage führte 1992 zu einem Folgegesetz zur »Indemnität, Immunität und Freilassung«[24], das in der südafrikanischen Gesellschaft aber weiterhin heftig umstritten war. Man verdächtigte de Klerk, auf diesem Wege gegen den Willen des Parlaments eine Art heimliche Amnestierungsoffensive für ehemalige Staatsbedienstete durchgesetzt zu haben.[25] Bis März 1995 wurden insgesamt 14.000 Anträge auf Indemnität entgegengenommen, darunter ca. 3500 von Mitgliedern der Sicherheitskräfte, über 9000 Anträge wurden positiv beschieden.[26] Der ANC drängte jedoch darauf, dass die Kriterien zur Amnestievergabe ausschließlich durch die neu gewählte Regierung festgelegt werden sollten. Ebenso verlangte er die Voraussetzung eines vollständigen Tatgeständnisses zur Amnestierung.

Der gesellschaftliche Wunsch nach einer friedlichen Einigung setzte sich schließlich entgegen der drohenden Destabilisierung durch. De Klerk wurde in seinem Kurs durch ein in der weißen Wählerschaft durchgeführtes Referendum bestätigt, bei dem sich 68,7% der Weißen für die Fortsetzung der Verhandlungen aussprachen. Im Dezember 1993 wurde eine Übergangsverfassung verabschiedet, mit der die Wahl einer Übergangsregierung festgelegt wurde. Im selben Jahr erhielten Mandela und de Klerk den Friedensnobelpreis für ihre politischen Leistungen. Die mehrfach von einem weißen Apartheidideologen, H. Verwoerd, geäußerte Absicht, die Apartheid so unauslöschlich zu verankern, dass es keinem späteren Regime gelingen könnte, sie jemals wieder aufzuweichen, bewies sich – zumindest auf der politischen Ebene – nun als gescheitert.

Sicherlich ist ein großer Teil dieses Erfolges Mandelas Fähigkeit zur Einfühlung zu verdanken. Er hatte erkannt, dass er die Ängste der Weißen vor politischer Veränderung würde berücksichtigen müssen und richtete seine Verhandlungsdiplomatie danach aus:

»Ich wusste, die Menschen erwarteten von mir, dass ich Zorn auf die Weißen hegte. Doch das war nicht der Fall. Im Gefängnis nahm mein Zorn auf die Weißen ab, aber mein Haß auf das System wuchs. Südafrika sollte sehen, daß ich sogar meine Feinde liebte, das System jedoch haßte, das uns gegeneinander aufbrachte. (...) Wir wollten das Land nicht zerstören, bevor wir es befreiten, und die Weißen zu vertreiben, würde die Nation vernichten. Ich sagte, es gebe einen Mittelweg zwischen weißen Ängsten und schwarzen Hoffnungen und den würden wir vom ANC finden« (Mandela 1994a, S. 759).

Die ersten freien Wahlen am 27. April 1994 stießen auf eine überwältigende Resonanz. Kilometerlang standen Menschen Schlange, um ihre Stimme abzugeben, Stimmzettel mussten nachgedruckt und Fristen verlängert werden, damit wirklich jede/r seine Stimme abgeben konnte. Die Wahlergebnisse waren kaum überraschend: der ANC errang 62,7% der Wählerstimmen, die National Party 20,4% und die Inkatha Freedom Party 10,5%.[27] Eine neue südafrikanische Nationalflagge war entworfen worden und wurde jetzt erstmals gehisst. Die neue Nationalhymne, eine Synthese der ehemaligen »weißen« und einer alten »schwarzen« Hymne, wurde intoniert. Die Ära der »Regenbogennation«[28] nahm ihren Anfang.

4.4. Das Nachapartheid-Südafrika: die neue »Regenbogengesellschaft«

Die Komplexität der Aufgaben, vor die sich Südafrika gestellt sah, war immens: die gesellschaftliche Befriedung und Demokratisierung bilden dabei nur den Anfangspunkt umfassender sozialer, ökonomischer und politischer Reformen.[29] Gesundheitswesen, Schulbildung, Polizei und Sicherheitskräfte, die öffentliche Infrastruktur – jeder Bereich des gesellschaftlichen Lebens war tief greifend vom Rassismus der Apartheid geprägt und jeden dieser Bereiche galt es jetzt umzustrukturieren.[30] Eine detaillierte Beschreibung der politischen und sozialen Reformen sowie ihrer ökonomischen Hintergründe ist im Kontext dieser Arbeit nicht zu leisten (vgl. hierzu z.B. Beinart 2001). Einen ungefähren Eindruck der gesellschaftspolitischen Reformen vermitteln jedoch einige Zahlen (im Folgenden beziehe ich mich auf Angaben in Marais 2001 und Wimmer 2004):

Zu Beginn der Demokratie in Südafrika hatten etwa 60% der Bevölkerung keinen Zugang zu Elektrizität, 16 Millionen Menschen, also etwa 30% der Bevölkerung, fehlte der Zugang zu Trinkwasser und 22 Millionen Menschen lebten ohne sanitäre Einrichtungen. Im Bereich der Infrastruktur konnten wesentliche Verbesserungen erzielt werden: 63% der Haushalte wurden ans Elektrizitätsnetz angeschlossen, 35% der Haushalte haben inzwischen einen Telefonanschluß. Seit 1994 wurden insgesamt 1,6 Millionen Häuser gebaut – bis dahin lebten über sieben Millionen Südafrikanerinnen in Hütten und Baracken. Seit 2004 erfreut sich Südafrika eines jährlichen Wirtschaftswachstums von 5% – die Ziele sind entsprechend weiterhin ehrgeizig: bis 2010 soll jedes Haus mit Wasser und bis 2012 mit Strom versorgt sein. Schulkinder werden in Südafrika kostenlos gespeist, alte Menschen erhalten Mindestrenten, Kinder und Schwangere kostenlose medizinische Behandlung. Über 700 medizinische Ambulanzen wurden neu gebaut. Die Verbraucherpreise sind aufgrund niedriger Inflation seit 1993 um 50% gefallen.

Andere Zahlen sind dahingegen weitaus ernüchternder als diese »Erfolgsmeldungen«:

Die Arbeitslosigkeit ist von 16% in 1996 auf inzwischen um die 40% gestiegen;[31] seit 1995 wurde fast eine halbe Million Stellen gestrichen. Die Landreform lässt weiter auf sich warten: »Dreißig Prozent des während der Apartheid widerrechtlich enteigneten Bodens sollten in den ersten zehn Jahren der neuen Regierung umverteilt werden, doch seit 1994 bis heute haben erst weniger als drei Prozent der versprochenen Gebiete den Eigentümer gewechselt. 87 Prozent der kommerziell landwirtschaftlich nutzbaren Fläche sind noch immer in rein weißer Hand« (Wimmer 2004, S. 10).

Ebenso hat Südafrika die weltweit höchste Rate von Gewalt gegen Frauen: alle 26 Sekunden wird eine Frau in Südafrika Opfer eines Verbrechens. Die Säuglingssterblichkeit stieg von 45 pro 1000 Lebendgeburten im Jahr 1998 auf 59 im Jahr 2000. Die Lebenserwartung der Südafrikaner/innen sank von 57 Jahren (1996) auf 52 Jahre (2002). Diese Zahlen sind natürlich im Zusammenhang mit der AIDS-Epidemie in Südafrika zu sehen: 11,5% oder 5,3 Millionen Südafrikaner/innen sind HiV-positiv; etwas weniger als ein Viertel der Neugeborenen ist infiziert. Bei den 15- bis 49-jährigen ist AIDS für etwa 40% der Todesfälle verantwortlich.

Die verarmten schwarzen und farbigen Bevölkerungsgruppen haben in den letzten zehn Jahren kaum oder gar nicht von den Veränderungen profitiert: 57,2% der schwarzen Südafrikaner/innen leben unter der Armutsgrenze, während es unter weißen Südafrikaner/innen nur 2,1% sind. Die ärmsten 40% der Einwohner sind in ihrer Mehrzahl schwarzafrikanisch, weiblich und auf dem Lande lebend.

Vor dem Hintergrund der sich in diesen Zahlen andeutenden massiven sozialen und ökonomischen Probleme kann die weiterhin demonstrierte Geduld verwundern. Trotz der nur langsam voranschreitenden Reformen und der stellenweise drastischen Verschlechterung der Lebensbedingungen wurde der ANC im Frühjahr 2004 mit 69,7% (im Vergleich zu 62,6% der Stimmen in 1994) wieder gewählt. Aber in Südafrika ist die Einsicht verbreitet, dass über 300 Jahre kolonialer Geschichte Spuren hinterlassen haben, die nach nur zehn Jahren demokratischer Reformen sich nicht einfach von selbst auflösen. Eine umfassende Transformation der Gesellschaft hat in dieser Hinsicht eben erst begonnen.

4.5. Historische Akzente für die Untersuchung der Wahrheitskommission

Wenn wir uns die soziale Situation im Südafrika der Nachapartheid vergegenwärtigen, wird deutlich, in welch gespannter politischer Lage die Wahrheitskommission zu arbeiten hatte: Demokratie bedeutete politisches Neuland, massive ökonomische Differenzen spalteten die verschiedenen Ethnien Südafrikas und Reformen griffen nur langsam. Eine Jahrhunderte alte Praxis von Spaltung und Entfremdung bis in die kleinsten Bereiche des Lebensalltags sollte verändert werden. Was konnte an ihre Stelle treten?

Als Deutsche können wir uns an die Situation nach der Wiedervereinigung erinnern – die Erfahrung der damit verbundenen gesellschaftlichen Spaltungen und Konflikte ist hier gerade dann hilfreich, wenn wir uns vor Augen rufen, dass diese gesellschaftliche Teilung »nur« 28 Jahre währte und ein Volk teilte, das sich auf eine sonst weitgehend homogene politische und kulturelle Geschichte bezog. Das Ausmaß des gesellschaftlichen Umbruchs in Südafrika wird so ansatzweise erfassbar.

Die Wahrheitskommission stellte den Versuch einer gesellschaftlichen Befriedung dar, die im Angesicht der zu bewältigenden Probleme bescheiden erscheint. Insbesondere betrifft dies die Multiplizität der gesellschaftlichen Konflikte. Denn die gesellschaftliche Auseinandersetzung im Südafrika der Nachapartheid hat sich bei weitem nicht nur auf den kolonial bedingten und antagonistischen Kampf zwischen Menschen schwarzer und weißer Hautfarbe beschränkt, auch wenn dieser sicher der markanteste ist. Vielmehr tritt die politische Situation im demokratisierten Südafrika als ein Konfliktkanon gezeichnet von verschiedenen ethnischen und politischen Differenzen in Erscheinung: die koloniale Situation führte auch zu Gewaltausbrüchen unter verschiedenen schwarzen politischen Affiliationen, Farbige und Inder waren ebenso involviert wie sich auch Weiße burischer und englischer Abstammung bekämpft hatten und die damit verbundenen Konflikte kreisten immer wieder um die Fragen politischer Partizipation und ideologischer Orientierung. Die Diversität und Heterogenität der gesellschaftlichen Konflikte im Nachapartheid-Südafrika stellt so Kehrseite der in ihrer Farbigkeit so faszinierenden Regenbogen-Metapher dar.[32]

Die Beschäftigung mit der Geschichte Südafrikas lässt zudem deutlich hervortreten, dass die von der Wahrheitskommission zu bearbeitenden Traumatisierungen als Folge vorhergehender historischer Traumata zu verstehen sind. Die Rigidität und gewalttätige Zuspitzung der Apartheidideologie wird verständlicher, wenn man sie auch als Reaktion auf die erlittenen Traumatisierungen von Demütigung, Entwurzelung und Vertreibung unter britischer Besatzung erkennt. Qua Identifikation mit dem Aggressor wurden so aus ehemals Entrechteten und Unterlegenen die neuen Mächtigen der Apartheid, fast so, als ließe sich dadurch das historische Trauma auslöschen.[33] Sicherlich bildet diese Überlegung nur einen Ausschnitt aus dem Gesamt der Entstehungsgeschichte der Apartheidideologie und -praxis. Für die Betrachtung der Wahrheitskommission ist sie aber insofern bedeutsam, als die Förderung der Fähigkeit zur Einfühlung ein wesentliches Anliegen der Wahrheitskommission darstellte. Denn ein zentrales Credo dieser gesellschaftlichen Institution bestand ja gerade darin, durch die kollektive Bearbeitung der erlittenen Traumatisierungen ein Wiederholen des Grauens in der Zukunft zu verhindern. Sehen wir uns an, welchen Weg sie dafür vorsah.

5. Die Wahrheitskommission – institutionelle Konzeption und gesellschaftliche Bedeutung

Dasselbe, dasselbe

is mir gleich biste schwarz
is mir gleich biste weiß
is mir gleich biste indien
is mir gleich biste mischling
biste manchmal südafrika
haste was echt schlimmes
irndwo in dir drin
warum weil
kannste annern nich innie augen sehn

ich mein sicher doch
alle leute sin Gott nachgemacht
willste ma wissen wassich damit mein
is leicht
der Gott den ich kenn jedenfalls
hat jeden mittem herz gemacht

und dies herz schlägt gleich klar
soll heißen
kein mensch is irndwie anners
also
verstehste das is echt schlimm
wenn einer dem annern schmerz macht
dener selbst nicht fühlt
das's genau worums geht

willste ma wissen was mein ich

> is leicht
> wenner dornbusch mit seim nagel
> die haut klein bisschen aufreißt
> is ganz wurscht biste schwarz
> is ganz wurscht biste weiß
> is ganz wurscht biste indien
> is ganz wurscht biste mischling
> is ganz egal was fürne haut
> nur eins is klar was rauskommt
> und das is nämich rotes blut
> und das's bestimmt dasselbe dasselbe
> bei jedem.
>
> *Sydney Sipho Sepamla (2004, S. 176)*

Im vorangehenden Kapitel habe ich den politisch-historischen Kontext der Wahrheitskommission umrissen. Deutlich ist dabei geworden, dass diese Institution als politische Kompromissbildung aus einem manchmal bis zur Zerreißprobe angespannten Konflikt hervorging. Die Bedrohung eines Bürgerkriegs bzw. eines Militärputschs verlangte, die grundlegenden Interessen und Sorgen der am Konflikt beteiligten Parteien gleichermaßen zu berücksichtigen wie auch abzuschwächen.[1] Für die ursprünglich konträren Forderungen der politischen Gegner im Hinblick auf die Frage der Amnestierungen konnte dabei erst nach langwierigen und mühseligen Verhandlungen ein Kompromiss gefunden werden – und genau dies bildet eine wesentliche Voraussetzung der bis heute weitgehend stabilen »Anatomie eines gesellschaftlichen Wunders« (Waldmeir 1997).[2] Nicht zu übersehen ist dabei, dass alle Konfliktparteien ein fundamentales Interesse an der Regelung der Amnestiefrage hatten: die weißen Machthaber verhandelten zugunsten ihrer Sicherheitsbediensteten, aber auch der ANC und andere Befreiungsorganisationen waren darauf angewiesen, für viele, z.T. exilierte Befreiungskämpfer/innen, die Gewaltverbrechen begangen hatten, Straffreiheit sicherzustellen.

In der Einrichtung der Wahrheitskommission vereinten sich also zwei verschiedenartige Anliegen: sie stellte eine politische Notlösung, den Minimalkonsens nach hartem politischen Tauziehen dar, doch war sie ebenso auch Bezugspunkt für gesellschaftliche Entwürfe für die kollektive Vergangenheitsbearbeitung. Sie war sowohl gezeichnet von den Spuren handfester politischer Interessen wie auch von den Hoffnungen auf demokratische Partizipation bei der öffentlichen Auseinandersetzung über die historischen Konflikte. So beteiligten sich zahlreiche demokratische Nichtregierungsorganisationen und namhafte Intellektuelle an der gesellschaftlichen Debatte um die Einrichtung einer Wahrheitskommission. Konferenzen wurden abgehalten, die den politischen Verhandlungsprozess begleiteten und mögliche Bearbeitungskonzepte zu entwickeln versuchten.[3] Gerade dieses Wechselspiel von politischer und gesellschaftlicher Diskussion gab der einzurichtenden Institution ihre spezifische Form. So setzte sich beispielsweise *amnesty international* vehement für die Transparenz der Entscheidungsfindung bei der Amnestievergabe ein und betonte das Recht der Opfer nach Aufklärung der Tatumstände, – ein Aspekt, den die südafrikanische Wahrheitskommission gegenüber vielen anderen als beispiellos auszeichnet (vgl. Hayner 2000a).[4] Auch der südafrikanische Kirchenrat konnte mit seinen Forderungen nach weitreichenden Unterstützungsangeboten für die Gewaltopfer die Gestaltung der Wahrheitskommission wesentlich beeinflussen. Die Interessen der Opfer bzw. ihrer Hinterbliebenen rückten durch diese Initiativen in den Mittelpunkt der Aufmerksamkeit: die opferorientierte Ausrichtung der Wahrheitskommission wurde, anders als es die Notwendigkeit einer Lösung der Amnestierungsfrage für die Täter zunächst nahe legt, zu einem wesentlichen »Markenzeichen« ihrer Arbeit und wird weithin als ihre größte Errungenschaft anerkannt (Simpson 2002).

5.1. Die Anatomie einer gesellschaftlichen Konfliktlösung

Das im Sommer 1995 verabschiedete »Gesetz zur Förderung der nationalen Einheit und Versöhnung« als Grundlage für die Einrichtung der Wahrheitskommission schrieb den bis dahin erarbeiteten konzeptionellen Entwurf fest. Auffallend an diesem Gesetzestext ist sein feierlicher Duktus, der die Verantwortung der neuen Regierung für den gesellschaftlichen Versöhnungsprozess hervorhebt. Darin spiegelt sich die Auffassung, dass der politische Kompromiss nicht nur Mittel zum Zweck ist, sondern einen gesellschaftlichen Transformationsprozess markiert und begleitet; der Wahrheitskommission wurde eine zentrale Rolle bei der psychosozialen Bearbeitung des gesellschaftlichen Konflikts zugeschrieben:

»Die Verfassung der Südafrikanischen Republik will eine historische Brücke bilden zwischen der Vergangenheit einer tief gespaltenen Gesellschaft, die durch Streit, Konflikt, zahllose Leiden und Unrecht gekennzeichnet war und einer Zukunft, die auf der Anerkennung von Menschenrechten, Demokratie und friedlichem Zusammenleben, unabhängig von Hautfarbe, Rasse, Klasse, Glauben oder Geschlecht gegründet ist.

Dafür ist es notwendig, die Wahrheit über schwere Menschenrechtsverletzungen, über ihre Motive und Zusammenhänge herauszufinden und die Ergebnisse zu veröffentlichen, um ein Wiedervorkommen in der Zukunft zu verhindern.

Die Verfassung stellt fest, dass das Streben nach nationaler Einheit, nach dem Wohlergehen aller südafrikanischen Bürger und nach Frieden die Versöhnung der Menschen in Südafrika sowie die Neugestaltung der Gesellschaft erfordern.

Die Verfassung erkennt die Notwendigkeit zu verstehen statt zu rächen, wiedergutzumachen statt zurückzuschlagen, die Notwendigkeit für einen Geist von *ubuntu*[5] statt von Vergeltung« (Präambel des Gesetzes zur Förderung von nationaler Einheit und Versöhnung, Government Gazette (künftig abgekürzt GG) 1995, S. 2; Übersetzung hier wie im folgenden durch die Verfasserin).

Um die »nationale Einheit und Versöhnung in einem Geist des Verstehens zu fördern, der die Konflikte und Spaltungen der Vergangenheit zu überwinden hilft« (GG, Kapitel 2, Absatz 3 (1), S. 6), sah das Gesetz folgende Hauptaufgaben vor:[6]

a) Zum einen sollte die Wahrheitskommission ein möglichst umfassendes Bild der Ursachen, der Art und des Ausmaßes schwerer Menschenrechtsverletzungen zeichnen. Dabei sollte sie den geschichtlichen Kontext, die Umstände, Bedingungen und Hintergründe der Gewalttaten ebenso wie die Perspektiven der Opfer und die Motive und Absichten der Täter darstellen.

b) Wo notwendig, sollte nach dem Verbleib und dem Schicksal von Opfern schwerer Menschenrechtsverletzungen geforscht und die Ergebnisse veröffentlicht werden. Durch die Möglichkeit, die Gewalterfahrungen z. T. öffentlich zu schildern, sollte die menschliche und zivile Würde der Opfer wiederhergestellt werden. Auch auf Empfehlungen für Wiedergutmachungsleistungen wurde Wert gelegt.

c) Des Weiteren sollte die Wahrheitskommission über die Vergabe von Amnestierungen für Täter entscheiden, wenn diese ein lückenloses Geständnis politisch motivierter Straftaten ablegten.

d) Schließlich sollte ein Abschlussbericht erstellt werden, der einen möglichst umfassenden Überblick über die Ergebnisse der Wahrheitskommission gestatten und Empfehlungen zur Verhinderung künftiger Menschenrechtsverletzungen aussprechen sollte.

Dieses breit gefächerte Herangehen zur Aufarbeitung der Vergangenheit erforderte die Einrichtung von drei Unterausschüssen, die ich weiter unten eingehender vorstelle.[7] Für ein möglichst dezentrales Arbeiten wurden vier regionale Büros eingerichtet (Durban, Johannesburg, Kapstadt, East London).

Die Wahrheitskommission nahm ihre Arbeit im Dezember 1995 auf. Im Februar 1996 wurden ihre Gremiumsmitglieder in einem überkonfessionellen Gottesdienst gesegnet und zeremoniell eingeschworen.[8] Als Zeitraum für die Bearbeitung der anstehenden Aufgaben hatte man anfänglich die Dauer von zwei Jahren festgelegt; die Flut von Aussagen und Amnestierungsanträgen führte jedoch zu mehrmaligen Verlängerungen der Amtsperiode, die schließlich mit der Übergabe des vorläufigen Abschluss- und Tätigkeitsberichts an den Präsidenten im Oktober 1998 endete. Anhörungen des Amnestierungskomitees wurden auch über diesen Zeitrahmen hinweg weitergeführt; die überraschend hohe Zahl von Amnestierungsanträgen und die häufig juristisch aufwendigen Anhörungen beanspruchten deutlich mehr Zeit als zunächst vorausgesehen.[9] Erst nach mehrmaliger personeller Aufstockung konnte auch das Amnestierungskomitee im November 2001 seine Arbeit abschließen, die Ergänzung des Abschlussberichts wurde im März 2003 dem Präsidenten übergeben.

Der Zeitraum des politischen Konflikts, den die Wahrheitskommission zu untersuchen hatte, bezog sich auf die Zeit zwischen dem 1. März 1960 (ein Datum, das sich auf das Massaker von Sharpeville bezieht) und dem 10. Mai 1994 (Tag der Ernennung von Nelson Mandela zum Präsidenten nach den ersten demokratischen Wahlen).[10] Menschenrechtsverletzungen, die vor oder nach diesen Daten begangen wurden, wurden von der Wahrheitskommission nicht berücksichtigt.

5.1.1. Das Komitee zur Bearbeitung von Menschenrechtsverletzungen

Dieses Komitee (*Committee on Human Rights Violations*) war für die Aufklärung und Veröffentlichung von schweren Menschenrechtsverletzungen zuständig. Seine Aufgabe bestand darin, die Aussagen von Opfern bzw. deren Hinterbliebenen entgegenzunehmen und öffentliche

Anhörungen durchzuführen. Dezentral wurden in vielen Gemeinden Südafrikas Opfer zum Aussagen aufgefordert; eine breit angelegte Öffentlichkeitsarbeit sollte die Bevölkerung über die Möglichkeiten der Beteiligung an der gesellschaftlichen Erinnerungsarbeit aufklären.[11]

Ungefähr zehn Prozent der über 20.000 Menschen, die eine Aussage zu Protokoll gaben, konnten anschließend ihre Erfahrungen auch öffentlich schildern. Die Institution bemühte sich, durch die Zusammenstellung der Aussagen in den öffentlichen Anhörungen ein möglichst repräsentatives Bild der regionalen Gewaltübergriffe zu erstellen. Der Auswahlmodus wurde von der Öffentlichkeit jedoch zuweilen aufgrund mangelnder Transparenz kritisiert; es entstand z. B. für manche der Eindruck, dass berühmteren Helden des Befreiungskampfes der Vorzug gegeben worden sei (Pigou 2002).

Die Anhörungen wurden in öffentlichen Gemeindezentren im gesamten Gebiet der südafrikanischen Republik durchgeführt; durch die Lage der für die Anhörungen gewählten Lokalitäten sollte einem Großteil der Bevölkerung die Teilnahme ermöglicht werden.[12] Meist stellten die Anhörungen ein gesellschaftliches Ereignis in den Gemeinden dar, an dem sich viele Einwohner z. B. auch mit Gesang beteiligten.[13] Der ritualisierte, liturgisch anmutende Ablauf der Anhörungen, der nicht zuletzt durch die charismatische Figur Desmond Tutus geprägt wurde, gab dem Geschehen eine würdige, christlich-spirituell geprägte Atmosphäre.

Das Zusammentragen der Aussagen von Gewaltbetroffenen war ein langwieriges und mühseliges Verfahren. Die Wahrheitskommission schickte häufig Mitarbeiter/innen in die von Apartheidgewalt betroffenen Gemeinden – im Angesicht des endemischen Ausmaßes der Gewalt eine enorme Aufgabe. Lokale Gruppierungen und auch die Kirchengemeinden wurden einbezogen und per Multiplikatoren dafür geschult, Aussagen betroffener Opfer aufzunehmen. Meist wurden diese gezielt aufgesucht und zum Erzählen aufgefordert. Die so stattfindenden Erstkontakte mit letztlich über 20.000 aussagenden Opfern bzw. Hinterbliebenen sind in ihrer Bedeutung kaum zu überschätzen: hier fand eine erste, semi-öffentliche »Anhörung« statt, manchmal ein erstes Wiedererinnern der Traumata. Vor allem wurde auf diesem Wege eine bestimmte Erwartungshaltung in den Beteiligten in Bezug auf die Angebote und Möglichkeiten der Wahrheitskommission geprägt. Später ausbleibende Einladungen zu einer öffentlichen Anhörung oder ausbleibende bzw. verzögerte Reparationszahlungen führten dann häufig zu großen Enttäuschungen (vgl. Matshoba 2002, Buur 2002). Die Aussagen der Opfer bzw. Hinterbliebenen wurden mittels eines mehrseitigen Fragebogens standardisiert und im Folgenden von einem gesonderten Team der Wahrheitskommission auf ihre Richtigkeit hin überprüft.[14]

Konnten die Angaben bestätigt werden, erhielt der Betroffene die offizielle Anerkennung als Opfer schwerer Menschenrechtsverletzungen. Dies bedeutete neben der namentlichen Erwähnung im Abschlussbericht der Wahrheitskommission vor allem die Berechtigung auf finanzielle Unterstützung bzw. Wiedergutmachungsleistungen. Alle Aussagenden und Zeugen hatten ein Anrecht auf Zeugenschutz: Wer Vergeltung und Rache durch die belasteten Täter fürchtete, konnte hier spezielle Schutzmaßnahmen beantragen. Es mag überraschen, dass dies offenbar nicht oder nur in seltenen Fällen benötigt wurde.

Eine Besonderheit des Ausschusses zur Bearbeitung von Menschenrechtsverletzungen bestand in der Durchführung von Spezialanhörungen, die den Fokus der Betrachtung auf bestimmte Betroffenengruppen, wie z. B. von politischer Gewalt betroffene Frauen oder Kinder und Jugendliche richtete. Ebenso wurden Anhörungen organisiert, welche die Beteiligung spezifischer Berufsgruppen und gesellschaftlicher Institutionen an der alltäglichen Praxis der Apartheid untersuchten. So wurden beispielsweise Anhörungen zur Beteiligung oder Unterstützung des Apartheid-Systems seitens der Medien, der Ärzteschaft und des Gesundheitswesens, der Kirchen, der (multinationalen) Wirtschaft usw. durchgeführt.[15] Mehrere Anhörungen beschäftigten sich auch mit der Verantwortung der politischen Parteien. Insgesamt wurden 64 Anhörungen zu individuellen Einzelschicksalen von Opfern bzw. Hinterbliebenen und 19 Spezialanhörungen durchgeführt. Meiner Auffassung nach ist es der Wahrheitskommission damit gelungen, einem zentralen Vorwurf zumindest ansatzweise zu begegnen, nämlich dass sie sich ausschließlich auf schwere Menschenrechtsverletzungen beschränkt, dabei aber das Ausmaß der strukturellen Gewalt des Apartheid-Rassismus ausgeklammert habe (vgl. z. B. Mamdani 1998, Simpson 2002).[16]

5.1.2. Das Amnestierungskomitee

Dieses Komitee (*Committee on Amnesty*) war zuständig für die Bearbeitung von Amnestieanträgen geständiger Täter. Nur in seltenen, z. B. besonders heiklen Fällen tagte es unter Ausschluss der Öffentlichkeit.[17] Amnestie beantragen konnten Mitglieder politischer Organisationen oder Befreiungsbewegungen sowie die Staatsdiener und Sicherheitskräfte der Apartheidregierung. Der Täter musste neben einem eindeutig politischen Tathintergrund glaubhaft machen können, dass er ein vollständiges und lückenloses Geständnis ablegte. Zur Beurteilung des politischen Charakters der Tat wurde untersucht: a) das Motivs des Täters, b) der historische Kontext der Tat, c) die rechtliche und tatsächliche Bedeutung des Delikts einschließlich seiner Schwere, d) die mit der Tat verbundene Absicht sowie e) die Verantwortung für die Anordnung der Tat und f) die Verhältnismäßigkeit zwischen Tat und beabsichtigter Wirkung (vgl. GG, S. 22f., Kutz 2001).[18] Amnestie konnte nur individuell beantragt werden, kollektive Pauschalanträge wurden nicht berücksichtigt. Abgelehnt werden konnte eine Amnestierung, wenn die Schwere der Tat in keinem angemessenen Verhältnis zum beabsichtigten politischen Ziel stand. Die Wahrheitskommission wurde öfter an die Möglichkeit und Notwendigkeit eines solchen Amnestierungsvorbehalts erinnert (vgl. Asmal et al. 1997), wenn er auch in der Praxis wenig Anwendung fand. Das Äußern von Reue stellte keine Voraussetzung für das Gewähren der Amnestie dar.

Die betroffenen Opfer konnten gegen eine Amnestierung Widerspruch einlegen und sich während der Anhörung durch einen Rechtsanwalt vertreten lassen. Auch die Täter ließen sich vor dem Hintergrund der juristischen Bedeutung einer Amnestierungsentscheidung in den Anhörungen meist durch Rechtsanwälte vertreten. Hierfür wurde auch Prozesskostenhilfe bewilligt, wenn das Einkommen eine Mindestgrenze nicht überschritt.[19] Diese Praxis verstärkte natürlich den juristischen Charakter der Anhörungen, die Gerichtsverhandlungen stark ähnelten. Diesen Aspekt diskutiere ich weiter unten sowie in Kapitel 8 eingehender.

Nach einem positiven Bescheid des Amnestierungsausschusses konnte ein Täter für die beantragte(n) Tat(en) nicht mehr strafrechtlich verfolgt werden. Dabei ist bestürzend, dass ca. 77% der Täter die Amnestierung aus dem Gefängnis heraus beantragte, also nach bereits erfolgter Verurteilung für eine politische Straftat (Pigou 2002). Nerlich (2002) schreibt dazu:

> »Man sollte sich hinsichtlich der Beweggründe der Täter, Amnestie zu beantragen, keinen Illusionen hingeben. Nicht der Wunsch, einen Beitrag zur Aufklärung der Vergangenheit und zur Versöhnung zu leisten, sondern die Furcht vor Strafverfolgung scheint das entscheidende Motiv der Antragsteller gewesen zu sein. Die tatsächliche (...) strafrechtliche Verfolgung von Staatskriminalität war daher eine Funktionsbedingung für das Amnestiemodell« (S. 335).

Wurde Amnestie gewährt, bedeutete es in diesen Fällen die Freilassung des Gefangenen. Hatte ein Täter nicht vor der gesetzlichen Beantragungsfrist Amnestie beantragt, so musste er mit strafrechtlicher Verfolgung rechnen.[20] Dies galt ebenso für abgelehnte Amnestierungsanträge. Die vor dem Amnestierungskomitee geleistete Aussage unterlag dabei einem Beweisverwertungsverbot im Strafverfahren. Ernüchternd ist allerdings, dass zumindest bis Sommer 2004 kaum eine strafrechtliche Verfolgung entsprechender Straftaten angestrebt wurde (Theissen 2004). Zwar wurde 1999 in Pretoria der *human rights investigative unit* geschaffen, der Strafverfolgungsmaßnahmen nach Beendigung der Amnestieverfahren durch die Wahrheitskommission koordinieren und durchführen soll. Doch sind Verfahren gegen ehemalige staatliche Täter derzeit politisch eher unerwünscht (Nerlich 2002). Eine Strafverfolgung in größerem Umfang ist auch deswegen unwahrscheinlich, weil die südafrikanische Justiz extrem überlastet ist. Umgekehrt lag bei 91% der 264 Staatskriminellen, die einen Amnestieantrag stellten, eine direkte oder indirekte Beziehung zu strafrechtlichen Ermittlungen vor: »Die Peitsche der Strafverfolgung mußte (...) gefährlich wirken, damit man das Zuckerbrot der Amnestie aß« (Nerlich 2002, S. 331).

Der Amnestierungsausschuss hatte eine besondere Stellung innerhalb der Wahrheitskommission. Er war ausschließlich mit Richtern und Rechtsanwälten besetzt, die direkt vom Präsidenten ernannt wurden und er war in seiner Entscheidungsfindung vollkommen autonom. Weder der Vorsitzende Desmond Tutu noch die anderen Gremiumsmitglieder der Wahrheitskommission hatten Einfluss auf seine Arbeit. Von ursprünglich drei Ausschussmitgliedern wurde die Besetzung im Verlaufe der Arbeit auf insgesamt neunzehn erhöht, um die über 7000 Amnestierungsanträge in einem angemessenen zeitlichen Rahmen bewältigen zu können.

Hervorzuheben für beide Komitees, die öffentliche Anhörungen durchführten, ist die Rolle der Medien. Viele Anhörungen wurden im Radio übertragen und für das Fernsehen aufgezeichnet, das einmal wöchentlich zur besten Sendezeit eine Zusammenfassung der neusten Erkenntnisse, Anhörungen und Ermittlungen der Wahrheitskommission zeigte. Der Einfluss auf die öffentliche Meinungsbildung ist in dieser Hinsicht nicht zu überschätzen.[21] Auch die Zeitungen berichteten ausführlich von der Wahrheitskommission.[22] Durch das große Medienecho erreichte die Wahrheitskommission ein sehr breites Publikum; auf diesem Wege war es möglich, die gesamte Bevölkerung an der öffentlichen Auseinandersetzung zu beteiligen, auch wenn die einzelnen Bevölkerungsgruppen sich unterschiedlich stark für die Wahrheitskommission interessierten. Tutu (1999) beispielsweise bemängelt das geringe Interesse vieler Weißer an der Arbeit der Wahrheitskommission.

Die Diversifizierung und Anonymisierung des Anhörungspublikums durch die indirekte Teilhabe über die Medien hatte natürlich ihrerseits Auswirkungen auf die Anhörungen und die Angehörten; sie verwandelte die Anhörungen zu einer öffentlichen Performance (vgl. Hughes-Freeland 1998).

Auch die Übersetzer/innen spielten eine zentrale Rolle im Prozess der öffentlichen Anhörungen. Da die Wahrheitskommission wie dargestellt um einen möglichst demokratischen Partizipationsmodus bemüht war, sollte jede/r Teilnehmer/in in einer Sprache seiner bzw. ihrer Wahl kommunizieren können, was einen erheblichen logistischen Aufwand bedeutete: Simultanübersetzungen in die wichtigsten lokalen Sprachen waren über Kopfhörer allen Teilnehmern sowie dem Publikum zugänglich.[23] Auch die Simultanübersetzungen beeinflussten den Charakter der Anhörungen wesentlich; sie führten zu einem Verlust an Unmittelbarkeit. Ebenso stand die Authentizität des Wiedergegebenen stärker in Frage (vgl. Buur 2000a, 2000d).

5.1.3. Das Komitee für Wiedergutmachungsleistungen

Das Komitee für Wiedergutmachungsleistungen (*Committee on Reparation and Rehabilitation*) hatte Vorschläge für die Rehabilitation und Entschädigung der Opfer von Gewaltverbrechen zu erarbeiten. Dieser Bereich bedeutete deshalb einen wichtigen Pfeiler in der Arbeit der Wahrheitskommission, weil damit versucht wurde, den Konflikt zwischen Täter- und Opferinteressen zumindest ansatzweise materiell auszugleichen:

> »Als die Regierung 1995 das Gesetz (...) verabschiedete, schloß sie mit allen Südafrikanern (...) einen Sozialvertrag. Die Amnestieklausel nahm den Opfern das Recht, Zivilklagen gegen die Täter anzustrengen. Statt dessen sollten ihr Leid und ihre (...) Verluste vor der ganzen Nation anerkannt und durch Wiedergutmachungsmaßnahmen gelindert werden. Wenn sich die Waagschale der Gerechtigkeit aufgrund der Amnestie zunächst zugunsten der Täter senkte, so sollte die Gewährung beträchtlicher Wiedergutmachungen an die Opfer einen Ausgleich schaffen« (Wahrheits- und Versöhnungskommission 2000, S. 326).

Das Gesetz sah zwei Bearbeitungsstufen vor, nämlich eine kurzfristige Überbrückungshilfe für Opfer in Notlagen, z.B. bei dringenden Operationen aufgrund von Folgewirkungen der Gewalt, und eine Wiedergutmachungszahlung über mehrere Jahre hinweg. Der im ersten Abschlussbericht der Wahrheitskommission empfohlene Maßnahmenkatalog war rechtlich allerdings unverbindlich. Die Kommission empfahl, jedem Opfer eine sechsjährige Rente von jährlich 23.000 Rand (entspricht ca. 3.200 Euro) auszuzahlen. Hierfür wurde der sog. President's Fund eingerichtet, der sich aus staatlichen Haushaltmitteln, lokalen und internationalen Spenden und daraus gewonnenen Zinsen speist.[24]

Das staatlich übernommene Bewilligungs- und Auszahlungsprocedere erwies sich jedoch extrem zäh und stand damit in massiver Kritik vieler Opfer (Phakati und van der Merwe, *im Druck*). Die südafrikanische Regierung behielt sich vor, über endgültige Wiedergutmachungsleistungen erst nach Beendigung der Amnestierungsentscheidungen zu befinden; da diese Arbeit jedoch erst im Frühjahr 2002 abgeschlossen wurde, bedeutete es für die Opfer eine sechsjährige und häufig quälende Wartezeit – ganz im Gegensatz zu den Amnestierungsentscheiden für die Täter, die meist recht zügig beschieden wurden und deren strafaussetzende Wirkung sofort rechtskräftig wurde. Für viele aussagende Opfer bzw. Hinterbliebene war die Entscheidung der Regierung, den Empfehlungen der Wahrheitskommission zu Wiedergutmachungsleistungen nicht zu folgen, sehr enttäuschend: Thabo Mbeki legte eine einmalige Zahlung von 30.000 Rand (ca. 4.200 Euro, entsprechend dem Jahreseinkommen eines einfachen Arbeiters) fest. Bis Ende 2003 hatten erst 9000 von 15000 anerkannten Opfern diese Zahlung erhalten. Die Kritik an den unzureichenden Wiedergutmachungsleistungen stellt bis heute einen Kernpunkt der öffentlichen Diskussion um die Erfolge der Wahrheitskommission dar.

Neben den Empfehlungen für die Bewilligung von finanziellen Wiedergutmachungsleistungen entwickelte das Komitee auch Ansätze für Möglichkeiten ziviler, gemeindeorientierter und auch symbolischer Wiedergutmachungsleistungen, wie z.B. die Einrichtung von Gedenkstätten, das Errichten von Mahnmalen oder die Umbenennung von öffentlichen Einrichtungen und Straßen.

5.1.4. Die Arbeitsweise der Wahrheitskommission

Zusätzlich zu den drei Unterausschüssen verfügte die Kommission über eine Ermittlungseinheit, die sowohl Hintergrundinformationen für die Anhörungen zu Menschenrechtsverletzungen zusammentrug und Opferaussagen auf ihre Richtigkeit hin überprüfte, als auch für den Amnestierungsausschuss im Beweisverfahren gegen die Täter ermittelte. Ebenso war sie zuständig für die Aufklärung darüber, was mit den Opfern von Menschenrechtsverletzungen nach Verschleppung oder Gefangennahme geschehen war. Hierfür war sie auch mit spezifischen Rechten zur Durchführung von Durchsuchungen oder zur Beschlagnahmung von Material ausgestattet. Die Arbeit führte in einigen Fällen zu spektakulären Ermittlungen, wie z.B. Exhumierungen von Opfern staatlicher Morde und Folterungen.[25] Die Mitarbeiter dieser Ermittlungseinheit waren zumeist Angestellte der südafrikanischen Polizei und des Nachrichtendienstes. Insgesamt waren ca. sechzig Ermittler tätig.

Vor dem Hintergrund zigtausender Aussagen von Tätern und Opfern konnte sich diese Einheit aber nur auf die notwendigsten Ermittlungen beschränken. Dies erklärt, warum sich viele Opfer bzw. deren Angehörige, die sich von der Wahrheitskommission die Aufklärung der Tatumstände bzw. Nachforschungen über die Schicksale der Vermissten erhofft hatten, durch die schleppende oder ausbleibende Beantwortung ihrer Fragen nicht ernst genommen fühlten (Posel und Simpson 2002).

Der umfangreiche Verwaltungsapparat der Wahrheitskommission bestand aus zehn Abteilungen und umfasste die Bereiche Finanzen, Personal, Informationsmanagement, Recht, Medien, Seelsorge, Datenverwaltung, Forschung, Sicherheit und Zeugenschutz. Insgesamt arbeiteten über 400 Personen für die Wahrheitskommission. Ihr Budget betrug bis zur Übergabe des ersten Abschlussberichts im Herbst 1998 über 300 Millionen Rand (entspricht ca. 42 Millionen Euro).

Die Durchführung der öffentlichen Anhörungen stellte also nur *einen* Ausschnitt im umfassenden Gesamtgefüge der Arbeit der Wahrheitskommission dar. Während die Arbeit auf den öffentlichen Bühnen sicherlich die spektakulärste war, so war sie doch eingebettet in ein Bearbeitungsprocedere, das im wesentlichen *hinter* geschlossenen Türen stattfand. Die internen Bearbeitungsaufgaben der Wahrheitskommission, wie z.B. die Kategorisierung und Klassifizierung der Aussagen, brachten eigene Probleme mit sich und geschahen weitgehend im Verborgenen (vgl. Buur 2000b, 2001; Posel und Simpson

2002). Die vorliegende Arbeit, die sich fast ausschließlich mit dem öffentlichen Teil der Bearbeitung befasst, untersucht also nur einen Teilaspekt des gesamten institutionellen Procederes.

Neben dem Vorsitzenden Bischof Tutu und seinem Stellvertreter Alex Boraine arbeiteten siebzehn *commissioners*, also Gremiumsmitglieder, für die Wahrheitskommission.

299 Kandidaten wurden hierfür nominiert, eine Gruppe aus Zivilisten und Regierungsangehörigen schlugen dem Präsidenten fünfundzwanzig von ihnen nach Auswahlgesprächen vor, der dann die endgültige Gruppe berief. Dabei wurde versucht, das Gremium nicht nur in einem transparenten Verfahren, sondern auch in Bezug auf Hautfarben möglichst paritätisch zu besetzen. Die *commissioners* waren meist Anwälte, Ärzte, Psychologen, Sozialarbeiter oder Theologen beiderlei Geschlechts. Es wurde darauf geachtet, dass keine/r der *commissioners* einer politischen Partei angehörte; viele von ihnen waren allerdings während der Apartheidzeit in der Menschenrechtsbewegung aktiv. Die politische Unabhängigkeit der Gremiumsmitglieder war immer wieder umstritten; der Kommission wurde ebenso oft eine Neigung zum ANC unterstellt (zumeist von weißen Südafrikanern; vgl. Muller 1997, Malan 1998), wie auch die Begünstigung und Bevorzugung weißer Täter (vgl. z.B. Cherry, Daniel und Fullard 2002). Letztlich könnte die Ausgewogenheit dieser Vorwürfe für die angestrebte Allparteilichkeit der Kommission sprechen.[26]

Die Beziehungen zwischen dem ANC und der Wahrheitskommission sind einer gesonderten Betrachtung wert. Eine politische Nähe zwischen der Befreiungsbewegung und der Wahrheitskommission ist nahe liegend. Zwei Ereignisse deuten aber auf ein eher ambivalentes Verhältnis: Zum einen beantragte eine große Gruppe von ANC-Aktivisten kollektiv die Amnestie und erhielt sie pauschal ohne öffentliche Anhörung zugesprochen. Dieser offensichtliche Verstoß gegen die Amnestierungsvorgaben führte zu einem enormen öffentlichen Aufschrei und brachte den Amnestierungsausschuss der Wahrheitskommission in Misskredit: er deutete tatsächlich auf politische Voreingenommenheit. Die Wahrheitskommission selbst zog ebenso wie die National Party gegen diese Entscheidung des (unabhängigen) Amnestierungsausschusses vor Gericht, der Klage wurde stattgegeben und die Entscheidung wurde aufgehoben. (Dies ist ein eindrückliches Beispiel dafür, dass die Wahrheitskommission zugunsten ihrer politischen Neutralität gegen eines ihrer Komitees vor Gericht zog).

Ebenso hohe Wellen schlug aber auch der Versuch des ANC, die

Veröffentlichung des über 2700 Seiten umfassenden Abschlussberichts der Wahrheitskommission gerichtlich zu untersagen, da er mit der Darstellung der durch die ANC-Aktivisten begangenen Verbrechen nicht einverstanden war. Dass gerade der ANC die Veröffentlichung in letzter Minute zu verhindern versuchte und die feierliche Übergabe an den Präsidenten beinah verunmöglicht hätte (das Gericht wies diesen Antrag per Eilentscheidung zwei Stunden vor Übergabe des Berichts ab), bedeutete einen Schock für die Wahrheitskommission und spaltete das Gremium massiv (vgl. Boraine 2000).[27]

Die im feierlichen Staatsakt vollzogene Übergabe des Abschlussberichts im Oktober 1998 bedeutete das offizielle Ende der Arbeit der Wahrheitskommission. Auf einer symbolischen Ebene wurde damit ein neues Geschichtsverständnis festgehalten (vgl. Burke 1991), verschriftlicht und als nun offizielle Vergangenheitsversion dem Präsidenten übergeben. Damit war auch die Hoffnung oder Illusion verbunden, dass die kollektive Bearbeitungsleistung nun weitgehend vollbracht und abgeschlossen sei. Der Amnestierungsausschuss beendete die letzte Anhörung im November 2001 und der Ergänzungsteil des Abschlussberichts konnte dem Präsidenten schließlich Ende März 2003 überreicht werden.

Doch mit dem Hinweis auf die Übergabe der Abschlussberichte an den Präsidenten greife ich der Untersuchung der Anhörungspraxis voraus. Rufen wir uns zunächst die Stimmung in Erinnerung, aus der heraus die Wahrheitskommission ihre Arbeit aufnahm. Ein Zitat von Mary Burton, eines Gremiumsmitglieds der Wahrheitskommission, kann vielleicht etwas von der Aufbruchstimmung verdeutlichen, die sich mit der Einrichtung einer Wahrheitskommission verband. Im Rahmen einer Konferenz im Februar 1994, also knapp zwei Jahre vor Aufnahme der eigentlichen Arbeit, auf der sich verschiedene Vertreter/innen von Nichtregierungsorganisationen über die Möglichkeiten einer institutionalisierten gesellschaftlichen Konfliktbearbeitung Gedanken machten, sagte Mary Burton, man müsse sich auf die Suche nach geeigneten Instrumenten für die Vergangenheitsbearbeitung begeben:

> »We need to have a commission of truth that can establish the facts and we need to give it teeth. It must gather in the stories to reach that truth which is, in a way, already widely known and accepted. But we need to make it legitimate through that process. We need to tell and record and validate that truth. We need to acknowledge the wrongs, not only in terms of injustice and hurt, but also the terrible loss. (…) We need to

dismantle the security apparatus (...). We need to give attention to reparation and redress (...). We need to build a society and uphold the vision« (zit. in Boraine et al. 1997, S. 122).

Zwei Jahre später hatte sich diese Forderung umgesetzt in eine staatlich finanzierte Institution zur Bearbeitung der gesellschaftlichen Konflikte. Die Einrichtung der Wahrheitskommission bedeutete eine Reise ins Unbekannte, mit der sich Hoffnungen, Visionen, aber auch Ängste verbanden. Zwar hatten schon andere Länder Wahrheitskommissionen ins Leben gerufen, doch keine war mit einem vergleichbaren Auftrag und vergleichbaren rechtlichen Befugnissen ausgestattet. Nirgendwo sonst funktionierte eine Kommission mit einem ähnlich hohen personellen, finanziellen und logistischen Aufwand oder folgte einem ähnlich umfassenden und weitgesteckten Auftrag. Keine hatte bislang annähernd vergleichbare Erfahrungen sammeln können. Insofern bedeutete diese Arbeit das Sich-Einlassen auf einen offenen Prozess ohne Sicherheiten und Garantien. Niemand konnte ahnen, welche Auswirkungen die Arbeit mit sich bringen würde, welche gesellschaftliche Resonanz sie finden würde, welche Schwierigkeiten und Hindernisse entstehen würden und welche Dynamik sie auf individueller wie gesellschaftlicher Ebene entfachen würde. Man sammelte die Erfahrungen erst während der eigentlichen Arbeit, die aber bereits zu gestalten war. Damit glich die Wahrheitskommission einem gesellschaftlichen Experiment, dessen Ausgang von niemandem geplant, garantiert oder vorhergesagt werden konnte und tatsächlich war ihre Arbeit immer wieder von Konflikten, Verwirrung und auch chaotischen Zügen bestimmt.[28]

Bevor wir uns im empirischen Teil der Arbeit konkreten Anhörungen zuwenden, um an ausgesuchten Beispielen wesentliche Charakteristika, Chancen und Schwierigkeiten dieses gesellschaftlichen Auseinandersetzungsprozesses zu beleuchten, möchte ich zunächst diskutieren, welche Bedeutungsebenen der Wahrheitskommission als neuartigem Bearbeitungsansatz für gesellschaftliche Konflikte zukommen. Die Komplexität dieser Institution lädt ein, über den spezifischen Charakter der sozialen Konflikte nachzudenken, ebenso wie die individuellen, gesellschaftlichen und dann auch institutionellen Bearbeitungsleistungen aufzuschlüsseln, welche durch den Kompromiss notwendig wurden. Dies wird uns dabei helfen, die Forschungsfragen weiter zu präzisieren.

5.2. Die gesellschaftliche Bedeutung der Wahrheitskommission – Versuch einer theoretischen Einbettung

Im Versuch, die Einrichtung der Wahrheitskommission in ihrer Bedeutung für die gesellschaftliche Konfliktbearbeitung zu beleuchten, macht sich zunächst Verwirrung breit: zu heterogen scheinen die unterschiedlichen Herangehensweisen, zu vielfältig die Bedeutungsebenen ihrer Arbeit, zu widersprüchlich die Einbettung in z.T. auch konträre Diskurse. Die Nachdenklichkeit beginnt schon bei der Auseinandersetzung mit der Namensgebung, denn in der offiziellen Bezeichnung als Wahrheits- *und* Versöhnungskommission verdeutlicht sich die Multiplizität des Bearbeitungsanspruchs: nicht nur sollten Täter wie Opfer eine Gelegenheit bekommen, ihre subjektive Wahrheit darzustellen und damit Bausteine von Vergangenheitsdeutungen zusammenzutragen, sondern der Auftrag umfasste zudem die gesellschaftliche Versöhnung.

Tatsächlich sind die Verständnisebenen bei der Betrachtung der Wahrheitskommission vielfältiger Natur. Einerseits können wir sie in ihrer politischen Bedeutung hinterfragen: war sie z.B. Mittel zum Zweck einer politischen Kompromissbildung oder auch zur Herstellung nationaler Einheit? Ebenso sehr fällt aber auch ihre stark religiöse Färbung auf; insbesondere ihr Vorsitzender, Desmond Tutu, hat ihr eine deutlich christliche Prägung gegeben. Dann wiederum erinnern wir uns an die Amnestierungsanhörungen, die dem südafrikanischen Bearbeitungsversuch einen deutlich juristischen Charakter verlieh. Weiterhin wird deutlich, wie sehr mit der Arbeit der Wahrheitskommission auch die Vorstellung eines nationalen Heilungsprozesses verbunden war, was eher an ein therapeutisches Unterfangen erinnert. Und aus dem Kaleidoskop der Bedeutungskontexte können wir schließlich noch jene herausgreifen, die in der Wahrheitskommission eine Institution zur Bearbeitung eines eigentlich kolonialen, rassistischen Konfliktes (vgl. Soyinka 2000) bzw. eine Einrichtung zur Lösung ethischer Fragen sahen (vgl. z.B. Cassin 2004). Die vielfältigen Bedeutungskontexte geben Ausdruck von der Komplexität der gesellschaftlich zu bewältigenden Aufgabe:

> »Responses to collective violence lurch among rethorics of history (truth), theology (forgiveness), justice (punishment, compensation and deterrence), therapy (healing), art (commemoration and disturbance),

and education (learning lessons). None is adequate. Yet, invoking any of these rethorics through collective steps (...) people wager that social responses can alter the emotional experiences of individuals and societies living after mass violence« (Minow 1998, S. 147).

Die unterschiedlichen Verständnisebenen schaffen zunächst Verwirrung. Aus einem psychologischen Betrachtungswinkel heraus sind wir dann verführt, den Fokus auf die der Wahrheitskommission zugeschriebene Funktion gesellschaftlicher Heilung zu richten. Die Behauptung, das offizielle Mandat der Wahrheitskommission habe »nicht weniger als auf die umfassende psychosoziale Katharsis der ›rainbow nation‹« (Seibert 1998, S. 33) gezielt, scheint zwar übertrieben, doch lässt der Gesetzestext an dem psychologischen Anliegen des gesellschaftlichen Auftrags wenig Zweifel. Das Ziel, »die nationale Einheit und Versöhnung in einem Geist des Verstehens zu fördern, der die Konflikte und Spaltungen der Vergangenheit zu überwinden hilft« (GG, S. 6; Übersetzung hier wie unten durch die Verf.), bedeutet ein eindeutiges Bekenntnis zu psychologischen Aufarbeitungsbemühungen. Ebenso hebt der Gesetzestext hervor, es gehe um das Streben »nach nationaler Einheit, nach dem Wohlergehen aller südafrikanischen Bürger und nach Frieden, nach Versöhnung der Menschen in Südafrika sowie [nach der] Neugestaltung der Gesellschaft. (...) Die Verfassung erkennt die Notwendigkeit zu verstehen statt zu rächen, wieder gut zu machen statt zu vergelten« (GG, S. 2).

5.2.1. Die Wahrheitskommission – ein »nationaltherapeutisches« Unterfangen?

Lassen wir uns auf diese Betrachtungsebene ein, so eröffnet sie zunächst ein spannendes Gedankenexperiment: »Und wenn nun ganze Völker die Patienten sind?« (Galtung 1994). Schnell sind wir geneigt, Südafrika durch die Arbeit der Wahrheitskommission als eine »Gesellschaft auf der Couch« zu begreifen, die in einem umfassenden Prozess von Einkehr und Reflektion Heilungsphasen durchläuft. Damit wäre das nationale Erinnerungsprojekt eine Reminiszenz an die psychoanalytische Methode als »Gedächtnisforschung und Erinnerungstechnik par excellence« (Rauschenbach 1992b, S. 30).

Die Vorstellung eines »nationaltherapeutischen« Unternehmens kann faszinieren und die Parallelen sind nahe liegend. Viele der in der Psychotherapieforschung genannten Faktoren, die einen individuellen Heilungsprozess fördern, finden sich auch in der Arbeit der Wahrheitskommission, insbesondere in den öffentlichen Anhörungen, wieder. Exemplarisch lässt sich hier beispielsweise die zentrale Rolle der Versprachlichung subjektiver Erfahrung nennen (Senehi 1996, Rosenthal 1997), ebenso wie die damit verbundene Bedeutung emotionaler Katharsis (Straker u. a. 1990).

Könnten wir also wagen, Freuds programmatische Trias von »Erinnern, Wiederholen, Durcharbeiten« ([1914]/1975) auch auf das Verständnis der Wahrheitskommission anzuwenden? Dann wären die Gremiumsmitglieder den Therapeuten am Kopfende der Couch vergleichbar, die das Verarbeiten der vergangenen Konflikte anstoßen und fördern.

Doch diese auf den ersten Blick verführerisch prägnante Metapher verliert schnell an Überzeugungskraft, wenn wir uns die mit ihr verbundenen Verkürzungen vor Augen halten. Denn die Gleichsetzung eines Kollektivs mit einem Individuum ist problematisch: »Wir statten unsere Nationen mit Gewissen aus, mit Identität und Erinnerung, als wären sie Individuen. Wenn es jedoch schon eine heikle Frage ist, ob man einem einzelnen Menschen nur eine Identität zugestehen darf, wieviel heikler ist es dann, dies mit einer ganzen Nation zu tun« (Ignatieff 1996, S. 17). Durch die mit einer solchen Betrachtung einhergehende Individualisierung und Psychopathologisierung des Verständniszugangs besteht die Gefahr, soziale, historische und politische Zusammenhänge aus dem Blickfeld zu verlieren. Wenn die psychoanalytische Sozialpsychologie »unbewußten Themen, Beweggründen und Konflikten sowie gesellschaftlichen Abwehrmechanismen, dramatischen Inszenierungen u. a. nachspürt, muß sie berücksichtigen, daß das Handeln und die Vorgänge, die sie interpretiert, immer auch objektiv-gesellschaftlich, d.h. sozio-ökonomisch, institutionell, organisatorisch usw. determiniert sind« (Füchtner 1995, S. 7). Die Psychoanalyse als individualtherapeutische Methode lässt sich nicht im direkten Verhältnis auf ein soziales Kollektiv übertragen, »jede Gleichsetzung von Geschichte und individueller Lebensgeschichte, von Unbewußtem und gesellschaftlichem Unbewußten ist falsch« (a.a.O., S. 22).

Schließlich hinkt der Vergleich auch aus methodischer Sicht. Denn im südafrikanischen Beispiel sind »Therapeut« und »Patient« ja nicht in einem zeitintensiven therapeutischen Prozess verbunden, innerhalb dessen die unbewussten Konflikte des Patienten auch in der Übertragungsbeziehung durchgearbeitet werden. Die Kontakte zwischen den

Aussagenden und dem Gremium beschränkten sich bei der Wahrheitskommission auf kurze, einmalige Begegnungen, ein Durcharbeiten im psychoanalytischen Sinne war allein dadurch ausgeschlossen. Allerdings können natürlich auch einmalige Gespräche deutliche therapeutische Wirkungen zeigen (Straker et al. 1990).

Insofern können wir dennoch fragen, inwiefern die Wahrheitskommission Prozesse angestoßen hat, die tatsächlich heilend auf die einzelnen Subjekte und damit auch auf die Gesellschaft wirkten. Deutlich wird dies im Hinblick auf das öffentliche Erzählangebot. Die integrative Funktion des Erzählens für das traumatische Erleben wird beispielsweise von Rosenthal (1995) beschrieben: »Zunächst hat es die kathartische Wirkung des ›Abgeben-Könnens‹ von Belastendem. Auch wirkt es erleichternd zu erfahren, daß sich das Schreckliche und Unaussprechbare entgegen der Befürchtung doch in Sprache kleiden läßt und damit mitteilbar und vor allem real wird« (S. 174; vgl. Laub und Wine 1994, Bohleber 1997). Rosenthal weist darauf hin, dass der Erzähler sich durch das Erzählen vom Erlebten distanzieren und damit aus der traumatischen Erfahrung »heraus erzählen« kann. Ebenso erlaube die Erzählung die Erfahrung, zum Akteur der eigenen Geschichte zu werden; die Reflexion des eigenen Überlebenskampfes könne somit auch ein Gefühl der Stärke vermitteln.[29]

Hervorheben möchte ich zwei weitere Aspekte, die gerade in der psychotherapeutischen Arbeit mit politisch Traumatisierten eine wesentliche Rolle spielen (vgl. Fischer und Riedesser 1998; zu einer kritischen Diskussion gegenwärtiger psychologischer bzw. psychiatrischer Traumakonzepte vgl. Becker 2005). Zum einen wird immer wieder die Bedeutung der *Veröffentlichung* der traumatischen Erfahrung betont. Sie kehrt ein für viele traumatische Übergriffe typisches Muster um: die erlebte Gewalt kann aus dem Bannkreis des Verheimlichens und Verschweigens heraustreten und damit einen wesentlichen Teil ihres zerstörerischen Potentials verlieren (Herbst 1992). Die öffentliche Bestätigung, dass das, was dem Opfer angetan wurde, ein wirkliches Unrecht darstellt, wird nun möglich (Tampe 1992). Das Anhören durch einen Dritten und dessen nachträgliche Zeugenschaft bedeutet die Triangulierung einer dualen Beziehung zwischen Täter und Opfer, in der die Abwesenheit oder das Desinteresse des Dritten als besonders quälend erlebt wird: Die Veröffentlichung der erlebten Gewalt bedeutet hier die Möglichkeit der Umkehrung dieser Erfahrung.

Diese Einsichten bilden die Grundlage des Konzepts des *Testimony* oder *testimonio* (vgl. z.B. Agger und Jensen 1990, Aron 1992, Becker

1992, Felman und Laub 1992). Hierbei fertigt der Überlebende mit Hilfe des Therapeuten einen schriftlichen Bericht über die Gewalterfahrungen an: aus dem persönlichen Leiden wird das Zeugnis eines Gewaltübergriffs, das nach Beendigung der Therapie veröffentlicht werden oder für eine juristische Anklage verwendet werden kann. Die therapeutische Wirkung dieser Zeugenschaft ist auch den Aussagen vor der Wahrheitskommission inhärent: über 20.000 zu Protokoll genommene Aussagen von Gewaltopfern, die namentlich im Abschlussbericht genannt und im Internet veröffentlicht wurden, bedeuten ein *Testimony*-Projekt von nie da gewesenem Umfang.

Aber nicht nur der Akt der Veröffentlichung per se, auch die Rückverlagerung der Bearbeitung des Traumas in den öffentlichen Raum ist hervorzuheben: mit diesem Ansatz hat die Wahrheitskommission eine zentrale Forderung vieler Trauma-Therapeuten beantworten können, nämlich, dass die Bearbeitungsleistung für gesellschaftlich bedingte Gewalt aus dem privaten Raum des Therapiezimmers heraus und in die Gesellschaft zurückfinden muss: »Die Reaktion der Gesellschaft hat einen großen Einfluß auf die endgültige Bewältigung des Traumas. Der Riss zwischen dem Traumatisierten und der Gesellschaft kann nur gekittet werden, wenn erstens die Gesellschaft das traumatische Ereignis als solches anerkennt, und zweitens die Gesellschaft in irgendeiner Form handelt« (Herman 1993, S. 102; vgl. auch Becker 1992, Zulueta 1993, Beristan et al. 1996). Eine solche Entprivatisierung gesellschaftlich verantworteten Leids wurde durch die Einrichtung der Wahrheitskommission möglich; sie gab damit Ausdruck einer staatlich empfundenen Verantwortung für die Folgen der gesellschaftlich bedingten Gewalt.

Letztlich aber kann diese Lesart der Wahrheitskommission als einer therapeutischen Instanz die Komplexität der angeregten gesellschaftlichen Dynamik nicht ausreichend transparent machen. Zwar wurde der Heilungsanspruch auch von der Wahrheitskommission selbst immer wieder hervorgehoben, doch sollten wir uns hüten, eine solche Interpretation allzu schnell zu übernehmen und vielmehr in Frage stellen, ob diese Hervorhebung auch spezifischen Funktionen diente. Zudem ist ja die Vorstellung einer »nationalen Psychotherapie« stark kulturgebunden: Konzepte der Möglichkeiten individueller und kollektiver Heilung variieren stark (Honwana 1999). Die Orientierung an einem westlichen Denkmodell des 20. Jahrhunderts würde in dieser Hinsicht die Gefahr mit sich bringen, den Betrachtungswinkel allzu einseitig einzuschränken.

Schließen wir zudem die Anhörungsformate für Täter in die Untersuchung der Wahrheitskommission mit ein, zeigt sich die Begrenzung eines psychotherapeutischen Verständniszugangs: denn im Gegensatz zu den Opferanhörungen waren die Amnestierungsanhörungen ja stark juristisch gefärbt. Hier trat eine therapeutische Prägung der Arbeit gänzlich in den Hintergrund. Durch das Zusammendenken der Bearbeitungsansätze für Täter *und* Opfer erinnern wir uns zudem, dass in diesem Bearbeitungsansatz ja ein sozialer *Konflikt* bearbeitet werden sollte.[30] Dies impliziert nicht zuletzt eine gesellschaftliche Auseinandersetzung um Schuld und Verantwortung. Gerade damit wird jedoch eine umfassendere Betrachtung der öffentlichen Vergangenheitsbearbeitung jenseits eines ausschließlich heilenden Zugangs notwendig.

5.2.2. Die Wahrheitskommission – Bearbeitung eines sozialen Dramas (Turner)?

So müssen wir uns auf die Suche nach einem neuen Verständnisansatz begeben. Die Vielgestaltigkeit der Wahrheitskommission begründet die Notwendigkeit, eine Theorie heranzuziehen, die sowohl der geschichtlichen, gesellschaftlichen und politischen Komplexität des Kontextes gerecht wird, als auch die gesellschaftliche Wirkung der Wahrheitskommission aufschlüsseln kann. Auf der Suche nach einer solchen Theorie habe ich in den Überlegungen des englischen Anthropologen Victor Turner einen anregenden Denkansatz gefunden. Dieser scheint mir für ein übergreifendes Verständnis der Wahrheitskommission hilfreich.

In seiner Arbeit »Vom Ritual zum Theater« (1989) stellt Turner ein Erklärungsmodell für ein breites Spektrum öffentlicher Inszenierungen vor. Er versuchte, so unterschiedliche Phänomene wie afrikanische Stammesriten, Hochzeits- oder Bestattungszeremonien, Gerichtsverfahren oder das europäische Theater in ihrer sozialen Funktion zu verstehen. Nach seiner Auffassung lassen sich diese unterschiedlichen Erscheinungsformen gesellschaftlich organisierter Darbietungen als Rituale begreifen, die Ausdruck einer kulturellen Handlungspraxis geben und die ein immer wiederkehrendes Motiv verbindet. Ein solches, allen Erscheinungsformen des Rituals gemeinsames Element erkennt er in der Markierung und Bearbeitung eines Übergangs. Turner bezieht sich auf van Genneps Auffassung, dass Rituale fast immer »den Übergang von einem Zustand in einen anderen oder von einer kosmischen bzw. sozialen Welt in eine andere« begleiten (Turner 1989, S. 127). Sie markieren, so stellt Turner fest, »besondere Phasen in sozialen Gruppen (…), in denen Gruppen sich inneren Veränderungen (…) und ihrer äußeren (…) Umwelt anpassen« (a.a.O., S. 30). Typischerweise treten sie nach gesellschaftlichen Krisen auf und dienen ihrer Bewältigung.

Ein solches Verständnis kann wesentliche Aspekte der Wahrheitskommission erklären: tatsächlich diente sie ja der Konfliktbearbeitung nach einem massiven gesellschaftlichen Umbruch. Nach Turner gilt es, das Ritual als Teil eines Lösungsprozesses für einen sozialen Konflikt zu verstehen, dessen Höhepunkt die soziale Krise bildet. Sie findet Ausdruck und Bearbeitung im Ritual. Das Ritual stellt somit den Wendepunkt innerhalb eines »sozialen Dramas« dar, das Turner in vier Phasen einteilt. Er nennt sie Bruch, Krise, Bewältigung und entweder Reintegration oder Anerkennung der Spaltung: »Die erste Phase eines sozialen Dramas beginnt, wenn eine oder mehr soziale Normen, die man (…) als bindend betrachtet und die Schlüsselbeziehungen zwischen Personen oder Untergruppen aufrechterhalten, überschritten oder ganz offensichtlich mißachtet werden« (a.a.O., S. 171). Ist ein solcher Bruch einmal öffentlich deutlich geworden, kann er kaum wieder rückgängig gemacht werden. Nun ergreifen die übrigen Mitglieder der sozialen Gruppe Partei, was zur weiteren Eskalation und schließlich zur krisenhaften Zuspitzung führt – ein bedeutsamer Wendepunkt in den gesellschaftlichen Beziehungen. Ist auf diese Weise die Einheit der Gemeinschaft gefährdet, versuchen die für die Kontinuität und Ordnung verantwortlichen Gruppenmitglieder einem endgültigen Bruch entgegenzuwirken. Sie »setzen bestimmte Anpassungs- und Bewältigungsmechanismen in Gang, (…) die von persönlichen Ratschlägen (…) bis hin zu formellen juristischen und gerichtlichen Verfahren und der Durchführung eines öffentlichen Rituals zur Lösung bestimmter Krisenarten« reichen (a.a.O., S. 112). Wichtig bei dieser Auseinandersetzung ist dabei nicht allein der Versuch einer (Wieder-)Herstellung der äußeren Ordnung, sondern vor allem auch die Verständigung über eine neue gesellschaftliche Bedeutungsgebung: »Die Bewältigungsphase, in der die Prüfverfahren des Rechts (des säkularen Rituals) und des religiösen Rituals für Rückmeldung über die Krise sorgen, ist eine liminale, von einem alltäglichen Lebensablauf geschiedene Zeit, in der *Bedeutung* konstruiert wird, um den zur Krise führenden und diese konstituierenden Ereignissen den Anschein von Sinn und Ordnung zu verleihen« (a.a.O., S. 120; Hervorhebung im Original). Ist eine solche Verständigung durch Sinnzuschreibung möglich geworden, kann der Konflikt beigelegt werden: »Die abschließende Phase besteht entweder in der Reintegration der sozialen Gruppe (…) oder in der manchmal zur räumlichen Trennung führenden sozialen Anerkennung einer nicht zu überwindenden Kluft« (a.a.O., S.111f.).

Dieses Modell des sozialen Dramas kann unterschiedliche rituelle Handlungsmuster erklären.[31] Die Betonung der Bedeutungsgebung als sinnkonstituierende Funktion des Rituals richtet das Augenmerk auf die Verknüpfung von objektiven Ereignissen mit dem subjektiven Erleben der Konfliktparteien – angestrebt wird hier ein erzählerischer Konsens über die Geschehnisse der Vergangenheit. »Denn sowohl gerichtliche als auch rituelle Verfahren tragen dazu bei, daß aus den nackten Tatsachen (...) *Geschichten* entstehen, und versuchen, die eine bestimmte Situation integrierenden Faktoren zu beeinflussen. Man erfaßt eine Bedeutung, indem man auf einen zeitlichen Ablauf *zurückblickt*. Bedeutung entsteht in der aus Zeugenaussagen im Kreuzverhör von (...) Richtern oder aber mit Hilfe (...) von Wahrsagern (...) konstruierten ›Geschichte‹. Die Bedeutung eines jeden Teils des Prozesses wird im Hinblick auf seinen Beitrag zum Gesamtergebnis beurteilt« (a.a.O., S. 121; Hervorhebung im Original). Das Ritual wird hier als narratives bzw. diskursives Ereignis herausgearbeitet.

Die Anwendung dieses Verständnisansatzes auf die Arbeit der Wahrheitskommission scheint nahe liegend; allein die Möglichkeit, mittels dieses einheitlichen Bezugsrahmens die beiden so konträr erscheinenden Zugänge der Wahrheitskommission mit eher juristischem bzw. therapeutisch-religiös geprägtem Herangehen begreifen zu können, lädt dazu ein, Turners Erklärungsmodell genauer auf das südafrikanische Beispiel hin zu durchdenken.[32] Die Einrichtung der Wahrheitskommission wäre damit ein Bewältigungsmodus für das durch die Politik der Apartheid bedingte »soziale Drama« Südafrikas: nach Turners Modell können wir als erste Phase die kontinuierliche und grobe Verletzung der sozialen Norm einer Gleichberechtigung *aller* Bürger Südafrikas verstehen.[33] Sie hat zu einem massiven sozialen Bruch geführt, der in einer sich zuspitzenden Spirale von Gewalt und Gegengewalt kulminierte. Die Politik der Apartheid versuchte lange Zeit, diesen sich krisenhaft zuspitzenden Konflikt durch eine rigorose Durchsetzung von Spaltungsmechanismen und durch die Ausübung massiver Gewalt unter Kontrolle zu halten. Auf Dauer war jedoch die Bedrohung durch weitere Eskalation zu hoch – sie erforderte, nach alternativen Formen der Krisenbewältigung zu suchen. Die Eigendynamik der politischen Verständigung führte zur raschen Demokratisierung, die innerhalb kurzer Zeit eine völlig neue Staatsordnung mit sich brachte. Da es in diesem Konflikt weder klare Sieger noch klare Verlierer gab, mussten die mit der Krisenbewältigung beauftragten Repräsentanten in den CODESA-Verhandlungen einen Weg finden, den Übergang zu einer neuen Gesellschaftsform »nicht nur mit Hilfe von Gewalt, sondern auch durch Reritualisierung der dritten Phase des sozialen Dramas, der Bewältigungsphase, in den Griff zu bekommen« (Turner 1989, S. 178). Die Einrichtung der Wahrheitskommission wäre damit unmittelbarer Ausdruck dieser Reritualisierung der Bewältigungsphase. Als Institution schuf sie ein kollektives Erinnerungsritual, das Täter und Opfer, wenn auch in verschiedenen Prozessen, verband. Zwar wurde das Moment öffentlicher Auseinandersetzung mit der Vergangenheit gleichsam als »Kuhhandel« eingeführt, innerhalb dessen sich Täter dadurch für eine Amnestierung qualifizieren konnten, dass sie die Wahrheit über die Verbrechen der Vergangenheit veröffentlichten, doch wurde mit diesem Modell auch ein politischer Konflikt in einen Erinnerungskonflikt gewandelt. Das öffentliche Austragen dieses Erinnerungskonflikts erlaubte, sich auf eine neue Vergangenheitsdeutung zu verständigen. Als öffentliche Rituale, die hundertfach inszeniert und von den Medien übertragen wurden, dienten die Anhörungen dazu, ein neues Verständnis des sozialen Konflikts und der Bedeutung seiner Protagonist/innen in der südafrikanischen Gesellschaft zu verankern: »Ob man zur Bewältigung der sich zuspitzenden Krise nun bei gerichtlichen oder rituellen Prozessen Zuflucht sucht, immer ist das Ergebnis eine Steigerung der (...) sozialen und kollektiven *Reflexivität*, der Art und Weise also, in der eine Gruppe sich selbst erforscht, darstellt, versteht und schließlich entsprechend handelt« (a.a.O., S. 119; Hervorhebung im Original). In der Steigerung der sozialen und kollektiven Reflexivität können wir denn auch eine identitätsstiftende Funktion der kollektiven Erinnerungsrituale erkennen: die Wahrheitskommission diente in dieser Hinsicht eben auch der Herstellung oder Förderung einer neuen Nation.[34] Diese Funktion spiegelt sich beispielsweise im Titel des der Wahrheitskommission zugrunde liegenden Gesetzes zur »Förderung der *Nationalen Einheit* und Versöhnung« (Promotion of National Unity and Reconciliation Act) von 1995.

Die öffentlichen Anhörungen von Opfern ebenso wie die Amnestierungsverfahren waren nicht die einzigen, aber sicherlich die bedeutsamsten Rituale der Wahrheitskommission, deren religiöser bzw. juristischer Charakter die Notwendigkeit der Rückbesinnung auf bestehende gesellschaftliche Rituale verdeutlicht.[35] Beide Formen werden mittels Turners Theorie in ihrer Bedeutung für die politische Umbruchsituation plausibel, wobei ihre Dopplung besonders auffällt. Durch die spezifische Gestalt des politischen Kompromisses erscheint eine solche Dopplung zwar nahe liegend, aber keineswegs selbstverständlich und bedarf gesonderter Erklärung: welche Funktion kommt dieser Dopplung der beiden ritualhaften Inszenierungen in der gesellschaftlichen Auseinandersetzung zu? Wir werden dieser Frage bei der Untersuchung des empirischen Materials nachgehen.

5.2.3. Die Wahrheitskommission – Bearbeitung eines kolonialen Dramas (Fanon)?

Zunächst erscheint es mir jedoch notwendig, den historischen Kontext des südafrikanischen Konflikts eingehender zu beleuchten. Wenn wir den spezifischen Charakter der zur Konfliktbewältigung geschaffenen Rituale verstehen wollen, müssen wir uns ein möglichst umfassendes Verständnis von Form und Inhalt des Konflikts erarbeiten. Beim Versuch, die Gestalt des Rituals im Rückbezug auf das soziale Drama zu entschlüsseln, sind also zunächst die Koordinaten dieses Dramas genauer herauszuarbeiten.

Die Wahrheitskommission versuchte, einen sozialen Konflikt zu bearbeiten, der in Diskriminierung wurzelt. Das »soziale Drama« Südafrikas, das »soziale Drama« der Apartheid war ein Drama der konsequenten Entrechtung und Unterdrückung von Schwarzen und Farbigen. Ihr Kampf um rechtliche und gesellschaftliche Anerkennung wurde von der Regierung mit brutaler Härte beantwortet und führte zu einem lang dauernden und eskalierenden Konflikt. Letztlich ist dieser Kampf aber im Kontext seiner Entstehungsgeschichte zu verstehen: die Einrichtung der Wahrheitskommission wird dann auch als Institution zur Bearbeitung eines eigentlich kolonialen Konflikts (Soyinka 2000) verständlich. Das »soziale Drama« Südafrikas ist insofern als ein ursprünglich koloniales Drama zu untersuchen. Was aber bedeutet der Einbezug des kolonialen Kontexts für das Verständnis der Wahrheitskommission?

Nach Frantz Fanon (1981) ist die unabdingbare Voraussetzung für die Aufhebung der kolonialen Situation die Anwendung von Gewalt – nur gewaltsam kann sich der Kolonisierte von den Fesseln der Unterdrückung befreien:

> »Der einzigartige Kampf des Kolonisierten mit dem Kolonialherrn ist (...) ein offener, bewaffneter Kampf. (...) Dieser bewaffnete Kampf beweist, daß das Volk entschlossen ist, sich nur noch auf gewaltsame Mittel zu verlassen. Dieses Volk, dem man immer gesagt hat, daß es nur die Sprache der Gewalt verstehe, beschließt, sich durch die Gewalt aus-

zudrücken. (...) durch eine ironische Umkehr ist es jetzt der Kolonisierte, der behauptet, daß der Kolonialist nur die Gewalt versteht« (S. 77).

Die extreme Gewalttätigkeit des südafrikanischen Konflikts lässt sich durch den Einbezug einer kolonialen Perspektive also *auch* als Ausdruck der Notwendigkeit einer radikalen Befreiung der Kolonisierten interpretieren.

Zu ergänzen ist Fanons Ansatz durch einen Hinweis auf die ökonomische Relevanz der Befreiungskämpfe. Denn der politische Kampf für die Durchsetzung der Rechte der unterdrückten Minderheiten in Südafrika war zwar ein Kampf für rechtliche Anerkennung und demokratische Partizipation, es war aber auch ein Kampf gegen ökonomische Benachteiligung. Die ökonomische Ausbeutung schwarzer und farbiger Menschen in Südafrika war Teil eines politischen Systems, das durch verschiedene Gesetze zu einer extremen Kluft zwischen ausgeprägtem Reichtum der meisten Weißen und massiver Verelendung der schwarzen und farbigen Mehrheit Südafrikas führte. Das Elend des Lebensalltags in den Townships Südafrikas ist als wesentlicher Faktor für den Befreiungskampf nicht wegzudenken und muss in seiner Bedeutung in die psychosoziale Analyse des »sozialen Dramas« in Südafrika einbezogen werden.[36] Seine überragende Bedeutung zeigt sich auch daran, dass weit über zehn Jahre nach dem Ende der Apartheid die ökonomische Ungleichverteilung zwischen den verschiedenen Ethnien nach wie vor bedrückende Realität ist. Insofern wäre das empirische Material daraufhin zu befragen, inwiefern der soziale Konflikt sowohl in seiner kolonialen wie auch in seiner ökonomischen Dimension in den Anhörungen zum Tragen kommt und inwiefern beispielsweise die Gewalt als Mittel zur Befreiung der ehemals Kolonisierten gedeutet wird.

Die Betrachtung des der Wahrheitskommission zugrunde liegenden Konflikts als eines eigentlich kolonialen Konflikts weitet die Perspektive auch dahingehend aus, dass sie uns als europäische Betrachter in die Dynamik des Geschehens mit einbezieht. Denn dann sind es nicht mehr nur (überwiegend weiße) südafrikanische Apartheidverantwortliche und Mitläufer und Mitläuferinnen, die sich der Verantwortung für die begangenen Verbrechen zu stellen haben, sondern auch wir erkennen die Beteiligung an einem Geschehen, von dem auch Deutsche profitierten (das Engagement großer deutscher Wirtschaftskonzerne in den Apartheidjahren zeigt dies besonders deutlich). So wurden nach dem Ende des Apartheidregimes verschiedene Klagen von Opferverbänden gegen multinationale Konzerne (darunter z.B. auch Mercedes Benz und

Deutsche Bank) wegen Unterstützung und Beihilfe des Regimes angestrengt (vgl. Khulumani Support Group 2005). Ein New Yorker Bezirksgericht lehnte eine dieser Klagen ab. Beobachter werteten dieses Urteil als richtungsweisend für alle weiteren anhängigen Verfahren auf Entschädigung für Apartheidopfer.

5.2.4. Die Wahrheitskommission – das koloniale Drama als Kampf um Anerkennung (Honneth)?

Diese Überlegungen weiterführend gelangen wir zu einem erweiterten Verständnis des sozialen Kampfes: denn letztlich bedeutete er mehr als nur ein Kampf für die Durchsetzung der Rechte der Unterdrückten und ihre ökonomische Gleichstellung. Vielmehr wird er auch als Kampf um Selbstachtung und damit um soziale Individuation verständlich: »das kolonisierte ›Ding‹ wird Mensch gerade in dem Prozeß, durch den es sich befreit« (Fanon 1981, S. 30). »Diese ununterdrückbare Gewalt ist (…) kein absurdes Unwetter, auch nicht das Durchbrechen wilder Instinkte, ja nicht einmal die Wirkung eines Ressentiments: sie ist nichts weiter als der sich neu schaffende Mensch« (Sartre 1981, S. 19).

Es ist das Verdienst von Axel Honneth (1994), das Verständnis sozialer Bewegungen als Bewegungen gegen soziale Entwertung erweitert zu haben: auch dieser Kampf war eben nicht nur ein politisches, sondern vor allem auch ein moralisches Geschehen, es war ein »Kampf um (gesellschaftliche) Anerkennung« (Honneth 1994). Er folgte einer moralischen Logik, denn die Entrechtung des Subjekts bedeutet nicht nur die Verweigerung der Anerkennung als Rechtsperson, sondern verhindert auch eine damit einhergehende positive Selbstbeziehung. Erst durch die Erfahrung rechtlicher Anerkennung gewinnt das Subjekt die Möglichkeit, »sein Handeln als eine von allen anderen geachtete Äußerung der eigenen Autonomie begreifen zu können« (a.a.O., S. 192).

Honneth unterscheidet dabei zwischen drei Ebenen der Anerkennung oder Missachtung: sie kann auf einer leiblichen Ebene Ausdruck finden (Folter wäre hier der Ausdruck massiver Missachtung leiblicher Integrität), sie kann sich auf Entrechtung und sozialen Ausschluss beziehen (darin wird der Status als vollwertiges und gleichberechtigtes Mitglied der Gemeinschaft verweigert) und schließlich kann die soziale Wertschätzung der individuellen Lebensform negiert werden (vgl. a.a.O., S. 214ff.).[37]

Im Falle der Apartheidpolitik als Zuspitzung der kolonialen Situation können wir entsprechend eine massive Missachtung auf allen beschriebenen Ebenen beobachten. Nicht nur die politische und ökonomische Unterdrückung schwarzer und farbiger Menschen stellte Unrecht dar, sondern vor allem auch die soziale Erniedrigung durch das Apartheidsystem: »Amongst its many crimes perhaps the greatest was its power to humiliate, to denigrate and to remove the self-confidence, self-esteem and dignity of its millions of victims«, schreibt dazu der Abschlussbericht der Wahrheitskommission (Final Report 1998, Band 1, Kap. 4, §51). Durch diese Erniedrigung kommt es zu einer »pathologischen Verzerrung von Interaktionsverhältnissen« (Honneth 1994, S. 252).[38]

Der Befreiungskampf ist nach Honneth also nicht ausschließlich als Kampf zur Durchsetzung demokratischer Gleichberechtigung zu verstehen, sondern vor allem auch als Kampf um gesellschaftliche Anerkennung: »je stärker es sozialen Bewegungen gelingt, die Öffentlichkeit auf die vernachlässigte Bedeutung der von ihnen kollektiv repräsentierten Eigenschaften und Fähigkeiten aufmerksam zu machen, desto eher besteht für sie die Chance, den sozialen Wert oder eben das Ansehen ihrer Mitglieder in der Gesellschaft anzuheben« (a.a.O., S. 206).

Die Vehemenz des gesellschaftlichen Protests gegen die Apartheidpolitik, seine gewaltsame Ausprägung ist in einem solchen Verständnis unmittelbare Funktion des Befreiungsprozesses. Das Moment der Befreiung bezieht sich nun allerdings nicht mehr ausschließlich auf den Unterdrücker, sondern auch auf das innerpsychische Erleben von Missachtung:

> »Im Gefühl der sozialen Scham haben wir die moralische Empfindung kennen gelernt, in der jene Minderung der Selbstachtung zum Ausdruck gelangt, die die passive Erduldung von Erniedrigung und Beleidigung typischerweise begleitet; wird nun ein derartiger Zustand der Handlungshemmung durch das Engagement im gemeinsamen Widerstand praktisch überwunden, so eröffnet sich der Einzelne damit eine Äußerungsform, anhand derer er sich indirekt von dem moralischen oder sozialen Wert seiner selbst überzeugen kann: in der antizipierten Anerkennung einer zukünftigen Kommunikationsgemeinschaft (...) findet er nämlich als die Person soziale Achtung, der unter den herrschenden Bedingungen jede Anerkennung versagt bleibt« (a.a.O., S. 263).

Im Bezug auf den kolonialen Konflikt hat Fanon (1981) es so ausgedrückt: »Auf der individuellen Ebene wirkt die Gewalt entgiftend. Sie befreit den Kolonisierten von seinem Minderwertigkeitskomplex, von seinen kontemplativen und verzweifelten Haltungen« (S. 77).

5.2.5. Zwischenbetrachtung: das soziale Drama als gewalttätige Befreiung von kolonialer Missachtung – Implikationen für die konzeptionelle Gestaltung der Wahrheitskommission

Um die durch die Wahrheitskommission organisierten Rituale besser verstehen und einordnen zu können, schien es notwendig, die Natur des sozialen Konflikts Südafrikas näher zu untersuchen. Durch den Einbezug der Thesen von Fanon (1981) und Honneth (1994) konnten wir Turners Modell des sozialen Dramas für eine Analyse der Bedeutung der Wahrheitskommission um zwei wesentliche Aspekte erweitern. Zum einen ist deutlich hervorgetreten, wie sehr die Gewalttätigkeit den Charakter des Konflikts geprägt hat. Aus Fanons Perspektive ist sie zur Beendigung der kolonialen Situation unabdingbare Voraussetzung. Gewalt bedeutet jedoch immer auch die Aufspaltung des sozialen Kollektivs in Täter und Opfer: wo immer gesellschaftliche Unterdrückung gewaltsam ausgeübt wird, »entstehen« Täter und Opfer. Und in dem Maße, wie die politische Gewalt auf die Gegengewalt der Unterdrückten stößt, multipliziert sich die gesellschaftliche Spaltung in Täter und Opfer.

Honneths Akzent liegt auf der moralischen Grammatik der sich im Konflikt differenzierenden gesellschaftlichen Beziehungen. Der soziale Kampf ist nicht wertfrei, sondern vielmehr von einer moralischen Logik bestimmt, die vor allem auch um die Frage nach gesellschaftlicher Anerkennung kreist. Verstehen wir die südafrikanische Befreiungsbewegungen also auch als einen Kampf um Anerkennung, so lässt sich fragen, ob die Wahrheitskommission als eine Institution zu begreifen ist, welche diese neu ausgehandelten, gesellschaftlichen Anerkennungsbeziehungen artikulierte und festlegte. Ziel ihrer Arbeit wäre dann – neben anderen – die gesellschaftliche Integration und Anerkennung der vormals Unterdrückten gewesen: »The greatest reparation that can be given to the most traumatized of our people is to guarantee them full, equal citizenship, and assure them the dignity of being acknowledged as human beings, as counting persons who matter, who signify and who have rights« (Sachs 1993a, S. 22).[39]

Die kolonialen Wurzeln des Konflikts richten unsere Aufmerksamkeit auch auf die Frage, inwiefern sich eine an kolonialen Themen orientierte Auseinandersetzung auch bei der Konzeptionierung der Wahrheitskommission niedergeschlagen haben könnte. Deutlich wird dies im

Bemühen der Wahrheitskommission, sich unmissverständlich gegenüber der Ideologie der Apartheid abzugrenzen: die Multiethnizität der neuen *rainbow nation* wurde in ihrem Bearbeitungsansatz immer wieder hervorgehoben, insbesondere mittels des afrikanischen Begriffs des *ubuntu*, in dessen Geist die gesellschaftliche Versöhnung propagiert wurde. Er wird im Gesetztestext und in Veröffentlichungen der Wahrheitskommission häufig zitiert und bezieht sich auf das afrikanische Sprichwort *umuntu ngumuntu ngabantu* (»ein Mensch wird (erst) durch andere Menschen zum Menschen«). Dieses Sprichwort hebt »the sense of communal belonging, corporate responsibility and the need for reconciliation« (Final Report 1998, Band 1, Kap. 5, §64) hervor. Die herausgestellte Bedeutung dieses Begriffs macht die Wahrheitskommission als eine Institution kenntlich, die mit der kolonial geprägten Vergangenheit gebrochen hat und sich als Vertreterin genuin afrikanischer Werte und afrikanischer Spiritualität einführt. Wie aber kann sie dann als Instanz gesellschaftlicher Integration in Erscheinung treten, welche die verschiedenen kulturellen und auch religiösen Traditionen Südafrikas aufnimmt und berücksichtigt? Diese Überlegung ist am empirischen Material zu überprüfen.

In diesem Zusammenhang wäre aber auch zu fragen, ob die Einrichtung der Wahrheitskommission möglicherweise eine gleichsam »koloniale« Bewegung wiederholte, indem westliche, »weiße« Ansätze und Vorstellungen über kollektive Auseinandersetzungsformen der Gesellschaft übergestülpt wurden – ein Vorwurf, der öfter artikuliert wurde.[40] Schnell könnte man geneigt sein, sich einer solchen Auffassung anzuschließen: lässt sich beispielsweise im eine Amnestierung voraussetzenden »umfassenden Geständnis« nicht das christliche Moment der religiösen Beichte wieder erkennen? Wiederholt nicht der Fokus auf das einzelne Individuum, dessen individuelle Leidensgeschichte im Zentrum der Aufmerksamkeit steht, die Individualisierungstendenz der westlichen Moderne, die im Widerspruch zum afrikanischen Kollektivismus steht?[41] Bedeutet nicht die Vorstellung, den Konflikt über das gesprochene Wort (statt z.B. durch Körperrituale) zu lösen, eine einseitige Ausrichtung auf westliche Denktraditionen?[42]

Die Wahrheitskommission ließe sich insofern eines »kollektivtherapeutischen Imperialismus« verdächtigen, innerhalb dessen westliche Modelle gesellschaftlicher Versöhnung das Konzept bestimmten. Dass die öffentliche Auseinandersetzung sich auch auf diese Fragen bezog, kann kaum erstaunen: die kolonialen Wurzeln des gesellschaftlichen Konflikts müssen notwendigerweise auch die Diskussion um den Modus seiner Bearbeitung beeinflussen.

Wenn wir allerdings auf den Inhalt dieser Überlegungen eingehen, können wir zu den oben genannten Argumentationen und Fragen auch Gegenargumente finden. So lässt sich auf die formulierte Kritik beispielsweise antworten: die Anlehnung an christliche Konzepte zum gesellschaftlichen Umgang mit der Schuld der Täter ist nicht primär als »weiß geprägtes« Herangehen zu verstehen. Die christliche Religion ist unter den Bürgern Südafrikas bereits seit vielen Jahrhunderten verbreitet, dies trifft ebenso für schwarze und farbige wie auch für weiße Südafrikaner und Südafrikanerinnen zu.[43] Ebenso hatten die Opfer-Anhörungen (wie auch verschiedene Sonderveranstaltungen) der Wahrheitskommission tatsächlich den Charakter »gemeindeorientierter« und nicht etwa individualisierter Veranstaltungen, bei denen dem Einbezug der jeweiligen Gemeinden viel Aufmerksamkeit geschenkt wurde. Und schließlich: auch wenn das gesprochene Wort natürlich das Medium der direkten Auseinandersetzung war, so fällt bei der Betrachtung der Anhörungen doch ihr stark ritueller und damit symbolischer Charakter auf.[44] Zudem wurde das Konzept der Wahrheitskommission wesentlich von schwarzen und farbigen Befreiungskämpfern mitgestaltet.

Im Umkehrschluss ließe sich sogar behaupten, dass das Bearbeitungsmodell der Wahrheitskommission einer ausgeprägt afrikanischen Tradition folgt. Assoziativ fällt hier nicht nur das afrikanische Wort »Palaver« ein, das ausgedehnte Gesprächsrunden zur Konfliktlösung bezeichnet. Ebenso weist z. B. Curie (1995) auf die Besonderheiten afrikanischer Formen der Mediation hin, die an den Anspruch der Wahrheitskommission erinnern:

> »both the mediators and the parties in contention have a deep (…) respect for human life and the search for harmony. Mediators make no attempt to apportion blame, to say who is right and who is wrong. They simply examine how the conflict may disrupt the harmony of the community and consider the responsibility of each side in restoring it. (…) mediators are carefully chosen for their wisdom and impartiality (…) Their most valued skills are ›listening‹ and ›understanding‹ – in some African tongues, these words are the same« (S. 91).

Immer wieder wurde im Kontext der Wahrheitskommission auch hervorgehoben, dass sie sich an einem afrikanischen Rechtsverständnis orientiere, dem ein Bestrafungsansatz eher fremd sei: »Retributive justice is largely Western. The African understanding is far more restorative – not so much to punish as to redress or restore a balance« (Tutu, zit. in Minow 1998, S. 81).[45]

Insgesamt illustriert sich an diesen Überlegungen eine sehr unscharfe Vorstellung davon, wie »afrikanisch« oder »europäisch« die Wahrheitskommission eigentlich ausgerichtet war. Vielmehr zeigt sich, dass das Abwägen ihrer Kulturgebundenheit die relevantere Frage überdeckt, inwiefern wir überhaupt von »charakteristischer Afrikanität« in Abgrenzung zu westlichem, »weißen« Denken ausgehen dürfen: »The dominant story is told around themes such as oppression and liberation, traditional versus modern, Western versus African, individualism versus communalism – modernist issues. (…) The dominant view of ›Africa‹ in this discourse is often that of a traditional Africa – a discourse about the lives and ›worldviews‹ of ordinary people, but filtered through intellectuals of whom most were trained at western universities« (Bakker 1999, S. 168). Bakker weist darauf hin, dass die tatsächliche Vielfalt der Lebensrealitäten auf dem afrikanischen Kontinent kaum berücksichtigt wird: »We do not hear much about this multiplicity in the relevance discourse – instead we are often confronted with rather static, generalised views of ›African personality‹ (…) or ›African philosophy‹« (a.a.O., S. 169). Wäre also nicht eher in Frage zu stellen, inwiefern im Afrika der Postmoderne von einem klar umgrenzten, genuin afrikanischen Ideen- oder Lebenskonzept auszugehen ist? Es scheint verführerisch, ein typisch afrikanisches Herangehen an die Auseinandersetzung mit der Vergangenheit zu stilisieren, das möglicherweise mit den Auffassungen heutiger Afrikanerinnen und Afrikaner nur begrenzt zu vereinen ist:

> »Today Africans (…) live in a diffused, marginal space, an in-between world that cannot be classified into generalisations such as ›western‹, ›islamic‹ or ›indigenous‹. Most are left mute within dominant knowledges. (…) We forge strategies of survival from diverse elements by employing a multiplicity of expressions, cultural practices and woldviews« (Bakker und Snyders 1999, S. 141).[46]

Nehmen wir aber den Hinweis auf die Vielfalt afrikanischer Lebensrealitäten ernst, so löst sich die Frage nach einer »kolonialen« Prägung der Wahrheitskommission zunehmend auf, wird unschärfer und widersprüchlicher. Die in ihr Konzept einfließenden Modelle von gesellschaftlicher Vergangenheitsbearbeitung und Versöhnung lassen sich nicht auf eindeutig »weiße« oder aber »schwarze« Traditionen zurückführen – sondern scheinen vielmehr als ein einzigartiges Konglomerat vielfältiger Herangehensweisen.[47] Umgekehrt lässt sich dann auch danach fragen, ob das Betonen einer spezifisch afrikanischen oder kolonialen Ausrichtung der Wahrheitskommission möglicherweise sogar einem politischen Zweck diente und die Diskussion um ihre Kulturgebundenheit eine gesellschaftliche Kontroverse widerspiegelte.

5.2.6. Wiederholen als Teil der Erinnerungsarbeit?

Die Frage nach dem Fortwirken einer kolonialen Tradition in der Konzeption der Wahrheitskommission zeigt sich insgesamt also widersprüchlich und konfliktgeladen, aber sie verdeutlicht auch, wie sehr die Inhalte des sozialen Konflikts eben auch den Versuch seiner Bearbeitung prägten. Gerade in diesem Geschehen bildet sich das ab, was Freud mit dem »Wiederholen« meinte: über den Konflikt wird nicht nur gesprochen, er wird während der Auseinandersetzung auch wieder lebendig und reinszeniert sich in der Diskussion. Diesen Gedanken fortführend wäre zu überlegen, ob die Inhalte der historischen Konflikte auch in den Anhörungen der Wahrheitskommission wieder auflebten. Lassen sich also im südafrikanischen Erinnerungsprojekt auch Momente einer Wiederholung der gesellschaftlichen Konfliktdynamik wieder finden? Könnten wir dann sagen, die südafrikanische Gesellschaft habe sich auch erinnert, indem stellvertretend einzelne Subjekte im institutionellen Rahmen der Wahrheitskommission wesentliche Aspekte des historischen Konflikts in actu wieder erlebten und damit wieder belebten? Indem wir hier »den psychoanalytischen Wiederholungsbegriff psychopolitisch (...) wenden« (Rauschenbach 1992b, S. 34), lassen sich die öffentlichen Anhörungen der Wahrheitskommission *auch* als ein Forum oder eine Bühne verstehen, mittels derer das konflikthafte Material nicht nur erinnert, sondern auch (unbewusst) reinszeniert werden konnte. Die weiter oben zitierte Freudsche Trias von »Erinnern, Wiederholen und Durcharbeiten« ([1914]/1975) erhält an dieser Stelle neue Brisanz. Wir haben festgestellt, dass ein unmittelbares Übertragen der Psychoanalyse als therapeutische *Methode* auf ein gesellschaftliches Kollektiv mehr als fragwürdig ist. Doch kann uns die Psychoanalyse hier als Erkenntnistheorie weiterhelfen, erlaubt sie doch, nach den unbewussten Anteilen des sozialen Erinnerungsprojekts zu fragen. Das Freudsche Konzept weist hierbei ja auf einen wesentlichen Aspekt hin: den der unbewussten Erinnerung, die sich nicht primär auf der sprachlichen, sondern z.B. auf der symbolischen Handlungsebene zeigt (vgl. Streeck 2000). In Freuds Verständnis ist es erst unter Einbezug des aktualisierten, unbewusst reinszenierten Konflikterlebens im Hier und Jetzt möglich, ein tatsächliches Durcharbeiten der erinnerten Konflikte anzustoßen. So könnten wir für ein umfassendes Verständnis der Bedeutung der Wahrheitskommission nach ihren Möglichkeiten fragen, die gesellschaftlichen Konflikte in ihrem individuellen Niederschlag nicht nur zu erinnern, sondern auch in ihren unbewussten Reinszenierungen zu bearbeiten.

5.2.7. Die Wahrheitskommission – die gesellschaftliche Produktion von Unbewusstheit (Erdheim)?

Diese Fragen akzentuieren die Notwendigkeit, in das Nachdenken über die Bedeutung der Wahrheitskommission ein Verständnis unbewusster Prozesse einzubeziehen. Aus einem psychoanalytischen Betrachtungswinkel interessiert gerade auch die unbewusste Dimension der gesellschaftlichen Konfliktlösung, die latente Psychodynamik der sozialen Bearbeitungsleistung. Wie aber lässt sich diese Ebene mit Turners Modell des sozialen Dramas verbinden, das den Ausgangspunkt unseres Verständnisversuchs bildete? Tatsächlich berücksichtigt auch Turner (1989) eine unbewusste Ebene im Konzept des sozialen Dramas. In seinem Modell ist das Wechselverhältnis, das zwischen dem sozialen Drama und dem öffentlich inszenierten Ritual – Turner wählt hier das Wort Bühnendrama – besteht, auch unter Einbezug einer latenten Ebene zu durchdenken:

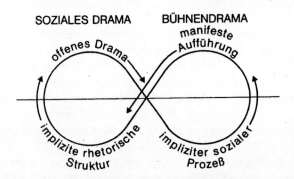

Schaubild aus Turner 1989, S. 116

»Die zwei Halbkreise, die sich über der horizontalen Trennungslinie befinden, bilden den manifesten, sichtbaren öffentlichen Bereich, die unter der Linie den latenten, versteckten, vielleicht sogar unbewußten Bereich; die linke Schleife das in die vier Hauptphasen – Bruch, Krise, Bewältigung, positiver oder negativer Ausgang – untergliederte Drama; die rechte Schleife die kulturelle Darstellungsgattung (...). Das manifeste soziale Drama wirkt auf den *latenten* Bereich des Bühnendramas ein (...). Aber nicht nur das: Seine Botschaft und Rhetorik gehen wieder in die *latente* Prozeßstruktur des sozialen Dramas ein und sind zum Teil für dessen rasche Ritualisierung verantwortlich« (a.a.O., S. 170; Hervorhebung im Original).

Turner lehnt sich hier direkt an die Terminologie der Psychoanalyse an. Bemerkenswert ist jedoch, dass er diese Ebene für ein tiefer gehendes Verständnis des Rituals nicht weiter aufgreift. Er belässt es beim Hinweis auf die Bezogenheit zwischen sozialem Drama und Bühnendrama und begnügt sich damit, den »kreisförmige[n] oder oszillierende[n] Prozeß ihrer wechselseitigen Beeinflussungen und unaufhörlichen Veränderungen« zu beschreiben (a.a.O., S. 171).

Ich möchte vorschlagen, der von Turner angedeuteten Spur weiter zu folgen und seine theoretischen Anregungen durch ein Nachdenken über mögliche unbewusste Konfliktebenen zu erweitern. In Bezugnahme auf das südafrikanische Beispiel können wir dann das empirische Material daraufhin untersuchen, welche unbewussten Prozesse den gesellschaftlichen Konflikt und seine öffentliche Bearbeitung charakterisierten und welche latenten Bearbeitungsleistungen darin vermutlich nötig wurden.

Bedeutsam ist hierbei die Qualität einer politischen Übergangssituation. Sie führt zu einer Lockerung gesellschaftlicher Abwehrprozesse und macht entsprechend notwendig, das gleichsam verflüssigte unbewusste Material erneut der Verdrängung anheim zu stellen:

»Im Rahmen größerer, umgreifender politisch-historischer Wandlungen, die den Zerfall von sozialen Systemen und insbesondere von Institutionen mit sich bringen, kommt es auch zur Auflösung der damit zusammenhängenden institutionalisierten psychosozialen Abwehrkonstellationen und (...) zu Komplikationen im seelischen Gleichgewicht des einzelnen« (Mentzos 1996, S. 86). Erdheim (1984) akzentuiert diese Beobachtung. Er weist darauf hin, »daß die mit dem Wandel einhergehende Auflösung der Institutionen die in ihnen gebundene Aggression freisetzt und zerstörerisch statt befreiend wirkt« (S. 366).

Wir haben im vorangehenden Kapitel gesehen, wie sehr Südafrika während der Verhandlungen zur Einrichtung einer Übergangsregierung von Unruhen und massiver Gewalt bedroht war; dabei spielten vermutlich sowohl das historische Konfliktpotential wie auch neu aufbrechende gesellschaftliche Aggressionen eine zentrale Rolle. Das erst im Entstehen befindliche gesellschaftliche System war jedoch darauf angewiesen, der Destabilisierung durch Gewaltausbrüche vorzubeugen, also die gesellschaftliche Aggressionsspannung zu binden und ihre Verdrängung anzuregen. In dieser Hinsicht erforderte die Situation der Nach-Apartheidzeit die »gesellschaftliche Produktion von Unbewußtheit« (Erdheim 1984).[48] Könnte also die Institution der Wahrheitskommission auch als »Produktionsstätte« gesellschaftlicher Verdrängungsleistungen wie den mit der Übergangssituation verbundenen Aggressionen verstanden werden?

In dieser Hinsicht ließe sich die gesellschaftliche Situation im Übergangsprozess mit der adoleszenten Entwicklungskrise vergleichen, innerhalb derer das während der Latenzzeit Verdrängte nun zum Durchbruch, zum Handeln und zum Bewussten hindrängt (vgl. Erdheim 1984, S. 273ff.). Das kreative Potential stellt dabei immer eine Gefahr für die bestehende (familiäre bzw. gesellschaftliche) Ordnung dar. In jenen Kulturen, in denen die gesellschaftliche Ordnung vor verändernden Impulsen geschützt werden soll, spielen Initiationsriten für die Adoleszenten eine zentrale Rolle: »Die Initiation ist der Versuch, die adoleszente Dynamik aufzufangen« (a.a.O., S. 285). Gerade Rituale dienen also dazu, die Wucht des pubertären Veränderungspotentials zu entschleunigen bzw. zu stoppen. Der Ritus entlastet »vom Willensentschluß, das Verhalten ist schon vorentschieden, und zwar unabhängig von der jeweiligen Affektlage, Stimmung und von den Randbedingungen der Situation« (Gehlen, zit. in Erdheim 1984, S. 362). Dadurch, dass der Ausgang des Rituals vorgegeben ist, verliert das Individuum Einfluss auf seine Gestaltung und hat sich den Traditionen unterzuordnen.

In Anwendung auf das südafrikanische Beispiel kann dieses Verständnis der Adoleszenz und des mit ihr verbundenen Ritus als eine Metapher dienen, mittels derer die Institution der Wahrheitskommission *auch* als eine Instanz begreifbar wird, die den Durchbruch verdrängter Regungen auffängt bzw. bindet. Turners Modell des sozialen Dramas als eines Mediums zur Lösung eines gesellschaftlichen Konflikts ist dann dahingehend zu ergänzen, dass die hierzu gewählte Form – das Ritual bzw. das Bühnendrama – stets und gerade auch als Medium zu verstehen ist, mittels dessen verdrängte und in der Übergangssituation zum Bewusstsein und zum Handeln drängende Impulse gebunden werden können.

Dies trifft nicht nur auf die freigesetzten Aggressionen zu, bedeutsam ist auch das Angst bindende Moment des Rituals: »Das Ritual dient dazu, die beim Statusübergang freigesetzten Emotionen, vor allem die Ängste, unter Kontrolle zu halten. Hier sind die festgelegten Formen des Rituals von großer Bedeutung. Der Rückgriff auf sie vermittelt speziell in Situationen, die kaum ertragbar oder begreifbar sind, ein Gefühl der Sicherheit. Das Ritual reduziert somit die Angst und vermittelt die Gewißheit, daß der Übergang gelingen wird« (Rosumek 1990, S. 28; vgl. dazu auch Volkan 1999).

Das Nachdenken über die unbewussten Dimensionen des Rituals impliziert aber auch das Nachdenken über seine Zweckgebundenheit: »Das Problem der gesellschaftlichen Relevanz des Unbewußten kann nicht adäquat angegangen werden, ohne das Problem der Herrschaft zu behandeln« (Erdheim 1984, S. 206). Im südafrikanischen Beispiel war die sich neu formierende Machtelite aus den Strukturen der Befreiungsbewegung zwingend auf die Befriedung der Gesellschaft angewiesen. Entsprechend wäre in der Analyse der Anhörungen als möglichen Beispielen einer gesellschaftlichen Produktion von Unbewusstheit auch auf machtpolitische Funktionalisierungen zu achten: »Was man in einer Gesellschaft nicht wissen darf, weil es die Ausübung von Herrschaft stört, muß unbewußt gemacht werden. Das Wissen von Realitäten, das unbewußt geworden ist, ist darum aber nicht unwirksam – es entwickelt sich zur Ideologie, die, im Subjekt verankert, als falsches Bewußtsein wieder herrschaftsstabilisierend wirkt« (a.a.O., S. 38). Zu fragen wäre dann danach, inwieweit die teilnehmenden Bürgerinnen und Bürger gleichsam zu Objekten eines gesellschaftlichen Erinnerungsprojektes wurden, auf dessen Gestaltung sie wenig oder keinen Einfluss hatten. In Abgrenzung davon wäre auszuloten, wie viel Spielraum die Inszenierungen der Anhörungen dem/der Einzelnen ließen, um eigene Sichtweisen, Vorstellungen und Bedürfnisse zu artikulieren, in den öffentlichen Diskurs einzubringen und ggf. auch gegen die öffentlichen Vorgaben durchzusetzen. Nadig (1986) spricht vom »Widerstand des Subjektes«: »Darunter verstehe ich die aktive Gestaltung und Veränderung der Verhältnisse im Sinne eigener Interessen, Utopien und Bedürfnisse« (S. 29; vgl. auch Parin und Parin-Matthey 2000). Entsprechend hat sie bei ihren Feldforschungen versucht, »die Logik oder Un-Logik einer Gesprächspartnerin auf ihre mögliche *Widerstands-Logik* im sozialen Zusammenhang hin zu untersuchen« (a.a.O., S. 31; Hervorhebung im

Original) und beobachtete dabei einen »spielerischen Umgang mit den sozialen Institutionen« (a. a. O., S. 33), ein »Wechselspiel von Selbstbehauptung und Integration, Widerstand und Anpassung in die Gemeinschaft« (ebd.). Eine solche Perspektive scheint mir bei der empirischen Untersuchung der Anhörungen unverzichtbar, will man dem Wechselverhältnis subjektiver und sozialer Absichten und Motive gerecht werden.

5.3. Zusammenfassung und Fragen an das Forschungsmaterial

Ich habe einen weiten Bogen geschlagen, um ein umfassenderes Verständnis der möglichen manifesten und latenten Bedeutungsebenen der südafrikanischen Wahrheitskommission zu erarbeiten. Die faszinierende Komplexität der durch die Arbeit dieser Einrichtung berührten Aufgaben und Fragen machte den Einbezug verschiedener theoretischer Konzepte nötig. Ich möchte die wesentlichen Stationen meines Verständnisversuchs noch einmal resümierend aufführen, bevor ich die daraus hervorgehenden Fragen an das Forschungsmaterial zusammentrage.

Beim Nachdenken über mögliche Bedeutungsebenen der Wahrheitskommission wurde schnell deutlich, dass ein psychotherapeutisch orientierter Verständnisansatz sich zwar aufdrängt, jedoch zu kurz greift: es gelingt es ihm weder, die Auseinandersetzung mit den Gewalttätern auf einer juristischen Ebene zu erklären, noch die Bezogenheit von Opfer- und Täteranhörungen aufzugreifen. Diese zu berücksichtigen erlaubt Turners Modell des Rituals als Medium zur Bearbeitung sozialer Dramen. In den Stadien von Konflikt nach Verletzung sozialer Normen, von sich zuspitzender Krise, ritualhafter Bewältigung und Reintegration bzw. Spaltung konnte auch der südafrikanische Versöhnungsprozess abgebildet werden. In dieser Lesart schuf die Wahrheitskommission eine öffentliche Bühne, auf der das soziale Drama Südafrikas zum Ausdruck gebracht und bearbeitet werden konnte.

Auf der manifesten Ebene zeigte sich dabei, dass die Bearbeitung der Apartheidvergangenheit auch den Versuch der Lösung eines eigentlichen kolonialen Konflikts darstellte, der die konsequente Unterdrückung und Entrechtung der ethnischen Mehrheiten zum Inhalt hatte. Die gewaltsamen Aktionen der Befreiungsbewegungen schienen mit der Lesart Fanons als notwendiges Mittel gegen diese Unterdrückung –

damit wurde die Gewalttätigkeit des Konflikts als sein wesentliches Charakteristikum begreifbar, das die zwischen Aggression und Gegen-Aggression multiplizierte Spaltung der Gesellschaft in Täter und Opfer mit sich brachte. Der Einbezug von Honneths Konzepten ermöglichte uns dabei, den gewaltsamen Widerstand auch als Kampf um gesellschaftliche Anerkennung zu verstehen, der möglicherweise durch die Wahrheitskommission »besiegelt« werden sollte.

Die Auseinandersetzung mit der Frage, inwiefern die Einrichtung der Wahrheitskommission ihrerseits einem kolonial geprägten Impetus gefolgt sein könnte, führte uns zur Notwendigkeit, auch ein Verständnis möglicher latenter Ebenen des Konflikts zu entwickeln. In diesem Kontext wurde bald ein Dilemma offenbar, das die Wahrheitskommission in ihrer täglichen Arbeit zu lösen hatte: die öffentliche Erinnerungsarbeit bedeutete, einen gesellschaftlichen Raum oder Rahmen vorzugeben, innerhalb dessen die mit dem sozialen Konflikt einhergehenden Gefühle wieder erlebt werden sollten. Dies dürfte vor dem Hintergrund der oben beschriebenen Gewalttätigkeit des Konflikts vor allem auch das Reaktivieren von Hass, Wut, Rache und Schuldvorwürfen bedeutet haben. Gleichzeitig ging die gesellschaftliche Umbruchphase mit einer drohenden Destabilisierung der Ordnung einher, die durch das Aufleben von Aggressionen zusätzlich bedroht wurde. Um die neue politische Ordnung zu stabilisieren, dürfte es entsprechend notwendig geworden sein, die gesellschaftliche Verdrängung dieser Gefühle anzuregen, also, um mit Erdheim zu sprechen, gesellschaftliche Unbewusstheit zu produzieren.

Diese Überlegungen bilden den Hintergrund für die exemplarische Untersuchung einiger Anhörungen der Wahrheitskommission. Folgende Fragen sind dabei am empirischen Material zu überprüfen:

1. Welche Bedeutung kommt dem ritualhaften Charakter der Anhörungen zu? Welche formalen und inhaltlichen Unterschiede lassen sich zwischen Opfer- und Täter-Anhörungen beobachten? Wie können wir die Dopplung der Anhörungsverfahren verstehen?
2. Um welche Themen kreisen die in den Anhörungen der Wahrheitskommission verhandelten sozialen Konflikte? Lassen sich Themenfelder um den Wunsch nach sozialer und ökonomischer Anerkennung wieder finden? Inwiefern zeigen sich Konflikte, die eigentlich auf koloniale Dynamiken zurückgehen?
3. Welche manifesten und welche latenten Konfliktebenen werden in den Anhörungen deutlich?
4. Wird der spezifische Verlauf einzelner Anhörungen plausibler,

wenn wir nach intersubjektiven Reinszenierungen der sozialen Konfliktkonstellationen suchen? Inwiefern werden die sozialen Konflikt in den Anhörungen nicht nur von den Subjekten stellvertretend erinnert, sondern auch intersubjektiv wiederholt?
5. Welche Mittel werden in den Anhörungen gewählt, um die reaktivierten Konflikte zu lösen bzw. zu bearbeiten? Welche latenten Bearbeitungsleistungen werden notwendig?

Den hier aufgeführten Fragen möchte ich am Forschungsmaterial nachspüren. Zunächst wird es dazu notwendig sein, die Methoden zu diskutieren, mittels derer die Analyse der Anhörungstranskripte versucht werden soll. Sie werden im folgenden Kapitel vorgestellt.

6. Methodologie und Methoden

»Es besteht weniger Gefahr, daß die Analyse nicht genügend logisch ist, als daß sie zu wenig psychologisch ist« (T. Reik [1948]/1983, S. 462).

»Wir halten es nämlich gar nicht für wünschenswert, daß die Psychoanalyse von der Medizin verschluckt werde und dann ihre endgültige Ablagerung im Lehrbuch der Psychiatrie finde, im Kapitel Therapie, neben Verfahren wie hypnotische Suggestion, Autosuggestion, Persuasion (...). Als ›Tiefenpsychologie‹, Lehre vom seelischen Unbewußten, kann sie all den Wissenschaften unentbehrlich werden, die sich mit der Entstehungsgeschichte der menschlichen Kultur und ihrer großen Institutionen wie Kunst, Religion und Gesellschaftsordnung beschäftigen« S. Freud ([1926]/1975, S. 338).

6.1. Methodologie

6.1.1. Psychoanalytische Zugänge zur empirischen Auswertung

Das Erkenntnisinteresse der vorliegenden Arbeit ist psychoanalytisch begründet. Die für meine Untersuchung bestimmende Frage ist, inwiefern der Verlauf ausgesuchter Anhörungen vor der Wahrheitskommission gerade auch dann als Erscheinungsform eines sozialen Konfliktes plausibel wird, wenn nach dessen bewussten *und* unbewussten Dimensionen gefragt wird.

Der wissenschaftstheoretische Standort dieses Forschungszugangs ist zunächst jedoch abzustecken und zu diskutieren. Denn in Abgrenzung zu einheitswissenschaftlichen Qualitätskriterien, die vorrangig auf idealisierte Wissenschaftsparadigmen der Naturwissenschaften zurückgehen, hat die Psychoanalyse als am Unbewussten interessierte Forschungsdisziplin zunächst Position zu beziehen und im vorliegenden Fall auch ihre Anwendbarkeit auf einen sozialen Untersuchungsgegenstand jenseits des klinischen Geltungsbereichs zu begründen. Die Anwendung psychoanalytischer Verständnisinstrumentarien auf extraklinische Forschungsbereiche kann dann auch dazu beitragen, »den charakteristischen psychoanalytischen Erfahrungsbegriff und die damit verbundene ›Werthaltigkeit‹ herauszuarbeiten und dadurch die Spezifität der psychoanalytischen Wissenschaft mit ihren charakteristischen Forschungsmethoden und ihren spezifischen Prüf- und Wahrheitskriterien im Kanon anderer, ebenso spezifischer Wissenschaften offensiv zu vertreten« (Leuzinger-Bohleber et al. 2002, S. 18).

Natürlich kann die vorliegende Arbeit eine umfassende wissenschaftstheoretische Begründung psychoanalytischer Forschungszugänge nicht leisten,[1] doch möchte ich im Hinblick auf das dargestellte Forschungsvorhaben einige Aspekte des wissenschaftlichen Standorts der Psychoanalyse zumindest ansatzweise beleuchten.

Wie im obigen Zitat anklingt, besetzt die Psychoanalyse im Kanon der Wissenschaften einen spezifischen Platz, der sich nicht in Konkurrenz zu anderen Zugängen und Disziplinen begreift, sondern vielmehr einen ausgesuchten Sektor im pluralen Raum der Wissenschaften zum Gegenstand hat (vgl. Leuzinger-Bohleber und Bürgin 2003, Leuzinger-Bohleber, Hau und Deserno 2005). Mit allen anderen Wissenschaften teilt auch die Psychoanalyse den Wunsch nach Erkenntnis ebenso wie die Notwendigkeit einer wissenschaftlichen Absicherung dieser Erkenntnissuche:

> »Erstens ist die Vielfalt der Wissenschaften nicht allein eine Vielfalt wissenschaftlicher *Gegenstände*, sondern zweitens eine von wissenschaftlichen *Theorieformen*. Diese unterschiedlichen Theorieformen bringen drittens eine Vielfalt wissenschaftlicher *Erfahrungen* hervor. Die Vielfalt wissenschaftlicher Erfahrungen ist durch Disziplinierung unserer alltäglichen Erfahrung möglich. (…) Der Pluralismus der Wissenschaften ist also erstens einer der *Theorien*, zweitens einer der *Erfahrungen*, drittens einer der *Erkenntniswerte* und viertens einer der *Methoden*« (Hampe und Lotter 2000, S. 33; Hervorhebungen im Original).

Leuzinger-Bohleber et al. (2002) schreiben dazu: »Angesichts dieser Pluralität der Wissenschaften scheint die Psychoanalyse gut beraten, wenn sie auf der Eigenständigkeit ihrer spezifischen Forschungsmethode besteht, (...) und sich nicht (...) einem ihr fremden und ungeeigneten Wissenschaftsverständnis unterwirft« (S. 20).

Vor dem Hintergrund dieser Überlegungen sind entsprechend einerseits die Gemeinsamkeiten psychoanalytisch geprägter Forschung mit anderen Forschungszugängen herauszuarbeiten, andererseits ist aber auch das Spezifische eines psychoanalytischen Zugangs zu benennen und in seinen wissenschaftstheoretischen Implikationen zu diskutieren.

Zunächst zu den Gemeinsamkeiten: gerade in der sozialwissenschaftlichen Forschung stößt die Anwendung der Psychoanalyse immer wieder auf Skepsis. So wirft man ihr vor, sie könne als individualtherapeutische Methode kaum beanspruchen, gesellschaftliche Zusammenhänge zu erklären.[2] Sie individualisiere, personalisiere, sei reduktionistisch, ethnozentrisch und irrational (vgl. z.B. Devereux 1984, Straub 1998).[3] Da diesen Vorwürfen im Einzelnen an anderer Stelle begegnet wird (vgl. z.B. Leuzinger-Bohleber 1996, Psychoanalytisches Seminar Zürich 1989), möchte ich an dieser Stelle eher auf das allen diesen Einwänden gemeinsame Motiv eingehen, nämlich die Vorstellung, die psychoanalytische Wissenschaft weise spezifische Defizite auf, die ihrem Vorgehen inhärent seien.[4] Dieser Auffassung ist entgegenzusetzen, dass die Psychoanalyse, so wie andere Wissenschaften auch, eine spezifische, ihrem Forschungsgegenstand adäquate Forschungsmethode entwickelt hat, die dann wissenschaftliche Relevanz erhält, wenn sie den Prozess ihrer Theoriebildung auch im interdisziplinären Dialog transparent zu machen vermag. Das Vorgehen im Versuch, Erfahrung und Wahrnehmung zu interpretieren und zu konzeptionalisieren, unterscheidet sie nicht wesentlich von anderen wissenschaftlichen Disziplinen: sowohl klinische, also gleichsam »genuin psychoanalytische«, als auch extra-klinische Forschungszugänge beruhen auf sukzessiven Generalisierungsprozessen, innerhalb derer Theorien vom Einzelfall ausgehend generiert und dann durch vergleichendes Vorgehen verallgemeinert werden (vgl. z.B. Leuzinger-Bohleber 1997).[5] Dieser zirkulär ablaufende Prozess von Wahrnehmung, Interpretation als Minitheorien-Bildung und zunehmend dichterer Konzeptionalisierung theoretischer Modelle (Moser 1991) ist sowohl kennzeichnend für die Erkenntnissuche im psychoanalytischen Behandlungszimmer als auch in einer sozialwissenschaftlichen Forschungswerkstatt. Ein Spannungsverhältnis zwischen einer zu würdigenden Einmaligkeit des Einzelfalls und der

Notwendigkeit einer verallgemeinerbaren Konzeptionalisierung ist insofern auch nicht nur der klinisch-psychoanalytischen Forschung inhärent, sondern verbindendes Merkmal wissenschaftlicher Forschung überhaupt. Denn je »höher das Abstraktionsniveau der Generalisierungen schließlich ausfällt, desto breiter wird der Anspruch darin enthaltener Aussagen und deren Übertragbarkeit, desto problematischer wird aber auch die stringente Rückführung bzw. Anwendung (...) auf neue, konkrete Einzelfälle« (Leuzinger-Bohleber et al. 2002, S. 30).

In dem Moment aber, da ein Dualismus zwischen klinischer und extra-klinischer Forschung aufgegeben wird, ist weniger nach *spezifischen* Begründungen der Wissenschaftlichkeit für die Psychoanalyse zu fragen, als vielmehr auf die allgemein verbindlichen Qualitätskriterien wissenschaftlicher Forschung Bezug zu nehmen. So ist im kritischen interdisziplinären Austausch das Vorgehen bei der Anwendung psychoanalytischer Konzepte transparent zu machen und zwar nach den allgemeinen Gütekriterien sozialwissenschaftlicher Forschung. Dies bedeutet z. B., das Verfahren genau zu dokumentieren, systematisch und nicht etwa spontan vorzugehen und die Interpretationen argumentativ abzusichern (vgl. z. B. Mayring 1990, Flick 1995a). Ebenso ist es notwendig, die Grenzen des Geltungsbereichs und der Verallgemeinerbarkeit der Aussagen aufzuzeigen und Zusammenhänge und Widersprüche zwischen Daten und Interpretationen zu benennen (Steinke 1999). Leuzinger-Bohleber et al. (2002) beziehen sich auf M. Hampe, wenn sie schreiben: »Nicht gemeinsame Denkformen, Erfahrungen oder Methoden machen (...) Wissenschaftlichkeit aus, sondern die Bereitschaft und Fähigkeit zur Intersubjektivität in der Vermittlung der jeweils unterschiedlichen Methoden, Denk- und Erfahrungsformen« (S. 20f.).

In dieser Hinsicht löst sich denn auch das scheinbare Dilemma bei der Anwendung eines psychoanalytischen Forschungszugangs auf einen extraklinischen, sozialen Geltungsbereich. Zwar sind die methodischen Zugänge der Psychoanalyse keineswegs »maßstabsgetreu« aus dem klinischen Kontext heraus in den sozialen Kontext übertragbar, doch gilt es hier wie dort, das Vorgehen bei der Erkenntnissuche transparent und dem interdisziplinären Dialog zugänglich zu machen. Gerade im Grenzbereich wissenschaftlicher Disziplinen stellt dies eine wichtige Herausforderung dar:

> »Psychoanalytische Sozialforschung ist keine synthetisierende Zwittergestalt zwischen Psychologie und Soziologie, die Individualität und Sozialität methodologisch zu versöhnen sucht, derweil beide als Real-

grund der Erkenntnis paradox ineinander verquickt bleiben, zugleich aber unentwegt auseinanderklaffen. Vielmehr hat sie sich dem Widerspruch auszusetzen, die disziplinäre Apartheid zwar durchbrechen zu wollen, dabei aber nicht dem Trugschluß eines methodologischen Monismus aufzusitzen« (Heim 1989, S. 171).[6]

Was aber ist dann das Besondere eines psychoanalytischen Forschungszugangs?
Der Kern des psychoanalytischen Erkenntnisinteresses liegt in der Entschlüsselung *unbewusster* Prozesse. Gerade diese Qualität ihres Erkenntnisgegenstandes begründet die Eigenständigkeit des Forschungszugangs, stellt aber auch eine besondere Herausforderung bei der Validierung der Erkenntnisse dar. Denn bei der Interpretation der verborgenen Motive menschlichen Handelns kann die Psychoanalyse nicht denotativ vorgehen und von unmittelbar rational begründeten, gleichsam »gegebenen« Zusammenhängen ausgehen. Vielmehr muss sie für die Erforschung unbewusster Prozesse andere, z.B. assoziativere Zugänge finden, die häufig erst einmal »abwegig« erscheinen können. Die spezifische Qualität des Unbewussten findet Ausdrucksformen, an denen rationale Erklärungen und bewusste Begründungen zunächst abperlen und die Psychoanalyse hat dieser Tatsache entsprechend spezifische Zugangswege zu ihrer Entschlüsselung entwickeln müssen.

Ein zentraler, der Psychoanalyse eigener Zugangsweg zur Erforschung unbewusster Motivationen und Hintergründe besteht im Einbezug der mentalen und emotionalen Reaktionen der Forscherin auf den Untersuchungsgegenstand. Dieses als Gegenübertragungsanalyse bezeichnete Vorgehen geht davon aus, dass die vielfältigen Reaktionen des »Beobachters« in unmittelbarer Beziehung zu den bewussten und unbewussten Mitteilungen des »Forschungsobjekts« stehen und Aufschluss über deren latente Zusammenhänge bieten können.

Dieser explizite Einbezug der subjektiven Perspektive und der subjektiven Reaktion der Forscherin auf den Untersuchungsgegenstand stellt eine wissenschaftliche Pionierleistung der Psychoanalyse dar. Zum einen vermochte sie so, einen ihrem Forschungsgegenstand entsprechenden Verständniszugang zu eröffnen. Darüber hinaus begründete die Psychoanalyse damit aber auch einen selbstkritischen Standort im Bezug auf das empirische Grundproblem interpretierender Forschung: Denn der Schritt von der Beobachtung eines Sachverhalts hin zu seiner Interpretation ist einer, den die Forscherin gleichsam in Einsamkeit setzt. Zwischen beiden Ebenen – der Beobachtung und der

Interpretation – klafft eine Lücke, welche die Forscherin ausfüllt oder überbrückt, ohne die Legitimität ihrer Überbrückungsleistung gänzlich absichern zu können: »Auch die Befolgung aller möglichen interpretationstechnischen Anweisungen garantiert nicht, daß der Schluß auf eine Regelhypothese gelingt, der die verborgenen Beziehungen einer Stelle enthüllt. *Jede Interpretation enthält einen Sprung, weil es um Wahrheit und nicht um Methode geht. Und springen kann nur ein Subjekt*« (Bude 1987, S. 107; Hervorhebung durch die Verf.). Was Bude hier beschreibt, ist die »Geburt« einer Deutung oder Interpretation durch ein Subjekt – die Idee ist mit seinem (So-)Sein verknüpft. Und genau hierin liegt das besondere Potential der Psychoanalyse: der explizite Einbezug des Subjekts in den Forschungsprozess und die unmittelbare Reflektion der eigenen Rolle in diesem Prozess. Der Fokus verschiebt sich also weg von einem zu erforschenden Gegenstand, der von einer gleichsam »neutralen Forschungsmaschine« betrachtet wird, hin zur Untersuchung der lebendigen Forschungs*beziehung* zwischen Forscherin und Forschungsgegenstand. Denn das naturwissenschaftlich geprägte Diktat einer forschenden Objektivität beruht nach Devereux (1984) auf einem Irrtum:

> »Die wissenschaftliche Erforschung des Menschen (…) muß (…) sich die aller Beobachtung inhärente Subjektivität als den Königsweg zu einer eher authentischen als fiktiven Objektivität dienstbar machen« (S. 17f.). Der Forscher »kann die Interaktion zwischen Objekt und Beobachter nicht in der Hoffnung ignorieren, sie werde sich schon allmählich verflüchtigen, wenn er nur lange genug so täte, als existiere sie nicht. Wenn man sich weigert, diese Schwierigkeiten schöpferisch auszuwerten, so kann man es nur zu einer Sammlung von immer bedeutungsloseren, zunehmend segmentären, peripheren und sogar trivialen Daten bringen, die das, was am Organismus lebendig oder am Menschen menschlich ist, fast gänzlich unbeleuchtet lassen« (a.a.O., S. 19). Eine »realistische Wissenschaft vom Menschen [kann] nur von Menschen geschaffen werden (…), die sich ihres eigenen Menschseins vollkommen bewußt sind, was vor allem bedeuten muß, daß dieses Bewußtsein in ihre wissenschaftliche Arbeit eingeht« (a.a.O., S. 22).[7]

Eine psychoanalytisch verstandene Sozialwissenschaft gründet sich also auf psychoanalytische Konzepte und Theorien, das eigentlich Spezifische ihres Zugangs liegt aber vor allem in der Anwendung der psychoanalytischen *Methode*. Die Herausforderung liegt hier darin, »eine gelungene, der je spezifischen Eigenlogik des wissenschaftlichen Erkenntnisgegenstandes mimetisch angeschmiegte Übernahme psychoanalytischer Forschung*mittel* zu leisten« (Heim 1989, S. 175; Hervorhebung im Original) und die Methodik »des individuellen Fallverstehens aufzugreifen [und] sie in Auseinandersetzung mit dem neuen Forschungsfeld weiterzuentwickeln« (Hans-Dieter König 2003, S. 339).

Freilich birgt dieser Einbezug der subjektiven Perspektive auch eine spezifische Herausforderung. Denn wenn das psychoanalytische Vorgehen wesentlich von den subjektiven Reaktionen der Forscherin mitbestimmt ist, wie ist dann die Plausibilität der Interpretationen nachzuweisen? Immerhin ist es »jederzeit möglich, die Andersheit des Textes zu verfehlen. Vor allem gibt es kein eindeutiges Kriterium, sie nicht verfehlt zu haben« und »nur eine Reproduktion des auslegenden Subjekts zu sein« (Raguse 1993, S. 219).[8] Zentrales Kontrollinstrument in diesem Dilemma ist die intersubjektive Validierung der Interpretation. In dem Maße, wie die subjektiven Einfälle, assoziativen Verbindungen und die daraus abgeleiteten Hypothesen auch Dritten gegenüber einleuchtend und plausibel erscheinen, kann eine solche »kommunikative Validierung« als »Wahrheitskriterium« verstanden werden (vgl. Leuzinger-Bohleber 1997).

Gerade hierbei kann sich aber auch zeigen, dass die scheinbare »Verfehlung« der Hypothese ihrerseits Aufschluss über die spezifische Eigenart des Datenmaterials geben kann. Denn gerade die Irritationen, die Widersprüchlichkeiten und affektiven Ausschläge sowie scheinbare Missverständnisse sind es, die einen erweiterten Zugang zu den unbewussten, latenten Strömungen des untersuchten Materials erlauben und im Prozess der Triangulierung des Forschungszugangs durch einen Dritten offenbar werden können.

Die der Psychoanalyse eigene erkenntnissuchende Haltung wird von Reik ([1948]/1983) als »Hören mit dem dritten Ohr« beschrieben:

> »der Psychoanalytiker, der die geheime Bedeutung dieser fast nicht wahrnehmbaren Sprache zu erkennen hofft, muß seine Empfindsamkeit ihr gegenüber schärfen, muß seine Bereitschaft erhöhen, sie zu empfangen. Wenn er sie entziffern will, so kann er dies nur tun, indem er genau in sich hinein hört, indem er die feinen Eindrücke, die sie auf ihn macht, und die flüchtigen Gedanken und Gefühle, die sie in ihm erweckt, klarwerden. Es ist äußerst wichtig, daß er mit großer Aufmerksamkeit beobachtet, was diese Sprache für ihn bedeutet, was ihre psychologischen Effekte auf ihn sind. Von da aus kann er zu ihren unbewußten Motiven und Bedeutungen vordringen, und dies wird wiederum kein bewußter Gedankengang oder logisches Verfahren sein,

sondern eine unbewußte (...) Reaktion (...).Wiederum ist der einzige Weg, in das Geheimnis dieser Sprache einzudringen, der, in sich selbst hineinzusehen, seine eigenen Reaktionen zu verstehen versuchen« (a.a.O., S. 169). [9]

Im Dialog mit Dritten lässt sich dann durch die Reflexion der unterschiedlichen spontanen, vor allem auch affektiven Reaktionen auf den Untersuchungsgegenstand ein erweiterter Verständniszugang zu seinen bewussten und unbewussten Dimensionen eröffnen und vor allem intersubjektiv absichern. So entsteht ein lebendiger und erfrischender Zugang zum Forschungsmaterial:

> »Das aber ist fast das Schönste, was ich durch Freud erfuhr: die stets erneute und vertiefte Freude an den Tatsachen seiner Entdeckungen selber, die immer weiter begleitet und immer wieder an einen neuen Anfang stellt. Denn in seinem Fall handelte es sich ja niemals um das Sammeln und Ausfindigmachen ›stofflicher‹ Einzelheiten, denen erst eine rein philosophische Diskussion darüber ihre Würde gäbe; was er ausgrub, waren ja nicht alte Steine oder Gerätschaften, sondern wir selbst sind in alledem, und darum sind die Einsichten, die ganz unmittelbar für uns drinstecken, auch philosophisch nicht weniger schwerwiegend, als etwa für das Kind die Erlebnisse, an denen es zuerst ›Ich!‹ sagen lernt« (Andreas-Salome 1958, S. 176).

Ist der Begriff der Gegenübertragung zunächst für die therapeutische Arbeit entwickelt und geschichtlich auch ausdifferenziert worden, so können wir, trotz Devereux' (1984) eindringlichen Appells für ihren Einbezug in jedwedes hermeneutisches Unterfangen, allerdings unsicher werden, wie wir sie im Kontext dieser Untersuchung anwenden können. Was könnte den empirischen Zugang zu den Gegenübertragungsreaktionen erschließen?

Zum einen lässt sich hier die Vorstellung zu Hilfe nehmen, die Anhörungstranskripte stellten gleichsam Protokolle einer »Gruppensitzung« dar, die im Rahmen eines z.B. supervisorischen Zugangs in ihren bewussten und unbewussten Dimensionen untersucht werden. Tatsächlich wird ein solcher Zugang zum Textmaterial z.B. von Hartmut Raguse (1990) vorgeschlagen. Hier kommt eine Gegenübertragungsanalyse insofern zum Tragen, als die im Protokoll festgehaltene Psychodynamik der Gruppensitzung als eine Spiegelung der Supervisionssituation in den Gefühlen des Supervisors bzw. in der Dynamik zwischen Supervisor und Supervisand verstanden wird. Kutter (1990) nennt dies das »direkte Spiegelungsphänomen« (S. 294). Im Rückbezug auf die Analyse der Anhörungsprotokolle können wir uns somit fragen, ob die Dynamik der Anhörungen sich dann erhellt oder besser verständlich wird, wenn wir unsere (emotionalen) Reaktionen auf das Textmaterial in den Verständnisprozess einbeziehen. Lazar (1990) berichtet von einer vergleichbaren supervisorischen Arbeit: »ich versuche, mit dem Material (...) so umzugehen, als ob ich derjenige sei, der in der gegebenen Situation darauf reagieren müßte, versuche, mich (...) mit dem Geschilderten so intensiv *introjektiv zu identifizieren*, als ob ich selbst auf der Bühne der geschilderten Situation stünde, teils in der Rolle [des einen] (...), teils in der des [anderen]« (S. 375; Hervorhebung im Original).

In dieser Beschreibung klingt auch das psychoanalytische Konzept des Inszenierens bzw. des Enactments an, das die Kommunikation unbewusster Erlebnisweisen und Konflikte auf der Handlungsebene (im Gegensatz zur verbalen Kommunikation) herausarbeitet (Streeck 2000, Drews 2000). Ein daraus hervorgehendes szenisches Verstehen (Lorenzer 1970, Argelander 1970), das sprachliches und nicht-sprachliches Handeln gleichermaßen umfasst, kann im vorliegenden Forschungskontext einer »Bühnensituation« gut nutzbar gemacht werden.[10] Hierbei sind zunächst die Grundmaximen psychoanalytischer Verständnisprozesse anzuwenden: die freie Assoziation, also das Zusammentragen aller Einfälle, ebenso wie die gleichschwebende Aufmerksamkeit, also das unvoreingenommene Einbeziehen aller Regungen und Reaktionen, lassen sich als Grundhaltungen nicht nur in der therapeutischen Situation, sondern auch dem empirischen Textmaterial gegenüber entfalten.[11] Aus einer solchen Haltung heraus erhalten dann grundsätzlich alle textuellen Charakteristika Bedeutung: »Wie unauffällig auch (...) auftretende Inkonsistenzen und Lücken erscheinen, wie nebensächlich auch Worte, Gesten und Fehlleistungen der Akteure wirken, alle diese Elemente bilden szenische Bestandteile einer doppelbödigen Interaktionsstruktur, die aufgrund der Verbindung von Manifestem und Latentem auf mehrfache Weise bedeutsam sein kann« (Hans-Dieter König 2003, S. 344).[12] Es sind dann häufig gerade jene Momente der Irritation oder der (emotionalen wie rationalen) Verwirrung, die den Zugang zu einer neuen szenischen Lesart, nämlich zu ihren latenten Sinnebenen öffnen.

> »Allerdings reicht eine Irritation allein nicht aus, um einen Zugang zum latenten Sinn zu erschließen. (...) Das an der Szene rätselhaft Bleibende

lässt sich (...) nur durch die Einbeziehung weiterer Szenen klären, anhand derer sich auch die aufgrund der szenischen Interpretation entwickelten Einfälle/Verstehenszugänge überprüfen lassen. So begibt man sich auf die Suche nach anderen Szenen, die der ersten Szene aufgrund ihrer inneren Struktur gleichen, jedoch in ganz anderen Handlungszusammenhängen der kulturellen Objektivation stehen können« (Hans-Dieter König 2003, S. 342).

Das Zusammentragen der Reaktionen und Einfälle auf den Text bzw. die in ihm wiedergegebenen Szenen entspricht also einer thematischen Verdichtung und Absicherung: »die anhand einzelner Szenenkomplexe entwickelten Interpretationen [werden] mit Hilfe anderer Szenenzusammenhänge so lange überprüft und korrigiert (...), bis sich die Interpretation der verschiedenen Szenenfolgen zu einer in sich stimmigen Konstellation zusammenschließen – eine sich in der Spannung zwischen Manifestem und Latentem entfaltende doppelbödige Sinngestalt mit zahlreichen Bedeutungsfacetten« (a.a.O., S. 350). In dem Maße, wie diese Schritte in einer Forschungsgruppe gesetzt werden und damit eine gemeinsame Verstehensleistung sind, lässt sich die Gefahr idiosynkratischer Verkennungen reduzieren – vielmehr können gerade im Zusammentragen unterschiedlicher Reaktionen und Einfälle die manifesten und latenten Bedeutungsebenen Kontur gewinnen.

6.1.2. Psychoanalyse und Linguistische Diskursanalyse

Unbewusste Prozesse schlagen sich auch im Sprechen nieder und können durch die Analyse von Sprache bzw. Texten zugänglich gemacht werden: dies ist die zentrale Annahme der linguistischen Diskursanalyse in ihrer Anwendung auf psychoanalytische Forschungszusammenhänge (Flader, Grodzicki und Schröder 1982). Beim Versuch, das bewusste und unbewusste Erleben ihrer Patient/innen zu verstehen, beziehen sich Psychoanalytiker/innen häufig auch auf sprachliche Besonderheiten, wie z.B. Benz (1988) aufzeigt: »Zwei universale Abwehr-Mechanismen gegenüber der Aufdeckung und Bewußtwerdung von Gefühlen sind sprachlicher Art: 1. Vagheit, Unbestimmtheit, Unverbindlichkeit und Allgemeinheit des sprachlichen Ausdrucks und 2. sprachliche Abschweifung auf ein weniger konfliktträchtiges Feld oder Abschweifung vom Hundertsten ins Tausendste« (S. 588). Der Einbezug eines diskursanalytischen Zugangs zu psychoanalytischen Erkenntnismethoden liegt somit nahe und wurde z.B. von Flader und Giesecke (1980) und Eisenmann (1995) umgesetzt. Sie versuchen, psychoanalytische Konzepte unbewusster Prozesse wie z.B. Widerstand und Abwehr an der Gestalt einer Erzählung durch die Analyse des sprachlichen Handelns belegbar zu machen. Zentral ist hierbei die Hypothese, dass »über das qua Erzählen in Gang gesetzte fiktive Vorstellen auch Erfahrungen des erzählenden Subjekts affektiv aktualisiert werden, die mit dessen Repräsentanzenwelt und den dort vorherrschenden Konflikten (...) verknüpft sind« (Eisenmann 1995, S. 102). Das Wiederbeleben angstbesetzter Erfahrungen und Konflikte qua Erzählen wird dann von einer im sprachlichen Handeln ablesbaren »Widerstandstätigkeit« beantwortet, »die sich gegen die im Erzählen mobilisierten mentalen Prozesse und die mit ihnen verbundenen Affekte wendet« (a.a.O., S. 203). Die Analyse des sprachlichen Handelns kann aufzeigen, »in welchen Formen sich der ›Widerstand‹ als ein konversationales Phänomen im Falle des Erzählens manifestiert: Auf der *interaktiven* Ebene wird er wirksam als Verstoß des Sprechers gegen die ›Zugzwänge‹, die sich aus den für die Konversation zu leistenden Kooperationsaufgaben ergeben (...); auf der *inhaltlichen* Ebene (der Geschichte) wird er wirksam in der Form einer Aussparung (Eliminierung) bestimmter Erlebnisinhalte, die thematisch zur intendierten Geschichte gehören« (Flader und Gieseke 1980, S. 255 – Hervorhebungen im Original).

Das hier beschriebene Vorgehen der linguistischen Diskursanalyse kann meinen Forschungszugang in der Hinsicht erweitern, als es der weiter oben beschriebenen Arbeit mit Gegenübertragungsreaktionen ein am unmittelbaren sprachlichen Handeln der Protagonisten orientiertes methodisches Vorgehen zur Seite stellt. Die Redebeiträge der Protagonisten können dann auf ihre jeweiligen Spezifika in der Form von Auslassungen, Überbetonungen, Weitschweifigkeit, Kargheit oder eben Verstößen gegen die in der Konversation zu leistenden Kooperationsaufgaben hin untersucht werden.

Die Konversationsmaximen von Grice (1993) bieten einen Anhaltspunkt für diese Kooperationsaufgaben: a) die Konversationsmaxime der *Quantität*, die besagt, dass die Redebeiträge weder zu knapp noch zu weitschweifig sein sollten, b) die Konversationsmaxime der *Qualität*, die besagt, dass die Redebeiträge wahr sein und angemessene Begründungen enthalten sollten, c) die Konversationsmaxime der *Relation*, die besagt, dass die Redebeiträge relevant und thematisch kohärent sein sollten und d) die Konversationsmaxime der *Modalität*, die besagt, dass die Redebeiträge klar und unmissverständlich sein sollten. Ausgehend vom Grundpostulat einer Kooperationsbeziehung zwischen den Sprechenden im Hinblick auf Zweck und Zielsetzung des Gespräches geben die Abweichungen von diesen Kooperationsaufgaben Hinweise auf bewusste oder unbewusste psychische Konflikte bzw. auf mögliche Abwehr- und Widerstandstätigkeit.[13]

Dabei ist auch der diskursive Kontext der Sprechhandlungen zu berücksichtigen – im vorliegenden Fall also der institutionelle Kontext der Wahrheitskommission. Sie schuf mittels der Anhörungsformate einen spezifischen diskursiven Rahmen, der den Sprechenden besondere Kooperationsaufgaben zuwies, bestimmte Wortbeiträge erwartete oder förderte, andere hingegen eingrenzte oder überflüssig erscheinen ließ. Eine solche »institutionsspezifische Diskursverarbeitung« (Rehbein 1980) ist im Rahmen einer Analyse des sprachlichen Handelns in ihren Auswirkungen auf die Redebeiträge der Protagonisten transparent zu machen (vgl. dazu die Arbeiten in Ehlich 1980, insbesondere Hoffmann 1980).

Das Berücksichtigen der institutionsspezifischen Diskursverarbeitung richtet unser Augenmerk darüber hinaus auch auf den durch die Wahrheitskommission geprägten gesellschaftlichen Diskurs, nach dessen Koordinaten und nach dessen Funktionen wir in der empirischen Analyse fragen können. Die in hunderten von Anhörungen wiederholten Schlagwörter und diskursiven »Bausteine«, die über Radio- und Fernsehaufzeichnungen gesellschaftlich weite Verbreitung fanden, lassen sich als Kernstücke gesellschaftlicher Ideologien und einer gesellschaftlich erwünschten Interpretation der sozialen Konflikte verstehen, die auch in ihrer machtpolitischen Funktion zu entschlüsseln sind.

Ein solches Diskursverständnis nimmt sich vor »to examine the power of ideologoy as rationalization and justification« and »to investigate (…) how different political ideologies actively construct and create group and class alliances and new types of identity and subject positions. To study (…) how ideological discourse becomes turned into popular discourse recognized as ›truth‹, and comes to work as effective rhetoric« (Wetherell und Potter 1992, S. 61). Die Wortbeiträge vor der Wahrheitskommission lassen sich dann als Lesarten eines politischen Diskurses verstehen, an dessen Konstruktion die Protagonisten beteiligt sind und in dem sich auch gesellschaftliche Machtverhältnisse spiegeln.

So lässt sich beispielsweise der sprachliche Niederschlag rassistischer Haltungen untersuchen. Rassistische Äußerungen wurden vor dem Hintergrund sozialer Erwünschtheit im Nachapartheid-Südafrika seltener offen geäußert. Die Aussage vor der Wahrheitskommission dürfte manche der Aussagenden vielmehr vor ein »ideologisches Dilemma« (vgl. Billig et al. 1988) gestellt haben, nämlich wie rassistische Auffassungen in sprachlichen Äußerungen zu verbergen sind, wenn sie gesellschaftlich nicht (mehr) erwünscht sind. Insofern ist bei der Analyse eine Sensibilität für rassistische Diskursbestandteile zu entwickeln, die nicht offen und unumwunden, sondern subtil geäußert werden. Konzeptionelle Ansätze hierfür finden sich in Van Dijk (1987) sowie in Wodak et al. (1990). Mit Wetherell und Potter (1992) lässt sich zudem nach der gesellschaftlichen Funktion jener Diskursbestandteile fragen, die rassistische Inhalte so und nicht anders transportieren.

Auch an dieser Stelle geht es letztlich um ein Verständnis vom Zusammenspiel bewusster und unbewusster, manifester und latenter Bearbeitungsbestrebungen. Anhand einer kritischen Analyse des institutionsspezifischen Diskurses kann dann danach gefragt werden, welche Aspekte der gesellschaftlichen Konflikte bewusst werden können und was verdrängt werden muss.

6.2. Forschungsmethode

6.2.1. Die Beschaffenheit des Datenmaterials

Habe ich im ersten Teil dieses Kapitels eine wissenschaftstheoretische und methodologische Verortung dieser Arbeit versucht, so möchte ich nun darstellen, wie ich bei der Auswahl und Auswertung des Forschungsmaterials im Einzelnen vorgegangen bin.

Bevor ich die Auswertungsschritte darstelle, ist zunächst auf die Beschaffenheit des untersuchten Datenmaterials einzugehen. Die Wahrheitskommission hat entsprechend der Forderung nach ausreichender Bearbeitungstransparenz tausende Seiten von Anhörungstranskripten angefertigt und im Internet (bzw. später auf CD-Rom) veröffentlicht. Bis auf wenige Ausnahmen wurden alle öffentlichen Anhörungen der Wahrheitskommission, also sowohl die der Amnestierungsantragsteller wie auch die der Opfer bzw. ihrer Hinterbliebenen, in dieser virtuell zugänglichen Datenbank archiviert. Hier konnte auch ich das empirische Material einsehen und beziehen.

Die organisatorisch komplizierten Anhörungsabläufe und der anschließende Transkriptionsprozess haben dieses Datenmaterial geprägt und sind bei der Auswertung zu berücksichtigen: So wurden die Anhörungen in den elf Landessprachen durchgeführt, und zwar in deutlicher Abgrenzung zur amtlichen Sprachpraxis während der Apartheidzeit, die nur Englisch oder Afrikaans zuließ. Jede/r Mitwirkende bei einer öffentlichen Anhörung der Wahrheitskommission konnte sich dahingegen in einer Sprache seiner Wahl ausdrücken. Simultanübersetzer sorgten für eine parallele Übersetzung ins Englische, ins Afrikaans und in die regional vorherrschenden schwarzafrikanischen Sprachen. Die im Internet zugänglichen Anhörungsprotokolle enthalten aber jeweils nur die englische Fassung der Redebeiträge. Dies bedeutet, dass wir meist nicht sicher sein können, in welcher Sprache ein Anhörungsprotagonist ursprünglich sprach, auch wenn wir in den meisten Fällen die vermutliche Originalsprache kontextuell rekonstruieren können. Inwiefern es den Dolmetscher/innen gelungen ist, eine Aussage korrekt und stimmig wiederzugeben, ist entsprechend nicht unmittelbar überprüfbar. Auch bleibt häufig unklar, inwiefern eine diskursive Besonderheit wie z. B. eine spezifische Wortwahl oder ein Stottern dem Sprecher selbst oder aber der Übersetzerin zuzuschreiben ist.[14]

Auch die Transkription der Anhörungen ist zu berücksichtigen: hier wurde kein Wert auf wissenschaftliche Genauigkeit gelegt. So sind beispielsweise Verzögerungen beim Formulieren, die Dauer von Sprechpausen nicht festgehalten und nur an vereinzelten Stellen erfahren wir, wenn z. B. geweint wurde, ein Tumult im Saal ausbrach o.ä.[15]

Schließlich waren die Protokolle von mir ins Deutsche zu übersetzen, um sie einer Analyse zugänglich zu machen.

Diese Aspekte oder potenziellen Bruchstellen schränken den Geltungsanspruch meiner Hypothesen ein – hier ist keinesfalls von gesicherten Erkenntnissen auszugehen sondern vielmehr von einer Annäherung an mögliche Verständnisebenen. Solange wir jedoch die Besonderheiten des Textmaterials als spezifische Qualität mitberücksichtigen, bieten die Anhörungsprotokolle ein eindringliches Zeugnis des Geschehens vor der Wahrheitskommission: sie zeichnen die Anhörungssituationen gerade auch in ihrer emotionalen Qualität erstaunlich intensiv nach. Ein Großteil der beschriebenen Phänomene stellt zudem weniger ein Artefakt des Forschungszugangs dar, sondern greift eine Qualität auf, die auch die Anhörungen selbst charakterisierte: denn auch die Beteiligten hatten mit vielen der beschriebenen sprachlichen und technischen Hürden zu kämpfen.[16] Auch hier ermöglichten nur die Simultanübersetzungen das gegenseitige Verstehen und auch hier störten technische oder übersetzerische Pannen den Anhörungsverlauf. Und selbst wenn an manchen Stellen unklar bleibt, ob z. B. eine spezifische sprachliche Gestalt eher einem Aussagenden oder eher einer Übersetzerin zuzuschreiben ist, so lässt sie sich dennoch in ihrer Eigenart und Besonderheit hinterfragen und in den Kontext des jeweiligen manifesten und latenten Sinnzusammenhangs einer Anhörung stellen.

6.2.2. Zur Auswahl der vorgestellten Protokolle

Ebenso gilt es, die Auswahl der vorgestellten Anhörungsprotokolle transparent zu machen.

In meiner Annäherung an das empirische Material habe ich zunächst ca. vierzig Protokolle durchgesehen und mir hierbei einen groben Überblick über die Vielfalt der Anhörungen und mögliche Unterschiede verschafft. Bei der Auswahl der Transkripte für die empirische Analyse folgte ich dann dem Anliegen, verschiedene Facetten des sozialen Konflikts aufzuschlüsseln, ohne dabei jedoch dem Anspruch zu folgen, die tatsächliche Vielfalt der Anhörungen möglichst repräsentativ abzubilden.

Dies ist eingehender zu begründen: Die verschiedenen Ausformungen des sozialen Konflikts hatten unterschiedliche Gruppen von Opfern und Betroffenen zur Folge. Der Konflikt zwischen weißem staatlichen Sicherheitspersonal und schwarzen und farbigen Befreiungsaktivisten nimmt hierbei natürlich den größten Raum ein. Aber letztlich führte die Vielschichtigkeit der gesellschaftlichen Konflikte zu Tätern und Opfern unter allen gesellschaftlichen Ethnien: so konnten schwarze oder farbige Polizeibedienstete an Gewaltübergriffen beteiligt sein, ebenso wie auch Weiße zu Opfern von Gewaltaktionen wurden. Ultrarechte »weiße Befreiungsaktivisten«, die für einen Volksstaat der Buren nach der Demokratisierung kämpften, verantworteten sowohl weiße als auch schwarze und farbige Opfer. Ebenso brachten gewalttätige Auseinandersetzungen von Angehörigen unterschiedlicher »schwarzer« Befreiungsorganisationen wie des ANC, des Pan African Congress (PAC) oder der Inkatha Freedom Party (IFP) Täter *und* Opfer schwarzer Hautfarbe mit sich.[17] Dies widerspricht dem weit verbreiteten Bild von den Anhörungen vor der Wahrheitskommission.

Um ein repräsentatives Bild der Vielfalt der auf diesen Konflikten basierenden Anhörungen zu zeichnen, wäre entsprechend eine hohe Anzahl von Transkripten auszuwerten.

Ähnliches gilt in Bezug darauf, ob ein Aussagender von einem

Gewaltübergriff berichtete, von dem er selbst betroffen war, oder ob eine Aussagende von einem Gewaltübergriff an einem verstorbenen Angehörigen berichtete. Auch die jeweilige Schwere der erlittenen Traumatisierung ist als mögliches Unterscheidungskriterium zu berücksichtigen. Ein weiteres Kriterium könnte sich auf die Frage beziehen, ob der Aussagende aktiv am Befreiungskampf beteiligt war oder aber als ziviles Opfer von Gewalt betroffen war. Des Weiteren wären evtl. auch nach Alter und Geschlecht der Aussagenden, nach unterschiedlichen ethnischen Zugehörigkeiten *jenseits* der Hautfarben (also z. B. zwischen afrikaans- und englischsprachigen Weißen) oder nach Unterschieden im öffentlichen Bekanntheitsgrad der Aussagenden zu fragen.

Schließlich wären auf institutioneller Ebene mögliche regionale Unterschiede in der Ausgestaltung der Anhörungen zu berücksichtigen. Wie in Kapitel 5 dargestellt bestand die Wahrheitskommission aus vier regionalen Personalteams, die trotz einheitlicher institutioneller Vorgaben die Anhörungen unterschiedlich geprägt haben dürften. Weiterhin ließe sich fragen, ob eine Anhörung eher zu Beginn der Arbeit der Wahrheitskommission oder zu ihrem Ende hin stattfand. So wäre es interessant zu überprüfen, ob sich die Qualität der Anhörungen mit dem Verlauf der Arbeit der Wahrheitskommission verändert hat. Auch diese Dimension habe ich bei der Auswahl der Protokolle nicht berücksichtigen können.

Wie aber kann ich die Relevanz der kleinen Zahl an untersuchten Anhörungen, welche notwendigerweise die Vielzahl der möglichen relevanten Variablen nicht abzudecken vermag, begründen?

Ich beanspruche mit der vorliegenden Arbeit keine statistisch repräsentative Abbildung aller von der Wahrheitskommission durchgeführten Anhörungen. Mich bewegte weniger die Frage: wie sehen typische oder gar »normale« Anhörungen vor der Wahrheitskommission aus, sondern vielmehr: was kann ich mittels ausgesuchter Anhörungsverläufe über die Bearbeitung des sozialen Konflikts im Nachapartheid-Südafrika verstehen? In welchen Bezug lassen sich die Anhörungen zum sozialen Konflikt setzen? Welche Facetten dieses Konflikts und seiner gesellschaftlichen Bearbeitung werden durch die Analyse der Protokolle verstehbar?

Die von mir vorgestellten Anhörungen nehmen einen jeweils unterschiedlichen Punkt auf einem Spektrum möglicher und tatsächlich geschehener Anhörungsverläufe ein und illustrieren damit unterschiedliche Äußerungsformen eines sozialen Konflikts, der jeweils individuell und institutionell unterschiedlich erlebt, psychisch eingeordnet und bearbeitet wurde. Damit ist die Zahl der hierfür zu untersuchenden Anhörungen prinzipiell nach oben hin offen. Die in der Analyse der Anhörungen herauszuarbeitenden Ausformungen und Bearbeitungsleistungen des sozialen Konflikts sind jedoch insofern als typisch zu verstehen, als sie spezifische Aspekte der gesellschaftlichen Konfliktdynamik und ihrer Lösungsversuche aufzuzeigen vermögen. Ziel unserer Analyse ist entsprechend keine repräsentative Abbildung der tatsächlichen Vielfalt der Anhörungen, sondern vielmehr, »daß die Funktion sozialer Institutionen [in diesem Fall der Wahrheitskommission – Anm. d. Verf.] mit Hilfe dieser psychosozialen Rekonstruktionen erkennbar wird und daß die Struktur der Gesellschaft (...) dadurch klarer hervortritt« (Parin 1992, S. 195).

In dieser Hinsicht habe ich bei der Auswahl der drei Opferanhörungen und der zwei Täteranhörungen versucht, Beispiele auszuwählen, welche unterschiedliche Aspekte aus der Vielfalt der über 3000 angehörten Fälle beleuchten können, ohne aber dem Anspruch zu folgen, die Vielfalt der Anhörungen dadurch auch nur annähernd abbilden zu können. Die Entscheidung für die empirische Analyse war von meinen Reaktionen auf das öffentliche Interesse an einer Anhörung geleitet: so waren es z.B. Medienberichte, welche mich neugierig auf die Analyse bestimmter Anhörungen machten. Ich ging dabei davon aus, dass sowohl mein persönliches Interesse als auch die mediale Rezeption als Gegenübertragungsreaktion verstanden werden kann, welche bereits einen wertvollen Zugang zu den latenten Ebenen der untersuchten Anhörungen eröffnet.

6.2.3. Auswertungsschritte der empirischen Analyse

Nach der Auswahl eines Anhörungstranskriptes für die eingehende empirische Analyse habe ich dieses meiner qualitativen Forschungsgruppe zur Bearbeitung vorgestellt. Diese Gruppe besteht aus einer Soziologin, einem Soziologen, einer Erziehungswissenschaftlerin und einer Historikerin, die ihrerseits in der qualitativen Sozialforschung tätig sind. Die Interdisziplinarität der Gruppe förderte einen kritischen interdisziplinären Austausch über die möglichen psychoanalytischen Lesarten der Anhörungen. Die Arbeitsgruppe traf sich regelmäßig in einem zweiwöchentlichen Turnus für jeweils drei Stunden, um gemeinsam empirisches Material qualitativ auszuwerten. Im sequentiellen Vorgehen,

d. h. Satz für Satz, wurde ohne den Rückbezug auf Kontextwissen oder spätere Transkriptpassagen analysiert (vgl. Welzer et al. 1997, Oevermann et al. 1979). Gerade dies erlaubte die Öffnung für spontane Einfälle und unbewusste Reaktionen. Die Auswertung des empirischen Materials in der Gruppe bedeutete nicht nur eine wertvolle Bereicherung an Verständniszugängen zum manifesten und latenten Geschehen während der jeweiligen Anhörungen, sondern sie ist wie gezeigt eine wesentliche Voraussetzung beim Übertragen der psychoanalytischen Methode in ein extraklinisches Forschungssetting. Gerade der Einbezug von Gegenüberragungsreaktionen kann erst durch die intersubjektive Validierung den Charakter von spontanen, individuellen und evtl. auf subjektiven Verzerrungen basierenden Einfällen verlieren und mittels der Gruppendiskussion in seiner Relevanz für das Erschließen unbewusster Sinnzusammenhänge ausgelotet werden.

Folgende Auswertungsschritte bilden den Hintergrund meiner empirischen Analysen. Sie wurden sowohl einzeln als auch in der Gruppe vollzogen:

Während des ersten Lesens des Textes markierte ich Stellen, die ich besonders beeindruckend fand und notierte mir erste Assoziationen, Einfälle, Gedanken und Gefühle. Auf diese spontanen Gegenübertragungsreaktionen konnte ich mich im weiteren Verlauf des Verständnisprozesses immer wieder rückbeziehen.

Dann untersuchte ich den Text auf seinen *sachlichen Gehalt* hin, versuchte den zeitlichen und räumlichen Kontext der Anhörung, sowie Verständnisfragen zu klären. Dies konnte bedeuten, zu rekonstruieren, wer alles an der Anhörung beteiligt war (gerade bei den Amnestierungsanhörungen war es z.T. schwierig, die unterschiedlichen Akteure und ihre Rolle im Anhörungsprozess zu identifizieren) oder auch, in welchen Sprachen vermutlich kommuniziert worden war. Ebenso konnte es nötig sein, Hintergrundinformationen über ein in der Anhörung verhandeltes Gewaltereignis zu suchen. Die wesentliche Frage bei diesem Schritt war: Welches ist der formale Kontext der Anhörung und worüber wird gesprochen?

In einem nächsten Schritt untersuchte ich die *Formalstruktur des Gesprächsverlaufs*. Hierbei forschungsleitende Fragen waren: wie wird gesprochen? Warum wird gerade so und nicht anders gesprochen? Welche Erwartungen werden durch das sprachliche Handeln deutlich? An welchen Stellen treten Brüche im Text auf? Wo fallen Übersetzungs- oder technische Pannen auf? Treten Eigenheiten im Vokabular oder in der grammatikalischen Struktur der Redebeiträge hervor? Gibt es diskursive Formeln, Redewendungen oder Metaphern, die immer wiederkehren? Lassen sich latente Rassismen beobachten? An dieser Stelle versuchte ich auch, die Redebeiträge nach den Konversationsmaximen von Grice (1993) zu untersuchen: sind sie (zu) knapp oder (zu) weitschweifig? Sind sie klar verständlich, relevant und thematisch kohärent? Ist ihren Begründungen zu folgen? Schließlich versuchte ich in diesem Untersuchungsschritt auch, erste mögliche Verbindungslinien zwischen den formalen Besonderheiten der Sprechhandlungen und ihren möglichen manifesten wie latenten Bedeutungen herzustellen.

Die *Qualität der Interaktion* zwischen den Protagonisten, der Beziehungsgehalt des Gesprochenen und mögliche Funktionalisierungsprozesse waren ein nächster Fokus der Auswertung: An welchen Stellen finden Sprecherwechsel statt? Wer gibt die Gesprächsthemen vor? Wie verständigen sich die Protagonisten untereinander, wie gehen sie sprachlich miteinander um? Wie passt sich das aussagende Subjekt den Vorgaben der Wahrheitskommission an und wie geht diese auf den/die Aussagende/n ein? An welchen Stellen scheinen Anliegen der Wahrheitskommission und Anliegen der Aussagenden in Konflikt zu treten? Kooperieren die Konversationspartner miteinander? Wie handeln die Aussagenden sprachlich, um eigene Anliegen in der Anhörung durchzusetzen?

Damit näherte ich mich der Frage nach den möglichen bewussten und unbewussten Handlungsabsichten der Sprechenden. Die Ebene der beschreibenden Darstellung ergänzte sich hier um den interpretierenden Zugang zu den Interaktionen zwischen den Protagonisten. Über die Untersuchung der Funktion einer Sprechhandlung versuchte ich, die Motive und Intentionen eines Sprechers zu klären. Dies bedeutete die *Sinnrekonstruktion der Sprechhandlungen*: warum sprechen die Protagonisten gerade so und nicht anders? Wie können die formalen und sprachlichen Besonderheiten, wie z.B. die Abweichungen von den Konversationsmaximen, in einen Sinnzusammenhang gebettet werden? Welches sind die manifesten, welches sind die latenten Absichten des Sprechers? Welches könnten die verborgenen Sinnebenen des Redebeitrags sein? Welche Ungereimtheiten und Widersprüche treten im Material auf, wo entstehen Lücken, Brüche oder Abbrüche, die Verwirrung erzeugen? Lassen sich psychoanalytische Abwehrmechanismen beobachten wie z.B. Leugnen, Rationalisieren oder Spaltungsmechanismen?

Ebenso versuchte ich hier, die Gegenübertragungsreaktionen klarer zu fassen und in Bezug zu setzen: Wie viel Mühe macht mir die Auseinandersetzung mit dem Text, an welchen Stellen stolpere ich, wo bleiben Ungereimtheiten, Widersprüche und Irritationen zurück? Welche Überschneidungen und Abweichungen gibt es hierbei mit den Reaktionen anderer Leser/innen? Welche Affekte werden im Transkript deutlich, welche werden ausgelöst? Welche Gefühle und Assoziationen lösen die verwendeten Metaphern und Analogien aus? Gerade jene Stellen, die besondere Irritationen oder Verwirrung auslösten, konnten zueinander in Bezug gesetzt werden; manchmal erhellte sich dadurch der latente Gehalt erstaunlich schnell.

In der Gruppendiskussion verglichen wir die so zusammengetragenen Einfälle, Beobachtungen und Reaktionen der einzelnen Gruppenmitglieder und versuchten, im Austausch ein gemeinsames Verständnis für die sprachlichen und szenischen Besonderheiten der untersuchten Anhörungen zu entwickeln.

Freilich stellt das Aufschlüsseln dieser Untersuchungsschritte ein Artefakt dar, da sie bei der Untersuchung des Textes niemals völlig losgelöst voneinander geschehen:

> »Da forschungspraktisch diese Ebenen nicht starr getrennt sind, sondern im Prozeß der Interpretation ineinander übergehen, sind sie für uns als heuristisches Raster zu verstehen, das in den schließlich dokumentierten Interpretationsausschnitten (...) nicht mehr nachzuvollziehen ist (...). Die dokumentierte Interpretation wird an einigen Stellen unausweichlich fragwürdig sein. Dies ist aber – da Interpretationsmöglichkeiten prinzipiell offen sind – ein grundsätzliches Problem, das sich nur darüber lösen läßt, daß dem Leser durch die Dokumentation des Ausgangsmaterials ein Nachvollzug bzw. eine Kritik der Interpretation ermöglicht wird. Diese ›materiale‹ Begründung (Garfinkel) wird durch die Einfügung der Transkriptpassagen gewährleistet« (Welzer et al. 1997, S. 37).

Entsprechend habe ich bei der Darstellung meiner analytischen Auswertung viele Textpassagen zitiert. Der damit verbundene Umfang des empirischen Teils hätte allerdings zu einer Einbuße an Lesbarkeit und Überschaubarkeit führen können. Aus diesem Grund habe ich mich entschieden, jeweils nur eine Opfer- und eine Täteranhörung in ausführlicher Form vorzustellen und wesentliche Aspekte der anderen drei Anhörungsanalysen gebündelt in den zusammenfassenden Diskussionskapiteln darzustellen.[18]

7. Die Anhörungen von Opfern von Menschenrechtverletzungen

regen am schwarzen morgen

man folterte mich am dienstag, am schwarzen morgen, ohne gewese.
ich könnte nicht sagen, woher sanft der regen kam, hörte nicht auf,
zu viele ansprüche zu haben: ein haus, ein kind, eine zehe,
einen nagel versenkt in der augenhöhle.

zum leiden anderer wüßt ich nichts zu sagen
(leute mit tod in den augen wie gänseblümchen):
dass ich einfach ein mensch bin mit der seelenwürde des todes
und der grabsteinmusik in mir.

Mxolisi Nyezwa (2004, S. 55)

7.1. Hintergründe und atmosphärische Einstimmung auf das empirische Material

Das Gedicht von Mxolisi Nyezwa vermag es, in wenigen Worten die Intensität der mit den Anhörungen verbundenen Gefühle zu vermitteln. Die Gewalterfahrung und die dadurch hinterlassenen seelischen Spuren werden in ihrer emotionalen Wucht erahnbar. Welchen Ausdruck konnten diese Gefühle in den Anhörungen finden?

In diesem Kapitel möchte ich kurz die organisatorischen Hintergründe und den atmosphärischen Kontext der Opferanhörungen skizzieren und damit ihren institutionellen Rahmen aufzeigen.

Die Wahrheitskommission strukturierte ihre Vorbereitungen für eine öffentliche Opferanhörung in einem sog. Acht-Wochen-Zyklus[1]: in diesem Zeitraum nahmen Mitarbeiter/innen der Wahrheitskommission zunächst Kontakt zu den jeweiligen Gemeinden, in denen eine Anhörung durchgeführt werden sollte, auf. Sie sprachen mit politischen und religiösen Vertretern sowie Nichtregierungsorganisationen, informierten die Bevölkerung über die Arbeit der Wahrheitskommission und warben in öffentlichen Veranstaltungen und Workshops für die Teilnahme. Lokale Helfer/innen wurden darin ausgebildet, Aussagen entgegenzunehmen, die protokollarisch in einem Formular festgehalten wurden und in die Datenbank der Wahrheitskommission eingingen.[2] Für viele Aussagende blieb diese Gesprächssituation die einzige unmittelbare Begegnung mit der Wahrheitskommission.

Parallel zu den Aussageerhebungen wurde eine historische Übersicht über die für die Gemeinde prägenden Gewaltübergriffe erstellt. Im Rückbezug darauf wurden dann diejenigen Opfer ausgewählt, die exemplarisch ein *öffentliches* Zeugnis dieser Geschehnisse ablegen sollten – insgesamt waren dies weniger als 10% aller Aussagenden vor der Wahrheitskommission. Die Zusammenstellung der Aussagenden sollte ein möglichst repräsentatives Bild der politischen Gewalt im Hinblick auf betroffene Altersgruppen, Geschlecht und auch Zugehörigkeiten zu den verschiedenen, in die Konflikte einbezogenen Gruppen zeichnen. Die Auswahl der Aussagen bot häufig Anlass zu Kritik, wie z. B., dass meist eher prominente Zeugen zum Aussagen aufgefordert wurden; manche der eingeladenen Zeugen und Zeuginnen lehnten eine Teilnahme ab, andere fühlten sich übergangen.[3] Nach der Auswahl der Zeugen wurde ein Zeitplan für die öffentliche Anhörung erstellt, eine geeignete Lokalität ausgewählt, die gerade auch für die schwarze und farbige Bevölkerung möglichst leicht erreichbar sein sollte, und die Anhörung wurde logistisch vorbereitet. Dies bedeutete, Simultanübersetzer/innen zu engagieren, Lautsprecheranlagen zu installieren, technische Anlagen wie Telefon, Fax usw. für die Medienvertreter vorzuhalten, die kulinarische Versorgung sowie Unterkünfte für die Aussagenden und Mitarbeiter/innen zu organisieren usw. Die aussagenden Zeugen wurden in Workshops von psychologischen Fachkräften und Sozialarbeiter/innen auf den Ablauf der Aussage vorbereitet, häufig begegneten sich Gremiumsmitglieder und Aussagende schon im Vorfeld der Anhörungen. Am Tag der Anhörung selbst wurden die Aussagenden nach Wunsch individuell von einem Psychologen begleitet. Häufig war das Spiel aus Frage und Antwort schon relativ genau mit ihnen abgesprochen, die Redebeiträge sollten möglichst strukturiert erfolgen und ca. 30

Minuten nicht überschreiten (Verdoolaege 2002b). Nach den Anhörungen wurden Debriefing-Sitzungen angeboten. Die psychosoziale Nachsorge der Opfer nach dem Aussageprozess durch die Wahrheitskommission wurde allerdings häufig als unzureichend bemängelt (vgl. z.B. Centre for the Study of Violence and Reconciliation and The Khulumani Support Group 1998, Hamber, Nageng und O'Malley 2000, Henry 2000).

Der Termin für die öffentlichen Anhörungen, die sich mindestens über zwei, häufig auch über drei oder vier Tage erstreckten, wurde öffentlich bekannt gegeben. Radio, Fernsehen und Presse wurden eingeladen. Nach wochenlanger Vorbereitung konnte so das eigentliche öffentliche Ereignis, an dessen Umsetzung eine große Zahl von Menschen beteiligt war, seinen Lauf nehmen.

Versuchen wir, uns in die Stimmung und Atmosphäre eines Anhörungstages hineinzuversetzen.[4] Stellen wir uns einen warmen südafrikanischen Sommertag vor; wir steigen aus einem der vielen, hauptsächlich von schwarzen und farbigen Bürgern genutzten Sammeltaxis und nähern uns dem Veranstaltungsort der Anhörung, eine Mehrzweckhalle am Rande eines Townships. Viele, hauptsächlich schwarze und farbige Menschen strömen herbei, die meisten sind festlich gekleidet. Auf dem Platz vor der Halle ist eine erwartungsvolle und aufgeregte Stimmung, ein großes Plakat mit dem Logo der Wahrheitskommission hängt über der Eingangstür: »Wahrheit – der Weg zur Versöhnung«. Eine Gruppe von Frauen versammelt sich hier und stimmt einen traurigklagenden Gospel an. Immer mehr Menschen machen sich jetzt in die Halle auf. Aus dem gleißenden Vormittagslicht treten wir mit ihnen in die dunkel-schattige Vorhalle. Polizisten in der südafrikanischen Polizeiuniform stehen dort, kontrollieren unsere Taschen und tasten nach Waffen ab. Jeder der herein- oder herausgeht, wird sorgfältig geprüft. In uns entsteht ein Gefühl von Verunsicherung, die Anhörung erscheint plötzlich wie etwas potentiell Gefährliches: es ist keine Kindertheatervorstellung, die hier stattfinden wird – es geht vielmehr um einen ernsten und gewalttätigen Konflikt, der möglicherweise noch immer bedrohlich fortwirkt. Die innere Anspannung löst sich etwas, wenn wir in die große Veranstaltungshalle hindurchgehen: auch sie ist zwar eher dunkel, aber helle Scheinwerfer erleuchten die Bühne. Der Saal summt vor Erwartung, die Mitarbeiter/innen der Wahrheitskommission laufen geschäftig umher, letzte Vorbereitungen und Absprachen sind zu treffen. Die vordersten Stuhlreihen sind für die Opfer, ihre Familien, die Mitarbeiter/innen und einige Prominente reserviert. Auch die Presse hat gesondert ausgewiesene Plätze. Auf der Suche nach einem Sitzplatz richtet sich die Aufmerksamkeit zunächst auf die in den Sitzreihen bereitgelegten Kopfhörer, erst dann haben wir Zeit, uns ein wenig umzusehen. Verschiedene Fernsehkameras stehen bereit, ihre dicken Kabel ziehen sich wie Adern auf der Bühne entlang. Seitlich der Bühne stehen kleine Kabinen für die Übersetzer/innen, die uns ermöglichen werden, der Anhörung in Englisch zu folgen, auch wenn die Aussagenden Zulu, Xhosa oder Afrikaans sprechen. Die Bühnenscheinwerfer beleuchten ein Halbrund an Tischen, die mit weißen Tischdecken und Blumengebinden oder Olivenzweigen geschmückt sind. Große Topfpflanzen stehen an den Bühnenrändern. Fast fühlt man sich an eine Festlichkeit erinnert, wären da nicht weitere Werbeplakate der Wahrheitskommission wie z.B. »Revealing is healing«. Beim Arrangement der Tische und Stühle wurde nichts dem Zufall überlassen – die Anordnung soll symbolisch die Würdigung der Opfer unterstreichen: so sitzen Gremiumsmitglieder und Angehörte auf einer Ebene, ihre Tische stehen in breitem Winkel einander gegenüber.

Inzwischen hat sich die Halle fast bis auf den letzten Platz gefüllt. Ein Schulchor schwarzer Jugendlicher tritt vor die Bühne, in ihren Schuluniformen geben sie der Atmosphäre eine eigene Prägung. Sie stimmen Gospelchoräle an und beruhigen dadurch die aufgeregte Stimmung. Die emotionale Schwere der Anhörung wird in der Musik spürbar. Dann betreten die Opfer und ihre Familien als geschlossene Gruppe die Halle. Sie haben gemeinsam auf ihren Auftritt gewartet. Das Publikum erhebt sich, um diesen Menschen Respekt zu zollen, die in den vorderen Sitzreihen Platz nehmen. Dann betritt das Gremium der Wahrheitskommission die Bühne. Auch jetzt erhebt sich das Publikum respektvoll. Der purpur leuchtende Talar von Bischof Tutu verleiht ihm besondere Würde und setzt der Anhörung einen speziellen farblichen Akzent.[5] Unter den fünf Gremiumsmitgliedern sind zwei Frauen, eine davon ist weißer Hautfarbe. Sie nehmen an der einen Hälfte der Tischreihe Platz, jede/r hat ein eigenes Mikrophon. Die Halle, in der es jetzt ganz still geworden ist, ist von einer würdigen und feierlichen Stimmung erfüllt. Der Vorsitzende der Anhörung erhebt sich und entzündet eine Kerze. Die Namen der betroffenen Opfer werden vorgelesen, um ihrer zu gedenken. Dann spricht Desmond Tutu ein Gebet. Dieses Gebet als Teil des Anhörungsrituals der Wahrheitskommission hat eine eigene Bedeutung und Geschichte: zunächst war eine sachlichere Ausgestaltung vorgesehen, doch konnte Desmond Tutu spontan die Eröffnung mit einem christlichen Gebet durchsetzen und prägte damit die weitere rituelle Ausgestaltung der Anhörungen.[6] Als Beispiel zitiere ich ein Gebet, das Desmond Tutu während der ersten Anhörung in East London formulierte:

> »O God of justice, mercy and peace. We long to put behind us all the pain and division of apartheid together with all the violence which ravaged our communities in its name. And so we ask You to bless this Truth and Reconciliation Commission with Your wisdom and guidance as it commences its important work of redressing the many wrongs done both here and thoughout our land. We pray that all those people who have been injured in either body or spirit may receive healing through the work of this commission and that it may be seen to be a body which seeks to redress the wounds inflicted in so harsh a manner on so many of our people (...). We pray, too, for those who may be found to have committed these crimes against their fellow human beings, that they may come to repentance and confess their guilt to almighty God and that they too might become the recipients of Your divine mercy and forgiveness. We ask that the Holy Spirit may pour out its gifts of justice, mercy and compassion upon the commissioners and their colleagues in every sphere, that the truth may be recognized and brought to light during the hearings; and that the end may bring about that reconciliation and love for our neighbor which our Lord himself commanded. We ask this in the holy name of Jesus Christ our Saviour. Amen« (Tutu 1999, S. 113).

Die Stimmung, die Desmond Tutu mit seinen Worten im Saal schafft, ist beeindruckend. Es scheint, als gelänge es ihm, Aufregung und Angst, das Klima von Bedrohung und Verunsicherung zu binden, indem er sich als schützender geistlicher Vater zeigt.

Nach dem Gebet kann die eigentliche Anhörung beginnen. Das Publikum wird begrüßt und kurz über den Ablauf der Anhörungstage sowie ihre inhaltlichen Schwerpunkte informiert. Dann treten nach und nach die Opfer auf die Bühne vor das Gremium. Spezielle Plätze sind für sie vorgesehen, sie haben ein eigenes Mikrophon, das ihre Schilderungen in die Öffentlichkeit trägt: »For me, the Truth Commission microphone with its little red light was the ultimate symbol of the whole process: here the marginalized voice speaks to the public ear, the unspeakable is spoken – and translated – the personal story brought from the innermost depths of the individual binds us anew to the collective« (Krog 1998, S. 237).

Die emotionale Aufladung der Situation ist stark. Angst, Wut und Trauer werden immer wieder spürbar. Im Publikum erleben wir die Gefühle der Aussagenden mit. Manchmal geht ein entsetztes Raunen durch den Raum, manchmal halten fast alle Anwesenden den Atem an, in anderen Momenten macht sich ein ungeduldiges oder auch ärgerliches Gefühl Luft. Immer wieder hört man das Rascheln von Papiertaschentüchern. Antjie Krog beschreibt ihre Reaktion als Journalistin: »Present at the birth of this country's language itself. And it wipes us out. Like a fire. Or a flood. Tears are not what we call it. Water covers our cheeks and we cannot type. Or think« (1998, S. 29).

Auch Desmond Tutu bricht in einer Anhörung in verzweifelte Tränen aus:

> »I could not hold back the tears, I just broke down and sobbed like a child. The floodgates opened. I bent over the table and covered my face with my hands. I told people afterwards that I laugh easily and I cry easily and wondered whether I was the right person to lead the commission since I knew I was so weak and vulnerable. Mercifully it was the last time that I cried in public during the lifetime of the commission. I begged God not to let it happen again because the media then concentrated on me and took their attention away from those who should have had it, the witnesses« (Tutu 1999, S. 144).

In den Pausen und Unterbrechungen kann sich etwas von der emotionalen Spannung lösen. Auch in diesen Momenten stimmen die Menschen im Publikum manchmal eine afrikanische Hymne oder einen Gospel an. Dann erscheint der Veranstaltungssaal tatsächlich wie eine Art emotionaler Container für unermessliches Leid, das sich durch die unter den Teilnehmenden entstehende Dynamik wandelt zu einem Ausdruck menschlicher Kraft und menschlicher Verbundenheit. Etwas davon lassen Desmond Tutus Worte anklingen, die er zum Abschluss einer Anhörung formulierte:

> »We have been moved to tears. We have laughed. We have been silent and we have stared the beast of our dark past in the eye. We have survived the ordeal and we are realizing that we can indeed transcend the conflicts of the past, we can hold hands as we realize our common humanity (...). The generosity of spirit will be full of overflowing when it meets a like generosity. Forgiveness will follow confession and healing will happen, and so contribute to national unity and reconciliation« (Tutu 1999, S. 120).

Der pathetische Duktus dieser Worte mag irritieren. Wir können mittels der Untersuchung des empirischen Materials der Frage folgen, inwiefern er als eine Reaktion auf die massive emotionale Auflading der Anhörungssituationen zu verstehen sein könnte und welche diskursiven Botschaften er vermittelt. Das emotionale Geschehen in den Anhörungen berührt uns auch als Leser immer wieder. In den im Folgenden vorgestellten Beispielen können wir uns probeweise darauf einlassen, um dann ihre Dynamik genauer zu untersuchen.

7.2. Die Anhörung von Mr und Mrs Juqu: Das von Ratten zerfressene Hemd

> »*I understand when the Commission tries to do something, I am not against anything. But it is acceptable that if something has happened that somebody can come to me and tell me what happened. Not like – not that I should be just asked to go to Court and now I am being brought here and now I – I must get hurt all over again.*« (Mr Juqu)

Auf die Anhörung von Mr und Mrs Juqu[7] wurde ich aufmerksam, weil sie in einer Befragung von Mitarbeitern der Wahrheitskommission gleich zwei Mal genannt wurde.

Mrs Burton, ein Kommissionsmitglied, wird in einer Publikation der Wahrheitskommission unter der Überschrift »Commissioners reflect on public hearings – Members of the Truth and Reconciliation Commission were asked (...) to give our readers details of the most memorable stories that come before them during the public hearings« folgendermaßen zitiert: »The single case that comes to my mind most often is that of Mr and Mrs Juqu, probably precisely because it is not an unusual, dramatic or famous one« (Truth and Reconciliation Commission 1997, S. 15). Auch ihre Kollegin, Mrs Ramashala, nennt spontan diese Anhörung. Obwohl das berichtete Schicksal also offenbar nicht außergewöhnlich ist, muss die Anhörung die Mitarbeiter der Wahrheitskommission doch sehr berührt haben. Dies könnte auch damit zu tun haben, dass diese Anhörung eine der ersten überhaupt durchgeführten war und die Gremiumsmitglieder deswegen möglicherweise emotional noch stärker erschüttert wurden als zu einem späteren Zeitpunkt. Eine Nachdenklichkeit, von der Mrs Ramashala hinsichtlich dieser Anhörung berichtet und auf deren Inhalt ich später genauer eingehe, deutet in jedem Fall darauf hin, dass diese Anhörung eine tief greifende Wirkung auf die beteiligten Protagonisten hatte.

7.2.1. Die Aussage von Mrs Juqu: »Deine Wunde ist auch unsere Wunde!«

Das Ehepaar Juqu gibt Zeugnis von der Ermordung ihres Sohnes Fuzile. Es ist zunächst Mrs Juqu, die spricht. Sie wird vom Vorsitzenden der Anhörung, Desmond Tutu, begrüßt, der ihre Aussage warnend, aber auch beruhigend rahmt:

> »We know that this is going to be very difficult for you and it's going to bring back sad memories. But we hope that by talking about the past you are going to be healed inside. Thank you for coming. The lawyer Mr Ntsebeza is going to help you while you are trying to tell us your story« (Anhörungsprotokoll S. 1; alle Seitenangaben beziehen sich im Folgenden, soweit nicht anders angegeben, auf das angegebene Transkript. Die dt. Übersetzung findet sich in den Anmerkungen).[8]

Tutu gelingt es mit diesen beruhigenden Sätzen, ein grundsätzliches Verständnis der Aussage und der darin gebundenen Rollendefinitionen einzuführen. Hierin erscheint die Wahrheitskommission als mächtiges, helfendes und schützendes Kollektiv: es *weiß*, wie das Gegenüber fühlt, es *weiß*, dass diese Situation für die Aussagende schwierig ist, und es will der Aussagenden helfen, nämlich »innere Heilung« ermöglichen. Dies impliziert ein schwaches und hilfebedürftiges Gegenüber, das beim *Versuch* der Aussage die *Hilfe* eines Anwaltes braucht. Im Ansprechen der mit dem Aussagen verbundenen Gefühle kann der Vorsitzende verdeutlichen, dass hier Menschen versammelt sind, welche diese Gefühle aufzunehmen bereit sind. Tutu signalisiert zudem, dass die Wahrheitskommission nicht nur einen Heilungsprozess anbietet, sondern auch ein Anliegen an den Aussagen der Bürger/innen hat: anders als beispielsweise ein Arzt, der sich nicht bei seinen Patienten bedanken würde, würdigt Tutu die Bereitschaft von Mrs Juqu, sich diesem *schwierigen* öffentlichen Heilungsprozess zu unterziehen.

Mr Ntsebeza übernimmt die sachliche Rahmung der Anhörung. Er umreißt knapp die Hintergründe der Gewalttat:

> »Mr Chairman, this is a story also about the killing of a young person. Fuzile Petros Juqu was 15 years when he was shot by police in 1985. It is a sad history of this country which seems to have been engulfed in State sponsored violence from 1976. (…) And we have Ms Nondwzaki Eleanor Juqu and her husband to tell you and your commission and the

people here how it felt for them to loose a son in the early stages of his life. Ms Juqu I am going to talk to you in Xhosa« (S. 1).⁹

Mit seinen Worten markiert Mr Ntsebeza die Rolle der Wahrheitskommission als von anderen öffentlichen Instanzen abweichend: hier haben sich öffentliche Amt- und Würdenträger versammelt, um sich emotionalen Erinnerungen zu widmen; die Hinwendung zum Bereich der Gefühle wird durch die Feststellung unterstrichen, hier handele es sich um einen *traurigen* Teil der Geschichte. Der Wechsel in die Muttersprache der Aussagenden zeigt an, dass man es hier mit einer südafrikanischen Institution zu tun hat, die mit dem Usus der Apartheid, schwarzafrikanische Sprachen vom öffentlichen Gebrauch auszuschließen, gebrochen hat.

Mrs Juqu reagiert auf diese Einführung mit der Frage, ob sie mit der Nennung ihres Namens beginnen soll. Das erstaunt insofern, als sie von Mr Ntsebeza eben erst namentlich vorgestellt wurde. In dieser Frage verdeutlicht Mrs Juqu zweierlei: zum einen hebt sie damit hervor, dass sie die Situation als von öffentlich-rechtlicher Bedeutung erkennt. Den Namen zu Protokoll geben – dies erinnert an Situationen vor Gericht oder auf der Polizei, bei denen die Überprüfung der Identität notwendig ist. Hier deutet Mrs Juqu an, dass sie die Anhörung als einen Prozess sachdienlicher Ermittlung einschätzt. Ebenso gibt sie dadurch, dass sie um Erlaubnis fragt, indirekt zu verstehen, dass sie die Gremiumsmitglieder als Autoritätspersonen wahrnimmt, die den korrekten Ablauf der Situation bestimmen. Mit dieser zunächst einfach erscheinenden Frage offenbart sich Mrs Juqus Verhältnis zu den Gremiumsmitgliedern als von Vorsicht und Autoritätsbewusstsein geprägt – die Vertraulichkeit schaffenden, emotional geprägten Interventionen der Gremiumsmitglieder vermochten ihr die Abgrenzung zu einer Gerichtsverhandlung zunächst nur unzureichend zu verdeutlichen.

Mr Ntesebeza intensiviert die diskursive Vertraulichkeit. Hat er im Englischen eben noch »Mrs Juqu« angesprochen, so wählt er in der schwarzafrikanischen Sprache eine ganz andere Anrede: nun tituliert er sie mit »*Mamma*«. Dies ist eine unter Schwarzafrikanern übliche Anrede für ältere Frauen, die gleichermaßen Respekt wie auch Familiarität andeutet. Die Distanz zwischen Gremium und Aussagender soll nun weiter verringert werden:

> *»Yes mamma, mamma, I am going to lead you, I am going to ask you so that you don't have to be worried while you sitting there. I'll help you*

> *out, just relax – relax because we understand that this is going to be very difficult for you. But just relax«* (S. 1).[10]

Diese Worte sind von fast hypnotisierender Qualität. Als beruhigende Formeln, die Angst und Nervosität bannen, schüren sie doch auch Erwartungen: Großes, Wichtiges und Bedrohliches wird hier stattfinden. Teilt sich darin auch eine Nervosität des Gremiumsmitglieds mit, das sich auch selbst zu beruhigen versucht? Mr Ntsebeza fährt fort:

> *»Your wound is ours too, could you tell us who you are, where you were born, where did you meet your husband, how many children do you have. Explain to us everything that you know about Fuzile and everything that happened on that day that you saw him last. We'll go back again to the details, but now, your turn«* (S. 1).[11]

Die Metapher der Wunde pointiert das Bild der Hilfebedürftigkeit der Aussagenden. Auch der Wunsch, die Distanz zwischen Aussagender und Gremiumsmitglied zu minimieren, findet in dieser Metapher seinen Ausdruck: tatsächlich scheinen die Körper der Protagonisten hier gleichsam zu einem zu verschmelzen; der in der Metapher der Wunde implizite Schmerz wird vorgeblich geteilt. Mr Ntsebeza versucht der Aussagenden damit zu bedeuten: »Wir sind auf Deiner Seite. Wir teilen Dein Leid. Wir fühlen, was Du fühlst«.

Überraschend ist aber auch, dass das Gremiumsmitglied unmittelbar dazu übergeht, Mrs Juqu Fragen zu stellen, welche die eigentliche Distanz zwischen Aussagender und Gremium verdeutlichen. Und er stellt gleich sechs Fragen auf einmal, womit die Aufforderung *»just relax«* implizit wieder zurückgenommen wird – will Mrs Juqu darauf antworten, so ist ihre Merkfähigkeit nun aufs Äußerste gefordert.

Es gelingt ihr im Folgenden aber, in Frage-und-Antwort-Sequenzen mit Mr Ntsebeza dem Publikum das Ereignis der Ermordung ihres Sohnes darzustellen. Sie betont zunächst das innige Verhältnis zu ihrem Sohn und beschreibt dann, wie der Fünfzehnjährige eines Nachmittags nicht von der Schule nach Hause zurückkehrte. Von Nachbarn hörte sie, dass es an dem Tage gewaltsame Zusammenstöße mit der Polizei gegeben habe und jemand berichtete, auch Fuzile sei von einem Schuss getroffen worden. Diese bedrohliche Mitteilung bestätigte sich zunächst dadurch, dass der Sohn nicht nach Hause zurückkehrte, weder am Abend noch in der Nacht. Die Beschreibung des angespannten Wartens vermittelt den Zuhörern an dieser Stelle die Tragik des heraufscheinenden Verlusts. Verzweifelt machte Mrs Juqu sich am nächsten Morgen auf die Suche nach ihrem Sohn. Ihr Mann fragte in Krankenhäusern der Umgebung nach, doch ein Fuzile Juqu war nirgends bekannt. Schließlich suchte der Ehemann auch auf der Polizeistation nach dem Sohn; dort wurde er ihm im Leichenschauhaus vorgeführt. Er war tot.

Ich umreiße diese Schilderungen in so knapper Form, da die eigentliche Dramatisierung der Anhörung im Kontext der Aussage des Gatten, Mr Juqu, geschieht, die ich eingehender untersuchen möchte. Aber ein Detail zieht die Aufmerksamkeit auf sich. Denn Mr Ntsebeza versucht an dieser Protokollstelle, die Aussagende zu unterbrechen und möchte zur Befragung des Ehemanns überleiten: »*Your husband will tell us what happened*« (S. 4). Mrs Juqu aber lässt sich nicht beirren:

»*No, I haven't finished.*«
MR NTSEBEZA: »*Okay you can go on.*«
MRS JUQU: »*When my husband came back with my son's clothes, when I saw his shirt, I have never seen a shirt like that with so many holes as if rats were eating on it. I just had to burn it because I couldn't look at it for too long, it was really going to affect me mentally. I told my husband that we have to burn this shirt because it's not a pretty sight*« (ebd.).[12]

Die Stringenz, mit der Mrs Juqu die Darstellung dieser Sequenz verteidigt, beeindruckt: sie will es sich nicht nehmen lassen, dieses von Gewehrkugeln zersiebte Hemd dem Publikum zu beschreiben, vielleicht gleich einer Reliquie vorzuzeigen und dadurch das Leiden und die Qualen ihres Sohnes bildhaft vor Augen zu führen. Dieses Hemd war für sie die letzte, indirekte Begegnung mit ihrem Sohn, das letzte Bindeglied zum Toten. Es markiert die Abwesenheit des Toten und ist eine Repräsentanz für den eigentlichen, schrecklichen Verlust. Es ruft seine Körperlichkeit wach und hat darin eine zutiefst verstörende Wirkung: die Einschusslöcher der Gewehrkugeln verdeutlichen die massive und rohe Gewalt des Übergriffs. Sie bleibt hier dennoch merkwürdig abstrakt, da zwar von Löchern, aber nicht etwa von Blut die Rede ist. Einen Moment lang können wir uns fragen, wie denn die Löcher ins Hemd kamen, doch durch den Vergleich mit einem tierischen Angriff holt uns die gewalttätige Qualität des Übergriffs sogleich ein: die Beunruhigung über diesen überbordenden Gewaltakt vermittelt sich eindringlich im Bild animalischer Aggression. Die Täter wandeln sich hier sinnbildlich in Ratten, die den Sohn angefressen oder aufgefressen haben. Mrs Juqu entpersönlicht und entmenschlicht die Täter damit: die Aggressoren erscheinen als Ratten, die stark emotionale Assoziationen hervorrufen – Ratten sind die Feinde des Menschen, man muss sie ausrotten als eine Plage, derer man doch nicht Herr werden kann, sie können gefährlich werden und Menschen angreifen. In dieser Hinsicht überrascht die spontane Reaktion der Aussagenden kaum, die sogleich beschloss, dass dieses Hemd verbrannt werden müsse – hier teilt sich die extreme Spannung mit, die dadurch entsteht, dass das, was vom geliebten Toten bleibt, zugleich von unerträglicher Qualität ist und vernichtet werden muss. Wir können nur erahnen, wie schwer es Mrs Juqu gefallen sein muss, das Hemd als letzte »Repräsentanz« des Sohnes zu verbrennen und dadurch in der Phantasie vielleicht auch den Leib des Getöteten zu verbrennen. Eine eigentlich dem Gewaltübergriff immanente Aggression setzt sich hier fort, das Unerträgliche muss aus der Realität verbannt werden. Die Beschreibung dieses Hemdes bringt so eine vielschichtige emotionale Dynamik auf den Punkt – die wütend-ohnmächtige Anspannung des Ehepaars im Angesicht des letzten Überrestes des Sohnes überträgt sich auf das Publikum und auch auf mich als Leserin.

Umso überraschender ist, dass Mr Ntsebeza mit keinem Wort auf diese Darstellung eingeht, sondern mit einer völlig anderen, sachlichen Frage fortfährt. Ob auch er von der archaischen Qualität dieses Bildes verunsichert und irritiert ist?

7.2.2. Die Reinszenierung der Hilflosigkeit

Wie angekündigt möchte ich die Aussage von Mrs Juqu damit verlassen und an der Stelle der Anhörung wieder ansetzen, da ihr Ehemann zum Erzählen aufgefordert wird.

Chairperson: *»Thank you mamma. Dadda you also have to be sworn in. I am asking you«* (S. 7). Mr Juqu leistet seinen Eid und Desmond Tutu fährt fort:

> *»I had already welcomed you, I mean now that this is all going to hurt you a lot especially the way we are doing, the way we are asking you these questions. But we hope that this opportunity for you to express yourself to get all these out of your chest is going to heal you. Mr Dumisa Ntesbeza is going to help you along with the story«* (S. 6f.).[13]

Der Anhörungsvorsitzende übernimmt hier die familiäre Anrede seines Kollegen, auch er spricht den Aussagenden fast zärtlich mit *Dadda* an und auch dieser wird mit größter Vorsicht und Sorgfalt auf die Aussage eingestimmt. Leises Unbehagen an der Aufgabe der Wahrheitskommission klingt an, wenn Tutu vorwegnimmt, dass das Fragen Mr Juqu Schmerzen zufügen wird. Erneut erinnert er aber daran, dass in diesen Fragen die Hoffnung einer Art heilsamen Katharsis gebunden ist, so als müsse er sowohl sich selbst, als auch Mr Juqu und das Publikum an die guten Absichten der Wahrheitskommission erinnern.

Mr Ntsebeza entschuldigt sich seinerseits gleichsam vorwegnehmend für die mit der Befragung verbundene Qual. Die Gremiumsmitglieder scheinen sehr um das Ehepaar besorgt:

> »Well we have already heard the story from your wife, we have already heard the story from both of you. We comment this, to see the two of you hand in hand like this. That we don't really want to take you back and make you sad all over again and listen – listen to your stories and make the whole world to know about your stories through radios and TV's. But we are doing this because we believe that if – if people repeat again all they are heard, that they heard at the beginning they get healed as they repeat the stories again. I am going to ask you a few short questions, but now Dadda this is going to – this is going to revive your hurt and sad feelings now« (S. 7).[14]

Der Anblick des Händchen haltenden Ehepaars ist offenbar so emotionsgeladen, dass sein Schmerz und seine Hilflosigkeit die Atmosphäre stark prägen. Auch Mr Ntsebeza vermag die Rolle desjenigen, der willentlich Schmerzen zufügt, allein dadurch zu legitimieren, dass er – gleich einem Arzt, der einen entzündlichen Abszess aufschneidet – einen umfassenden Heilungsprozess in Aussicht stellt. Seine Worte zeigen, dass das Ehepaar bereits in geschütztem Rahmen vom Tod des Sohnes erzählte. Die Konfrontation mit dem Mord bedeutet aber auch eine öffentliche Zumutung, indem »alle Welt über Radio und Fernsehen« am geschilderten Leiden teilhaben kann. Darin klingt an, dass die mediale Veröffentlichung des erlebten Leids nicht nur einen heilsamen Charakter hat, sondern auch als von entblößender, entgrenzender und voyeuristischer Qualität erlebt werden kann. Die Aufwertung der Aussage als bedeutsam für die (internationale) Öffentlichkeit ist auffallend – sie bedeutet eine narzisstische Würdigung. Mr Ntsebeza erinnert damit auch an den Trost einer öffentlichen Anerkennung des erlebten Schmerzes, der in der (vermutlich fehlerhaften) Transkription des »Gehörtwerdens« Niederschlag findet. Angst und Sorge klingen in seinen Worten an, Angst und Sorge um den Aussagenden, aber, wie mir scheint, auch Angst und Sorge, ob er selbst es wird ertragen können, nicht nur diesem vom Schmerz gezeichneten alten Mann das Wiederbeleben der Gefühle zuzumuten, sondern auch selbst diese Gefühle mitzuspüren und auszuhalten.

Nun erzählt Mr Juqu in Frage-und-Antwort-Sequenz mit Mr Ntsebeza dem Publikum von seinem Erleben im Leichenschauhaus, in dem er seinen Sohn schließlich aufspüren konnte. Er beschreibt die abfällige Behandlung durch den Polizisten, der zunächst vorgab, nichts zu wissen und ihn beschuldigte, seine Zeit zu vergeuden, während beide vor der Leiche des Sohnes standen. Ärger und Wut über diese Behandlung werden deutlich spürbar:

> »*Yes, yes he said that's what he said, yes I am wasting his time. I saw him actually he was lying on his stomach, his whole back was full of bullet holes. This policeman was a white man I don't even know his name. I didn't even want to know his name because I was already hateful towards him*« (S. 8).[15]

Auffallend ist, dass Mr Juqu in der Verwendung des Personalpronomens übergangslos einmal vom verhassten Polizisten und dann von seinem Sohn spricht. Ob er sich wünscht, an der Stelle seines Sohnes hätte der Polizist tot und mit von Kugeln zersiebtem Hemd auf dem Boden vor ihm gelegen? Mr Juqu weist gesondert darauf hin, dass der Polizist ein Weißer war, für dessen Namen er sich nicht interessierte. Es scheint, als könne er gleichsam die Existenz dieses verhassten Weißen leugnen, wenn er sich weigert, dessen Namen zur Kenntnis zu nehmen. Das Erschrecken, das Entsetzen und die Verzweiflung, den Sohn als Opfer roher Gewalt vor sich zu sehen, bindet sich im Hinweis auf die von Gewehrkugeln zersiebte Rückenansicht der Leiche. Diese Gefühle verdichten sich dann in der Wut auf den weißen Polizisten als Statthalter und Stellvertreter der eigentlichen Täter.

Das Wiederbeleben der Wut zeigt sich auch in der folgenden Gesprächssequenz:

> MR NTSEBEZA: »*When you identified him, was he already dead?*«
> MR JUQU: »*Yes, they just told me that here he is, what do you think I should do?*«
> MR NTSEBEZA: »*How did you feel during that moment when he said that?*«
> MR JUQU: »*If I had anything in front – in front of me or anything – any – any stick or any – any arm at all I will just throw it at him because my son was just lying there dead*« (S. 8).[16]

Mr Ntsebezas Frage, ob der Sohn zum Zeitpunkt der Identifizierung schon tot war, wirkt unüberlegt – nach der Beschreibung Mr Juqus ist bei einem von Schusslöchern zersiebten Menschen kaum etwas anderes zu erwarten. Mr Juqus Antwort verweist auf das Spannungsfeld zwischen der Hilflosigkeit, vor diese grausame vollendete Tatsache gestellt zu werden, und dem rückwirkenden Bedürfnis, einzugreifen und die Tat zu verhindern. Möglicherweise verspürte er als ohnmächtiger Vater auch Schuldgefühle, die sich in seiner konfrontativen Gegenfrage, was er denn habe tun sollen, vermitteln.

Das Gremiumsmitglied fokussiert mit der Frage »*how did you feel*« auf die mit dieser Situation verbundene Gefühlsqualität: für den Aussagenden wie auch die Zuhörer wird das Erleben so sehr lebendig und unmittelbar. Die Nachfrage kann an Sensationsfernsehformate erinnern, bei denen Interviewer und Kamera die Gefühle der Befragten möglichst nah einzufangen versuchen. Hier vermittelt sich die voyeuristische Qualität der öffentlichen Aussage, bei der weniger das Interesse des Aussagenden von Bedeutung scheint, als vielmehr ein identifikatorisches Angebot an die Zuschauer gerichtet werden soll. Oder ist dies der Moment, da Mr Ntsebeza dem Aussagenden helfen möchte »*to get all these [emotions] out of your chest*« (S. 7)? Die auf das Gefühl gerichtete Frage bleibt denn auch nicht ohne Wirkung: das Erleben der Ohnmacht, den Sohn nicht vor dieser Gewalttat geschützt zu haben, mischt sich nun mit der geballten Wut des Aussagenden. Er (oder die Übersetzerin) beginnt zu stottern – Worte scheinen unzulänglich, um seine Wut zu vermitteln. Vielmehr sucht er imaginär nach einer passenden Waffe, mit der er einen Teil der Gewalt an den Polizisten hätte zurückgeben können – die phantasierte tätliche Aggression gibt Ausdruck der eigentlichen Gefühle. Ein Spannungsverhältnis zwischen hilfloser Ohnmacht und überschäumender Wut wird hier deutlich. Dieses Spannungsverhältnis überträgt sich auch auf die aktuelle Situation: im Erinnern der ohnmächtigen Rolle auf der Polizeistation erlebt Mr Juqu sich nicht nur schwach und hilfebedürftig, sondern auch in wütender Anspannung. Er gebärdet sich nicht als ein in depressiver Resignation gebundenes Opfer, sondern vielmehr als ein in Schmerzen zorniger Mann.

Mr Ntsebeza scheint mit dieser Antwort zufrieden – seine nächste Frage zielt auf die weiteren Ereignisse an jenem Tage und weitet damit den Fokus des Interesses wieder erheblich aus. Die sich zuspitzende Anspannung löst sich auf, ihr emotionaler Gehalt tritt in den Hintergrund. In dieser Fragebewegung des Gremiumsmitglieds liegt deutliche

Ambivalenz: öffnet er durch die Nachfrage nach den Gefühlen den Raum für Schmerz, Wut und Hilflosigkeit, so verschließt er ihn sogleich wieder, obwohl sich der Aussagende im Beschreiben seines Wunsches nach einer Art Waffe dem Gefühlsbereich gerade erst anzunähern scheint. Vermutlich wirkt die hier aufscheinende Wut allzu massiv und bedrohlich.

Diese ambivalente Tendenz zeigt sich auch eindrücklich in der Umarbeitung der von Mrs Juqu eingeführten Metapher des von Ratten zerfressenen Hemds. Als Mr Juqu im Folgenden erwähnt, er habe die Kleider des Sohnes mit nach Hause gebracht, fragt Mr Ntsebeza nach:

> »*Is this now, this bundle that your wife is referring to when he is talking about it looked like it was eaten by mice.*«
> MR JUQU: »*The whole bundle looked like it was eaten by mouse – mice and it was full of blood.*«
> ADV. NTSEBEZA: »*Obviously it wasn't one bullet.*«
> MR JUQU: »*Oh! Yes there were many-many bullets, he had blood coming out of his nose. He was – he was just shot at the back by very many-many bullets*« (S. 8).[17]

In der Darstellung durch das Gremiumsmitglied erfährt der Vergleich der Aussagenden eine verharmlosende Bearbeitung: das Hemd wird hier nicht mehr als von Ratten, sondern als von Mäusen zerfressen beschrieben. Unklar bleibt an dieser Stelle der Hintergrund dieser Umdeutung. Aus den das Hemd zerfressenden Ratten werden an dieser Stelle harmlose Mäuse: diese gelten kaum als gefährliche Tiere sondern eher als possierlich und niedlich, sind Koseworte für Kinder, bevölkern lustige Comicstrips – die archaische und bedrohlich-aggressive Qualität der Rattenmetapher löst sich im Mäusevergleich fast vollständig auf.

Aber auch auf diese bewegende Erinnerung geht der Anwalt im Folgenden nicht weiter ein, sondern schließt sogleich eine nächste sachliche Frage an, die sich auf die der Ermordung folgende Gerichtsverhandlung bezieht. Mr Juqu bestätigt, dass er vor ein Gericht geladen wurde, beeilt sich aber zu verdeutlichen, dass er zu Namen oder Funktionen der damaligen Amtspersonen nichts sagen kann, da er nichts von den Vorgängen bei Gericht verstehe. Das Desinteresse an der juristischen Instanz wird durch ein wiederholtes »Ich weiß nicht« stark hervorgehoben:

> »*Yes sir, I was called at Wynberg, but I can't remember whether I was called by a letter or anything but I went to Wynberg. When I got there*

I can't remember whether it was a Magistrate or anyone, I don't know who usually sits in Court, I don't know the proceedings in Courts. I don't know who those people are« (S. 9).[18]

Der Ablehnung öffentlicher Instanzen oder Respektspersonen gegenüber sind wir schon in Mr Juqus Auseinandersetzung mit dem Polizisten im Leichenschauhaus begegnet. Für dessen Namen hatte er sich demonstrativ nicht interessiert und zeigte so Verachtung und Wut. Nun, bei der Erinnerung an die Situation vor Gericht, zeigt Mr Juqu seinen Hass erneut durch das Desinteresse an dieser »weißen« Organisation. Die Nichtbeachtung der Personen vermag symbolisch deren Existenz zu negieren, möglicherweise sogar zu vernichten. Im Satz »*I don't know the proceedings in Court, I don't know who those people are*« manifestiert sich seine Ablehnung gegenüber (weißen) juristischen Amtspersonen. In dieser Distanzierung vom Gerichtskontext vermittelt sich die Exklusionserfahrung während des Apartheidsystems, das schwarzen und farbigen Bürgern nur eingeschränkte zivile Rechte zugestand. Die Entrechtung schwarzer Menschen während der Apartheidzeit wird hier trotzig gewendet in das Recht, die »weißen« politischen Strukturen zu ignorieren.

Ebenso fällt auf, dass Mr Ntsebeza, der den Aussagenden mit *Dadda* titulierte, nun mit *Sir* angeredet wird. Der darin bezeugte Respekt kann als Hinweis verstanden werden, dass Mr Juqu das Gremiumsmitglied keinesfalls als ihm nahe stehend oder verbunden erlebt. Vielmehr beharrt er auf der Distanz zwischen beiden. Er fährt fort:

»They asked me is this your son, I said yes he is, he said ja he is dead. So I said so what should I do. He said oh! we very sorry, so I said what are you sorry about. At that time I was already confused but I told myself no, let me just stand here and listen and this Magistrate said okay, there is nothing we can do. So I just turned around and I left. I didn't give a damn what he was thinking about me and I simply left« (S. 9).[19]

Mr Juqus Wiedergabe des Dialogs mit dem Richter zeigt einen ähnlichen Verlauf wie die knappe Auseinandersetzung mit dem Polizisten im Leichenschauhaus – die Frage nach der Identifizierung und das darauf folgende Konstatieren des Todes erinnern stark an jene Szene. Auch die Frage »was soll ich denn tun?« stellt eine Parallele zwischen beiden Situationen her. Die Erinnerung an den Mord ist unmittelbar gekoppelt mit dem schmerzhaften Gewahrwerden der eigenen Hilflosigkeit und Ohnmacht, die nun auch in dieser Szene fühlbar wird. Der Endgültigkeit des Todes kann keine handelnde Antwort entgegengesetzt werden, das erlebt Mr Juqu auf quälende Weise erneut. Die zitierte Entschuldigung des Richters wirkt an dieser Stelle deplaziert: offenbar hatte er seine neutrale, aufklärende und Recht sprechende Rolle verlassen. Seine Worte geben Einfühlung und Mitleid vor, anstatt der eigentlichen Arbeit nachzugehen, nämlich über die Täter zu richten. Der Richter speist den Vater jedoch mit der lapidaren Antwort ab: »*Wir können nichts tun*«. Ein derartiges Vorgehen war im Südafrika der Apartheid an der Tagesordnung, häufig wurden Verbrechen an Schwarzen nicht einmal gerichtlich verfolgt. In der Aussage Mr Juqus wird deutlich, dass das primäre Unrecht der Ermordung so durch ein sekundäres Unrecht, die ausbleibende Strafverfolgung, verdoppelt wurde; die Hilflosigkeit des Betroffenen potenziert sich. Mr Juqu beschreibt die Empörung, sich auch vor Gericht in einer macht- und hilflosen Rolle wieder zu finden, die er für sich nur dadurch auflösen kann, dass er die Szene verlässt. Auch hier vermögen also nicht Worte, sondern allein das selbstbestimmte Handeln der inneren Empörung Ausdruck zu verleihen.

Mr Ntsebezas Nachfrage, ob er wisse, wer der Schuldige war, beantwortet er nur mit einem knappen Nein und bekräftigt dann erneut:

>»*No they just told me that they are sorry that my son has been shot, there is nothing then they can do. I said oh! Is that what you say, they said yes that's what we say, so I just turned around and I left*« (S. 9).[20]

Indem Mr Juqu den bereits geschilderten Verlauf ein zweites Mal erzählt, verdeutlicht er, wie tief ihn diese Auseinandersetzung mit dem Richter bewegt hat. Auffallend ist dabei jedoch das scheinbar mit der Frage verbundene Missverständnis: fragt Mr Ntsebeza vermutlich nach den Schuldigen an der Ermordung, so antwortet Mr Juqu im Hinblick auf die »Schuldigen« vor Gericht. Hier zeigt sich, wie schwer für ihn das Erlebnis vor Gericht wiegt, das sich in seiner verstörenden Qualität gleichsam über die Ermordung des Sohnes geschoben hat. Das bekundete Mitleid des in Untätigkeit verharrenden Richters muss für den Vater als spöttischer Hohn gewirkt haben.

Mr Ntsebeza geht hierauf jedoch nicht weiter ein; erneut wird so ein emotional brisanter Raum durch sachliche Frageroutine verschlossen. Er gibt dem Aussagenden noch einige Hintergrundinformationen zum Kontext der Ermordung – offensichtlich wurde Aufklärungsarbeit geleistet, die Mr Juqu noch nicht bekannt ist. Ein möglicher Täter wird namentlich erwähnt. Mr Juqu scheint jedoch von dieser Information nicht sonderlich beeindruckt, vielmehr vermittelt sich in seinen Worten Verärgerung und Ablehnung. So schließt Mr Ntsebeza seine Befragung: »*Thank you, Sir*« (S. 9). Mit der respektvollen Anrede nimmt er die Distanzierungsbewegung Mr Juqus auf, der weiter oben das »*Sir*« eingeführt hatte. Die familiäre Anrede mit »*Dadda*« erscheint nun nicht mehr angemessen. Mit diesem Wechsel der Anrede verdeutlicht sich, dass Mr Juqu der Wahrheitskommission eine veränderte Wahrnehmung seiner Person abringen konnte. Er gibt sich nicht als zu bemitleidendes Opfer, sondern spricht als wütender Mann, der vor dem Hintergrund seiner entwürdigenden Erfahrungen Respekt einfordert. Er hat gezeigt, dass Mitleid – etwas, das die Wahrheitskommission ihm explizit angetragen hat – beleidigend wirken kann, wenn es in einem unangemessenen Kontext ausgesprochen wird. Er verlangt nicht Mitleid und emotionale Nähe, sondern die Anerkennung seiner Würde.

Dieser Distanzierungsprozess verdichtet sich im weiteren Verlauf der Anhörung. Mrs Sooka, ein weiteres Gremiumsmitglied, fragt, ob Mr Juqu sich vorstellen könnte, den Mördern seines Sohnes zu begegnen. Auch sie nimmt die respektvolle Anrede ihres Vorredners auf:

> »*Sir, this is a very difficult question that I am going to ask you now, I am going to ask you in English. I think we cannot even miss the pain and the sorrow because it is reflected in your face. There is the question of whether you might want to meet the people or the person who killed your son. What – what is your thinking about that?*« *(S. 10).[21]*

Auch diese Worte machen deutlich, dass die Anhörungssituation allein schon als mimisch-gestisches Szenario emotional aufgeladen ist – die Gefühle der Aussagenden scheinen sich auch jenseits der gesprochenen Worte deutlich mitzuteilen. Auch Mrs Sooka spricht mit starker Vorsicht, so als befürchte sie, durch ihre Worte eine Art Dammbruch bedrohlicher Gefühle auszulösen. Tatsächlich dürfte die imaginäre Gegenüberstellung mit dem Täter die Wut des Aussagenden weiter beleben.

Aus Mr Juqus Antwort geht erneut die unerträgliche Ohnmacht im Angesicht des Mordes an seinem Sohn hervor:

> »*Ja, I hear you, but now what will they do when I meet them because my son is already dead, even now – even the fact that I came here, I didn't want to come here to this Commission because I was – I got very hurt. Now this makes me mad really, now if I meet these people what*

*am I going to do with them? My son was shot and nobody told me that my son is in the mortuary now what should I do to these people, what are they going to do. Is the **boers** who did this«* (S. 10; Hervorhebung im Original).²²

Der Tod ist durch nichts ungeschehen zu machen, er kann durch nichts getröstet, gemildert oder auch gesühnt werden – dies bildet den Kernpunkt des quälenden Erlebens des Aussagenden. Dies bedeutet auch, dass Mr Juqu seine Wut nicht wirklich richten, sie nicht in Handeln umsetzen kann. Seine Ohnmacht vermittelt sich auch im Hinweis darauf, dass er nicht zu diesem Anhörungstermin kommen wollte – eine Information, die zunächst überrascht, denn man könnte ja annehmen, dass die Teilnahme eher als Privileg denn als Zwang erlebt wurde. In diesem Hinweis ordnet er die Aussage vor der Wahrheitskommission jedoch in eine Linie mit den berichteten Zwangs- und Entmündigungssituationen ein.²³ Eine Abwehrbewegung, die ihm in anderen Situationen half – nämlich in einer Art Verleugnungsprozess denjenigen, den er hasst, zu ignorieren – ist Mr Juqu jetzt, da er sich gleichsam gezwungen sieht, sich zu erinnern, genommen; dies lässt ihn fast den Verstand verlieren (*»this makes me mad really«*). Der Hintergrund der ausgeprägten Vorsicht und Nervosität der Gremiumsmitglieder zu Beginn der Anhörung wird nun deutlicher: die Wahrheitskommission erscheint hier tatsächlich als Institution, die den Aussagenden mit unerträglichen und unzumutbaren Gefühlen konfrontiert. Mr Juqus Vorbehalte dürften den Gremiumsmitgliedern dabei schon im Vorfeld der Anhörung bekannt gewesen sein.

Eine weitere Besonderheit ist die Schuldzuweisung an »die Buren«. Denn weiter oben in der Anhörung wurden die Täter bereits konkret und namentlich genannt. Möglicherweise ist der Aussagende noch so stark in allumfassender, ohnmächtiger Wut gefangen, dass die konkreten Täter dahinter verschwimmen. Möglicherweise kann Mr Juqu damit aber auch andeuten, dass seine Wut sich nicht nur auf die Mörder seines Sohnes bezieht. Vielmehr dürften in seinem Erleben zum Kollektiv der Täter auch der weiße Polizist im Leichenschauhaus, der Richter in Wynberg und möglicherweise die burischen Apartheidpolitiker überhaupt zählen. Die einzelnen Täter reihen sich in eine diffuse burische Tätergruppe ein, die seinen Hass auf sich zieht: hier zeigt sich eindringlich die Legierung eines individuellen Traumas mit der gesellschaftlichen, rassistisch aufgeladenen Konfliktdynamik. Aber in dieser Feststellung schwingt auch Resignation mit, denn je weniger sich ein einzelner Täter ausmachen lässt, der mit der Wut konfrontiert werden kann, umso geringer scheint die Möglichkeit, diese irgendwie aufzulösen oder handelnd zu bearbeiten. Damit ist der Aussagende immer wieder auf das Gefühl der Macht- und Hilflosigkeit zurückgeworfen.

Der quälende Charakter dieser Bearbeitungsvergeblichkeit überträgt sich nun auch auf das Gremium der Wahrheitskommission. In Mrs Sookas nun folgender Frage, wie die Kommission helfen könne (»*what can the Commission do to help?*«, S. 10), klingt der Wunsch an, der lähmenden Resignation etwas entgegenzusetzen, aber die Formulierung scheint undeutlich, und vage gesprochen zu werden, so als ahne sie schon, dass der Aussagende hier keine Angebote wird formulieren wollen. Er antwortet:

> »*Ma'am I am not here to get any compensation, I am just – I feel very hurtful for my shot son, is the Commission that will see what it can do, but I am not here to tell the Commission what to do, I am not here to gain anything about that. I just feel very sore inside, my heart is broken. There is nothing else I am going to say now*« (S. 10).[24]

Mr Juqu erteilt der Möglichkeit, den Tod des Sohnes in irgendeiner Weise wieder gutzumachen oder in seiner fatalen Wirkung auch nur ansatzweise zu mildern, eine klare Absage. Auch wenn er einer Hilfeleistung der Wahrheitskommission nicht a priori verschlossen gegenübersteht, betont er doch, dass er mit der Aussage vor der Wahrheitskommission keinerlei Absichten verfolgte, auch keine finanziellen. Damit aber hat sich das Erleben von massiver Hilflosigkeit unmittelbar auf das Gremium der Wahrheitskommission übertragen: zwar könnten die Gremiumsmitglieder Wiedergutmachungsleistungen für Mr Juqu ersinnen, aber sie würden ihr eigentliches Ziel, nämlich den Aussagenden in seinem Schmerz zu erreichen, verfehlen. In dieser hier unauflösbar erscheinenden Qualität des Schmerzes lässt Mr Juqu das Konzept der Wahrheitskommission scheitern, die im Wiedererinnern des Leids einen Heilungsprozess verhieß. Die anfänglich vorausgesagte und vielfach beschworene wohltuende Wirkung erscheint hier jedoch ins Gegenteil gewandelt: denn nicht nur kann die Wahrheitskommission nicht helfen, sie hat, wie von ihr selbst prognostiziert, dem Aussagenden das Wiedererleben schmerzhafter Gefühle zugemutet. Die implizite Metapher der Wahrheitskommission als eines Arztes, der heilt, indem er einen entzündlichen Abszess aufschneidet, schlägt um in die Metapher eines Helfers, der hilflos zusehen muss, wie sein Patient leidet.

Diese atmosphärische Wandlung verschärft sich im Rückbezug auf die Bemerkung Mr Juqus, er habe nicht zu dieser öffentlichen Aussage kommen wollen. Damit deutet er an, dass ihn die Wahrheitskommission zur Aussage genötigt hat – er präsentiert sich also auch hier als unmündiges Objekt, mit dem und an dem etwas vorgenommen wird. Die in dem Satz »Deine Wunde ist auch unsere Wunde« vermittelte Nähe scheint nun weit entfernt. Mr Juqu legt die Frage nahe: was sind die eigentlichen Motive der Wahrheitskommission, die zum Aussagen nötigt, obwohl ihm dadurch eher geschadet denn geholfen wird? Die verstörende Wirkung einer solchen massiven Zurückweisung und Infragestellung der helfenden Rolle auf die Mitglieder der Wahrheitskommission gerade zu Beginn ihrer Anhörungstätigkeit war sicherlich beträchtlich und erklärt vermutlich den tiefen Eindruck, den diese Anhörung hinterlassen hat.

Die Hilflosigkeit des Aussagenden im Konflikt mit einer mächtigen und entwürdigenden Institution hat sich so aktuell wieder belebt. Mr Juqu ordnet die Wahrheitskommission in die Reihe derjenigen ein, die ungerührt Schaden zufügen und sich dann fast sadistisch als ihrerseits hilflos zeigen. Entsprechend wählt er auch hier das Mittel der Verweigerung, indem er sich den Vorgaben und der Rollendefinition der Institution entzieht: er verkündet, nun nichts mehr zu sagen. Der Abbruch der Kommunikation soll ihm vermutlich auch hier ermöglichen, das verhasste Gegenüber zu negieren und damit gleichsam auszulöschen.

Aber die Anhörung setzt sich doch noch fort. Nun ist es Mrs Burton, ein weißes Kommissionsmitglied, die das Wort ergreift. Sie fragt das Ehepaar, ob es Enkel habe und erklärt dann:

> »The reason that I ask that is because when our children are 15 in a normal society when they are not at home when they should be at home you think ahh they're out with a girlfriend or the having a party or they at their friend's house. In those years in the 70's and the 80's it was a very abnormal society when your children were late home you knew right away that there was a real problem. And you knew the places you had to go looking for them. One of the things that we hope for in the future is that we can create the kind of society where when your 15year old children come home late you know why it is, they are with friends and not in danger. And maybe that's one of the things that the TRC can help to do, is to create that better society for our grandchildren« (S. 10f.).[25]

Die etwas umständliche Argumentation Mrs Burtons richtet den Blick aus der Vergangenheit in die Zukunft. Es scheint, als spreche sie ebenso sehr zum Ehepaar Juqu wie auch zu sich selbst und ihren Kollegen, wenn sie daran erinnert, dass die Wahrheitskommission den Auftrag einer gesellschaftlichen Normalisierung zu erfüllen versucht. Hat Mr Juqu deutlich gemacht, dass die Gremiumsmitglieder nicht vermochten, ihm in seinem Schmerz zu helfen, so ist es Mrs Burton nun daran gelegen, der Hilflosigkeit eine hoffnungsvolle Perspektive entgegenzusetzen: die Befriedung der Gesellschaft, in der auch Jugendlichen keine Gefahren mehr drohen. Mrs Burton richtet eine zeitliche Grenze wieder auf, die in Mr Juqus Aussage kollabiert ist, wenn sie daran erinnert, dass die *anormale* Gesellschaftssituation nun der Vergangenheit angehört. Die Qual der Aussage steht als Bindeglied zwischen der *anormalen* gesellschaftlichen Vergangenheit und ihrer normalisierten Zukunft. Die Hoffnung auf die friedliche Zukunft für die Enkelkinder soll dieser Aussage doch noch Sinn verleihen, den schmerzhaften Aussageprozess legitimieren und die Helfer der Wahrheitskommission von den Täterrepräsentanzen der Vergangenheit unterscheiden. Unklar bleibt allerdings, welche Verbindungslinien zwischen der individuellen Aussage der Juqus und der gesellschaftlichen Transformation zu ziehen sind. Das »Schaffen einer besseren Gesellschaft für unsere Enkel« kann zwar als visionäre Hoffnung die Beteiligten dieser Anhörung vereinen, doch die Frage bleibt offen, wie das Aussagen dieses Ehepaars dazu konkret beitragen mag. Dieser bruchartig vollzogene Wechsel von individueller zu gesellschaftlicher Betrachtungsebene verwirrt offenbar auch Mr Juqu. Er antwortet:

> »*I understand when the Commission tries to do something I am not against anything. But it is acceptable that if something has happened that somebody can come to me and tell me what happened. Not like – not that I should be just asked to go to Court and now I am being brought here and now I – I must get hurt all over again*« (S. 11).[26]

Den fast beschwörenden Hoffnungsformeln von Mrs Burton hält Mr Juqu noch einmal seine harsche Enttäuschung über die Erfahrung mit der Wahrheitskommission entgegen. In seinen Worten verdeutlicht sich, dass das eigentliche Trauma, den brutal erschossenen Sohn im Leichenschauhaus aufzufinden, überlagert worden ist von einer Beschämung als rechtloses und entwürdigtes Subjekt, das nicht aufgeklärt und zudem noch herumzitiert wurde. Dieses Erleben hat sich auch auf die Situation vor der Wahrheitskommission übertragen. In diesen Worten zieht Mr Juqu erstmals eine unmittelbare Verbindung zwischen der Situation vor Gericht und vor der Wahrheitskommission. Haben sich die Gremiumsmitglieder alle Mühe gegeben, sich deutlich vom Vorgehen einer Gerichtsverhandlung zu distanzieren und eine würdevolle und einfühlsame Atmosphäre zu schaffen, so ist es ihnen doch nicht gelungen, das Wiederbeleben des Traumas als entrechtetes und würdeloses Opfer zu durchbrechen.

Mr Juqus Ausführungen weisen aber auch auf eine beunruhigende Parallele zwischen der Situation vor Gericht und vor der Wahrheitskommission: er deutet an, dass er die Wahrheitskommission ebenso wenig um sein Recht bemüht erlebt wie die richterliche Instanz zu Apartheidzeiten. Damals hatte die Anhörung vor Gericht offenbar einen Scheincharakter: täuschte sie doch vor, es gäbe im Staat unabhängige Organe, die sich um Aufklärung von Verbrechen bemühen oder sie gar zur Anklage bringen. Tatsächlich aber geschah nichts dergleichen; Mr Juqu wurde nur mit vorgeblichem Mitgefühl und dem lapidaren Satz »Da kann man nichts machen« abgespeist. Die Aktualisierung dieser Doppelbödigkeit bestürzt: denn auch die Wahrheitskommission kann *nichts machen*, der gesellschaftliche Kompromiss basiert auf dem Verzicht einer Strafverfolgung der Täter. Sind auch die Hintergründe andere, so ist die Wirkung auf den Betroffenen erschütternd ähnlich: die öffentliche Instanz verharrt tatenlos und führt damit das Muster von Untätigkeit gegenüber dem begangenen Unrecht fort. Hier wie dort wird die unterbleibende Strafverfolgung mit den letztlich für den Betroffenen höhnisch tönenden Bekundungen des Mitgefühls versehen.

Dies erscheint mir als Kulminationspunkt einer Dynamik, innerhalb derer sich Hilflosigkeit und Ohnmacht des Aussagenden auf die Gremiumsmitglieder der Wahrheitskommission übertragen haben. Denn indem auch das Äußern von Anteilnahme von Mr Juqu als potentiell verletzend, ja zynisch disqualifiziert worden ist, müssen sich die Gremiumsmitglieder tatsächlich *jedweder* Möglichkeit beraubt fühlen, in irgendeiner Weise auf das Entsetzliche zu reagieren. Das Mitgefühl kann das Ausmaß seines Schmerzes nicht aufwiegen, nicht verringern oder lindern, es verletzt ihn offenbar nur noch mehr. Will die Wahrheitskommission sich von der Praxis der Apartheid-Amtsträger distanzieren – und wie gezeigt, gehen alle Bemühungen in diese Richtung – so schließt sich aus, dass sie dem rhetorischen Diskurs des Richters folgt (»er sagte ›oh! es tut uns sehr leid (...), wir können nichts machen‹«). Es gibt für die Gremiumsmitglieder damit keine angemessene Antwort oder Reaktion auf das geschilderte Leid. Damit hat Mr Juqu die Wahrheitskommission um eine ihrer zentralen Möglichkeiten, das individuelle Leid zu transformieren, indem es auch öffentlich geteilt wird, beraubt.

So wirken auch die Schlussworte Desmond Tutus als hilfloses Gestammel, das die von Mr Juqu tabuisierten Formeln der Anteilnahme zu umgehen versucht:

> »*Sir and you madam, we know we cannot – we can never say we are God's we cannot even say that you – we can – we can make things right again for you. We are all people and we come from this apartheid and it's heartships. As you have said that the operation has put you into heartship, and we can – we also can never forget what happened in our country*« (S. 13).[27]

Wie gerne scheint auch Bischof Tutu sagen zu wollen: »Es tut uns sehr leid« und »Wir können leider nichts machen« – und wie sehr scheint er sich zu bemühen, gerade dies nicht zu sagen, um nicht als ebenso verletzend und unehrlich erlebt zu werden wie der Richter. Seine stammelnden Worte sind durchzogen vom »wir können nicht«, das Zeugnis ablegt von der Hilflosigkeit, die sich auf die Gremiumsmitglieder übertragen hat. Seine Sätze bleiben unvollständig und in resignativer Verneinung gebunden, die Verwirrung vermittelt sich eindringlich. Tutu greift die Kritik von Mr Juqu auf, wenn er konstatiert, die *Operation* habe den Aussagenden bedrängt und bedrückt. Auffallend ist, dass Tutu hier von einer Operation spricht, ein gleichermaßen militärischer wie medizinischer Terminus, die den doppelbödigen Charakter der Aussage zwischen Hilfsangebot und Unterordnungs- bzw. Anpassungsvorgang aufgreift. Wichtig erscheint mir jedoch auch, dass Tutu die verzweifelte Kritik des Aussagenden noch einmal ausspricht und damit anerkennt. Sein Erleben darf bestehen. Tutu fährt abschließend fort:

> »*We would like it to change as Ms Burton has said in our country if – if a teenager hasn't come home at a time when you said he must come in, we wouldn't like to go to hospitals and prisons and mortuaries. We would just say now – we would prefer to say now my child has just went away with his friends. For us to be able to reach that stage, it is because of people like you, people who had come forward. People who were victims, it is those people who are – who have made us to be here today. We would like cooperation between whites and blacks so that in this new South Africa there should never be a day again where all these things that happened in the past should happen again. We wouldn't like a time to come when a father and a mother to come again in a – to some*

thing like this Commission only to tell us that I found my son's shirt torn by bullets as if it was eaten by rats. We thank you for coming up here« (S. 11).[28]

In dem Maße, wie Tutu die Hoffnungsrhetorik von Mrs Burton aufgreift, wird sein Redestil flüssiger. Das Beschwören einer befriedeten Gesellschaft vermag, Orientierung zurückzugeben. Tutu verknüpft die gesellschaftliche Vision unmittelbar mit der Aussage der Juqus. In dieser narzisstischen Aufwertung bleibt der Zusammenhang allerdings unklar, denn weder die Juqus noch ihr Sohn haben aktiv gegen das Apartheidsystem gekämpft und auch ihre Aussage trägt nicht unmittelbar zur Befriedung der Gesellschaft bei. Vielmehr spricht ja aus Mr Juqus Sätzen, dass sein Groll und Hass gegen die Buren nach wie vor sehr lebendig ist. Aber Desmond Tutu suggeriert eine »*cooperation between whites and blacks (...) in this new South Africa*«, die präventiv vor einer Wiederholung der Gewalt schützt. Er hält dem Publikum imaginär noch einmal das wie von Ratten zerfressene Hemd des Erschossenen vor Augen als Sinnbild der Grausamkeit mächtiger und schädlicher Wesen. Auch hier erhält dieses Hemd den Charakter einer Reliquie, eines heiligen und den Gestorbenen repräsentierenden Gegenstands der kollektiven Würdigung oder gar Verehrung. Tutu versieht diese Reliquie mit dem eindringlichen Appell: »Nie wieder!«, der sich assoziativ auf die gefährlichen »Täter-Ratten« bezieht. Dadurch wird das Hemd als Symbolträger der vergangenen Gewalt zu einem Hoffnungsträger der Zukunft. Wenn sich auch das Unrecht rückwirkend nicht ungeschehen machen lässt, so verheißt Tutu doch eine Zukunft ohne Unrecht – damit gelingt ihm kunstvoll eine tröstende Abrundung dieser Anhörung, die an der Macht der situativen Reinszenierung der Hilflosigkeit zu scheitern drohte.

7.2.3. Abschließende Überlegungen

In dieser Anhörung erhält das widersprüchliche Verhältnis von gesellschaftlichem Erinnerungsauftrag und subjektiver Erinnerungsbereitschaft eine besonders scharfe Kontur. Tatsächlich ist die Wahrheitskommission darauf angewiesen, dass sich die Aussagenden auf das Erinnern und die Veröffentlichung ihrer Erlebnisse und Gefühle einlassen. Sie braucht deren Unterstützung, um dem gesellschaftlichen Auftrag der Vergangenheitsbearbeitung gerecht zu werden. Die Wahrheitskommission sieht sich jedoch in dem Moment mit einem Legitimationsproblem konfrontiert, da die im Aussageprozess versprochene Heilung durch Katharsis und öffentliche Anerkennung subjektiv nicht erlebt wird. Dann enthüllt sich die Doppelbödigkeit des Projekts: denn es ist nicht nur eine angebotene Hilfsleistung für die Opfer, sondern auch eine gesellschaftliche Notwendigkeit, die die Unterordnung des einzelnen an dieses Modell verlangt. Es beinhaltet letztlich nicht nur die Vorstellung einer Befreiung von einer traumatischen Vergangenheit, sondern auch eine Anpassungsbewegung, die – auch dieses ist deutlich geworden – ein bestimmtes, öffentliches Bild der Opfer fast zwingend voraussetzt. In dieser Hinsicht ermöglicht die Veröffentlichung des individuellen Leidens zwar eine nachträgliche Zeugenschaft, sie trägt z. T. aber auch voyeuristische Züge. Das öffentliche Trauern wird gefördert (vgl. »*your wound is ours too*«), die Äußerung von Wut, Hass und Unversöhnlichkeit oder gar die öffentliche Anklage des Täters ist jedoch kaum erwünscht. Generell verfügt die Wahrheitskommission weder über konkrete Vorstellungen, worin genau die Heilung der Aussagenden bestehen könnte, noch über klar umrissene Methoden, diese anzustoßen. Die Vorstellung, die (öffentliche) Aussage wirke schon für sich genommen heilend, wird den eigentlichen Bearbeitungsnotwendigkeiten kaum gerecht – dies hat Mr Juqus Aussage deutlich gezeigt. Im Verlauf der Anhörung hat er sich, zumindest scheint es so, eher tiefer in Schmerz und Wut verankert. Was aber kann die Wahrheitskommission dem Aussagenden dann noch bieten? Verbände die Wahrheitskommission und den Aussagenden eine Art »Tauschbeziehung« (öffentliche Erinnerung gegen individuelle Heilung und materielle Kompensation), so würde sich hier zeigen, dass die Währungen gleichsam nicht konvertibel sind. In dieser Lesart stünde die Wahrheitskommission massiv in der Schuld des Aussagenden – eine Dynamik, die auszuhalten für die Mitglieder der Wahrheitskommission, die sich gerade erst an die Arbeit gemacht hatten, nicht leicht gewesen sein dürfte.

Darauf deuten auch die Ausführungen des Gremiumsmitglieds Mrs Ramashala, von denen einleitend die Rede war:

> »*When we heard the story of Fuzile Petros Juqu (15) in February 1995, to my surprise Mrs Juqu did the talking. (...) Mrs Juqu cried. Her husband sat there stiffly. After her testimony I asked him how he felt. He only said that he was outraged. It brought home to me finally the sense of desperation, hopelessness and disempowerment he experienced, to the point where he was not able to present his own story. After that I*

thought a lot about how apartheid had really castrated African men in general and reduced them to helpless ›boys‹. But on the contrary, he exhibited a sense of strengh, suggesting that while he had been disempowered he was not defeated« (Truth and Reconciliation Commission 1997, S. 15).

Mrs Ramashalas Darstellung überrascht in mehrerlei Hinsicht. Zunächst müssen wir uns wundern, dass die Erinnerung sie so offensichtlich trügt: aus dem anklagenden Mr Juqu, der das Projekt der Wahrheitskommission an seinem Beispiel implizit für gescheitert erklärt, ist in Mrs Ramashalas Erinnerung ein stummer, in seiner Wut erstarrter Zeuge geworden. Das von ihr gezeichnete Bild ist das eines gebrochenen Mannes – in solchem Maße, dass er nicht einmal mehr reden kann. »Ent*münd*igt« könnte hier ein treffender Begriff sein, der sowohl Mr Juqus angebliches Schweigen als auch das Absprechen seines Status als Erwachsener durch die Titulierung als »*boy*« aufzugreifen vermag. Aber es ist noch mehr als das, denn in dieser Erinnerung ist Mr Juqu nicht nur entmündigt, sondern auch »entmannt«. Die Kastration, von der Mrs Ramashala spricht, stellt gleichsam einen Kulminationspunkt an Entwürdigung, Infantilisierung und Depotenzierung dar. Der Täter in dieser gewaltsamen Unterwerfungsphantasie ist das Apartheidsystem. Hier sind die Rollen von Täter und Opfer entlang der vertrauten Demarkationslinien der Apartheid-Gesellschaft verteilt. Was die Erinnerung getilgt hat, ist die bedrohliche Rollenvermischung zwischen den Kommissionsmitgliedern und den Tätern der Apartheidzeit, wie sie von Mr Juqu nahe gelegt wurde. Möglicherweise erscheint das Apartheidsystem im Vergleich von Mrs Ramashala auch deswegen als so dämonisch kastrierend, weil in dieses Bild die in der Begegnung vor der Wahrheitskommission wachgerufene Aggression einfließen kann. Bemerkenswert an dieser Umarbeitung in der Erinnerung ist, dass sie gerade jene Depotenzierung nachvollzieht, die dem Apartheidsystem zugeschrieben wird: denn erst die Erinnerung von Mrs Ramashala macht aus dem wütend-anklagenden Aussagenden einen »stummen Kastraten«; seine massiven Vorwürfe an die Wahrheitskommission hat sie ausgelöscht und zum Verstummen gebracht. In der Erinnerung ist die Hilflosigkeit Gremiumsmitglieder an das »offizielle« Opfer der Anhörung zurückdelegiert worden. Mr Juqus Wut gegenüber der Wahrheitskommission ist damit getilgt – sein Widerstand und sein Widerspruchsgeist finden hier nur in Bezug auf das Apartheidsystem Ausdruck. Die von Mr Juqu vermittelte Objektrepräsentanz der Wahrheitskommission als eines gleichsam sadistisch-respektlosen Täters zeigt dabei ein grundsätzliches Dilemma der Wahrheitskommission auf: Der dem gesellschaftlichen Kompromiss verpflichtete Verzicht auf eine Strafverfolgung der Täter wiederholt ein gesellschaftliches Unrecht, das während der Apartheidzeit auf die Betroffenen traumatisierend wirkte. Möglicherweise musste dieses Dilemma der Wahrheitskommission in dieser Anhörung als ungelöster Konflikt verdrängt werden. Das unbewusste Residuum der mit diesem Konflikt verbundenen Wut könnte dann in der spezifischen Dämonisierung des Apartheidsystems als kastrierend Eingang gefunden haben.

Ist das Hilfsangebot der Wahrheitskommission für dieses Opfer also wirklich so vergeblich gewesen, wie es die Dynamik der Anhörung zu vermitteln scheint? Eine weitere Verständnisebene lässt auch die Überlegung zu, dass die Anhörung Mr Juqu ermöglicht hat, seiner Wut und seinen Gefühlen tiefer Hilflosigkeit nicht nur in diesem Rahmen Ausdruck zu verleihen, sondern sie auch projektiv zu deponieren. Die Ohnmacht auf Seiten der Gremiumsmitglieder würde dann als projektive Identifizierung verständlich. Das Gefühl von Hilflosigkeit wäre so während der Anhörung weitergereicht worden: wurden zunächst die Aussagenden durch die Wahrheitskommission als hilflos eingeführt, so haben sie dieses Gefühl im Laufe der Anhörung an die Gremiumsmitglieder weitergegeben. Nun ist es deren Aufgabe, das Unerträgliche in Erträgliches zu wandeln.

Mrs Burton und Desmond Tutu versuchen, der Hilflosigkeit die Vision einer gerechteren und friedlicheren Zukunft entgegenzusetzen. Mr und Mrs Juqu werden darin zu den (Mit-) Gestaltern einer Gesellschaft, aus der Gewalt und Unrecht gebannt scheinen. Die Schlussworte Bischof Tutus lassen sich so als eine Art stellvertretende Bearbeitungsleistung verstehen, innerhalb derer die unerträglichen Gefühle in der Vision einer friedlichen und von Unrecht freien Gesellschaft untergebracht und entschärft werden können. Die Vision gesellschaftlicher Harmonie kann diese Gefühle gleich einem Schwamm aufsaugen und zum Verschwinden bringen: das Sinnlose erhält wieder Sinn, passives Erleiden wandelt sich in aktive Gestaltungsmöglichkeit. Leid, Schmerz und Wut von Mr Juqu werden auf fast wundersame Weise zu einem Beitrag für den gesellschaftlichen Frieden: aus den ehemals Entrechteten sind Kämpfer für eine bessere Gesellschaft geworden, die Anerkennung und Würdigung erfahren. Es bleibt an dieser Stelle unklar, ob der kaum geschützte und am öffentlichen Interesse orientierte Rahmen der Anhörung ein ausreichend guter *container* im Sinne Bions (1990) war, um die traumatischen Erfahrungen des aussagenden Ehepaars schützend zu halten und ihr zersetzendes Potential zu mindern. Die Wendung der hilflosen Wut in Hoffnung und die narzisstische Bestätigung des individuellen Schicksals als gesellschaftlich wichtig und bedeutsam könnten jedoch ansatzweise dazu beigetragen haben, das traumatische Erleben der Aussagenden vom Unerträglichen zum gemeinsam Aushaltbaren zu transformieren.

7.3. Diskussion: die Opferanhörungen der Wahrheitskommission

viele dinge muß ich ernst nehmen
die kraft in meinem kleinen finger
meine gedichte, die keinen sinn ergeben.

da es das handschriftliche geständnis gibt
mord der seine lautmalerischen säfte schluckt
muß ich mich ernsthaft fragen, wo ich
meinen körper heute abend anrichte
und wo meine regen fallen werden.

ich empfinde untröstliches unheil
mord klagt in diesen straßen der stadt.

siebzig schreckliche geheimnisse
schnaufen nun sacht durch meine nasenlöcher
maschinengeschriebene briefe und geständnisse
die üble gemenge und unfassbares bejammern.

Mxolisi Nyezwa (2004, S. 58)

In der Anhörung von Mr und Mrs Juqu traten die Nachwirkungen des gesellschaftlichen Konflikts und die Ambivalenzen und Widersprüche beim Versuch seiner institutionalisierten Bearbeitung deutlich zutage. Hier legten sich die Erfahrungen der Apartheidzeit wie ein Schatten über den Versuch einer nachträglichen Bearbeitung. Am Beispiel der Anhörung des Ehepaars Juqu möchte ich in diesem Kapitel mögliche Bedeutungsebenen des Heilungsvorhabens der Wahrheitskommission diskutieren: Wie können wir es in Bezug zum gesellschaftlichen Konflikt bzw. zum »sozialen Drama« (Turner) setzen, das die Wahrheitskommission zu bearbeiten versuchte?[29]

Das Heilungsanliegen der Wahrheitskommission stellte ein Herzstück ihres Bearbeitungsvorhabens dar. Die Erzählungen dienten in diesem Verständnis nicht etwa nur der öffentlichen Aufklärung über die strukturelle Gewalt des Apartheidsystems, sondern sollten vor allem die aussagenden Opfer bzw. deren Hinterbliebene heilen. Der Heilungsbegriff wurde zu einer Verständnisschablone, die sehr im Vordergrund stand und an der auch ich mich immer wieder abzuarbeiten hatte. Dabei schien mir zunächst, als verdecke dieser Heilungsanspruch andere Verständnisebenen und mache sie schwerer zugänglich. Erst allmählich wurde es mir möglich, die damit verbundene Irritation als eine Art Spiegelungsphänomen der Auseinandersetzungen vor der Wahrheitskommission zu verstehen. Denn die mir gleichsam »aufgenötigte« Diskussion des Heilungsanspruchs könnte auch in den Anhörungen so bestimmend gewesen sein, dass sie andere Konflikte und Widersprüche zu überdecken half. Dann aber wäre zu verstehen, warum der Heilungsanspruch der Wahrheitskommission so betont wurde, was bewusst zu machen und was zu verdrängen er anregte und in welchem Zusammenhang er schließlich doch mit den vor der Wahrheitskommission bearbeiteten gesellschaftlichen Konflikten stehen könnte. Dabei wird nicht zu bewerten sein, inwiefern die Wahrheitskommission ihrem Anspruch, Heilung zu ermöglichen, tatsächlich gerecht werden konnte. Eine solche Bewertung wäre empirisch nicht nur schwierig zu belegen, sondern ist auch nicht Gegenstand meines Forschungsinteresses. Vielmehr beschäftigt mich die Frage, welche neuen Lesarten und Verständnisebenen des Heilungsanspruches der Wahrheitskommission entstehen, wenn wir ihn mit den durch die Analyse konkreter Anhörungsverläufe gewonnenen Erkenntnissen gegenüberstellen.

7.3.1. Die Aussage vor der Wahrheitskommission als Heilung des Traumas?

Das diskursive Betonen des Heilungsanspruches war in der Arbeit der Wahrheitskommission allgegenwärtig. Auch die Anhörung des Ehepaars Juqu begann ja mit den mehrfachen Hinweisen auf die heilende Wirkung der Aussage (»*we hope that by talking about the past you are going to be healed inside*« – oder »*we hope that this opportunity for you to express yourself to get all these* [feelings – Ergänzung der Verf.] *out of your chest is going to heal you*«; Anhörungsprotokoll Juqu, S. 1 bzw.

S. 8). Auch wenn wir nicht wissen, ob die Anhörung den Juqus insgesamt eine Heilung oder auch Linderung ihres Traumas ermöglicht hat, so wurde in dieser Anhörung (wie auch in den weiteren, untersuchten Anhörungen) das heilende Potential einer öffentlichen Aussage spürbar. Dabei ist z. B. die Ausrichtung an den Anliegen und Bedürfnissen der Aussagenden bedeutsam: »the discourses of torture, rape, murder and other forms of violence teach their targets that they are nothing but objects. The process of telling and of observing one's story being heard allows survivors to become subjects again, to retrieve and resurrect their individual and group identities« (Mertus 1997, S. 48). Anders als in herkömmlichen Strafverfahren[30] standen hier die Opfer bzw. Hinterbliebenen im Mittelpunkt des öffentlichen Interesses. Die Erinnerungen der Opfer wurden als »counter-memories to the silence imposed by apartheid« (Minkley und Rassool 1998, S. 90) gehört. Nachträglich wurde die Gesellschaft damit Zeugin der Apartheidgewalt: »Für die Etablierung der Realität und Wahrheit des Traumas, das vorher selbst von den Beteiligten nicht zu assimilieren und unfaßbar war, ist die Zeugenrolle sehr wichtig, weil sie das Ereignis, wenn auch verspätet, zu einer Erfahrung macht, die als reales, persönliches historisches Geschehen stattgefunden hat und mitgeteilt werden kann« (Laub und Weine 1994, S. 1118).

Diese Aspekte kommen auch im Erfahrungsbericht eines vor der Wahrheitskommission aussagenden ehemaligen ANC-Aktivisten zum Tragen:

> »Ich suchte nach therapeutischer Unterstützung, aber es half nicht viel. Sie haben mich nicht als ganzen Menschen wahrgenommen, wollten sich nur mit Teilen meiner Erfahrungen beschäftigen. Denn in einem Kontext wie Südafrika sind Therapeuten meistens Weiße (...). So waren diese Therapiekontakte eher eine weitere destruktive Erfahrung, die mir nicht geholfen haben, wieder in soziale Zusammenhänge zurückzukehren. Der Wendepunkt war für mich meine Aussage vor der Wahrheitskommission, das Durchbrechen der Isolation und der Privatisierung der Zerstörung. Die öffentliche Anerkennung, daß ich nicht der einzige bin, der krank ist und daß es nicht meine Schuld ist, die Rehabilitierung meines Namens sowie der Kontakt mit anderen, denen es ähnlich ging« (Henri und Merk 2002, S. 22).

Insgesamt hat sich durch die Analyse der vorgestellten Anhörungen aber auch die Unklarheit des Heilungskonzepts der Wahrheitskommission offenbart: das öffentliche Erzählen der erlebten Gewalt sollte einzelne Individuen heilen, aber es blieb offen, was genau daran als heilsam erlebt werden würde und inwiefern dies auch zur gesamtgesellschaftlichen »Heilung« beitragen könnte. Gerade in der Anhörung des Ehepaars Juqu erfuhr das heilsame Potential des Erzählens deutliche Grenzen. Worte schienen nicht auszureichen, um das eigentliche Ausmaß des persönlichen Leidens mitteilbar zu machen; insgesamt wirkte gerade Mr Juqu durch das Erzählen eher belastet und ansatzweise retraumatisiert.

Auch in der Anhörung von Monica Daniels[31], einer jungen farbigen Frau, die auf dem Weg zum Einkauf im Rahmen eines polizeilichen Gewaltübergriffs Opfer schwerer Schussverletzungen wurde, wird dies deutlich. Ihre Aussage vor der Wahrheitskommission zeigt auf, dass das Erzählen des Traumas eher als *Versuch* einer Symbolisierung und Distanzierung zu verstehen ist, der ansatzweise immer wieder scheitern kann: so stockte die Erzählung dieser jungen Frau häufig und wies viele Brüche auf. Aussagende und Gremiumsmitglieder mussten um die Darstellbarkeit der erlebten Gewalt ringen. Das Schildern der Gewalterfahrung war von plötzlichen Themenwechseln durchzogen, die erst dann erklärlich wurden, als durch die bohrenden Nachfragen eines Gremiumsmitglieds das eigentliche Ausmaß der Traumatisierung erahnbar wurde.

So weist auch Quindeau (1998) darauf hin, dass das Erzählen nicht per se heilend wirkt. An den Brüchen der Erzählung werde »immer wieder das Nicht-Erzählbare deutlich, das auf die Persistenz der Traumatisierung verweist, die sich der Möglichkeit einer Symbolisierung entzieht. Ich würde daher nicht von einer heilenden Funktion der Erzählung sprechen, wie dies verschiedentlich getan wird, sondern eher von einer ambivalenten Funktion ausgehen, die sowohl eine belastende als auch eine entlastende Wirkung hat« (S. 277). Die Schwierigkeit, das Trauma zu versprachlichen, kann also als ein diesem inhärentes Merkmal verstanden werden. Im Heilungsanspruch der Wahrheitskommission, der im Wesentlichen von einer mit dem Erzählen verbundenen, kathartischen Heilungsvorstellung auszugehen schien, wurde dieser ambivalente Charakter der Erzählung nicht ausreichend erkannt.

Die Anhörung von Monica Daniels ebenso wie die des Ehepaars Juqu hat aber auch gezeigt, dass die Wahrheitskommission nicht nur das Erzählen per se förderte, sondern in ihrem Heilungsvorhaben auch ein Erinnern und Wiederbeleben der mit dem Trauma verbundenen Gefühle anzuregen versuchte, indem sie immer wieder explizit nach den Gefühlen der Aussagenden fragte. Sie stellte im Sinne Bions Konzept des *containments* (Bion 1990, Lazar 1990) bzw. Winnicotts Konzept der *holding function* (Winnicott 1983) einen institutionellen Rahmen und einen emotionalen Raum zu Verfügung, der es dem Opfer oder dem

Angehörigen erlaubte, das Grauen auch emotional zu erinnern und damit seine intrapsychische Integration zu fördern:

> »Zeugnis ablegen und Zeugnisse entgegennehmen sind (...) klinische Interventionen, die sich sowohl auf die durch das Trauma entstandene Fragmentierung als auch auf die tiefgreifenden Verlust- und Einsamkeitsgefühle richten (...). In der tragenden Präsenz eines empathischen, sicheren und historisch informierten Zuhörers können die Bruchstücke allmählich wieder zusammenwachsen und dadurch einigermaßen begriffen und in ihrer Bedeutung erfasst werden« (Laub und Weine 1994, S. 1118).

Die Wahrheitskommission stellte sich den Opfern und Hinterbliebenen als um Einfühlung bemühtes Gegenüber zu Verfügung, das die Schrecken der Gewalt nicht nur anhörte, sondern auch emotional aufnahm und bearbeitete. In der Anhörung des Ehepaars Juqu wurde dafür die Formulierung »*Your wound is ours too*« gefunden. In diesem Bild teilt sich die angestrebte identifikatorische Nähe zwischen Aussagendem und Gremium eindringlich mit.[32]

Die südafrikanische Gesellschaft konnte mittels direkter Teilnahme an den Anhörungen oder durch die Radio- und Fernsehübertragungen die emotionalen Erfahrungen der Aussagenden teilen. Der feierliche Rahmen der Anhörungen, ihre ritualisierte Gestaltung und die religiös geprägte Ausrichtung förderten die emotionale Wirkung der Aussagen. Der in Südafrika geprägte Begriff der »Kleenex-Commission« (also »Taschentuch-Kommission«) als Bezeichnung für die Wahrheitskommission greift diesen Aspekt eines öffentlichen, lebendigen Trauerprozesses auf und wehrt ihn mittels Entwertung gleichzeitig ab. Er ist ein Hinweis auf eine kollektive emotionale Erschütterung, die aber auch als irritierend, verunsichernd und bedrohlich erlebt wurde. Ebenso deutet diese Bezeichnung aber auch auf ein Erleben der öffentlichen Trauer als inszeniert und gleichsam »vorprogrammiert«. Dabei wurde in der Anhörung von Monica Daniels deutlich, dass auch die *emotionale* Bearbeitung des Leids (ähnlich wie das Erzählen) nicht pauschal verordnet oder angeregt werden kann: hier blieb die Aussagende vielmehr im Beharren auf die erwünschte »Rückkehr« in ein traumafreies Leben gebunden. Insofern hatte die Wahrheitskommission in ihrem Herangehen individuell unterschiedliche Bearbeitungsfähigkeiten und auch Bearbeitungsnotwendigkeiten zu berücksichtigen – allein deswegen kann ein pauschaler Heilungsanspruch ungeachtet der jeweiligen individuellen Disposition der Aussagenden kaum als realistisch angesehen werden.[33]

Haben wir bislang über die *individuellen* Einschränkungen in der Bearbeitung des Traumas nachgedacht, so gilt es, auch nach den *institutionellen* Einschränkungen zu fragen. Denn in den untersuchten Anhörungen wurde deutlich, dass sich die Wahrheitskommission keineswegs so ausschließlich an den Bedürfnissen der Opfer bzw. Hinterbliebenen orientieren konnte, wie es der von ihr hervorgehobene Heilungsanspruch zunächst nahe legt. Vordergründig war es das erklärte Ziel der Gremiumsmitglieder, das emotionale Erleben der Aussagenden im Erinnerungsprozess zugänglich zu machen, indem immer wieder explizit danach gefragt wurde. Zum einen erforderte die Orientierung an der traumatischen Qualität der subjektiven Erfahrung notwendigerweise den Einbezug der Gefühle. Darüber hinaus bedeutete der Einbezug der Gefühle aber auch eine institutionelle und letztlich gesellschaftliche Notwendigkeit, denn die öffentlichen Inszenierungen der Anhörungen hatten stets auch Identifizierungsprozesse in der Bevölkerung zum Ziel. Tatsächlich beruht ja das Modell einer stellvertretenden Bearbeitung des gesellschaftlichen Konflikts ganz wesentlich darauf, dass die Bürgerinnen und Bürger sich mit den stellvertretenden Protagonisten identifizieren. Um solchen Identifizierungen Vorschub zu leisten, war es wichtig, die Aussagenden gerade auch in ihrem emotionalen Erleben hervortreten zu lassen.

Wie wir jedoch gesehen haben, war der Umgang der Wahrheitskommission mit den Emotionen der Aussagenden weitaus widersprüchlicher, als es diese Überlegungen zunächst nahe legen. Wenn die Gremiumsmitglieder die Aussagenden auch sehr direkt nach den ihren Gefühlen fragten, so wurden diese Gefühlsprozesse häufig doch wieder eingedämmt. Es entstand keineswegs ein unstrukturierter Raum für die ungehinderte und freie Entfaltung von Gefühlsprozessen mit offenem Ausgang. Vielmehr wurden die aufkommenden Gefühle in der Aussagesituation deutlich gelenkt und z. T. auch zurückgedrängt. So beobachteten wir z. B. in der Anhörung des Ehepaars Juqu, wie Fragen nach dem emotionalen Erleben sogleich von weiteren Fragen abgelöst wurden, die auf faktische Hintergründe und eben gerade nicht auf Gefühle zielten. Insbesondere Wut und Hassgefühle wurden diskursiv beschwichtigt oder durch ein schnelles Schwenken auf Sachfragen umgangen.

Berücksichtigt man den situativen Kontext der Aussagesituation, so vermögen diese Beobachtungen kaum zu verwundern. Denn die lenkende Kontrolle der emotionalen Prozesse vor der Wahrheitskommission entspringt unterschiedlichen Notwendigkeiten: zum einen galt es, das aussagende Subjekt vor einer Überflutung durch die Wiederbelebung der emotionalen Wucht des Traumas zu schützen. Der institutionelle Rahmen war für eine therapeutische Bearbeitung der erlebten Gewalt nicht annähernd ausreichend. Eine Regression ins Trauma musste von den Gremiumsmitgliedern also unbedingt vermieden werden. Darüber hinaus hatten die Kommissionsmitglieder vermutlich auch selbst das Bedürfnis, sich vor der Konfrontation mit unerträglichen traumatischen Gefühlen zu schützen. Tatsächlich wurde die Sekundärtraumatisierung in den Erlebnisberichten der Kommissionsmitglieder (Tutu 1999) und auch der Presse (Krog 1998) immer wieder hervorgehoben und es ist bekannt, dass sie generell die psychosoziale Arbeit mit Traumatisierten charakterisiert (vgl. z.B. Fischer und Riedesser 1998, Morrissette und Naden 1998, Saakvitne und Pearlman 1996). Vor dem Hintergrund einer lang andauernden und kontinuierlichen Arbeit mit Opfern massiver Gewalt wurden in den Gremiumsmitgliedern vermutlich Abwehrprozesse aktiviert, welche eine Bewältigung dieser Arbeit überhaupt erst möglich machten, zumal ein Großteil der Gremiumsmitglieder keine psychosoziale Berufsausbildung mitbrachte. Zudem mussten die Gefühlsprozesse während der Anhörungen auch deswegen gesteuert und kontrolliert werden, weil der gesellschaftliche Auftrag an die Wahrheitskommission keineswegs offen, sondern an sehr konkreten Vorgaben, nämlich der gesellschaftlichen Versöhnung, orientiert war. Insofern war den Gremiumsmitgliedern daran gelegen, bestimmte Gefühle der Aussagenden zu verstärken und andere dahingegen nach Möglichkeit in den Hintergrund treten zu lassen.

Mit dieser Beobachtung erhellt sich ein grundlegendes Paradoxon der Wahrheitskommission:

Die Bearbeitung des Traumas konnte sich nicht ausschließlich an den individuellen Interessen und Bedürfnissen der aussagenden Subjekte orientieren, sondern geriet immer wieder in ein Spannungsverhältnis mit den situativen, institutionellen und letztlich gesellschaftlichen Bearbeitungsnotwendigkeiten. Die im Heilungsanliegen herausgestellte Subjektorientierung der Wahrheitskommission muss entsprechend ergänzt werden durch eine darüber liegende Gegenrealität: hier konnte die konzeptionell vorgesehene Subjektorientierung der Anhörungen aufgrund der gesellschaftlich erwünschten und notwendigen Ziele nicht durchgehalten werden. Die Wahrheitskommission war darum bemüht, dieses dilemmatische Verhältnis dadurch zum Verschwinden zu bringen, dass eine Kongruenz zwischen den Anliegen und Bedürfnissen der Subjekte und den gesellschaftlichen Notwendigkeiten propagiert wurde: was dem einzelnen dient (individuelle Heilung des Traumas durch Erzählung), schien nach dieser Vorstellung auch der Gesellschaft zu dienen (Aufklärung der Gesellschaft und Versöhnung mittels der stellvertretenden Bearbeitungsleistungen). Wie wir in den Anhörungen gesehen haben, ergänzten sich individuelle Bedürfnisse und gesellschaftliche Absichten aber nicht immer, sondern traten an manchen Stellen in direkten Widerspruch. Das dann aufscheinende konflikthafte Spannungsverhältnis zwischen Subjekt- und Zielorientierung glich damit stellenweise einer Gratwanderung zwischen potentiell unvereinbaren Polen.[34]

Einige Ausprägungen dieses Dilemmas sind in den vorgestellten Anhörungen deutlich geworden. So wurde in der Anhörung von Mr Juqu die Wiederherstellung seiner zivilen Würde besonders hervorgehoben. Wie wir schließlich erfuhren, hatte er jedoch nicht aus freiem Willen an der Anhörung teilgenommen. Das Einfühlungsangebot der Wahrheitskommission schien ihn nicht zu erreichen, die Nachfragen der Gremiumsmitglieder erlebte er eher als quälend und die ihm aufgenötigte Rolle als schwacher und bemitleidenswerter Hinterbliebener als kränkend und depotenzierend. Die betonte Absicht der Wahrheitskommission, dem Aussagenden einen heilenden Raum zu Verfügung zu stellen, prallte frontal mit dem Erleben von Mr Juqu zusammen, der sich auch hier nicht als Subjekt, sondern als Objekt einer institutionellen Vorgabe erlebte (*»even the fact that I came here – I didn't want to come here to this Commission because I was – I got very hurt«*; Anhörungsprotokoll Juqu, S. 12). Die Wahrheitskommission hatte diesem Aufbegehren des Subjekts gegen ihren Bearbeitungsansatz wenig entgegenzusetzen. Nur der Verweis auf das höher liegende Ziel einer gesellschaftlichen Befriedung vermochte, etwas von der wütenden Enttäuschung und Hilflosigkeit zu nehmen. Es war also der Rückgriff auf Bausteine des im Kontext der Wahrheitskommission geprägten Versöhnungsdiskurses, der eine Zuspitzung der während der Anhörung reaktivierten ohnmächtigen Wut verhindern konnte.[35]

Auch in der Anhörung von Monica Daniels wurde ein Konflikt zwischen Subjekt- und Zielorientierung deutlich: hier bezog er sich auf das Bedürfnis der Öffentlichkeit nach Teilhabe am tragischen Leid des Opfers und dessen Wunsch, einen schützenden Rahmen beim Erinnern der Erfahrungen zu finden und die Mitteilungen dosieren und kontrollieren zu können. In dieser Anhörung gelang es der Aussagenden nicht, den schambesetzten Kern ihrer traumatischen Erfahrung, nämlich eine vaginale Schussverletzung, vor der Veröffentlichung zu schützen.

Vielmehr wurde die Neugier, vielleicht auch Sensationslust der Öffentlichkeit spürbar, die vom befragenden Gremiumsmitglied als Informationspflicht der Wahrheitskommission vertreten wurde. Die Scham musste in dieser Anhörung hinter der Notwendigkeit zurücktreten, dem Publikum das Ausmaß der Verletzungen vor Augen zu führen. Bildlich gesprochen präparierte das Gremiumsmitglied die Gewehrkugel heraus und hielt sie der Öffentlichkeit als Symbol des Bösen vor Augen. Robins (1998) kritisiert in Bezug auf die Wahrheitskommission, »dass sogar verstümmelte Körper unschuldiger Opfer und Zuschauer ohne weiteres für das kollektive Projekt der Opferung und Nationenbildung vereinnahmt werden« (S. 87). In dieser kritischen Einschätzung pointiert sich das konflikthafte Verhältnis von Subjekt- und Zielorientierung der Wahrheitskommission. Nach einem solchen Verständnis wären die Aussagen insofern funktionalisiert worden, als sie nicht etwa den zu heilenden Traumatisierten sondern vielmehr einer gesellschaftlichen Homogenisierung zu dienen hatten. Denn die südafrikanische Gesellschaft wäre dann geeint in ihrem Entsetzen über die Schrecken der Apartheidgewalt: »Durch diese Umarbeitung und Wiederaneignung der traumatischen Erinnerung an die Verstümmelung des gefolterten Körpers (...) erzeugte man eine heroische Darstellung der neuen südafrikanischen Nation, die von Millionen Fernsehzuschauern konsumiert werden konnte. So förderten die TRC und die Medien aus schmerzlichen persönlichen Erinnerungen und zerschmetterten und verstümmelten Körpern einen neuen Nationalismus« (ebd.).

Offen bleibt die Frage, in welchem Verhältnis Schaden und Nutzen der öffentlichen Aussage für den einzelnen und die Gesellschaft standen: »there may have been an underlying tension between the TRC's role as a ›national therapeutic process‹ and its responsibility to care for the individuals who have been violated. (...) Is the emotional price of ›national healing and reconciliation‹ too high for the individual? Or do the benefits for the nation outweigh the mental health risks to individuals and families?« (de Ridder 1997, S. 32).

Das Ausmaß der gesellschaftlichen Aneignung der subjektiven Erfahrung war im Vorfeld für den Einzelnen nicht immer absehbar. So stellt Henry (2000) fest:

> »my testimony has been appropriated, interpreted, retold and sold« (S. 167) und fährt fort: »The lack of sensitivity with which my story was treated once it left the confines of that space and became part of the public domain was immediately apparent – my face and the story of my

life were flashed across the country, on television, in newspapers, magazines and books, and often out of context. It was out of my control and done without my permission. (...) it became clear that the TRC had neither the time nor the logistical capacity to honour or protect the space it gave me in which to bear my soul and tell my story« (a.a.O., S. 169).

Henrys Darstellung einer Entfremdung, ja gleichsam Enteignung der subjektiven Erfahrung bestürzt und zeigt uns die Hilflosigkeit angesichts dieser öffentlichen »Anteilnahme«. Sie verdeutlicht, dass die Aussage vor der Wahrheitskommission nicht nur ein Erzähl*angebot*, sondern auch einen Erzähl*auftrag* oder gar eine Erzählverpflichtung umschloss – und noch mehr als das – das persönliche Erleben zu einer öffentlichen »Geschichte« werden ließ, über deren »Gebrauch« der Erzähler keine Kontrolle mehr hatte.[36] Die Sorgfalt der Wahrheitskommission, würdige und an den Bedürfnissen der Aussagenden orientierte Anhörungen zu gestalten, erhält durch ihren öffentlichen Charakter einen Gegenakzent, aus dem heraus es ihr offenbar nicht immer gelingen konnte, einen geschützten und sicheren Rahmen für die Aussagenden zu schaffen.

7.3.2. Der Heilungsdiskurs der Wahrheitskommission – Lesarten und Verständnisebenen

Warum aber wurde trotz dieser deutlichen Einschränkungen und der weitgehenden Konzeptionslosigkeit in Bezug auf konkrete Heilungsansätze der Heilungsgedanke so stark in den Vordergrund gerückt?

Ich vermute, dass es dabei nicht nur um das Betonen einer konkreten »Pragmatik« für die soziale Transformation ging, sondern dass die Idee gesellschaftlicher Heilung auch in ihren symbolischen Bezügen zu entschlüsseln ist. Verstehen wir das Heilungsvorhaben nämlich auch als bildhafte Metapher für einen gesellschaftlichen Prozess, verdeutlicht sich sogleich die darin liegende Prägnanz: Leid und Segen, Gut und Böse sind in diesem Vergleich unmissverständlich zuzuordnen. Der Heilungsgedanke zeichnet die Entwicklung von einem dysfunktionalgestörten zu einem harmonisch-gesunden Zustand nach, in der entweder etwas Gebrochenes, Gespaltenes zusammenwächst oder aber das Ausstoßen und Besiegen von etwas Feindlich-Zerstörerischem (wie Viren oder Erreger) eine zentrale Rolle spielt. So schreibt beispielsweise Desmond Tutu im Vorwort zum Bericht der Wahrheitskommission:

> »Wir haben die Wunden der Vergangenheit noch einmal geöffnet, damit sie nicht eitern, und sie mit schmerzmildernder Salbe behandelt, damit sie heilen können. Wir wollen der wunderbaren Zukunft entgegengehen, die Gott für uns bereithält (...). Gemeinsam wollen wir ein blühendes Land bestellen (...). Es ist unsere Aufgabe, unseren Beitrag zur Genesung unseres Landes zu leisten, damit sich ehemalige Feinde, zwischen denen die Verbrechen der Apartheid standen, vereinen und versöhnen können« (Wahrheits- und Versöhnungskommission 2000, S. 11).

In diesem Vergleich ist die Vorstellung bedeutsam, dass sich der »Volkskörper« des (konflikthaft) Entzündlichen entledigen und damit ausheilen könne.[37] Die Vision eines geheilten Zustands ist ambivalenzfrei und harmoniegeprägt.

Darüber hinaus bietet sich die Metapher des Heilens auch im Kontext neu auszulotender gesellschaftlicher Anerkennungsbeziehungen an:

> »Für die (...) Mißachtungserfahrungen (...) ist es (...) typisch, daß ihre individuellen Konsequenzen stets mit Metaphern beschrieben werden, die sich auf Verfallszustände des menschlichen Körpers beziehen [wie z.B. psychischer Tod, sozialer Tod oder Kränkung – Anm. d.Verf.]. (...) In solchen metaphorischen Anspielungen auf physisches Leiden und Sterben kommt sprachlich zum Ausdruck, daß den verschiedenen Formen der Mißachtung für die psychische Integrität der Menschen dieselbe negative Rolle zukommt, die die organischen Erkrankungen im Zusammenhang der Reproduktion seines Körpers übernehmen: durch die Erfahrung von sozialer Erniedrigung und Demütigung sind menschliche Wesen in ihrer Identität ebenso gefährdet, wie sie es in ihrem physischen Leben durch das Erleiden von Krankheiten sind« (Honneth 1994, S. 218).

Dies ist also ein erster Aspekt, der das Hervorheben eines Heilungsanliegen der Wahrheitskommission plausibel macht: die sozialen Kränkungen der Vergangenheit finden hier ihre Umkehrung, mittels des Heilungsanspruchs inszenierte sich die Wahrheitskommission als eine Institution der neuen »Regenbogengesellschaft«, welche idealerweise die vom Apartheidsystem beschädigten, entrechteten und leidenden Opfer zu geheilten, erstarkten und würdevollen Staatsbürgern wandelte.

So betonte beispielsweise das Gremiumsmitglied Mrs Sooka in der Anhörung von Monica Daniels die reparativen Anliegen der Wahrheitskommission stark: »*the Commission will do (...) whatever we can to (...) make your life a little bit better*«; Anhörung Daniels, S. 5). Dieses Motiv verdichtete sich in Form einer Armprothese, die den im Gewaltübergriff eingebüssten Arm ersetzen und so die vom Apartheidsystem Versehrte gleichsam »wieder ganz machen« sollte.

Das Hervorheben einer Heilung der Traumatisierten wird so auch als Abgrenzung von dem zerstörerischen und gewalttätigen Potential des Apartheidregimes deutlich. Das Konzept der Heilung lässt eine Differenzierung zwischen Tätern und Opfern eher in den Hintergrund treten und legt nahe, auch den damit verbundenen Konflikt um Schuld und Verantwortung aus den Augen zu verlieren. Mittels der medizinalisierten Heilungsmetapher wurde die dem gesellschaftlichen Konflikt immanente Schuldfrage eher kaschiert denn für die Auseinandersetzung herausgearbeitet – nicht zuletzt auch deswegen, da der mit der Wahrheitskommission verbundene Versöhnungsdiskurs Betroffene *und* Täter der Apartheidgewalt als Opfer zerstörter Mitmenschlichkeit interpretierte.[38] Grünberg (2000) beobachtet generell eine »therapeutisierende Abwehr« von Gewalterfahrungen; der Fokus auf einer psychotherapeutischen Behandlung des Traumas richte das Ziel auf eine Normalisierung prinzipiell anormaler und chaotischer Erfahrungen. Eine solche Therapeutisierung diene der Abwehr einer nicht auszuhaltenden Wirklichkeit (vgl. S.1024ff.). Letztlich ist genau diese aber politisch verursacht und verantwortet und genau dieser Aspekt kann in den Hintergrund geraten, wenn der Akzent einer Bearbeitung sich allzu stark in Richtung auf Heilung verschiebt.

Die Heilungsmetapher übernimmt aber auch diskursive Funktionen. So konnten wir beobachten, dass die mit der Heilungsidee einhergehende Rollenverteilung in hilfloses, versehrtes Opfer und starke, heilende Institution die Legitimation lieferte, die aktive und gestaltende Rolle im Anhörungsprozess zu übernehmen. Die Wahrheitskommission zeigte sich als fürsorglich-tröstende, aber auch väterlich rahmende und appellierende Instanz. Einmal als »Agentin« des Heilungsprozesses eingeführt, kamen in der Folge wenig Fragen über ihre leitende und gestaltende Rolle auf. Besonders deutlich zeigte sich dies in der Anhörung von Monica Daniels anlässlich der Nachfragen des Gremiumsmitglieds hinsichtlich ihrer vaginalen Verletzungen. Die Rechtfertigung als informative Notwendigkeit lässt die Assoziation eines zwar schmerzhaften, letztlich aber für die gesellschaftliche Heilung unvermeidlichen »Eingriffes« entstehen und macht deutlich, dass die Rolle der heilenden Instanz mit Fragehoheit und diskursiver Macht verbunden war.

Diese Beobachtung verweist auf eine weitere wichtige Funktion des

Heilungsdiskurses. Denn er verwischt auch die Artikulation und den Umgang mit Wut, Hass und Rachewünschen: die Interpretation der Aussagenden als von Trauer und psychischem Schmerz geschwächten und zu heilenden Opfern ließ diese Gefühle deutlich in den Hintergrund treten. In dem Maße, wie sich die Wahrheitskommission anbot, diesen Schmerz zu lindern, konnte der Aspekt der Auseinandersetzung mit Wut auf den oder die Täter, mit Hass und mit Rachewünschen eher umgangen oder vergessen werden: »Die Gewalt als Voraussetzung des Todes wird nach Möglichkeit beschwichtigt, erscheint bedrohlich, soll sofort domestiziert werden. Indes, die Folgen der Gewalt, der Tod des einzelnen – diese Dimension des Opfers wird beschworen, wird religiös überhöht, wird zelebriert und erinnert« (Hettling 1998, S. 39).

So wurden in den vorgestellten Anhörungen die Aussagenden meist eher zum Ende der Anhörung nach ihren Gefühlen gegenüber den Tätern gefragt. Wut konnte hierbei kaum direkt formuliert werden und wenn sie formuliert wurde, wie in der Anhörung des Ehepaars Juqu, wurde sie eher beschwichtigt. Der Fokus der Auseinandersetzung wurde vorrangig auf Gefühle gelenkt, die eine geringere Bedrohung für die gesellschaftliche Spaltung bedeuteten.

Becker (2005) arbeitet heraus, dass Aggressionen sowohl von Tätern als auch von Opfern und begleitenden Mediatoren gerne übergangen werden. Gerade für Opfer traumatischer Gewalt sei das Spüren von Aggressionen oftmals kaum erträglich; häufig richteten sie Aggressionen eher gegen sich selbst. In dieser Hinsicht könnte das Ausklammern oder diskursive Verdrängen aggressiver Regungen während der hier untersuchten Anhörungen die psychische Integrationsarbeit der Opfer tendenziell eher behindert haben.

Aber mit dem Heilungsanspruch der Wahrheitskommission wurde auch ein grundlegendes Defizit des politischen Kompromisses überdeckt, nämlich der Verzicht auf eine Strafverfolgung der Täter: »The language of healing casts the consequences of collective violence in terms of trauma; the pradigm is health rather than justice« (Minow 1998, S. 63). In dieser Hinsicht könnte das Hervorheben der durch die Wahrheitskommission ermöglichten Heilung auch dazu gedient haben, den Fokus der gesellschaftlichen Aufmerksamkeit von der Amnestierung der Täter wegzurichten. Dabei wird in der wissenschaftlichen Literatur die Bedeutsamkeit einer Strafverfolgung der Täter für deren Opfer hervorgehoben:

»Diese Bestätigung, daß das, was einem geschehen ist, ein Unrecht darstellt, ist für die Wiederherstellung der persönlichen Integrität, für die Wiedererlangung der eigenen Selbstsicherheit und des Selbstbewußtseins von entscheidender Bedeutung. In diesem Sinne muß der Wunsch nach Strafe verstanden werden, den viele Kriminalitätsopfer nennen. Dadurch, daß der Täter bestraft wird, wird nach außen deutlich, daß er dem Opfer unrecht getan hat« (Tampe 1992, S. 94).[39]

Wenn Strafverfolgung dahingegen ausbleibt, ist es für das Opfer weitaus schwieriger, sich von der Wirkung der Gewalterfahrung zu befreien (Hassemer und Reemtsma 2002, Mertus 1997). Das Aussetzen einer Bestrafung der Täter bedeutete also eine enorme Zumutung für die Opfer und deren Hinterbliebene – und dies nicht zuletzt deshalb, weil es eine potentiell traumatische Situation wiederholte, die für die Apartheidzeit prägend war: hier wie dort konnte sich ein (schwarzes oder farbiges) Gewaltopfer mit rechtlichen Mitteln nicht gegen das erlittene Unrecht zur Wehr setzen.[40] Dieser rechtlose Zustand, in dem die Anerkennung als mit zivilen Rechten ausgestatteter Bürger (vgl. Honneth 1994) weiterhin aus den Angeln gehoben ist, bedeutete für die vormals Entrechteten eine massive Aggression. Rojas Baeza (2000) spricht vom »Trauma der Straflosigkeit« (vgl. dazu M. Simpson 1998). Adam (1998) konstatiert eine »Scheu vor einer Konfrontation mit den Opfern (...), denen Gerechtigkeit verweigert wird und die durch eben jene Amnestie traumatisiert werden, mit der man die Nation eigentlich heilen wollte« (S. 355). Soyinka (1999) stellt darüber hinaus in Frage, inwiefern die ausbleibende Bestrafung auch als Fortsetzung eines kolonialen Themas verstanden werden kann, innerhalb dessen die Kolonialisierten sich nicht gegen die (ehemaligen) Kolonialherren zur Wehr setzen können:

»›To err is human, to atone humane‹, declares one: ›to err is human, to forgive African‹ responds the other« (S. 21). Die Wahrheitskommission könnte damit sogar als ein Modell für die ausbleibende Bestrafung von kolonialen Verbrechen verstanden werden: »Is it possible, that one day it will be sufficient for this particular anachronism of a slave-raider to drag his way onto a forum and with the South African model as guide, confess to his crimes and be granted absolution?« (a.a.O., S. 53).

Die Auseinandersetzung mit der psychosozialen Folgewirkung der solchermaßen institutionalisierten Straflosigkeit macht die Notwendigkeit eines Gegendiskurses, in dem den Opfern nicht nur etwas genommen wird (die Möglichkeit der Rechtsmittel gegen die Täter), sondern vor allem etwas gegeben wird (Heilung) plausibel.

Dabei hätte die mit den Amnestierungen verbundene Benachteiligung der Opfer direkter benannt und diskutiert werden können, wie es beispielsweise Verwoerd (1997) vorschlägt:

> »perhaps the best response (...) is (...) to accept the common definition of (criminal) justice and acknowledge openly that amnesty is unjust. This acknowledgement should also involve a recognition of the reality and legitimacy of the feelings of anger and frustration, the deep sense of injustice at stake« (S. 4).

Dies hat wie gezeigt jedoch kaum stattfinden können – das Artikulieren von Wut, Hass und Rachewünschen gegenüber den Tätern schien das gesellschaftliche Befriedungsprojekt allzu sehr zu bedrohen.[41] Zweifelhaft bleibt, ob Wut und Rachewünsche dadurch zum Verschwinden gebracht werden können, dass sie diskursiv überdeckt oder entsorgt werden. Könnte nicht vielmehr die Artikulation von Wut und Empörung im Prozess gesellschaftlicher Befriedung möglich und auch notwendig sein?[42]

Der eigentlich aggressive Gehalt des Amnestierungsarrangements in Bezug auf die Opfer und deren Hinterbliebene wurde im Rahmen der Opferanhörungen kaum problematisiert.[43] Damit lässt sich der Heilungsdiskurs auch als ein Medium zur »Produktion von Unbewusstheit« (Erdheim 1984) verstehen: die oben beschriebene »Benötigung« bzw. Funktionalisierung der Aussagenden für das gesellschaftliche Befriedungsprojekt konnte damit in den Hintergrund treten. Dass die Aussage nicht nur ein Nehmen (von Heilung), sondern auch ein Geben (im Sinne der Veröffentlichung des persönlichen Schicksals und eines Tolerierens von Amnestierungen) bedeutete, wurde darin unschärfer.

In diesem Zusammenhang drängt sich die Frage auf, ob der Heilungsanspruch der Wahrheitskommission auch einem Schuldgefühl der neuen Machtelite entsprungen sein könnte, welche die neuen gesellschaftlichen Machtpositionen besetzen konnte und damit heute Privilegien genießt, die dem Großteil der schwarzen Bevölkerung und den meisten Befreiungskämpfer/innen bzw. deren Hinterbliebenen weiterhin unzugänglich bleiben.[44] Überspitzt formuliert diente das Blut und das Leiden der Kampfgenossen der neuen Machtelite ja als Steigbügel zur Macht und den damit verbundenen Privilegien. Umso schwerer erträglich wäre vor diesem Hintergrund aber die Vorstellung, den

Befreiungskämpfer/innen bzw. deren Hinterbliebenen nun auch noch die stellvertretende Bearbeitung des Konflikts aufzubürden – eine Bearbeitung, die wiederum auch im Interesse der neuen Machtelite war. Mittels des Heilungsdiskurses war es den neuen Mächtigen möglich, solche empfundenen oder projizierten Phantasien zu entkräften: die empfundene Verantwortung für die gesellschaftliche »Heilung« fand in der Einrichtung der Wahrheitskommission konkreten Ausdruck. Mögliche Aggressionen gegenüber den Herrschenden dürften so eher in Vergessenheit geraten sein. Besonders kritische Skeptiker der Wahrheitskommission wendeten denn auch ein, »daß die TRC die Opfer bloß als Dekoration zur Legitimierung des Exkulpationsrituals benutzt, dessen eigentliche Nutznießer die ehemaligen Herrscher sind« (Adam 1998, S. 355).

Dieser Gedanke macht deutlich, dass sowohl die neue demokratische Regierung als auch die abgelöste Apartheidelite von einer gesellschaftlichen Verdrängung der Aggression profitierten. Fraglich bleibt jedoch, welches Schicksal diesen Aggressionen vorbehalten blieb. Gehen wir davon aus, dass die Strafverfolgung auch eine »neurotische psychosoziale Ersatzbefriedigung bzw. Abwehr« (Mentzos 1988, S. 94) von Aggression gegenüber den Tätern darstellt, so würde der Verzicht auf Strafverfolgung eine alternative Form der Befriedigung dieser Aggressionen notwendig machen. Für die Untersuchung der Amnestierungsanhörungen wäre also die Frage festzuhalten, welche alternativen Formen des Ausdrucks und der Ersatzbefriedigung von Aggressionen gegenüber den Tätern zu beobachten waren.

Zunächst verdeutlicht sich jedoch ein grundsätzliches Dilemma der gesellschaftlichen Konfliktlösung: die »Regenbogengesellschaft« vermag zwar, den vormals entrechteten Subjekten soziale Anerkennung auszusprechen und damit die soziale Beschämung umzukehren, ihre Anerkennung als Rechtspersonen im Bezug auf die Strafverfolgung der Täter wird jedoch verweigert. Die Anhörung von Mr Juqu hat hervorgehoben, wie sehr diese Wiederholung einer Aushebelung der zivilen Rechte Ohnmacht, Scham und Verzweiflung wieder belebt. Hier wurde deutlich, wie sich ein gesellschaftliches Dilemma (Amnestierungskompromiss) zunächst als institutionelles Dilemma und schließlich in den Opferanhörungen als individuelles Dilemma niederschlägt. Der Heilungsdiskurs versuchte, die öffentliche Aussage als eigentlich notwendige und adäquate Antwort auf die Traumatisierung nahe zu legen und damit ein Gegenmodell zum Wunsch nach Anklage und Strafverfolgung der Täter zu propagieren. Dieses Gegenmodell war gesellschaftlich notwendig, um den politischen Kompromiss tragfähig zu machen. In vielen Anhörungen von Opfern bzw. deren Hinterbliebenen wurde aber dennoch der Wunsch nach einer Strafverfolgung der Täter formuliert. So äußerte Monica Daniels beispielsweise den Wunsch, dass weitere Schritte gegen die für ihre Leiden verantwortlichen Täter eingeleitet werden sollten (»*There can be further steps can be taken against them*«; Protokoll Daniels, S. 5). Ist diese Formulierung noch eher vage, so artikulierte die Aussagende Susan Walters eine sehr offene und unverhohlene Anklage gegen die für die Ermordung ihres Mannes zuständigen Täter und verlangte, sie müssten vor Gericht gebracht werden. Der hier aufscheinende Widerspruch zum vorgesehenen Amnestierungsprocedere der Wahrheitskommission blieb in dieser Anhörung offen. Zu unserer Überraschung zeigte sich die Aussagende wenige Sätze später einverstanden mit einer Amnestierung der Täter. Dieser inhaltliche Widerspruch wurde erst dann verständlich, als wir nachvollziehen konnten, wie die Aussagende mittels solcher Anpassungsleistungen vermochte, ihre mit der Aussage verbundenen Interessen zu wahren und ansatzweise durchzusetzen.[45]

Aber der politische Kompromiss umfasste nicht nur den Verzicht auf eine Bestrafung der Täter, sondern auch den Wegfall eines zivilen Anspruches auf Wiedergutmachung bzw. Schadensersatz. Das Amnestierungsgesetz hebelte beide Aspekte aus – und auch die damit ausbleibende ökonomische Kompensation bedeutete für die Aussagenden einen massiven Verzicht. Zwar versprach die Wahrheitskommission wiedergutmachende Zahlungen, doch bestand von Anfang an kein Zweifel daran, dass die Summe deutlich unter der Höhe bleiben würde, die im Rahmen eines Strafverfahrens für einzelne Gewaltbetroffene erzielbar gewesen wäre. Die Verheißung einer Heilung der im Schmerz gebundenen Opfer antwortete somit auch auf diesen Aspekt: in dem Maße, wie der *psychologische* Schmerz und das Angebot *psychischer* Heilung hervorgehoben wurde, geriet in Vergessenheit, dass nicht nur die zivilrechtliche Würde, sondern auch *ökonomische* Wiedergutmachungsansprüche der Opfer durch den politischen Kompromiss ausgehöhlt wurden. Dabei handelte es sich gerade um jene Aspekte, welche den Kern gesellschaftlicher Missachtung während der Apartheidzeit ausmachten.[46] Mögliche ökonomische Motive der Aussagenden (also z.B. eine Teilnahme, um sich dadurch die Legitimation für die versprochenen Entschädigungszahlungen zu sichern) wurden so eher tabuisiert. Dabei dürfte der Wunsch, sich mittels einer Aussage für Entschädigungszahlungen zu qualifizieren, vor dem Hintergrund des fortbestehenden ökonomischen Elends gerade auch für schwarze und farbige Aussagende einen wesentlichen Anreiz bedeutet haben. Der Aussagende Yazir Henry (2000) schreibt dazu: »The TRC created an expectation within the hearts and minds of those who came before it that it would be able to provide a form of immediate reparation« (S. 168). Die Analyse der Anhörungsprotokolle hat gezeigt, dass diese Anliegen der Opfer kaum direkt diskutiert werden konnten. In der Anhörung des Ehepaars Juqu verneinte Mr Juqu ökonomische Interessen. In der Anhörung von Monica Daniels wurden die Anläufe der Aussagenden, mögliche ökonomische Ansprüche zu formulieren, unmittelbar von Gegenfragen abgelöst. Hier konzentrierte sich die Diskussion fast ausschließlich auf eine *symbolische* Wiedergutmachung in Form einer Armprothese. In der Anhörung der weißen Aussagenden Susan Walters wurden ökonomische Forderungen der Aussagenden dadurch aufgelöst, dass sie indirekt mit dem Leid der schwarzen und farbigen Mitbürger kontrastiert und dadurch als ungerechtfertigt hingestellt wurden. Der Wunsch nach Entschädigungszahlungen ist in einem Land, gespalten zwischen in extremem Reichtum und in schwerster Armut lebenden Menschen (und dies fast immer entlang den Kategorien der Hautfarben) mehr als nahe liegend. Die damit verbundenen Gefühle von Neid auf materielle Privilegien, von Wut über die Benachteiligung und von Wünschen nach ausgleichender finanzieller Gerechtigkeit konnten in den Anhörungen jedoch kaum offen ausgesprochen und diskutiert werden; eine Diskussion finanzieller Wiedergutmachungsforderungen hätte vermutlich den moralisch aufgeladenen Duktus des Versöhnungsdiskurses allzu stark in Frage gestellt.[47]

Freilich lässt sich hier einwenden, dass sich Trauerarbeit und der Wunsch nach Entschädigungszahlungen nicht ausschließen müssen.[48] Tatsächlich schließen sie sich nicht aus; vor dem Hintergrund der moralischen Unterfütterung des durch die Wahrheitskommission geprägten Diskurses erhielten die Wiedergutmachungszahlungen jedoch einen ambivalenten Charakter: Einerseits sollten sie das Unrecht der Apartheid ausgleichen. In diesem Kontext sind die in fast allen Anhörungen formulierten Fragen »*What would you like the Commission to do to help you?*« zu verstehen. Andererseits sollte die Diskussion materieller Entschädigung keinesfalls in den Vordergrund treten oder gar als ausschlaggebend für die Teilnahme an den Anhörungen erscheinen. Vielmehr affirmierte die Wahrheitskommission wieder und wieder, dass ihre Hilfe vor allem in ihrem immateriellen Heilungsangebot lag – natürlich auch, weil klar war, dass auch nur annähernd angemessene Entschädigungszahlungen die finanziellen Möglichkeiten des südafrikanischen Staates weit überschritten hätten, dass es also nötig sein würde, gerade auch symbolische Wiedergutmachungsansätze zu entwickeln.[49] Die in den Anhörungen beobachtbare Verknüpfung von moralisch gefärbtem Diskurs und ökonomischen Motiven könnte im Sinne E. Thompsons (1980) als Ausdruck einer »moralischen Ökonomie« verstanden werden, innerhalb derer ein sich auf moralische Werte beziehender Diskurs letztlich auch ökonomischen Notwendigkeiten gehorchte (vgl. Nadig 1986).

7.3.3. Heilungsdiskurs und Opferkult als politische Indienstnahme der Traumatisierten

Die mögliche gesellschaftspolitische Bedeutung des Heilungsdiskurses präzisiert sich weiter mittels einer Arbeit von Manfred Hettling (1998): er hat in einer Studie zur Bedeutung des Kults um die Gefallenen der deutschen »Märzrevolution« die politische Funktionalisierung des Opfer- und Totenkults herausgearbeitet. Ausgehend der Hypothese, dass der Totenkult ein zentraler Bestandteil jeder kollektiven Erinnerung der Moderne ist, zeichnet Hettling bei der Analyse des öffentlichen Trauerns um die sog. Märzgefallenen in Deutschland den Prozess einer »politischen Indienstnahme des Todes« (a.a.O., S. 16) nach: »Die Toten von 1848 wurden zu Opfern erhoben, die politisch gedeutet wurden. Der Toten- und Opferkult von 1848 war immer auch eine Auseinandersetzung mit den im Zentrum des aktuellen Geschehens stehenden politischen Fragen. Im Kern stand die Frage nach der Legitimität der Revolution und der neuen politischen Ordnung« (a.a.O., S. 12).

Im Heilungsdiskurs der Wahrheitskommission können wir eine ähnliche politische Indienstnahme erkennen: Die Opfer des Befreiungskampfes wurden aus einem individuellen Schicksalskontext gelöst und in einen gesellschaftlichen Sinnzusammenhang überführt.[50] Die Wahrheitskommission schien dabei kaum zu unterscheiden zwischen den eigentlichen Untergrundkämpfern, die sich bewusst für den politischen Kampf entschieden hatten, und Zivilist/innen als unbeteiligten Opfern. Kam beispielsweise der Sohn des Ehepaars Juqu vermutlich eher zufällig und nicht aufgrund kämpferischer Aktivität zu Tode, so wurde dem Ehepaar doch mit dem Hinweis gedankt: »*We would like it to change (...) in our country (...). For us to be able to reach that stage, it is because of you, people who had come forward. People who were victims, it is those people who are – who have made us to be here today*« (Anhörungsprotokoll Juqu, S. 13). Der konkrete Beitrag der Juqus zur gesellschaftlichen Veränderung bleibt hier unklar, weder der Sohn (der hier auch gar nicht mehr erwähnt wird) noch das Ehepaar selbst sind als Akteure der Befreiungsbewegung hervorgetreten. Sie werden aber als Opfer angesprochen, welche die gesellschaftliche Transition mitbewirkt haben. Hier verschwimmen die konkreten Rollen zu einem Kollektiv traumatisierter Opfer, die pauschal zu Wegbereitern der gesellschaftlichen Befreiung stilisiert werden. Sie werden narzisstisch aufgewertet und erinnern in ihrer Funktion an Märtyrer, die sich für eine bessere Gesellschaft einsetzten. Mittels dieser Huldigung der von der Apartheidgewalt Traumatisierten wird nicht nur der gewaltsame Befreiungskampf nachträglich legitimiert, sondern auch die gesellschaftliche Neuordnung affimiert und gefeiert.[51]

Damit vermochte der Opferkult auf gesellschaftlicher Ebene Emotionen freizusetzen, welche die nach Hautfarben gespaltenen Bevölkerungsgruppen Südafrikas einten. Das Entsetzen über die Grausamkeit der Apartheidgewalt und die Befriedigung über den Sieg der »moralisch guten«, weil für die Demokratisierung streitenden Kämpfer bot sich gleichermaßen allen Bevölkerungsgruppen als einende Emotion an: »Aus der kriegerischen Gewalt resultierte ein neues ›Gemeinschaftsgefühl‹ und erzeugte damit eine ›bedingungslose Opfergemeinschaft‹, welche umgekehrt wiederum dem einzelnen (…) etwas Einzigartiges bot – die ›Empfindung eines Sinnes und einer Weihe des Todes‹« (Hettling 1998, S. 11). Der gewaltsame Kampf um eine gerechtere Gesellschaftsform erhält hiermit eine quasi-religiöse Interpretation, die sich im religiös anmutenden Diskurs der Wahrheitskommission spiegelt: die »säkulare Liturgie« (Knigge 2000, S. 11) machte die Wahrheitskommission oftmals zur »Hüterin eines Ortes, an dem heiliges Sprechen inszeniert wird« (ebd.). Mithilfe Hettlings Überlegungen verstehen wir diese säkulare Liturgie der Anhörungen als Teil einer in einen religiösen Kontext gesetzten Interpretation der Toten, Verletzten und Traumatisierten als Opfergaben der Gemeinschaft für die demokratisierte und moralisch gereinigte Gesellschaft: »Das Opfer leistet hier ein Doppeltes. Einerseits stiftet es eine Gemeinschaft, der sich der einzelne nicht entziehen kann. (…) Andererseits soll dadurch gleichermaßen die individuelle Motivation, seine Bereitschaft für diese Gemeinschaft gefestigt werden« (Hettling 1998, S. 71).

Damit können wir den Heilungsdiskurs der Wahrheitskommission als Baustein eines institutionalisierten gesellschaftlichen »Kultes« um die Opfer der Apartheid verstehen.[52] Indem die Wahrheitskommission propagierte, die Gesellschaft zu heilen, führte sie die neuen Machthaber als fürsorgliche Autoritäten vor, die sich maximal vom »bösen« Apartheidsystem unterscheiden. In dieser Hinsicht wäre sogar vielleicht weniger von einem Opfer- als vielmehr von einem Heilungskult zu sprechen, mittels dessen sich die neue Regierung maximal vom Vorwurf distanzieren konnte, mittels der Amnestierungsregelung gegen den demokratischen Gründungskonsens des Nachapartheid-Südafrika verstoßen zu haben.[53]

7.3.4. Gegenströmungen der Opferanhörungen: Anpassungsritus und Widerstandslogik

Aber nicht alle Anhörungen sind als gesellschaftliche Würdigung der Opfer zu verstehen. Wie schnell dieses Motiv vom eigentlichen gesellschaftlichen Konfliktpotential eingeholt werden konnte, zeigt die Analyse der Anhörung von Susan Walters. Als eine die Täter der Befreiungsbewegung anklagende, weiße Frau sah sie sich plötzlich einer Art Vernehmung ausgesetzt, in der sie Rechenschaft über ihre Mitverantwortung am Apartheidregime abzulegen hatte, statt Würdigung oder Einfühlung in ihr Leid zu erfahren. Das Motiv gesellschaftlicher Anerkennung schien hier offenbar unpassend; als Teil der privilegierten, »weißen« Elite wurde Mrs Walters nicht als bedürftig wahrgenommen und da, wo sie sich bedürftig zeigte (finanzielle Armut), wurde ihr Anliegen implizit eher als vermessen bewertet. Das Motiv der Heilung ihres Leids trat hier gänzlich zurück, vielmehr schien man von ihr ein Bekenntnis zu den neuen gesellschaftlichen Werten zu verlangen. Hier nahm die Anhörung eher die Form eines Anpassungsrituals an, bei dem Mrs Walters dazu gebracht wurde, die Werte der neuen Regenbogengesellschaft zu bejahen und zu bekräftigen. Gleich einem Übergangsritus wurde eine alte soziale Identität abgelegt und zugunsten der Zugehörigkeit zum Kollektiv eine neue affirmiert.

In der Anhörung von Mrs Walters zeigte sich zudem eindrücklich, wie im Kontext der Anhörungen aufflammende aggressive Spannungen bearbeitet wurden. Wir konnten nachvollziehen, wie Aggression und Wut gegenüber den Tätern zunehmend verschwiegen oder verdrängt werden mussten, die Aussage wandelte sich zu einem Friedensbekenntnis. In diskursiver Verhüllung umschlossen die sprachlichen Versatzstücke eines »Versöhnungsdiskurses«[54] gleich Deckmänteln die Aggressionen und brachten sie damit zum Verschwinden. Diese diskursive Verdrängungsleistung findet ihre Entsprechung auf inhaltlicher und damit psychischer Ebene: hier fördert der Versöhnungsdiskurs eine Reaktionsbildung, aus der heraus die den gesellschaftlichen Konflikten hervorgehende aggressive Spannung in das Bemühen um eine friedliche Zukunft und das friedliche Zusammenleben der Gesellschaft umschlagen soll.

Die Anhörung von Mrs Walters verdeutlicht aber auch den Versuch der Aussagenden, ihren Subjektstandpunkt und ihre Absichten zu wahren und zu verteidigen. Aus dem »Spannungsfeld zwischen institutionellem Zweck und individueller Strategie heraus ist die erzählende Darstellung zu verstehen« (Hoffmann 1980, S. 41). Der inhaltliche Bruch innerhalb der Anhörung von Mrs Walters, zu deren Ende sie die diskursiven Versöhnungsformeln bekräftigt, wird dann als Versuch verständlich, die subjektiven Anliegen zu wahren, ohne sich dabei in moralischen Misskredit zu bringen. Die in diesem Bruch aufscheinende Anpassungsleistung ist einerseits vermutlich ein Schutz vor sozialer Beschämung und Beschuldigung, andererseits aber auch »Widerstands-Logik« (vgl. Nadig 1986): indem sie sich als Unterstützerin der »Regenbogengesellschaft« präsentiert, kann Mrs Walters z.B. eher Anspruch auf materielle Hilfsleistungen erheben. Im sicheren Gebrauch des Versöhnungsdiskurses präsentiert sie sich der Öffentlichkeit als »neue« Staatsbürgerin und legitimiert sich so, trotz subtiler Kritik und Anklage ihrer Täter in das Kollektiv der »Regenbogengesellschaft« aufgenommen zu werden.

7.3.5. Das situative Wiederholen der gesellschaftlichen Konflikte

Die Analyse der Anhörung von Mrs Walters hat aber auch gezeigt, dass die gesellschaftlichen Konflikte trotz diskursiver Beschwichtigungen und trotz der Interpretation der Anhörungen als Heilungsgeschehen nicht gänzlich verbannt werden konnten, sondern sich situativ reinszenierten. Auffallend war die damit einhergehende die Tabuisierung der Hautfarben: die Protagonisten waren peinlich bemüht, jede Erwähnung von Hautfarben zu vermeiden, obwohl doch die aggressive Zuspitzung der Anhörung ohne dieses Kriterium nicht zu verstehen ist. Diese Tabuisierung ermöglichte, den Bereich gesellschaftlicher Auseinandersetzung zu umgehen, der von stärkster explosiver Aufladung war: die rassistische Diskriminierung. Aber erst unter Einbezug der Hautfarben wurde die Anhörung als Ausdruck des gesellschaftlichen Schuldkonflikts verständlich.

An dieser Stelle kann Jaspers ([1946]/(1996) Ausarbeitung unterschiedlicher Schuldkategorien die verzweigte Dynamik des Schuldkonfliktes erhellen: er unterscheidet im Hinblick auf die nationalsozialistische Schuld zwischen einer kriminellen, einer politischen, einer moralischen und einer metaphysischen Schuld. Zur politischen Schuld schreibt er:

> »Es ist jedes Menschen Mitverantwortung, wie er regiert wird« (a.a.O., S.17). In Bezug auf die moralische Schuld befindet er, »jede Handlung [bleibe] auch der moralischen Beurteilung unterstellt« (ebd.). Die metaphysische Schuld schließlich kommentiert er so: »Es gibt eine *Solidarität* zwischen Menschen als Menschen, welche einen jeden mitverantwortlich macht für alles Unrecht und alle Ungerechtigkeit in der Welt, insbesondere für Verbrechen, die in seiner Gegenwart oder mit seinem Wissen geschehen. Wenn ich nicht tue, was ich kann, um sie zu verhindern, so bin ich mitschuldig« (a.a.O., S. 17f.; Hervorhebung im Original).[55]

Im Rückbezug auf diese Kategorien ließe sich nun sagen: Aussagende und schwarzes Gremiumsmitglied rangen um die Übernahme schuldhafter Verantwortung, eine unmittelbare »kriminelle Schuld« (die Ermordung des Gatten) wurde der »politischen« und der »metaphysischen Schuld« der Aussagenden als Mitläuferin des Apartheidsystems gegenüber gestellt und aufgerechnet.

Auch in diesem Geschehen ist das Motiv einer gesellschaftlichen »Produktion von Unbewusstheit« zu vermuten: das, was verdrängt werden soll, wurde aus dem Diskurs getilgt und damit der öffentlichen Bearbeitung entzogen. Es wurde durch einen Gegendiskurs des friedlichen Zusammenlebens aller Südafrikaner/innen ersetzt, der von den Beteiligten fast gebetsmühlenartig wiederholt wurde. Die rassistisch geprägten Verlaufslinien des gesellschaftlichen Konflikts und ihr kolonialer Kontext blieben unbewusst und vermittelten sich ausschließlich in der latenten Dynamik der Anhörung.

Auch in der Anhörung des Ehepaars Juqu wurde die rassistische Fundierung des gesellschaftlichen Konflikts gleichermaßen spürbar wie auch umgangen: in den Deutungen des Aussagenden zeigten sich Wut und Hass gegen den verantwortlichen Polizisten als Weißen bzw. generell gegen alle Buren: »*This policeman was a white man I don't know his name. I didn't want to know his name because I was already hateful towards him*«; Anhörungsprotokoll Juqu, S.9; »*It is the **boers** who did this*«; a.a.O., S. 12).

Die ethnischen Demarkationslinien des Konflikts treten hier unmissverständlich hervor und zeigen auf, wie weit entfernt die Utopie gesellschaftlicher Harmonie eigentlich ist. Die Äußerungen von Mr Juqu wurden jedoch nicht aufgegriffen oder eingehender diskutiert, der gesellschaftliche Konflikt als »Rassen«-Konflikt blieb auch hier gänzlich unbesprochen. Vielmehr versuchten Mrs Burton als weißes und Desmond Tutu als schwarzes Gremiumsmitglied, die Vision einer gerechteren gesellschaftlichen Zukunft in Erinnerung zu rufen und dadurch die in Mr Juqus Worten implizierte gesellschaftliche Spaltung in »Schwarz« und »Weiß« als unversöhnliche Kontrahenten ansatzweise aufzulösen. Das Gremium symbolisierte schon per se eine Überwindung dieser Spaltung.

Insgesamt stand in der Arbeit der Opferanhörungen also ein konfliktvermeidendes Herangehen im Vordergrund. Im Sinne einer »gesellschaftlichen Produktion von Unbewusstheit« wurde das Verdrängen gerade jener Affekte und jener Konflikte gefördert, welche die Spaltung der Gesellschaft hätten fortsetzen oder sogar vertiefen können. Wut, Hass und Rachewünsche gegen die politischen Gegner im Allgemeinen und gegenüber den Tätern im Besonderen sollten in den Hintergrund treten, ein öffentliches Anklagen ihrer Taten durch die Opfer war als solches nicht vorgesehen. Der öffentlich intensiv artikulierte Heilungsdiskurs der Wahrheitskommission erlaubte auf ganz unterschiedlichen Ebenen und in den aufgezeigten, vielfältigen Facetten eine Entschärfung der gesellschaftlichen Konflikte. Dies bedeutet aber nicht, dass Wut und Rachewünsche von der Bildfläche verschwunden sind, wie gezeigt entfalteten sich die gesellschaftlichen Konflikte ja dennoch in den Anhörungen.[56]

Dann aber erwies sich die klare hierarchische und ritualisierte Rahmung der Anhörungen als hilfreich: immer dann, wenn eine Anhörung emotional zu entgleisen drohte, konnte der Anhörungsvorsitzende ordnend in das Geschehen eingreifen und den Konflikt diskursiv auflösen. Pühl (1988) beschreibt als paralleles Geschehen in Bezug auf die interpersonelle Abwehr von Angst: »*Über die Struktur einer Gruppe wird Angst kanalisiert*. Unter diesem Gesichtspunkt kann die Hierarchie- bzw. Vorgesetztenstruktur als Versuch der Angstbewältigung ihrer Mitglieder verstanden und untersucht werden. Auch Kollektivgruppen suchen sich eine Form der Angstbewältigung durch eine spezifische Struktur. Diese Struktur bleibt meist unsichtbar bzw. unbewusst und zeigt sich in Mythenbildung sowie Ideologisierung« (S. 11; Hervorhebung im Original).

Die dramaturgische Gestaltung der Opferanhörungen bedeutete in dieser Hinsicht also die Inszenierung und symbolische Umsetzung einer Konfliktlösung, die auf symbolischer Ebene zwar Raum für den Ausdruck der Konflikte öffnete, auf diskursiver und institutioneller Ebene jedoch die Verdrängung der mit diesen Konflikten verbundenen Emotionen anregte.

8. Die Amnestierungsanhörungen

»Ich wollte Hannas Verbrechen zugleich verstehen und verurteilen. Aber es war dafür zu furchtbar. Wenn ich versuchte, es zu verstehen, hatte ich das Gefühl, es nicht mehr so zu verurteilen, wie es eigentlich verurteilt gehörte. Wenn ich es so verurteilte, wie es verurteilt gehörte, blieb kein Raum fürs Verstehen. Aber zugleich wollte ich Hanna verstehen; sie nicht verstehen, bedeutete, sie wieder zu verraten. Ich bin damit nicht fertiggeworden. Beidem wollte ich mich stellen: dem Verstehen und dem Verurteilen. Aber beides ging nicht.«
B. Schlink (1995, S. 151f.)

8.1. Hintergründe und atmosphärische Einstimmung auf das empirische Material

Die vom juristischen Diskurs geprägten Amnestierungsanhörungen stehen in starkem Kontrast zur Atmosphäre der Opferanhörungen. Beeindruckten diese durch ihren liturgischen Ablauf, innerhalb dessen die Gefühle der Aussagenden zumindest ansatzweise Gehör fanden, so bewegt sich die Diskussion der Amnestierungsanhörungen in einem sehr sachlich-nüchternen Rahmen. Es erschien mir zunächst schwer und mühselig, mich auf diese Qualität juristischer Sachlichkeit einzulassen; das umständliche formale Procedere der Anhörungen und die scheinbare Unzugänglichkeit emotionaler Hintergründe lösten spontan eher Desinteresse und Langeweile aus. Erst als es mir gelang, diese Gefühle als Gegenübertragungsreaktionen auf die in den Anhörungen hergestellte emotionale Dynamik zu verstehen und nach ihren Hintergründen und möglichen Funktionen zu fragen, wich die anfängliche Aversion einer wachsenden Faszination. Tatsächlich bergen die Protokolle der Amnestierungsanhörungen einen reichen Fundus an z. T. hochemotionalen Auseinandersetzungen um die gesellschaftlichen Konflikte, in denen die mit ihnen verbundenen manifesten und latenten Bearbeitungsebenen deutlich werden.

Bevor wir uns im folgenden Kapitel exemplarisch Ausschnitten einer Amnestierungsanhörung zuwenden, möchte ich einige Hintergrundinformationen zum Amnestierungsprocedere geben.[1]

Bis es zu einer öffentlichen Amnestierungsanhörung kam, hatte der Antragsteller verschiedene Verfahrensschritte zu durchlaufen: zunächst reichte er einen schriftlichen Antrag beim Amnestierungsausschuss ein.[2] Ein/e Mitarbeiter/in der Wahrheitskommission übernahm dann die fachliche Bearbeitung und logistische Vorbereitung der Anhörung. In 90% der Fälle wurden weitere Nachforschungen nötig; manchmal wurde dabei die Ermittlungsbehörde der Wahrheitskommission hinzugezogen, die mit ähnlichen Befugnissen wie die der Polizei z. B. Beweismaterial beschlagnahmen konnte.

Über den vorgesehenen Anhörungstermin wurden auch die betroffenen Opfer und ggf. beschuldigte Dritte informiert, die sich dabei anwaltlich vertreten lassen konnten. In einer sog. *pre hearing conference* kamen alle beteiligten Parteien vorab zusammen, um sich über die in der Anhörung einzubeziehenden Unterlagen, die Zahl der vorzuladenden Zeugen und ggf. strittige Punkte zu verständigen.

Bei den eigentlichen Anhörungen wurde darauf Wert gelegt, diese in der Nähe jener *townships* durchzuführen, die von der Gewalttat betroffen waren. Dadurch wurde es Betroffenen und interessierten Bürgern möglich, den Anhörungen beizuwohnen. Anders als die Opferanhörungen, die häufig soziale Großereignisse darstellten und wie beschrieben mit spontanem Beiprogramm einhergehen konnten, waren viele Amnestierungsanhörungen auch äußerlich eher nüchterne Ereignisse. Oft fanden sich nur relativ kleine Gruppen an Zuhörern ein. Dabei beeindruckte die meist vorherrschende Trennung des Publikums nach Hautfarben: wenn es sich z. B. um einen weißen Amnestierungsantragsteller handelte, saßen die Angehörigen meist in sichtbarem Abstand zum schwarzen und farbigen Publikum. Für mich als Beobachterin war die darin gebundene Spannung und die unterschwellige Aversion deutlich spürbar und prägte die bei den Anhörungen vorherrschende Stimmung.

Auch bei diesen Anhörungen wurden Protagonisten und Publikum beim Betreten von Sicherheitspersonal nach Waffen durchsucht. Und auch hier unterstrich dies natürlich die ernste Stimmung der Ereignisse.

Ebenso wie bei den Opferanhörungen hatten die Beteiligten einer

Amnestierungsanhörung freie Sprachwahl; die Redebeiträge wurden auch hier durch Dolmetscher/innen simultan übersetzt. Alle Anhörungen wurden live im Radio übertragen und vom südafrikanischen Fernsehen aufgezeichnet (meist aber nur in Ausschnitten ausgestrahlt).

Der juristische Kontext der Anhörungen ergibt sich aus der strafrechtlichen Relevanz eines Amnestierungsbescheids: wurde die Amnestierung abgelehnt, konnte im Folgenden ein strafrechtliches Verfahren gegen den Antragsteller eingeleitet werden. Entsprechend hatte den Vorsitz der Anhörungen stets ein für die Wahrheitskommission arbeitender Richter inne. Ihm saßen zwei weitere Gremiumsmitglieder bei.

Die damit einhergehende Prägung der Anhörungsatmosphäre wird von Antjie Krog (1998) eindringlich beschrieben:

> »The Amnesty Committee consists of three judges (...). And the judges are difficult. (...) Despite clinging to legal decorum, they don't seem to get going. We all stand around. ›What is the problem?‹ I ask somebody in the hall. The problem is the seating arrangement. The judges are used to such matters being resolved from the architecture of a courtroom. Now they have an ordinary hall and it seems from the human rights hearings that you make a Statement with your seating arrangement. You project a symbolic message. (...) Now where should the perpetrators sit? On the same raised level as the judges? And the victims? Down among the audience?« (S. 59).

Aber auch nachdem das Sitzarrangement angemessen gestaltet ist (Richter, Anwälte und Aussagende sitzen durch Tische deutlich voneinander abgegrenzt, aber auf derselben Ebene), setzen sich Irritation und Ungeduld in der Journalistin fort:

> »The hearing is supposed to start at ten. At a quarter past ten the Truth Commission banner is still being hammered into the wooden panelling of the council chamber. At half past ten the first testimony begins. At eleven it's teatime. The Committee adjourns. We wait. And wait. (...). ›It's ridiculous! (...) You refuse to start before ten o'clock in the morning, you adjourn for tea, for lunch, for the demands of nature and the menopause, and oh boy! – you never work later than four o'clock. You handle the proceedings as if you're in court – but unlike a court you have a specific time span and you'll never make it at this pace!‹« (a.a.O., S. 62).

Obwohl die Wahrheitskommission das geschaffene Procedere von einem gerichtlichen Vorgehen abzugrenzen bemüht war, waren die

Parallelen zu einer Gerichtsverhandlung doch auffallend; nicht nur die formale, auch die inhaltliche Ausgestaltung der Anhörungen war von der Verfahrenspraxis vor Gericht bestimmt. Als markante Besonderheit ist das Kreuzverhör hervorzuheben: anders als in deutschen Gerichtsverhandlungen werden hierbei die Zeugen nicht dazu angehalten, den Tatzusammenhang aus ihrer Erinnerung in freier Rede zu schildern, vielmehr übernehmen es die jeweiligen Rechtsvertreter, ihre Mandanten beim Aussagen durch Fragen zu leiten. Das hieraus entstehende Frage-Antwort-Spiel, häufig mit Ja-Nein-Fragen verbunden, gab den Amnestierungsanhörungen über weite Strecken einen hölzernen und starren Charakter. Dieser verstärkte sich dadurch, dass die Aussagenden zumeist bemüht waren, ihre Tat gemäß den Amnestierungskriterien darzustellen. Damit aber bedeutete das freie Reden oder eine offen geführte innere Auseinandersetzung eine potentielle Gefahr, die der Aussagende zu umgehen hatte. Zudem vermieden die meisten Aussagenden, andere Aktivisten unfreiwillig zu belasten. Insofern hätten freie, spontane Redebeiträge und eine fragende, zweifelnde Haltung des Aussagenden seinem Anliegen eher geschadet denn genützt.

Die Orientierung an der Beweisführung vor Gericht bedeutete auch die Ausrichtung auf umfangreiches Material, das zur Wahrheitsfindung herangezogen wurde: eine Unmenge an Informationen, Dokumenten und Unterlagen wurde vorgelegt. Diese Materialfülle stand den knappen zeitlichen Ressourcen gegenüber. Die eigentlichen Aussagenden schienen manchmal ganz hinter dieser Informationsflut zurückzutreten und wirkten dann mehr als »Untersuchungs-Objekte« denn als geständige Täter. Einhergehend mit dieser Materialfülle und der juristischen Relevanz der Beweisführung erstreckten sich die meisten Anhörungen über mehrere Tage – nicht selten kam es vor, dass sich das Gremium (auch mehrfach) vertagen musste, bevor es über einen Antrag befinden konnte.

Mit dem Amnestierungsbeschluss, der nicht einstimmig gefällt werden musste (eine einfache Mehrheit genügte), war das Amnestierungsverfahren beendet. Die Entscheidung des Amnestierungsausschusses wurde zumeist Monate nach den Anhörungen dem Antragsteller und dem Opfer schriftlich mitgeteilt und im Amtsblatt der Regierung, der *Government Gazette,* veröffentlicht. Die Veröffentlichung des Namens und der begangenen Taten im Amtsblatt stellte eine zentrale Forderung der für die Interessen der Opfer kämpfenden Organisationen dar und wurde von konservativen Gruppierungen mehrfach zu verhindern versucht. Der Wiedergutmachungsausschuss der Wahrheitskommission wurde ebenso von der Entscheidung unterrichtet: da die Gewährung der Amnestie für die Opfer den Verlust ihrer zivilrechtlichen Ansprüche bedeutete, sollten sie im Entschädigungsprogramm der Wahrheitskommission berücksichtigt werden.

Einige Zahlen vermitteln einen Eindruck der statistischen Verteilung unter den Amnestierungsanträgen (die Angaben beziehen sich, sofern nicht anders angegeben, auf Theissen 2004)[3]:

Von insgesamt 7.116 eingereichten Amnestierungsanträgen wurden 5.143 für die Bearbeitung abgelehnt: entweder weil die Tat kein eindeutiges politisches Motiv hatte oder weil Formfehler im Antrag selbst vorlagen. 299 Anträge wurden von den Antragstellern selbst zurückgezogen. Ca. 58% der Anträge wurden von Schwarzen eingereicht, ca. 39% von Weißen, 1% von Indern und 1% von Farbigen. Weniger als ein Prozent der Anträge wurde von weiblichen Antragstellerinnen gestellt. Anders als zunächst zu erwarten, waren nur knapp 20% der Antragsteller ehemalige Staatsbedienstete (Polizei und Geheimdienste), von diesen waren 85% weißer und 14% schwarzer Hautfarbe (Ernest 2004). Die übrigen Antragsteller waren Mitglieder von Befreiungsbewegungen bzw. ultrarechten Untergrundorganisationen. Über die Hälfte aller eingereichten Anträge wurden von inhaftierten Straftätern gestellt.

Vom Gesamt der Anträge wurden 69,7% positiv beschieden (Ernest (2004) spricht von 72%), 21,6% Anträge abgelehnt und 8,6% wurden nur teilweise anerkannt.[4]

Um einen Eindruck von der juristischen Prägung der Amnestierungsanhörungen zu vermitteln, möchte ich abschließend eine Passage vorstellen, die ihren spezifischen Charakter gut verdeutlicht. Der hier zitierte Abschnitt stellt den Auftakt zur Anhörung dar, die ich im folgenden Kapitel eingehender diskutiere (Amnestierungsanhörung von Aboobaker Ismail, Johannesburg, 6.5.1998).[5]

Hier beginnt ein Anwalt der betroffenen Opfer, Mr Visser, sein Kreuzverhör des Antragstellers:

> *»Mr Ismail, may I direct your attention first of all to the application which we find in volume 3 and I am particularly going to address your attention to page 3. If you would perhaps just keep that ready in front of you. Let me explain to you what my – sorry, my attorney says you wanted to ask something?« (S. 1).*[6]

Es stellt sich heraus, dass Seite drei dem Antragsteller nicht vorliegt. Diese so einfache und so grundlegende »logistische« Störung gewinnt hier fast eine komische Note: das Kreuzverhör droht schon zu scheitern, bevor es überhaupt angefangen hat. Dieses Problem kann zwar relativ schnell behoben werden (der Aussagende erhält eine Ersatzkopie), doch zieht sich die Auseinandersetzung mit den verschiedenen Materialien und ihrer Ordnung nach Seitenzahlen, Paragraphen und Titeln durch die gesamte Anhörung. Besonders eindringlich verdeutlicht sich dies einige Sequenzen später. Hier möchte Mr Visser den Aussagenden mit einer spezifischen Stelle des Dokumentationsmaterials konfrontieren:

> MR VISSER: »(...) At page 8 of the document in front of you.«
> MR ISMAIL: »What was that page number again?«
> MR VISSER: »Page 8 of the same volume. Mr Chairman[7], I make it the second last paragraph. Perhaps I shouldn't make a statement to you, perhaps I should ask you, you see at page 8 in the sixth paragraph from the top, or the second last paragraph from the bottom you refer to an annexure below, is that also intended to refer to pages 11 to 19, just so that we know what we are talking about?«
> MR ISMAIL: »Yes.«
> MR VISSER: »Alright. And isn't it also true that you referred to a list which is contained in the ANC submissions to the Human Rights Violations Committee of the TRC from page 72 onwards, that is Exhibit A – sorry I must tell you now, Mr Chairman, I am incredibly confused between Exhibits and Annexures, but I think it's Exhibit A2.1.«
> CHAIRPERSON: »This is Exhibit A ...«
> MR VISSER: »The green book.«
> CHAIRPERSON: »The three books are exhibits. The annexure that was handed as the annexure of Mr Ismail's statement is an annexure. It gets very complicated.«
> MR VISSER: I kept on telling myself that all day yesterday. I still get confused. Page 72 onwards Mr Chairman« (S. 3).[8]

Das Dokumentationsmaterial erlaubt die Bezugnahme auf eine objektiv erscheinende Faktenwelt, die Sicherheit verheißt. In dem Maße jedoch, wie sowohl der Umfang des Materials als auch die ihm zu geschriebene Bedeutung ausufern, kippt das dem Beweismaterial inhärente Versprechen von Sicherheit, Objektivität und Ordnung – vielmehr erscheint es nun als wuchernder Papierdschungel, der die Protagonisten zu verwirren, zu erdrücken und zu überfordern droht. Dieses Geschehen könnte gleichermaßen Ausdruck von der Abwehr eigentlich hochbrisanter Emotionen und Konflikte geben, ebenso wie es die mit den eigentlichen Gefühlen verbundene Dynamik letztlich doch aufgreift.

Sehen wir uns einige Ausschnitte einer Amnestierungsanhörung näher an.

8.2. Die Amnestierungsanhörung von Aboobaker Ismail: Ringen um Einfühlung und Verantwortung

> »There are two different opposing things that we talk of. The one which is aimed to entrench privilege of whites, which aimed to entrench white supremacy, and another which did exactly the opposite, which fought for liberation, which fought for democracy, which fought for change, which fought for equality. We cannot simply then say we – all is the same. The Act says that, yes, because today we move towards reconciliation.« (Mr Ismail)

Im Zusammenhang mit der Anhörung von Mr Ismail[9] wird von einer spektakulären Begegnung der Versöhnung berichtet, die zwischen dem Aussagenden und einem der betroffenen Opfer, Mr. Clarence möglich wurde. So wurde ich auf diese Anhörung aufmerksam und beschloß, sie näher zu untersuchen: Hat diese Amnestierungsanhörung tatsächlich Versöhnung anzuregen vermocht?

Die Wahrheitskommission (2000) schreibt hierzu:

> »Obwohl es nicht zum Mandat der Kommission gehörte, eine Versöhnung zwischen den Opfern, der Gemeinde und den Tätern einzuleiten, gab es doch eine Reihe wichtiger Fälle, in denen sie direkt dazu beitragen konnte, diesen vielschichtigen Prozeß in Gang zu setzen. Neville Clarence zum Beispiel, ein ehemaliger Captain der südafrikanischen Luftwaffe, der fünfzehn Jahre zuvor durch den Bombenanschlag in der Church Street, Pretoria, sein Augenlicht verloren hatte, schüttelte dem Mann die Hand, der den Angriff auf das Hauptquartier der Air Force geplant hatte. Bei einer Amnestieanhörung der Kommission erklärte Aboobaker Ismail (...), daß er den Tod von Zivilisten, die ihr Leben während des bewaffneten Kampfes einbüßten, bedauere. Bei einer persönlichen Begegnung vor Beginn der Anhörung sagte Aboobaker Ismail zu Neville Clarence: ›Es ist sehr schwierig, es tut mir leid, was Ihnen passiert ist.‹ Clarence antwortete, er verstehe ihn, und fügte hinzu: ›Ich hege keinen Groll.‹ Beide verabredeten, sich wiederzusehen und tauschten ihre Telefonnummern aus. ›Darüber zu reden ist die einzige Möglichkeit, sich zu versöhnen‹, meinte Aboobaker Ismail. Anschließend sagte Neville Clarence zu Reportern: ›Ich bin heute zum Teil aus Neugierde gekommen und zum Teil in der Hoffnung, Ismail hier zu treffen. Ich wollte ihm sagen, daß ich ihm gegenüber nie Bitterkeit empfunden habe. Wir waren auf entgegengesetzten Seiten, und in diesem Fall habe

ich den kürzeren gezogen‹« (Wahrheits- und Versöhnungskommission 2000, S. 350f.).

Auch Tutu (1999) berichtet von dieser Begegnung. Sein Stolz über die scheinbar geglückte Versöhnung klingt deutlich an:

»He [Neville Clarence; Anm. d. Verf.] attended the amnesty hearing when those who had masterminded his attack were applying for amnesty. Neville Clarence did not oppose the application. Instead he went over to Mr Ismail, who had apologized for causing the civilian casualties, shook hands with him, and said he forgave him even if his action had cost him his sight and he wanted them to join forces to work for the common good of all. He later said that it was as if they did not want to let go of each other as they shook hands. The picture of the two shaking hands was blazoned on our TV screens and splashed on the front pages of our newspapers. It said more eloquently than words what the whole process of healing and reconciliation was about. It stood out as a superb icon for the Truth and Reconciliation process« (S. 154).

In Tutus Darstellung wird aus dem Bild von Täter und Opfer, die sich als Geste der Versöhnung die Hand reichen, eine Ikone, die auf Fernsehbildschirmen prangte[10] und die Titelseiten der Zeitungen überzog. Der Begriff einer Ikone stimmt nachdenklich: er evoziert zum einen eine Art »Vermarktungslogo« der Wahrheitskommission und lässt damit an eine merkantilisierte Werbeabsicht denken. Zudem klingt darin die Idee der Anbetung und religiösen Überhöhung eines Bildes an, mit dem sich Sehnsüchte verbinden. Die Fotografie des Händedrucks als Inbegriff der Arbeit der Wahrheitskommission leuchtet in ihrer symbolischen Bedeutung unmittelbar ein: eine gesellschaftlich erwünschte Szenerie der Versöhnung. Aber der Vergleich mit einer Ikone impliziert auch die Qualität des Geschönten: um das Vollendete darzustellen, das der Anbetung würdig ist, müssen Schattenseiten und hässliche Züge retuschiert oder zum Verschwinden gebracht und Widersprüche aufgelöst werden. Ob sich diese Aspekte auch in der Amnestierungsanhörung aufzeigen lassen?

Bevor wir uns exemplarisch einigen Passagen dieser Anhörung zuwenden, möchte ich zunächst ihren Protagonisten vorstellen und damit auch den politischen Kontext der Anhörung umreißen: Mr Ismail war eine wichtige Führungspersönlichkeit des ANC und am bewaffneten Befreiungskampf gegen das Apartheidregime maßgeblich beteiligt.[11]

1954 in Johannesburg geboren, begann er seine politische Tätigkeit als Student in Durban und wurde in diesem Kontext erstmals 1974 festgenommen. Seine Gewalterfahrungen während der Haft verschärften seinen Hass auf das Apartheidregime. Nach seiner Entlassung floh er nach Belgien und von dort in die DDR und wurde hier auf Veranlassung des ANC militärisch geschult. Ende der siebziger Jahre wurde er zum Ausbilder in militärischen Trainingslagern von Umkontho we Siszwe (MK), dem bewaffneten Flügel des ANC. Ende 1979 beförderte man ihn in die Führungsriege einer Sondereinheit des MK, *special operations*, hier wurde er schließlich Oberkommandierender. Die Kommandoebene stand in unmittelbarem Austausch mit dem damaligen Präsidenten des ANC, Oliver Tambo. Ihr Auftrag war, besonders wirksame und Aufsehen erregende Anschläge auf wirtschaftliche und militärische Ziele auszuführen.

Der ANC setzte seinen bewaffneten Kampf 1990 aus, Mr Ismail kehrte 1991 nach Südafrika zurück. Zum Zeitpunkt seiner Amnestierungsanhörung arbeitete er als Leiter der Strategie- und Planungsabteilung im Verteidigungsministerium. In seinen verschiedenen Funktionen innerhalb des MK verantwortete Mr Ismail die Vorbereitung und Durchführung zahlreicher Anschläge, z.B. auf Ölraffinerien, auf ein Atomkraftwerk, auf Ölpipelines und Elektromasten, ebenso wie auf Ministerien und Verwaltungsbüros. Für alle durch ihn verantworteten Übergriffe hat Mr Ismail bei der Wahrheitskommission Amnestie beantragt.

Die politische Relevanz dieser Anhörung verdeutlicht sich im Rückbezug auf diesen Lebenslauf: hier steht die Amnestierung massiver Gewalttaten zur Disposition, die mit dem Ziel der Befreiung von Unterdrückung und Diskriminierung begangen wurden. Die Institution der Wahrheitskommission als diesem Befreiungskampf hervorgehend[12] hat nun die Frage nach der Amnestierung eines seiner prominentesten Täter zu beantworten.

Der im Folgenden vorgestellte Ausschnitt der Amnestierungsanhörung beschäftigt sich vorrangig mit einem Bombenattentat auf das Luftwaffenhauptquartier in Pretoria. Der wesentliche Teil dieser Anhörungspassage ist vom Kreuzverhör des Antragstellers durch den Anwalt der gegen die Amnestierung Einspruch erhebenden Opfer bestimmt. Allein dieser Teil des Anhörungstranskripts ist sehr umfangreich – er erstreckt sich auf über 70 Seiten. Ich beschränke mich hier darauf, jene Ausschnitte des Protokolls zu diskutieren, die mir besonders relevant für das Nachdenken über die Bearbeitung des gesellschaftlichen Konflikts im Kontext der Amnestierungsanhörungen erscheinen.

8.2.1. Konfrontationen um die Frage der Moral

Das Kreuzverhör des Antragstellers wird vom Rechtsanwalt der Opfer, Mr Visser, durchgeführt. Die Logik seiner Befragung orientiert sich unmittelbar an den gesetzlichen Kriterien für die Amnestierungswürdigkeit der beantragten Taten – kann er nachweisen, dass eines oder gar mehrere dieser Kriterien nicht erfüllt sind, kann er die Chancen auf eine Ablehnung der Amnestierung durch das Gremium erhöhen. Als Grundlage für eine Amnestierung waren fünf Aspekte glaubhaft zu machen:[13]

a) der Antragsteller hatte ein politisches Motiv, er verfolgte mit der Gewalttat eine politische Absicht,
b) die Tat geschah im Kontext eines politischen Ereignisses, wie z.B. als Reaktion auf einen Anschlag der gegnerischen Seite,
c) die Tat wurde gegen einen politischen Gegner ausgeübt,
d) die Tat wurde auf Anweisung einer Organisation begangen, deren Mitglied der Antragsteller war und
e) die Tat war verhältnismäßig im Bezug auf die beabsichtigten Ziele.

Der umständliche Vorlauf des Kreuzverhörs wurde im vorangehenden Kapitel schon vorgestellt – hier teilte sich die Nervosität des Anwalts anlässlich der Befragung eines so prominenten Befreiungskämpfers und Politikers mit, dessen Bedeutung sich auch in der überbordenen Materialfülle vermittelt. Jetzt fokussiert Mr Visser seine Befragung auf das Kriterium eines politischen Motivs für die Tat. Dabei überrascht zunächst, dass er hier eine Dimension ins Spiel bringt, die das Amnestierungsgesetz gerade explizit ausklammert, nämlich die moralische Rechtfertigung der Tat:

> MR VISSER: »*I am talking now basically and generally about political objective. You see, (...) what I want to put to you Mr Ismail is that I will submit that the Act does not discriminate or draw any distinction as far as morality is concerned, either in favour of the one or the other side of the parties to the conflict of the past. Do you agree with that?*«
> MR ISMAIL: »*Yes.*«
> MR VISSER: »*Yes. Also certainly there is no requirement in order to show political objective that you need to show that you occupied the, occupied the, if I may use the term, moral high ground, that's not part of what is expected of you in an amnesty application. Do you understand that?*«
> MR ISMAIL: »*Could you repeat that please.*«
> MR VISSER: »*It's not necessary to show a political objective for any particular*

act to show also that you were morally justified in doing it. The Act simply requires you to show a political objective« (Anhörungsprotokoll S. 14f.).[14]

Tatsächlich ist diese Konfrontation von ambivalentem Charakter: denn einerseits weist der Anwalt ausdrücklich darauf hin, dass das Amnestierungsgesetz die moralischen Hintergründe einer Tat nicht berücksichtigt. Der Nachweis eines *politischen* Tatmotivs als Voraussetzung für die Gewährung von Amnestie muss nach seinen Worten deutlich von dem Versuch einer *moralischen* Rechtfertigung der Tat getrennt werden. Doch indem diese Frage gestellt wird, eröffnet sich diese Dimension der Moral überhaupt erst in der Anhörung.

Wie kann sich dieser Widerspruch erklären? Das Zögern des Anwalts, eine moralische »Überlegenheitspose« von Mr Ismail anzusprechen, verrät seine Verärgerung, zumindest aber Irritation über eine solche Haltung. Dabei lassen uns die wiederholten Verneinungen in seinen Ausführungen aufhorchen. Mit einem psychoanalytischen Verständnis können wir hier die Frage stellen, inwiefern diese Verneinungen gerade auch das Gegenteil nahe legen. Dann würde der Anwalt sagen: »the Act does disciminate (...) as far as morality is concerned«, »there is a requirement (...) to show that you occupied the moral high ground, that's part of what is expected from you in an amnesty application« und »it's necessary to show (...) that you were morally justified in doing it«.

Genau dies umschreibt einen zentralen Konflikt, der mit den Amnestierungsanhörungen verbunden ist: denn auf der manifesten Ebene wird eine moralische Bewertung der Tat hinsichtlich der Amnestierungswürdigkeit tatsächlich explizit ausgeklammert – ungeachtet der jeweiligen politischen Orientierung sollten alle Gewalttaten amnestiert werden können. Auf einer latenten Ebene jedoch hatten sowohl die Apartheidideologie wie auch die politische Befreiungsideologie einen starken moralischen Duktus: Kategorien von Gut und Böse bestimmten die jeweiligen politischen Positionen und die dadurch bedingte, erbitterte Dynamik des Befreiungskampfs. In dieser Hinsicht ist die Loslösung eines politischen Verständnisses von seiner jeweiligen moralischen Fundierung eine juristische Fiktion, die zugunsten einer gesellschaftlichen Konfliktlösung zwar notwendig, im Hinblick auf die Psychodynamik der gesellschaftlichen Konflikte jedoch verfehlt ist. Das Etablieren der neuen, demokratischen Ordnung war ein stark moralisch geprägter Prozess. Und auch die Arbeit der Wahrheitskommission war ja von deutlich moralischer Ausrichtung, wenn z. B. immer wieder vom *evil of the past*, also vom vergangenen Bösen, die Rede war. Stand bei den Amnestierungsanhörungen also zwar moralische und politische Neutralität auf der Agenda, so ist doch schnell eine Gegenströmung identifizierbar, in der die Protagonisten stark um die Definition der historischen Gewalt ringen: war sie gut oder böse? Und ist sie moralisch zu rechtfertigen?

Die Widersprüchlichkeit zwischen manifesten und latenten Absichten in den Auseinandersetzungen vor dem Amnestierungskomitee schlägt sich in Mr. Vissers widersprüchlicher Argumentationslogik nieder: er möchte dem Aussagenden quasi verbieten, eine moralische Überlegenheit zu demonstrieren, doch gerade, indem er dies zum Thema macht, führt er die Ebene der Moral überhaupt erst in die Anhörung ein: sie soll nicht besprochen werden und wird gerade dadurch besprochen.

Diese Widersprüchlichkeit setzt sich fort, indem Mr Visser zwar vehement gegen den Versuch einer moralischen Rechtfertigung der Tat argumentiert, den Aussagenden dann aber dazu auffordert, genau dazu näher Stellung zu nehmen:

> »*Now, what I don't understand Mr Ismail is that at paragraphs 85 and 86 and in a number of other places one finds you saying, or explaining how you considered your cause to be the just cause; how when civilians, for example in the Church Street bomb were killed, it was a regrettable but necessary thing that happened; when you make reference to actions taken by the erstwhile goverment that was characterised as murderous acts where civilians were affected you used the word **assassination, killing etc**, etc. I am not going into some of the remarks which appear to be rather racist, I am not even going to talk about that. I want to ask you this, why do you make these remarks in your application? What is the purpose?*« (S. 15; Hervorhebung im Original).[15]

Auffallend ist, dass auch Mr Visser in seinen Äußerungen implizite Wertungen vornimmt. So ist die Bezeichnung »*frühere Regierung*« keine zufällige Wortwahl, sondern vermeidet den Terminus »Apartheidregierung« bewusst; diese Wortwahl hält Mr Visser übrigens konsequent während der gesamten Anhörung durch. Eine besondere Wirkung erzielt er mit dem Vorwurf, einige der Bemerkungen von Mr Ismail seien rassistisch. Im Südafrika der Nachapartheidzeit, deren vorrangiges Ziel die Überwindung des Rassismus ist, stellt dieser Vorwurf eine besondere Form politischer Diskreditierung dar. Mr Visser klagt Mr Ismail damit einer allseits geächteten Haltung an, ohne jedoch seine Behauptung zu belegen. Stattdessen gelingt es ihm, durch seine Wortwahl eine solche Ungeheuerlichkeit gleichermaßen nahe zu legen und herauszustreichen wie fast gönnerhaft zu übergehen. Er lässt dadurch den Eindruck entstehen, dass dieser Freiheitskämpfer, der die Moral auf seiner Seite wähnt, sich bei näherem Hinsehen als rassistisch denkend disqualifiziert. Damit aber wäre sein Anspruch auf moralische Überlegenheit doppelt vermessen. Hier vermittelt sich eine aggressive Tönung, die den Aussagenden deutlich provoziert. Mr Ismail lässt sich zunächst jedoch nicht herausfordern, seine Antwort wirkt ruhig und klar:

> »*Mr Chairperson, one has got to understand that the struggle was one that waged between the African National Congress and an apartheid state. The two are not equated. One has to understand that there need not have been a struggle had there not been an apartheid state. What was the cause of the suffering and the bitterness in this country? It was apartheid. It was the oppression of the people in the country. And if one tries to examine all of these things without reference to that then you begin to ask yourself on what basis are we talking. We are not talking here of two countries at war. We are talking here of a country at war with itself. We are talking of a nation that was broken up on the basis of apartheid, on the basis of a racist ideology which was condemned internationally, where the United Nations itself, the liberation struggle in this country was accepted as a just struggle« (S. 15).*[16]

Hier zeigt sich ein gewandter Rhetoriker, der die Logik seiner Argumentation sicher und leicht verständlich aufzubauen vermag. Er lässt sich nicht auf die Vorwürfe des Anwalts ein, sondern versucht, ein allgemeines Grundverständnis zu verdeutlichen, fast so als müsse er noch einmal bei Lektion eins in politischer Sachkunde einsetzen. Das zentrale Argument seiner Antwort hebt hervor, dass der eigentliche »Täter« in der Apartheidregierung zu sehen ist: diese verantwortete das Leiden, die als Folge der politischen Unterdrückung das Land zeichnete. Indem Mr Ismail die Vereinten Nationen als Unterstützer dieses Befreiungskampfes ins Gedächtnis ruft, kann er den Vorwurf von tendenziöser und moralisierender Selbstdarstellung entkräften. Wenn er daran erinnert, dass die rassistische Ideologie der Apartheid international verurteilt wurde, weist er damit implizit den Vorwurf zurück, er selbst als Kämpfer gegen diese Ideologie könnte rassistisch gesinnt sein. Dies wird auch darin deutlich, dass er in seiner Darstellung zunächst die Begriffe von weiß und schwarz sorgfältig vermeidet, z. B. wenn er von der »*oppression of the people*« statt z. B. »*of blacks and coloureds*« spricht. Er fährt fort:

»*There are two different opposing things that we talk of. The one which is aimed to entrench privilege of whites which aimed to entrench white supremacy, and another which did exactly the opposite, which fought for liberation, which fought for democracy, which fought for change, which fought for equality. We cannot simply then say we – all is the same. The Act says that, yes, because today we move towards reconciliation. We need to ask ourselves all the time when the hundreds and the thousands of black people were being killed in this country what was happening? When the schoolchildren of Soweto were being killed, what was happening then?*« *(ebd.).*[17]

Die dramatischen Fragen nach den zahllosen Toten während der Apartheidzeit lassen den aussagenden »Täter« vor dem Amnestierungskomitee als Anklagenden hervortreten. Der Hinweis auf die Hunderte und Tausende von Schwarzen, die getötet wurden, setzt das Ausmaß staatlicher Gewalt in Relation zur ausgeübten Gewalt des Befreiungskämpfers und lässt diese auf eine fast zu vernachlässigende Dimension schrumpfen. Mr Ismail spitzt diese Gegenüberstellung noch durch den dramatisierenden Verweis auf die getöteten Schuldkinder als Inbegriff unschuldiger Opfer zu. Darin wiederholt sich eine argumentative Figur, die wir bereits in der Anhörung von Mrs Walters kennen gelernt haben: hier wie dort werden Gewalttaten an Weißen dadurch als unbedeutend dargestellt, dass sie mit der unverhältnismäßig viel höheren Zahl an Gewalttaten gegenüber Schwarzen, oder gar gegenüber unschuldigen Schulkindern kontrastiert werden. Eine solche relativierende Gegenüberstellung lässt dann die Frage nach den Opfern des Befreiungskampfes als unangemessen und ungerechtfertigt erscheinen; aus den »Anklägern« der Täter des Befreiungskampfes werden also sogleich ihrerseits Angeklagte. Freilich lässt sich die Diskrepanz in der Zahl der jeweils verantworteten Opfer nicht übersehen. Zentral erscheint mir an dieser Argumentationsfigur jedoch, dass sie die Legitimität der Frage nach einer Verantwortung und Rechtfertigung der im Befreiungskampf ausgeübten Gewalt a priori wegzuwischen versucht.

Dieses Geschehen macht die moralische Ambivalenz der gesellschaftlichen Konfliktlösung deutlich: mögen die unterschiedlichen moralischen bzw. politischen Positionen die Menschen in der Vergangenheit auch gespalten haben, im Gehalt des mit der Wahrheitskommission verbundenen Versöhnungsdiskurses gelten sie gleichsam als aufgelöst in einer hautfarbenübergreifenden, menschlichen Verbundenheit. In Mr Ismails Worten verrät sich jedoch, dass dieser neue moralische Diskurs die alten Konflikte nicht wegretuschieren kann. Möchte er zunächst vermutlich sagen »*we cannot simply say we are all the same*«, so hält er inne und korrigiert die Aussage in einen sächlichen Bezug »*all is the same*«. »*We are all the same*« steht im Südafrika der Nachapartheid jedoch als zentrales Schlagwort für die Überwindung der rassistischen Spaltungen. Als Kämpfer für diese neue Gesellschaftsform muss auch Mr Ismail dieses Schlagwort bekräftigen und möchte sich doch gegen eine verwischende Gleichmacherei wehren, die nicht mehr zwischen Gut und Böse differenziert. Für ihn ist die polare Gegenüberstellung zwischen dem bösen Apartheidsystem und den guten Befreiungskämpfern weiterhin aktuell, auch wenn zugunsten der gesellschaftlichen Versöhnung anderes behauptet wird. Die Korrektur des Satzbaus, aus der heraus er sich auf eine sachliche und allgemeinere Ebene der Verneinung zurückzieht, verrät die Widersprüchlichkeit dieser ideologischen Auflading.

Hass und Aggression, die den politischen Konflikt begleitet haben, werden nun wieder lebendig. Die Atmosphäre scheint schon jetzt zum Zerreißen gespannt. Die ideologischen Spaltungen üben einen eigenartigen Sog aus, der zu eindeutigen Zuordnungen aufzurufen scheint. Auch ich strenge mich sogleich an, Gut und Böse zu identifizieren und spüre meinen Wunsch, mich innerlich »den Guten« zuzuordnen. Die Einseitigkeit der Darstellung von glanzvollen Helden und Bösewichten erinnert an das eingangs zitierte Bild einer Ikone, das Komplexitäten reduziert und Schattierungen auflöst.

Es ist dabei offenbar das juristisch fundierte Format der Amnestierungsanhörungen, das eine solche konfrontative Gegenüberstellung konkurrierender Auffassungen ermöglicht: der juristische Duktus der Redebeiträge bietet ein Korsett für bedrohliche aggressive Emotionen. Der scheinbar sachlich-nüchterne Rahmen der Amnestierungsanhörungen erlaubt, den zentralen Kern des gesellschaftlichen Konflikts zu benennen und bietet eine Bühne, um ihn exemplarisch auszutragen. Deutlich wird, wie sehr alle Beteiligten darum ringen, eine sachliche Ebene in dieser Auseinandersetzung zu wahren, ohne jedoch ihre emotionale Beteiligung, ja Erregung verbergen zu können. Im Rahmen dieser Anhörung sehen sich die Akteure vor die Aufgabe gestellt, auf einer juristischen Ebene eine Auseinandersetzung zu wagen, die situativ die explosive Aggressivität des vergangenen Kampfes wieder belebt. Die irritierende und bedrohliche Wirkung des aufzüngelnden Hasses ist deutlich spürbar. Der Anwalt begrenzt hier denn auch die Zuspitzung der Konfrontation, indem er die Ausführungen des Aussagenden unterbricht: »*Mr Ismail I am going to interrupt you, I didn't invite a political speech*« (S. 15).[18]

In diesem ideologisch-rhetorischen Kräftemessen klagt zunächst Mr Visser den Aussagenden nicht nur als tendentiös und moralisierend, sondern auch als rassistisch an; in seiner Antwort dreht dieser aber den Beschuldigungsdiskurs um. Er benennt Täter und Opfer des historischen Konflikts und macht deutlich, dass er durchaus an einer moralischen Rechtfertigung seiner Taten festhält. Auffallend ist dabei, dass sich sowohl Mr Visser als auch Mr Ismail auf einer recht abstrakten Metaebene der Betrachtung bewegen. Es geht hier nicht um die konkreten Taten des Aussagenden und Mr Ismail reflektiert in seinem Redebeitrag keine individuelle Schuld. Es scheint, als könne die Reflektion des politischen Kontextes die Ebene individueller Verantwortung aus der Anhörung heraushalten – und gerade dies dürfte es sein, was der Anwalt der Opfer verhindern möchte.

Die Konfrontation kann an dieser Stelle inhaltlich nicht gelöst werden: die Kontrahenten streiten im Folgenden darum, ob die Antwort des Antragstellers der eigentlichen Frage des Anwalts angemessen ist. Der Anhörungsvorsitzende bricht die zunehmende Irritation mit dem Hinweis an den Anwalt ab: »*You can put another question*« (S. 16). Es ist beeindruckend, wie mittels dieses ordnenden Eingriffs die Nüchternheit der Anhörung wieder hergestellt wird, im Ausweichen auf einen neuen diskursiven Schauplatz kann die zugespitzte Konfliktsituation begrenzt und verschlossen werden. Der Anhörungsvorsitzende wirkt hier als Hüter einer Ordnung, der immer dann einschreitet, wenn die emotionale Dynamik trotz des sachlichen Rahmens zu entgleisen droht.

8.2.2. Der Nachweis der Unverhältnismäßigkeit

Mr Visser verlegt sich im weiteren Verlauf auf die Frage, ob das Bombenattentat auf das Hauptquartier der Luftwaffe als ein den politischen Motiven verhältnismäßiges Ziel angesehen werden kann. Er macht dies zu einem zentralen Punkt seiner Argumentation – die folgenden dreißig Transkriptseiten der Anhörung kreisen darum. Damit verlegt sich die Diskussion auf die Frage der probaten Mittel: Nicht mehr *daß* Gewalt im Kampf gegen das Apartheidsystem legitim, weil moralisch begründet gewesen sei, steht hier zur Debatte. Nun geht es vielmehr um die Frage, *welche Form* der Gewalt und *welches Ausmaß* als gerechtfertigt angesehen werden kann. Mr Visser orientiert sich damit unmittelbar an den Amnestierungskriterien. Im Zusammenhang mit dieser Argumentationsstrategie stellt der Anwalt zunächst den militärischen Charakter des gewählten Angriffsziels in Frage:

> MR VISSER: »*The fact that by and large the personnel who would be affected who worked for the Air Force in that building were administrative personnel made no difference to your decision that it was a military target?*«
> MR ISMAIL: »*Mr Chairperson, an Air Force Headquarters carries senior military personnel. Those people there were all part of the military machine. A soldier is a soldier. The soldiers were there to protect that apartheid state. All soldiers were part of the target*« (S. 19).[19]

Mr Ismail bleibt in seiner Antwort ganz in der Logik militärischer Kriegsführung. Die Legitimation des Tötens wird an der Verwicklung der Opfer mit dem Militärapparat abgeleitet. Für ihn sind alle, die im Hauptsitz der Luftwaffe angestellt sind, Soldaten. Der etwas absurde Satz: »Ein Soldat ist ein Soldat« macht deutlich, dass Mr Ismail unter Angestellten eines Militärapparats nicht näher zu differenzieren bereit ist. Doch Mr Visser gibt sich mit dieser Antwort nicht zufrieden. Als Vertreter der betroffenen Opfer macht er nun deren Standpunkt in der Anhörungssituation deutlich:

> »*You see Mr Ismail from the point of view of the victims they find it hard to understand how they could have been part of what is identified as a military machine when some of them were mere typists, telephonists, people who worked with books, but they were employed by the government, yes. But they find it very hard to understand that. What do you say to them?*« (S. 20).[20]

Mr Visser schlägt dem Aussagenden hier eine imaginierte Begegnung mit den Opfern vor;[21] ihre Wahrnehmung wird durch Mr Visser stellvertretend artikuliert. Indem er den Aussagenden danach fragt, welche Antwort er den Opfern geben kann, lenkt er die Aufmerksamkeit weg von der nüchternen Betrachtung legitimer Angriffsziele und stellt vielmehr die Betroffenen selbst in den Mittelpunkt. Der implizite Appell, die konkreten Menschen hinter dem Gros der gegnerischen Gruppe zu sehen, erreicht Mr Ismail jedoch nicht. Auch auf das menschliche Schicksal der Opfer antwortet er in der Logik des Parteisoldaten. Seine Antwort fällt überraschend kurz aus und folgt auch jetzt ausschließlich der Logik des militärischen Kampfes:

> »Mr Chairperson no military machine will work without all these administrative people as well. A military machine is part of a whole and the whole was targeted. They are legitimate targets« (S. 20).[22]

Hier zeigt sich, dass Mr Ismail das Gedankenexperiment, den Opfern des Anschlags und ihrem menschlichen Schicksal zu begegnen, nicht mitvollziehen konnte oder nicht dazu bereit ist. Die Nachfrage des Anwalts prallt an einer stählern wirkenden Affirmation ab. Vielmehr argumentiert Mr Ismail in einem Freund-Feind-Schema, von dem er sich auch in der aktuellen Situation noch überzeugt zeigt. Seine Antwort vermittelt eine sachlich-kühle Logik, die auf mich als Leserin sehr harsch wirkt. Dabei ist auffallend, das die Opfer von Mr Ismail nicht als Menschen gesehen werden, sondern ausschließlich als legitime »Zielscheiben«. Das Beharren auf der Rechtmäßigkeit des eigenen Standpunkts ist in einen massiven Einfühlungsvorbehalt gebettet. Täter- und Opferperspektive stehen sich unvereinbar gegenüber und können nicht einmal versuchsweise zusammen gedacht oder gefühlt werden. Eine Auseinandersetzung des Täters mit dem Schicksal der Opfer, die möglicherweise Schuldempfinden und Reue anstoßen könnte, scheitert. Der Gedanke von Versöhnung scheint hier weit entfernt – die gesellschaftliche Spaltung in verfeindete Gruppen ist spürbar aktuell. Auch an dieser Stelle wird die damit verbundene Konfliktspannung durch einen inhaltlichen Schnitt aufgelöst und abgeschnitten:

> MR VISSER: »Allright. So that's what you have to say to them. Now, my next question is this perhaps just before tea time if you will allow me, Mr Chairman. Perhaps we can break now. It's three minutes to eleven, Mr Chairman.«
> CHAIRPERSON: »It's a convenient time. Yes we will take a tea adjournment now« (S. 20).[23]

Vielleicht möchte der Anwalt die schroffe Härte der Antwort quasi als Ausrufezeichen für die Teepause stehen lassen? Immerhin kann er darauf hoffen, dass das Anhörungsgremium eine solche Unversöhnlichkeit vor dem Hintergrund des offiziellen Versöhnungsauftrages an die Wahrheitskommission zumindest skeptisch zur Kenntnis nimmt. Im Versuch, eine neue Frage anzuschließen bzw. eine Pause vorzuschlagen, erkennen wir den Modus wieder, die sich konflikthaft zuspitzende Auseinandersetzung abzubrechen und dadurch zur Sachlichkeit zurückzufinden. Im Wunsch nach einer Pause verrät sich die innere Anspannung in dieser Konfrontation und erinnert alle Beteiligten daran, dass man hier zu einer Art Aufführung zusammen gekommen ist, die zwar in kurzer Zeit eine beängstigend angespannte Qualität erreicht hat, die aber zeitliche Grenzen hat und damit überschaubar bleibt: Jederzeit kann man von einer Vernichtungslogik der Gewalt zur beruhigenden Banalität einer Teepause zurückfinden. Vielleicht kann die Pause dabei helfen, die aggressiven Strebungen zu zügeln?

Aber auch nach der Pause hält die Aggressivität der Auseinandersetzung an. Mr Visser führt nun eine Differenzierung ein, nämlich die Unterscheidung von »harten« und »weichen« militärischen Zielen. Damit erweitert er den Vorwurf der Unverhältnismäßigkeit der Gewalttat im Sinne der Amnestierungskriterien: der Angriff eines »weichen«, also ungeschützten, zivilen Schauplatzes könnte als unverhältnismäßig und damit als nicht amnestierbar eingestuft werden:

> MR VISSER: »(...) *When you considered to attack that particular building (...), did you stop for a moment to consider whether it was a **hard** oder **soft** military target?*«
> MR ISMAIL: »*Mr Chairperson what we considered was that there were military personnel there that we wanted to strike at. We wanted to show that it was not only MK soldiers that bled. Because we knew that the only way that you could rip the apartheid war machine open was to deal with the soft underbelly, because we believed that the SADF could not take casualties. We struck at enemy personnel, military personnel*« (S. 21; Hervorhebung im Original).[24]

Hat Mr Ismail bislang das Übernehmen einer Differenzierung zwischen »harten« und »weichen« Zielen als unzutreffend abgelehnt, so ist ihm hier nun doch jene Begrifflichkeit entschlüpft: die Erschütterung der Kriegsmaschinerie der Apartheid gelingt nur über das Aufreißen ihres »weichen Bauchs«. Assoziativ drängen sich hier Bilder von Tieren auf, die gerade durch die Exposition des weichen und verletzlichen Bauchs eine Beißhemmung des Gegenübers auslösen. Der Terminus des »Aufreißens des weichen Bauchs« (*rip open (...) the soft underbelly*) vermittelt dahingegen die Gewalttätigkeit der Auseinandersetzung: der Gegner sollte an der empfindlichsten Stelle bluten. Das Potential an Wut und Hass gegen die Apartheidregierung tritt hier in ganzer Wucht und ohne jede Beschönigung zutage.

Mr Ismail fährt fort:

> »*Mr Chairperson not all of the victims we know were military personnel, but (...) when people enter the Defence Force, when they work, when they are typists and others that work for the Defence Force they become part of that military machine. During World War 2 more civilians died than military people. During World War 2 in order to get at the Nazi beast the allies went in and went on bombing, blanket bombings. In those days they couldn't target specific targets. They bombed cities. All of those are considered legitimate. Were they tried – no! They were considered victors. They were considered as liberators from the Nazi beast. In our case we considered we had to destroy, by whatever means we had at our disposal, those security forces which defended apartheid and thats what we struck at*« (S. 21).[25]

Der kunstvolle Aufbau dieser knappen Darstellung lässt erneut den geübten Rhetoriker hervortreten. Indem Mr Ismail den Kampf gegen das Naziregime zum Vergleich heranzieht, vermag er, seine Zuhörer zu emotionalisieren. Im vereinten Kampf der Alliierten gegen die »Bestie« des Nazismus – dieses bildhafte Wort verwendet er gleich zwei Mal – sind die Rollen von Gut und Böse eindeutig verteilt. Die Bezugnahme auf dieses historische Beispiel legt eine unmissverständliche Unterscheidung zwischen Tätern und Opfern nahe; insofern wird der Vergleich hier diskursiv instrumentalisiert.[26] Der Vergleich der beiden rassistischen Gesellschaftssysteme erinnert daran, dass auch in den Augen der Weltöffentlichkeit jede Gewalttat gegen ein solches System, auch wenn es den Tod von Zivilisten riskierte, als legitim gilt. Damit gebärdet Mr Ismail sich als *Sieger* und *Befreier*. Im fast märchenhaft anmutenden Bild eines Helden, der gegen eine Bestie kämpft, ist jede Ambivalenz, jeglicher Zweifel an der Rechtmäßigkeit des eigenen Tuns vollständig aufgelöst. Und auch in diesem Bild verschwinden konkrete Menschen mit konkreten Schicksalen unter dem pastösen Strichwerk einer metaphorischen Bestie. Erneut gelingt es Mr Ismail dadurch, das Nachdenken über die Frage nach seiner Schuld gänzlich in den Hintergrund zu drängen, jedes verantwortete menschliche Schicksal verschwimmt darin ins Unkenntliche.

Die gereizte Anspannung, die unterschwellige Wut der beiden Protagonisten, nimmt nun mit jeder Redesequenz zu. Die im Vernichtungswillen kulminierende Aggression vermittelt sich immer lebhafter und unverstellter:

MR ISMAIL: »*Mr Chairperson a military when you fight what do you do – you kill people. (...) The military is the military – they were targets.*«

MR VISSER: »*And you wanted to kill as many of them as possible, that much is clear.*«
MR ISMAIL: »*Absolutely certainly.*«
MR VISSER: »*Yes.*«
MR ISMAIL: »*They tried to kill as many of us.*«
MR VISSER: »*When was that? What are you referring to now?*«
MR ISMAIL: »*They, the SADF, the Police and others have been killing the people of this country long before we even took up arms*« (S. 22).[27]

Die dem Aussagenden in den Mund gelegten Worte verraten etwas von der Unerbittlichkeit der Auseinandersetzung, die die Vernichtung einer möglichst großen Zahl der gegnerischen Kräfte zum Ziel hatte. Die grimmige Bestätigung dieser Absicht verdeutlicht den Hass des Aussagenden, der sich sogleich beeilt, diesen Hass auf die unerbittliche Härte des Gegners zurückzuführen. Die Spaltung des Erlebens in ein Freund-Feind-Schema findet unmittelbaren Ausdruck; liegt der Konflikt auch Jahre zurück, so zeigt er sich immer wieder von ungebrochener Aktualität. Der Gedanke an Versöhnung erscheint hier utopisch und fast naiv.

Auch einige Abschnitte später wird die Qualität des Befreiungskampfes lebendig, wenn Mr Ismail sich gegen den Vorwurf der Unverhältnismäßigkeit und Maßlosigkeit der Gewalt wehrt:

»*Because we did not deliberately attack white civilians, it was never the objective of the ANC to simply sow terror amongst the people. It did not take the easy way out, it waged a just war at all times. The struggle was aimed at convincing people, showing people and in the words of President Mandela when he had said during his Court proceedings:* ›*We would hope to bring the whites to their senses but we did not think that we should do so by simply hitting at any target willy nilly. What was intended always was to ensure that we waged it in a proper way*‹. *And that was not the same when it came to the apartheid forces. They mowed down school children, they attacked innocent civilians, they went into other countries without declaring wars*« (S. 54).[28]

Die Absicht, eine von edlen Motiven geleitete Moral der Befreiungsbewegung herzuleiten, zeigt sich in einer Idealisierung der Befreiungskämpfer und einer Dämonisierung ihrer Gegner. Anders als in der weiter oben vorgestellten Anhörungssequenz, als Mr Ismail grimmig zustimmt, der ANC habe eine möglichst hohe Zahl an Militärpersonal töten wollen, entsteht hier das Bild einer sorgfältig und bedachtsam abwägenden Organisation, deren eigentliches Ziel es war, »die Menschen zu überzeugen, die Menschen aufzuklären«. Während das Vorgehen des ANC abstrakt mit den Begriffen von »gerechtem Krieg und Kampf« bezeichnet wird, erscheint das Apartheidsystem als sehr konkreter Täter, der »Schulkinder niedermäht, Zivilisten angreift und in andere Länder vordringt«. Diese Darstellung erinnert an überzeichnete Karikaturen des Bösen.

Mr Visser ist es bis hierhin nicht gelungen, dem Antragsteller ein Eingeständnis der Unverhältnismäßigkeit seines Anschlages zu entlocken. Auf welchen Aspekt auch immer er sich konzentriert, stets wird seine Argumentation mit dem Hinweis auf die Legitimität militärischer Kriegsführung gegen ein Unrechtssystem abgeschmettert und mit einer Gegenanklage des Apartheidsystems versehen. Mr Ismail gibt keinerlei Bereitschaft zu erkennen, sich auch nur versuchsweise von seiner Tat zu distanzieren. Der Anwalt unternimmt viele Anläufe, dem Aussagenden doch noch eine differenziertere Einschätzung zu entlocken, wie auch im folgenden Abschnitt:

> MR VISSER: »*Mr Ismail, can I ask you this. With the benefit of hindsight and the wisdom that it brings, do you maintain today as you sit there that with the knowledge of the results of that bomb which you sent to Church Street that it was in fact an overwhelming military target which was hit, do you say that still?*«
> MR ISMAIL: »*Mr Chairperson, I would say that the reconnaissances stated quite clearly that overwhelmingly military personnel were in the area, they were there, we aimed to strike at those military people. And it is sad, one regrets the loss of civilian life, but I say to all, we aimed at Air Force headquarters. (...) And again I state it was a military target and military targets were legitimate.*«
> MR VISSER: »*You have neatly avoided answering my question. My simple question is this, as you sit here today with the benefit of hindsight, do you still maintain that that bomb hit an overwhelmingly military target? That's all I'm asking.*«
> MR ISMAIL: »*Whether it hit an overwhelmingly military target, is that the question?*«
> MR VISSER: »*Yes, yes.*«
> MR ISMAIL: »*Yes, because it hit the South African Airforce Headquarters. The loss of civilian life is regretted. I state again it hit the South African Airforce Headquarters*« (S. 39).[29]

Als Leserin spüre ich spätestens hier eine gewisse Ermüdung: es scheint, als seien beide Kontrahenten in ein zähes Tauziehen verwickelt, das in der ewigen Wiederholung ähnlich lautender Wortbeiträge immer unbefriedigender und sinnentleerter scheint. Eigentlich möchte ich die erneuten Wortwechsel schon gar nicht mehr lesen und sehne mich nun meinerseits nach einer Teepause. Die empfundene Langeweile legt sich über die angespannt-aggressive Stimmung der Anhörung wie eine dämpfende Schicht, wie eine Art schallschluckendes Isoliermaterial.

Fast würde ich so über einen wichtigen Aspekt hinweglesen: das Äußern von Bedauern über die getöteten Zivilisten. In der Frage nach einer *rückblickenden* Einschätzung der Tat hebt der Anwalt wohl indirekt auf die in Mr Ismails Aussagen anklingende Aktualität von Hass und Wut an, die nun direkter zur Disposition stehen: Sollte es im Südafrika der Post-Apartheid, das den historischen Kontext des Rassenkonflikts bereits hinter sich gelassen hat, nicht möglich sein, einen Blick auf die vergangene Gewalt zu wagen, der die Legitimation einer »gerechten Kriegsführung« mit mehr Skepsis betrachtet? Aber trotz des fast ernsten, feierlichen Tonfalls der Frage antwortet Mr Ismail auch hier im argumentativen Kontext eines Befreiungskämpfers und wiederholt fast leierkastenartig die unverbrüchliche Feststellung, das Anschlagsziel sei ein überwiegend militärisches gewesen. Und doch: im Gegensatz zur weiter oben zitierten Stelle, an der Mr Ismail überhaupt nicht dazu bereit war, sich auf eine imaginierte Begegnung mit Opfern einzulassen, geschweige denn, Bedauern oder Mitgefühl zu äußern, ist dies die einzige Stelle im vorliegenden Anhörungsprotokoll, das mit der Erwähnung des Bedauerns ein wenn auch minimales Abstandnehmen von der eigenen Sichtweise anzeigt. Hervorzuheben ist dabei die entpersönlichte und passive Form, in der Mr Ismail spricht: »der Verlust zivilen Lebens wird bedauert«. Der Sprecher tritt in diesen Sätzen nicht als Person, als Bedauernder in Erscheinung. Wer genau bedauert, bleibt unklar. Und auch im Terminus des »zivilen Lebens« treten keine konkreten Opfer in Erscheinung, er ist ebenso unbestimmt und unpersönlich. Beide vagen Andeutungen des Bedauerns sind von monolithisch wirkenden Feststellungen über den militärischen Charakter des Angriffsziels eingerahmt, fast so als wäre zu befürchten, dass sich das Bedauern ohne diese Einrahmung entwinden, ausbreiten oder gar verselbständigen könnte. Das unbeirrbare Beharren auf dem militärischen Charakter des Angriffsziels zeigt sich damit wie ein Pfeiler, der für die Logik des Amnestierungsantrags tragend und unverzichtbar ist. Allein vor diesem Hintergrund kann die Äußerung des Bedauerns keine Überzeugungskraft gewinnen. Das Ringen um eine gemeinsame Sicht auf den vergangenen Konflikt überfordert die Betroffenen deutlich. Eine Auseinandersetzung wird zwar versucht, endet jedoch hier, so wie an vielen anderen Stellen im Protokoll, mit dem Abbruch der Verständigung. Allerdings ist die Annäherung der jeweiligen Sichtweisen im juristischen Format der Amnestierungsanhörungen nicht das erklärte Ziel – hier steht ja allein eine Einordnung in geltende Richtlinien zur Disposition.

8.2.3. Abschließende Überlegungen

Vor dem Hintergrund des Anhörungsverlaufs überrascht die im Eingangszitat beschriebene spektakuläre Versöhnung zwischen Mr Ismail und Mr Clarence als einem der betroffenen Opfer: es scheinen Welten zu liegen zwischen der freundlichen Geste des Händeschüttelns und der bestürzenden Aktualität aggressiver Konfrontation während der Anhörung. Da die Begegnung der Versöhnung offenbar *vor* der eigentlichen Anhörung stattgefunden hat, verwundert die unverbrüchliche Härte, mit der Mr Ismail sich *in* der Anhörung äußert. Fühlt er sich von der großzügigen Vergebung des Opfers bestätigt und damit seiner Sache doppelt sicher? Wenn er sich offenbar Mr Clarence gegenüber entschuldigen konnte, wieso fällt es ihm in der Anhörung gegenüber den betroffenen Opfern so schwer? Hätte er auch hier zunächst eine Anerkennung seines Standpunktes gebraucht, so wie er sie offenbar von Mr Clarence erhielt?

Die Unvereinbarkeit der Dynamik vor und während der Anhörung bleibt als ungeklärtes Rätsel stehen. Eine mögliche Lösung könnte in der medialen Aufwertung der versöhnenden Geste liegen, deren ikonenhafte Qualität von Desmond Tutu herausgestrichen wurde. Vielleicht dienten die öffentlichen Anhörungen auch als eine Bühne für all jene, die in der Postapartheid-Gesellschaft nach Anerkennung suchten. Die Metapher der Ikone weiterspinnend könnte man hier sagen: da haben zwei Protagonisten sich gleichsam unsterblich gemacht mit einer gesellschaftlich ersehnten und erwünschten Versöhnung, die sogleich Eingang in die Medien gefunden hat. Letztlich aber hat die medial rezipierte Ikone wenig mit der eigentlichen Qualität des Anhörungsgeschehens gemein: erwünschte Versöhnung außerhalb der Anhörung und zugespitzte Aggressivität in der Anhörung könnten kaum gegensätzlicher sein.

Denkbar ist aber auch, dass die institutionalisierte Bearbeitung des Konflikts einen Rahmen bot, der den Versuch einer Versöhnung förderte und ermöglichte. Auch hier würde die Wahrheitskommission mit Bion als *container* verständlich, welcher die unerträglichen und vernichtenden Aggressionen ausreichend zu halten versprach, um eine versöhnliche Begegnung am Rande des Geschehens zu erlauben. Die haltende Qualität des juristischen Rahmens ist an den verschiedenen Stellen des Protokolls immer wieder deutlich geworden. Dabei hatte ich oft den Eindruck, als gleiche die Anhörung einer sich mühsam ausbalancierenden Gratwanderung durch vermintes Gelände: immer dann, wenn eine Explosion unmittelbar zu befürchten stand, konnte durch die Besinnung auf den formalen Rahmen der Anhörung die Zuspitzung der Auseinandersetzung gerade noch verhindert werden.

In diesem Sinne boten die Amnestierungsanhörungen, anders als die Opferanhörungen, einen Aufhänger für die Kontroverse um die gesellschaftliche Schuld. Mr Visser agierte in dieser Anhörung nicht nur als Anwalt der Opfer, sondern – zumindest in den Augen von Mr Ismail – auch als Repräsentant der alten Apartheidordnung. Und umgekehrt erschien Mr Ismail nicht nur als Antragsteller für seine Amnestierung, sondern als weiterhin identifizierter Befreiungskämpfer, der die Anhörung erneut für eine Anklage des Apartheidsystems nutzte. Mit diesen Akteuren hat sich der historische Konflikt in der Anhörung unmittelbar wieder belebt und wurde anhand der Auseinandersetzung um die Amnestierungskriterien erneut gefochten.

Gerade diese Wiederbelebung des Konflikts hat aber auch das Fortdauern von Hass und Feindbildern deutlich vor Augen geführt. Der juristische Rahmen hat einen freieren Ausdruck der fortdauernden Aggressionen erlaubt als in den Opferanhörungen. Zwar sieht dieser Rahmen den Ausdruck von Emotionen nicht vor, doch eröffnet er mittels des emotionalen Vakuums einen verborgenen Nebenschauplatz für die Artikulation von Emotionen. Letztlich kann das Anhörungsformat auch als Kanalisation oder Ersatzbefriedigung für die Aggression gegen den jeweiligen Kontrahenten verstanden werden (Mentzos 1996).

Den Amnestierungskriterien kommt hier eine Stellvertreterfunktion zu: die Auseinandersetzung um die Kriterien erlaubte auf einer verborgenen Ebene die viel grundlegendere Auseinandersetzung über die historische Einordnung des gewalttätigen Konflikts und der damit verbundenen Schuld. Somit geht es in den Amnestierungsanhörungen nicht nur um eine Pragmatik der Gewährung oder Verweigerung von Amnestie für die »Täter«, sondern indirekt auch um eine öffentliche Diskussion der Bedeutung und moralischen Fundierung des Konflikts. Im zähen Ringen zwischen den Protagonisten wird auch ein Kampf um die gesellschaftliche Sinngebung des Konflikts und um die Neubestimmung der moralischen Ordnung der Gesellschaft gefochten.

Die Rolle der Wahrheitskommission war in dieser Dynamik ambivalent: auf einer manifesten Ebene musste ihr an einer neutralen Haltung gelegen sein, um alle Konfliktparteien in die öffentliche Auseinandersetzung einzubeziehen. Auf einer latenten Ebene waren die Sympathien jedoch unmissverständlich verteilt und eine Parteilichkeit wurde von Seiten der Befreiungsaktivisten auch immer wieder eingefordert: »The Truth and Reconciliation Commission must speak clearly (...). It must make clear, not only to the beneficiaries of apartheid, but also to the families of resisters, that sinning against apartheid was a blessed thing to do« (Asmal et al. 1997, S. 63). Die Wahrheitskommission selbst setzte sich mit diesem Aspekt ihrer Arbeit intensiv auseinander, ohne ihn abschließend auflösen zu können:

> »Can aspects of political violence by those who struggled against apartheid, on the one hand, and by the agents and defenders of the apartheid state, on the other, be morally equated? (...) those who fought againts the system of apartheid were clearly fighting for a just cause and those who sought to uphold and sustain apartheid cannot be morally equated with those who sought to remove and oppose it. (...) The Commissions confirmation of the fact that the apartheid system was a crime against humanity does not mean that all acts carried out in order to destroy apartheid were necessarily legal, moral and acceptable« (Final Report 1998, Band 1, Kap. 4, §64–74).

Auch in dieser Anhörung wird die Kategorie der Schuld an keiner Stelle explizit an- oder ausgesprochen und doch ist sie allgegenwärtig. Die schuldhafte Verantwortung des ehemaligen MK-Aktivisten für die Folgen des Gewaltangriffs wird von Mr Visser immer wieder herzuleiten versucht. Im Durchspielen der verschiedenen Kriterien, die eine Rechtfertigung der Gewalttat ausschließen, bemüht sich der Anwalt, eine Lücke in das durch den moralischen Legitimierungsanspruch entstehende Schuldvakuum zu reißen. Er scheitert jedoch an der konsequent durchgehaltenen Logik des Befreiungskämpfers: dieser kann sich hinter der Argumentation einer gerechten Kriegsführung gleichsam verschanzen, sie scheint jeden Versuch einer Verortung individueller Schuld auszuhebeln. Die Betonung der Moral des gewaltsamen Widerstandes gegen das Apartheidregime und die immer wieder affirmativ bekräftigten Beweise einer solchen moralischen Fundierung ermöglichen es dem Aussagenden, die Frage nach schuldhafter Verantwortung stets diskursiv zu entsorgen, bevor sie überhaupt eingehender formuliert werden kann. Damit erhält die moralische Begründung der Gewalt per se auch ihren Abwehrcharakter gegen die Verortung subjektiver Schuld.[30] In diesem Geschehen enthüllt sich die klassische Dynamik von Schuldprojektion, innerhalb derer stets nur die jeweils gegnerische Seite als eigentlicher Täter und damit als verantwortlich Schuldiger wahrgenommen werden kann. Die eigentliche kollusive Verstrickung von Schuld zwischen dem Apartheidsystem und den Befreiungskämpfern kann dann nicht mehr erkannt werden.[31]

Dabei steht hier außer Frage, dass die Diskriminierung und Entrechtung von Schwarzen und Farbigen während des Apartheidsystems ein massives Unrecht darstellt, das tatsächlich den Ausgangspunkt für den gewaltsamen Kampf der Befreiungsorganisationen bildet. Die widersprüchliche Auflagung von schuldhafter Verantwortung in einem Konflikt, der sich am Kampf gegen ein Regime entzündet, stellt ein moralisches Dilemma dar, das bis heute nicht befriedigend beantwortet oder geklärt werden kann. Die *just war theory* oder Theorie des gerechten Krieges (vgl. Walzer 1982) versucht, dieses Dilemma aufzugreifen, indem sie die Rechtmäßigkeit des bewaffneten Widerstands einzugrenzen und zu definieren versucht: sie unterscheidet zwischen Gerechtigkeit im Krieg (*jus in bello*) oder Gerechtigkeit des Krieges (*jus ad bellum*). Differenziert wird also zwischen der Frage, ob der Krieg selbst gerecht war, und der Frage, ob er gerecht gefochten wurde. Damit rückt der Modus der Kriegsführung in den Blickpunkt der Auseinandersetzungen; auch Mr Ismail bezieht sich darauf, wenn er behauptet: »*we waged a just war at all times*« (S. 54).

Die Wahrheitskommission, welche mit den Kategorien der Theorie des gerechten Krieges arbeitete, problematisierte dennoch, dass sie sich nur begrenzt auf einen nationalen Befreiungskampf anwenden lasse (vgl. Final Report 1998, Band 1, Kap. 4; §64ff.). Vor allem aber kann auch mittels dieser Theorie das eigentliche moralische Dilemma nicht wirklich gelöst werden: »Wir müssen uns mit einer systematischen Kritik all der Entschuldigungen für den Terrorismus befassen (...). Die Standardentschuldigungen sind: Terrorismus ist die Waffe der Schwachen, Terrorismus ist nur der letzte Ausweg von unterdrückten Völkern, die Opfer (...) sind nicht ganz unschuldig. Keine dieser Behauptungen kann Terrorismus entschuldigen, keine kann ihn moralisch verständlich machen« (Walzer 2001, S. 16).

Hier zeigt sich, dass die Wahrheitskommission ein moralisches Dilemma in die öffentliche Diskussion trug und auszutragen hatte, das nicht befriedigend geklärt oder aufgelöst werden kann. Im Rückbezug auf die vorgestellte Anhörung erscheint es mir jedoch wichtig zu erkennen, wie dieses moralische Dilemma dazu funktionalisiert werden kann, eigene schuldhafte Anteile a priori auszuschließen und der Diskussion zu versperren. Damit scheint eine Begegnung zwischen Tätern und Opfern von Gewalt kategorisch ausgeschlossen, die Fronten sind und bleiben verhärtet. Für uns als Beobachter mutet die dennoch stattgefundene versöhnliche Begegnung zwischen Mr Ismail und einem seiner Opfer entsprechend rätselhaft und widersprüchlich an.

8.2.4. Der Amnestierungsbeschluss

Dem Antrag von Mr Ismail auf Amnestierung wurde von der Wahrheitskommission stattgegeben. In seinem Bescheid begründet das Amnestierungskomitee:

> »We are satisfied that the bombing was an act associated with a political objective as envisaged by section 20 of the Act and that it was not merely an act of anarchy or terrorism. (...) We are also of the view that the bombing was not racially motivated. The blast occurred in a busy public street and the civilian casualties included both blacks and whites. There was no possibility whatsoever in the circumstances of targeting a particular racial group. (...) The blast was an act of war which struck a severe blow at the ANC's enemy and which introduced a new phase of guerilla warfare in the struggle. Although the consequences of the blast were gruesome and tragic and affected many innocent civilians, we, after careful consideration, are of the view that the manner of the execution of the operation was not disproportionate to the political objective pursued. (...) The Applicant has, in our opinion, given a full disclosure to the best of his ability« (aus dem Amnestierungsbeschluss vom 16.1.2000, Aktenzeichen AC/2001/03).

Trotz der unauflösbaren Qualität des moralischen Dilemmas hat das Amnestierungskomitee damit eine eindeutige juristische Entscheidung getroffen: der gesellschaftliche Konflikt findet an dieser Stelle eine vorläufige Lösung.[32] Die Beschränkung auf die Ebene juristischer Klärung bleibt unbefriedigend und könnte doch der Brisanz und Sprengkraft der verhandelten Konflikte letztlich angemessen sein.

8.3. Diskussion: Die Amnestierungsanhörungen

»Du kannst die Vergangenheit ignorieren, aber die Vergangenheit ignoriert Dich nicht.«
Amos Oz (2004, S. 35)

Die Analyse des Anhörungsausschnittes von Mr Ismail hat einen vertieften Einblick in die Atmosphäre und Dynamik des Geschehens vor dem Amnestierungskomitee erlaubt, das ich in diesem Kapitel eingehender diskutieren möchte. Dabei beziehe ich mich ergänzend auch auf die Auswertung einer weiteren Amnestierungsanhörung, nämlich von Mr Marais, einem weißen Täter. Um die hier vorgestellten Überlegungen zu erweitern und zu vertiefen, ziehe ich ausgesuchte Aspekte dieser Analyse heran.[33]

8.3.1. Die Abwehr der Schuldfrage

Die Amnestierungsanhörungen kreisen um die öffentliche Auseinandersetzung mit der Schuldfrage – wurden die Amnestierungskriterien diskutiert, so verband sich damit immer auch die Frage nach der schuldhaften Verantwortung der Täter. Die Auseinandersetzung hierum bildet ein Kernstück des gesellschaftlichen Konflikts. Auffallend ist jedoch, dass dieses Kernstück im Kontext der Amnestierungsanhörungen – zumindest im manifesten Geschehen – nicht unmittelbar benannt und damit auch nicht diskutiert wurde; tatsächlich findet der Terminus »Schuld« in beiden untersuchten Anhörungen keinerlei Erwähnung. Allein die juristisch verankerten Amnestierungskriterien bestimmten die Diskussion während der Anhörungen: bei Erfüllung der beschriebenen Bedingungen konnte eine Strafe als Antwort auf die *kriminelle* Schuld der Täter zugunsten der gesellschaftlichen Befriedung ausgesetzt werden. Im bewussten Ausklammern einer *politischen* oder *moralischen* Beurteilung der Schuld schien sich die Wahrheitskommission ebenso wie die jeweils an den Amnestierungsanhörungen beteiligten Protagonisten auf überschaubarem Terrain zu bewegen.[34] Die formalen und inhaltlichen Vorgaben der Anhörungen erlaubten also, die mit der Auseinandersetzung um die Schuld verbundenen, konflikthaften und aggressiven Anteile auszuklammern oder einzugrenzen. Auffallend waren die ermüdenden Diskussionen, bei denen es immer und immer wieder um das Beweisen oder Widerlegen eines mit diesen

Kriterien verbundenen Tatdetails ging. Die diskursiven Strategien der Protagonisten bezogen sich fast durchgängig auf diese Kriterien, sie beherrschten den öffentlichen Bearbeitungsprozess, der so a priori festgelegt war.

Die damit verbundene Diskussion wurde nicht zwischen Tätern und Opfern selbst, sondern stellvertretend durch die jeweiligen Anwälte geführt, die zwar in Identifikation mit ihren Mandanten, jedoch nicht aus unmittelbarer Betroffenheit heraus agierten. Allein dadurch konnte die Wucht einer unmittelbaren Konfrontation abgemildert werden. Auch die juristische Orientierung der Anhörungen, die einen Fundus an versachlichenden, diskursiven Formeln vorgab, ermöglichte die Bezugnahme auf ein spannungsminderndes Drittes. Ähnlich der Rolle des Vorsitzenden als leitender Autorität und des Gremiums als neutrale Dritte im Konflikt grenzte der in der juristischen Auseinandersetzung notwendige Bezug auf Formalitäten wie Beweisdokumente, Hintergrundmaterial, objektives Zahlenwerk usw. die emotionale Anspannung ein. Die juristische Prägung der Auseinandersetzung hatte insofern eine triangulierende Funktion im Konflikt und bot ein Korsett, innerhalb dessen die in der Bearbeitung des Materials aufkommenden Gefühle und insbesondere die Aggression eingeschlossen und festgehalten werden konnten.[35]

Auch auf inhaltlicher Ebene vermochten die Amnestierungsvorgaben die Auseinandersetzung um die Schuldfrage zu versachlichen und in ihrer emotionalen Brisanz zu schlichten. Die Konzentration auf das Vorliegen oder Nicht-Vorliegen von amnestierungsrelevanten Sachverhalten beinhaltete das Versprechen, die komplexen und explosiven Fragen nach schuldhafter Tatverantwortung stark einzugrenzen. Die detaillierte Untersuchung der Tat gemäß den verschiedenen Amnestierungskriterien bedeutete eine Portionierung der Tat: die ausgeübte Gewalt wurde gleichsam in Scheibchen geschnitten, die nach und nach gesondert untersucht wurden. In dieser Portionierung oder Fraktionierung der Tat in Tathintergrund, Tatmotivation etc. wurde auch die mit der Tat einhergehende emotionale Wirkung zerlegt und in ihrer Stückelung entschärft, der aggressive Charakter der Tat ließ sich auf diesem Wege auch bildhaft zerkleinern.

Vor allem aber lösen die Amnestierungskriterien die schuldhafte Beziehungsqualität zwischen Täter und Opfer auf und konzentrieren sich stattdessen ausschließlich auf die Motive des Täters; dieser hat sich hier vor einer strafaussetzenden Instanz zu verantworten, nicht jedoch vor den eigentlichen Opfern. Die Konzentration auf den Nachweis der einzelnen Kriterien erlaubt, eine subjektive Interpretation der Tat darzulegen, die im besten Fall nicht nur eine juristische Bestrafung verhindert, sondern die Tat auch inhaltlich zu rechtfertigen scheint. Denn die Kriterien beziehen sich ja auch auf inhaltliche Begründungsmuster, innerhalb derer die Tat z. B. als Kampfhandlung im historischen Konflikt interpretiert wird oder aber als von einem Vorgesetzten angeordnet. Gerade dies kommt der in der wissenschaftlichen Literatur vielfach diskutierten generellen Neigung vieler Täter entgegen, die von ihnen ausgeübte Gewalt zu rechtfertigen (vgl. z. B. Baumeister 1997, Wodak et al. 1990, Welzer et al. 1997, Heer 2004).

So lassen sich im vorgestellten Anhörungsausschnitt, ebenso wie in der Anhörung von Mr Marais, zahlreiche argumentative Strategien wieder finden, die als typisch für die Abwehrhaltung von Tätern beschrieben worden sind: die spaltende Darstellung der gegnerischen Gruppen in Freund und Feind (Baumeister 1997; Foster et al. 2005), die mit den Spaltungen einhergehenden Idealisierungen des eigenen Kollektivs sowie die Entwertungen und das Dämonisieren des Gegners (Wodak et al. 1990), eine »Salamitaktik des Verleugnens« (Ash 1997) sowie rationalisierende Begründungen der Tat (Bar-On 1992a, Heer 2004). Typische »sprachliche Realisierungsformen« (Wodak et al. 1990) waren hier diskursive Verharmlosungen der ausgeübten Gewalt[36] oder die Einbettung in eine militärische Rhetorik. In psychoanalytischen Termini ausgedrückt ließen sich vor allem Spaltung, Verleugnung und Rationalisierung als Abwehrmechanismen in den Anhörungen beobachten.

Diese Abwehrmechanismen erhielten im Kontext der Wahrheitskommission eine Art juristisch fundierte Gussform, die spezifische Argumentations- und Rechtfertigungsfiguren nahe legte. Besonders deutlich wird dies am Beispiel des zentralen Amnestierungskriteriums, nämlich dem der politischen Motivation der Tat. Sowohl in der Anhörung von Mr Marais als auch in der Anhörung von Mr Ismail kreiste die Auseinandersetzung darum, das politische Tatmotiv unzweifelhaft nachzuweisen. In Mr Marais Anhörung führte dies u. a. zu der absurden argumentativen Verdrehung, man habe zwar töten wollen, aber nicht etwa um zu töten, sondern ausschließlich, um eine politische Botschaft zu vermitteln. In diesem rhetorischen Kunstgriff zeigt sich der Wunsch des Täters, die begangene Tat nicht nur in ihrer tragischen menschlichen Bedeutung zu leugnen, sondern im Rückbezug auf die Amnestierungsrichtlinien auch politisch zu entschulden.[37] Ähnliches konnten wir in der Anhörung von Mr Ismail beobachten: hier drehte sich die Diskussion immer wieder darum, die Tat als militärisch und politisch begründet herauszustreichen. Der Rekurs auf den politischen Kontext erlaubte den Tätern, sich selbst als Opfer der Verhältnisse darzustellen – sowohl in Mr Marais' wie auch in Mr Ismails Ausführungen wurde die Gewalt als vom jeweiligen politischen Gegner ausgehend dargestellt. Der politische Gegner wurde dämonisiert (bei Mr Ismail: »Die Apartheidregierung war eine Bestie«, bei Mr Marais sinngemäß: »Schwarze sind gewaltsüchtig«), der eigene Beitrag zum Fortbestehen und zur Eskalation der Gewalt wurde ausgeblendet. Die eigene Tat wurde von beiden Tätern als Notwehr interpretiert, was auch impliziert, dass die Gewalt in das Opfer projiziert wird. Auch diese Form der Schuldprojektion als Täter-Opfer-Umkehr wird in der wissenschaftlichen Literatur als typisch für argumentative Strategien von Tätern beschrieben (vgl. z. B. im Bezug auf Nazi-Täter Wodak et al. 1990, Welzer et al. 1997, Baumeister 1997).

Auch die übrigen Amnestierungskriterien fördern die Darstellung der Tat im Sinne eines Rechtfertigungsdiskurses. So entspricht beispielsweise das Kriterium, die Tat müsse von höherer Stelle angeordnet worden sein, dem empirisch beschriebenen Wunsch einer unmittelbaren Entverantwortung des Täters (Heer 2004). Dies wurde in der Anhörung von Mr Marais besonders deutlich: hier wurde dieses Kriterium eingehend diskutiert. Die stereotyp erfolgenden Nachfragen des seinen eigenen Mandanten vernehmenden Anwalts hinsichtlich der Vorgesetztenrolle des Mittäters Mr Botha versuchten eine Verlagerung von Tatschuld und Tatverantwortung auf eine »obere Kommandoebene«. Diese Rechtfertigungsstrategie lässt sich als »einfache Täterperspektive« beschreiben, bei der die »Schuld (...) auf andere Personen ›umgelegt‹ bzw. verschoben« wird (Busse 1991, S. 60). Für diesen Prozess einer direkten Umschuldung prägt Hirsch (1997) den Begriff der »projektiven Verschiebung« (S. 61). In Abwandlung des Titels eines populären Theaterstückes[38] vermögen die Täter also durch eine geschickte Nutzung der Amnestierungskriterien sinngemäß die Haltung zu vertreten »Ich bin's nicht, die politische Situation ist's gewesen« bzw. »Ich bin's nicht, meine Vorgesetzten sind's gewesen«. Damit erhalten die Amnestierungskriterien eine schuldentlastende Wirkung, die sich zunächst zwar nur auf eine juristisch-kriminelle Dimension zu beziehen scheint, letztlich aber auch inhaltlich-moralische Begründungen enthält. Eine Schuldabwehr wird mittels dieser Kriterien gefördert und oder auch gefestigt, eine Reflektion schuldhafter Verantwortung wird damit tendenziell im Entstehen verhindert.

Stefan Busse (1991) unterscheidet in einem anregenden Beitrag zu typischen Begründungsmustern von SED-Funktionären im Nachwende-Deutschland zwischen sog. »einfachen« und »reflektierten« Perspektivschilderungen der Täter. Die von den Tätern angewendeten Strategien der Entschuldung, Entverantwortung oder Rechtfertigung der Tat unterscheiden sich durch den jeweiligen Umgang mit Be- und Entlastungsmomenten: »Der Unterschied zwischen sog. ›einfachen‹ und ›reflektierten‹ Formen macht deutlich, daß allein innerhalb der letzteren versucht wird, Einsicht in die eigenen Handlungs- und Begründungsstrukturen zu gewinnen, sich nicht nur entlastenden Argumenten zuzuwenden, sondern auch den belastenden Handlungsanteilen zu stellen. Demnach sind ›Ent-schuldigungen‹ (in denen die Schuld nicht abgewiesen wird …) interessanterweise auch nur (…) innerhalb ›reflektierter‹ Perspektiven auffindbar« (a. a. O., S. 65). In den vorgestellten Amnestierungsanhörungen treffen wir kaum auf solche reflektierten Perspektivschilderungen: Die Amnestierungskriterien dürften das Nachdenken über die individuelle Tatverantwortung und Tatschuld überflüssig erscheinen lassen. Eine ›reflektierte‹ Perspektive kommt vermutlich erst dann zum Tragen, wenn der öffentliche Druck die Auseinandersetzung mit der Schuld einfordert oder auch einen »Beschuldigungsdiskurs« gegenüber den Tätern anstimmt (Holzkamp 1990). Der Versöhnungsdiskurs der Nachapartheidzeit versuchte im Gegensatz dazu aber eher, eine anklagende Haltung gegenüber den Tätern zu vermeiden und lockerte dadurch auch öffentlich den Druck zur Auseinandersetzung mit individueller Schuld.

Ohne eine Reflektion der mit den Gewalttaten verbundenen Dispositionen und Motivationen der Täter wird jedoch ein verstehender Zugang zu den politischen, sozialen und psychischen Hintergründen der gesellschaftlichen Gewalt unmöglich. Eine Förderung von Abwehrmechanismen der Täter gegen die Auseinandersetzung mit ihrer Schuld bedeutet in dieser Hinsicht auch eine gesellschaftliche Abwehr: »one can't be part of an horrendous, long-term event without developing some normalization strategies that will enable one to go on living a kind of ›normal‹ life thereafter. (…) However, (…) the danger of such ongoing normalization strategies is that they do not enable (…) us as a society to look into the moral and psychological conflicts of the persons who were there, and work them through« (Bar-On 1990a, S. 426). Hier akzentuiert sich die einem Versöhnungsprozess immanente Notwendigkeit eines doppelten Bearbeitungsanstoßes: neben der Auseinandersetzung der Täter mit den betroffenen Opfern bedarf es einer »inneren Auseinandersetzung« *im* Täter – die eine setzt die andere zwingend voraus.

Ein solcher Bearbeitungsanstoß konnte im Kontext der Amnestierungsanhörungen jedoch keine Berücksichtigung finden. So fällt z. B. in der Anhörung von Mr Marais auf, wie sehr sowohl in seiner Selbstdarstellung wie auch in der anschließenden Diskussion die emotionale Begeisterung für die Ideologie der Apartheid ebenso wie die Faszination des gewaltsamen Widerstandes gegen die Demokratisierung gleichermaßen als weiterhin lebendig spürbar wurden, wie jedoch auch aus der Diskussion ausgeklammert blieben. Das Nachdenken hierüber wurde von allen Beteiligten in weitem Bogen umgangen und bleibt eine Leerstelle in der Auseinandersetzung. Ob man fürchtete, den gerade erst »gebannten Dämon« der Apartheidideologie durch das Wiedererinnern der hiervon auch ausgehenden »Faszination« lebendig werden zu lassen? Die Strategie des Antragstellers, sich in möglichst positivem Licht darzustellen, bedeutete, die fortwirkende Identifikation mit rassistischen Ideologien zu verleugnen. Ein bearbeitender Einbezug seiner Überzeugungen hätte dahingegen einen sowohl individuellen als auch kollektiven Integrationsversuch gefördert, bei dem »das Böse« nicht nur abgespalten und projiziert werden muss, sondern in seiner Komplexität und gesellschaftlichen Kontextualität erfasst werden kann.[39]

8.3.2. Das latente Anhörungsgeschehen: Auseinandersetzung um Schuld

Auch wenn wir also zunächst den Eindruck gewinnen konnten, die Auseinandersetzung um die Schuldfrage sei durch die Amnestierungskriterien eher umgangen und ausgeklammert worden, so lässt sich doch eine weitere Lesart herausarbeiten: denn trotz der immer wieder rigoros eingeforderten inhaltlichen Konzentration auf die Amnestierungskriterien wurden Fragen nach einer *moralischen* Fundierung oder aber Rechtfertigung der Tat doch aufgeworfen und verhandelt. Es schien, als hätten die Beteiligten entgegen den expliziten Absichten des Amnestierungsgesetzes doch das Bedürfnis gehabt, eine Auseinandersetzung um die Schuldfrage zu führen und diese Schuld auch zu bestimmen, festzulegen und zuzuschreiben.

Diese latente Ebene der Anhörungen konzentrierte sich bei Mr Ismail vor allem darauf, die eigenen schuldhaften Anteile zugunsten einer massiven Schuldprojektion auf den politischen Gegner ins

Unkenntliche schrumpfen zu lassen: moralisierend wurde die Schuld beim Gegner lokalisiert.[40] Der Anwalt der Opfer rang dahingegen um eine Schuldanerkenntnis des Aussagenden, die auch gesellschaftlich eine Signalfunktion gehabt hätte: im Versuch einer nach-transformatorischen Neubestimmung der gesellschaftlichen Werte im Sinne Turners (vgl. Kap. 5.2.2.) war die öffentliche Konsensbildung in Bezug auf eine Neubestimmung der gesellschaftlichen »Helden« bzw. »Schurken« von zentralem Stellenwert:

> »The victim holds a moral high ground that starts to look mighty good to the perpetrator. This is especially true if the victims's side comes to win the war or gain power (...). Perpetrators may be troubled by guilt and may feel worried about what society will do to them if they are caught. Thus, they may envy the former victims: Society views them with compassion and solicitude, and they are often treated as immune from normal criticism« (Baumeister 1997, S. 52).

Am Beispiel von Mr Ismail zeigt sich die massive Ambivalenz, die dann entsteht, wenn sich Opfer- und Täterkategorien nicht eindeutig zuordnen lassen und im Sinne einer moralischen Interpretation des Geschehens doch benötigt werden. Wenn dem Gesetz nach vor dem Amnestierungskomitee alle Antragsteller als gleich galten, so zeigt sich unter den Protagonisten doch ein ausgeprägtes Bedürfnis, eine Differenzierung zwischen Gut und Böse zu etablieren und durchzusetzen (vgl. dazu Mr Ismails Formulierung: »*we cannot simply then say we – all is the same*«).

Entsprechend unterscheidet sich die Anhörung des Befreiungskämpfers von der des weißen Täters Mr Marais wesentlich: jener ist nicht nur Täter konkreter Gewalt, sondern hat sich in der öffentlichen Meinung auch als Unterstützer des Apartheidregimes schuldig gemacht, ganz im Sinne der Darstellung von Diner (1987), für den nach gesellschaftlich ausgeübter Gewalt eine »kritische Masse individuell nicht rückführbarer Schuld zurück[bleibt], und diese ist auf die abstrakte, entpersönliche und kollektive Arbeitsteiligkeit (...) [der Gewalt] zurückzuführen« (S. 188). Mit Jaspers ([1946]/1996) ließe sich formulieren: Mr Marais hat sich nicht nur kriminell, sondern auch politisch, moralisch und letztlich metaphysisch als Apartheidkämpfer schuldig gemacht. Damit einhergehend tritt Mr Marais, anders als Mr Ismail, auch nicht selbstbewusst-trotzig vor das Amnestierungsgremium, sondern stellte sich als ein in innerer Wandlung befindlicher Staatsbürger dar. Trotz der subtilen rassistischen Einsprengsel in seine Redebeiträge bemüht er sich, Umkehr und Einsicht zu demonstrieren.

Mittels seiner Rezitationen der Schlagworte des Versöhnungsdiskurses bekennt er sich scheinbar zu den neuen Werten der »Regenbogengesellschaft« und hofft, dadurch die Beurteilung seiner Schuld in der öffentlichen Meinung positiv für sich beeinflussen. Damit erhält diese Amnestierungsanhörung auch den Charakter einer Gesinnungsprüfung im Hinblick auf die neuen gesellschaftlichen Werte. Entgegen den vorgesehenen Amnestierungskriterien, die eine moralische Bearbeitung der Schuld explizit ausklammern, zeigt sich hier der Versuch, eine innere Auseinandersetzung zu demonstrieren, um dadurch die Amnestierung zu befördern.

Allerdings ließ sich in seiner Benutzung des Versöhnungsdiskurses eine massive Doppelbödigkeit herausarbeiten. Bezeugt Mr Marais durch den Gebrauch der neuen Schlagworte des öffentlichen Diskurses zunächst gleichsam eine Unterwerfung unter die neuen moralischen Werte, so wendet er diesen Diskurs doch gerade dazu an, eine mögliche öffentliche Beschuldigung zu verunmöglichen:

> *»Today I'd like to ask the Committee to grant me amnesty, not because I want to justify what I did or want to try to say there was anything good about it, on the contrary, I want to ask for understanding not for retaliation. I would ask for restoration rather than retaliation and victimization. I would like to refer you today to the words of our State president when he said at his inauguration this year, that we should forget the past, what is past is past«* (Anhörungsprotokoll E. Marais, S. 9).[41]

Mr Marais beruft sich hier fast wortwörtlich auf den Gesetzestext, der gesellschaftliche Verständigung propagiert. Damit beansprucht er die Befreiung von schuldhafter Verantwortung. Der religiös gefärbte Versöhnungsdiskurs wird von ihm vereinnahmt: der (eigentlich an die Opfer von Gewalttaten gerichtete) Appell, man solle die Täter nicht verurteilen, dient ihm als Untermauerung seines Amnestierungsbegehrens, auf das er nun gleichsam einen Anspruch ableitet. Wenn er den Präsidenten zitiert, der die Vergangenheit vergessen haben möchte, so präsentiert er sich zwar scheinbar als Befürworter der neuen gesellschaftlichen Ordnung, zeigt sich aber indirekt als Gegner des eigentlichen gesellschaftlichen Bearbeitungsprojekts der Wahrheitskommission, nämlich aufzuklären und zu versöhnen. Diese Verdrehung erfüllt mich als Leserin mit massivem Unbehagen. Hier zeigt sich eine gewisse Hilflosigkeit in der Gegenüberstellung mit den diskursiven Strategien eines Täters, die auf subtiler Ebene eine starke aggressive Konnotation haben. Die versöhnenden Absichten der Wahrheitskommission werden auf den Kopf gestellt: mittels des Schutzschilds des Versöhnungsdiskurses hält Mr Marais die gerade notwendige Auseinandersetzung mit seiner Schuld von sich fern. Dass er Einfühlung und Verständnis allenfalls erhoffen, sie aber keinesfalls einfordern könnte, scheint ihm nicht zugänglich. In der augenscheinlichen Anpassungsbewegung durch das Rezitieren der gesellschaftlich erwünschten Schlagworte steckt das eigentliche Durchsetzen widerständiger subjektiver Interessen.

8.3.3. Die Ambivalenz der Schuldfrage im Kontext der Amnestierungsanhörungen

Mr Marais hat sich in seiner Argumentation eine Ambivalenz zunutze gemacht, welche die Arbeit der Wahrheitskommission durchgängig prägt: auf einer expliziten Ebene war es ihr Anliegen, eine gesellschaftliche Bearbeitung »auf der Grundlage eines Verlangens nach Verständnis (...), Wiedergutmachung und *ubuntu*« (vgl. Wahrheits- und Versöhnungskommission 2000, S. 28) anzustreben und die Täter nicht a priori auszugrenzen und zu verurteilen: »While acts of gross violations of human rights may be regarded as demonic, it is counter-productive to regard persons who perpetrated those acts as necessarily demonic. The work of the Commission towards reconciliation would be useless if such a stance were to be upheld« (Final Report 1998, Band 5, Kap. 7, §55).

Die Amnestierungskriterien bedeuteten in dieser Hinsicht die juristische Verankerung einer neutralen und nicht einseitig verurteilenden Rolle. Auf der latenten Ebene der öffentlichen Auseinandersetzungen zeigte sich jedoch, dass diese angestrebte Unparteilichkeit inhaltlich nicht immer durchzuhalten war. Dies zeigte sich besonders deutlich im Bezug auf eine unterschiedliche Bewertung der Taten von Befreiungsaktivisten bzw. Apartheidtätern und den sich manchmal überlappenden Täter- und Opferaspekten der Aussagenden: »A further problem of perspective is the thorny question of whether perpetrators may also be viewed as victims. Although one may wish to have a clear-cut position on perpetratos, it is possible that there are grey areas. (...) To understand the potential grey areas involves being drawn into a position of some sympathy with the perpetrator. The dangers of this are twofold: first to forget and ignore the suffering of the victims of abuse, and second to exonerate the doer of violent deeds« (Final Report 1998, Band 5, Kap.7, §53–54).

Tatsächlich laden sich die Fragen in Bezug auf die Legierung von Täter- und Opferaspekten widersprüchlich auf: Stellt die Gewalt des sich wehrenden Opfers Unrecht dar? Wird ein Opfer dann zum Täter, wenn es sich gewaltsam wehrt? Gibt es eine Grenze dessen, wie viel Gegengewalt des Opfers noch legitim ist, bevor es sich im eigentlichen Sinne schuldig macht? Oder ist Gegenwehr automatisch legitim?[42] Das hier anklingende moralische Dilemma war auch von der Wahrheitskommission nicht zu lösen. Deutlich wurde jedoch gerade in der Anhörung von Mr Ismail, dass dieses moralische Dilemma funktionalisiert werden kann, nämlich dann, wenn es dazu dient, eigene schuldhafte Anteile a priori abzuwehren.[43]

Gerade hierin zeigt sich aber auch ein zentrales Bearbeitungsvakuum der Wahrheitskommission: sie sah keinerlei Rahmen für eine innere Selbstbefragung der Täter vor. Einem etwa spontan entstehenden Auseinandersetzungsbedürfnis der Täter war allein durch die juristische Relevanz seiner Aussagen ein Riegel vorgeschoben: um sich nicht etwa selbst zu belasten, war jede Äußerung sorgfältig abzuwägen.[44] Zudem wurde eine emotionale Bearbeitungsperspektive explizit aus den Amnestierungsanhörungen verbannt, was sich nicht zuletzt auch darin zeigt, dass der Vorsitzende der Wahrheitskommission, Desmond Tutu, nur in wenigen Ausnahmefällen an Amnestierungsanhörungen teilnahm. Als Träger einer emotional und religiös-moralisch geprägten Rolle schien er im Rahmen dieser Anhörungen offenbar eher fehl am Platze.

Zudem zeigte das juristisch explizite Ausklammern eines Reuebekenntnisses im Rahmen der Amnestierungsanhörungen, dass die Wahrheitskommission zumindest hier an den inneren Prozessen der Täter nicht interessiert war. Damit aber verschloss sie den Zugang zu dieser Ebene der Schuldbearbeitung. Freilich zeigt sich darin ein Grunddilemma in der Auseinandersetzung mit schuldhafter Verantwortung: sie kann nicht eingefordert oder verordnet werden und da, wo man diesen Versuch unternähme, könnte ein »Lippenbekenntnis« dem eigentlichen Anliegen Hohn sprechen. Auf dieses Dilemma verwies die Wahrheitskommission vielfach. Aus meiner Sicht wurde damit jedoch die zentrale Herausforderung in der gesellschaftlichen Bearbeitung des Schuldkonfliktes nicht erkannt: Denn es sollte weniger darum gehen, eine wie auch immer geartete Lösung dieses Dilemmas anzustreben, als vielmehr darum, die notwendigen Voraussetzungen und förderlichen Bedingungen für eine Beteiligung und einen Einbezug der Täter in die kollektive Auseinandersetzung um schuldhafte Verantwortung auszuloten. In dem Maße, wie das Amnestierungsprocedere die Möglichkeiten einer solchen Förderung gar nicht erst vorsah, blieb ein wesentlicher, vielleicht sogar der zentrale Bereich der notwendigen Versöhnungsarbeit ausgeklammert.

Dabei kann uns dieser ausgesparte Bereich in der öffentlichen Auseinandersetzung insbesondere auch deswegen überraschen, da im Bezug auf die Opfer ja viel Betonung auf die Notwendigkeiten für eine Versöhnung mit den Tätern gelegt wurde. Diskursiv wurden hierfür, z.B. durch die öffentliche Anerkennung des Leids, wesentliche Voraussetzungen geschaffen und immer auch mit dem Hinweis auf das befreiende Potential der Bereitschaft zur Vergebung versehen. Diese starke Förderung von versöhnungsrelevanten inneren Prozessen auf Seiten der Opfer findet jedoch keine Entsprechung in dem sich auf die Arbeit mit Tätern beziehenden Diskurs, sieht man von Desmond Tutus wiederkehrenden Appellen ab, die Täter sollten sich doch für die gesellschaftliche Versöhnung öffnen. Die »natürliche« Abwehr vieler Gewalttäter, sich mit Tatverantwortung und Schuld auseinanderzusetzen, wurde so noch verstärkt. Grunenberg (2001) schreibt:

> »Die Erkenntnis, daß es kollektive Heilung nicht gibt, ja, dass diejenigen, die Verbrechen begangen haben, aber auch die, die Mitwisser waren oder die, die überhaupt nicht beteiligt waren, so nachhaltig beschädigt sind, dass sie auf absehbare Zeit nicht zu einer kritisch-reflektierenden Distanz in der Lage sind, ist deprimierend. Das Nachdenken über die Möglichkeiten und Grenzen der Erinnerung hat damit aber zu rechnen. Erst dann kann es jenen leeren Platz einnehmen, der sich an der Stelle des ausbleibenden kollektiven Schuldbekenntnisses gebildet hat« (S. 119).

Die Wahrheitskommission hielt konzeptionell keinen Zugang bereit, eine kritisch-reflektierende Distanz der Aussagenden zu den von ihnen verantworteten Gewalttaten zu fördern. Entgegen der offiziellen Interpretation der Täter als Hilfebedürftigen (im Kontext des Versöhnungsdiskurses wurden sie ihrerseits als Opfer der »traumatisierenden Bestie der Vergangenheit« gedeutet; vgl. Kapitel 9.1.2.) wurde ihnen keine Hilfestellung in der persönlichen Auseinandersetzung mit den von ihnen begangenen Gräueln zuteil.

In wenigen Ausnahmefällen bot die Wahrheitskommission zwar psychologische Beratung für Täter an, war dann jedoch bemüht, dies nicht publik zu machen – es geschah im Verborgenen (vgl. Kjeldgard und Nexo 1999). Dabei bedeutet das Durcharbeiten konkreter Schuld das Sich-Einlassen auf eine schwierige und anspruchsvolle psychische Arbeit. Die Vielschichtigkeit der eigentlich notwendigen Auseinandersetzung wird z. B. in der Darstellung von Gobodo-Madikizela (2003) deutlich, die einen der bekanntesten Apartheidtäter, Eugene de Kock, in einer Serie von Gesprächen befragte und sich dabei emotional intensiv auf ihr Gegenüber einließ. North (1988) schlüsselt neun Stufen einer solchen Auseinandersetzung auf, welche z. B. das Tolerieren von massiver Scham, das Entwickeln von tiefer Reue, die Fähigkeit, sich selbst zu vergeben und den Wunsch nach Wiedergutmachung umfasst (vgl. dazu auch Landman 1993).[45] Vergegenwärtigen wir uns die innerpsychischen Herausforderungen in einem solchen Durcharbeiten, tritt das Bearbeitungsvakuum der Wahrheitskommission noch deutlicher hervor (Fourie 2000).

Die Heimlichkeit in Bezug auf die wenigen, konkreten Hilfestellungen gegenüber den Tätern enthüllt eine eigentliche, latente Aggression: in dieser Lesart können wir die Amnestierungsanhörungen als öffentliche Inszenierungen verstehen, mit denen sich durchaus der Wunsch nach Anklage, Beschuldigung und Beschämung verband. Wie oben herausgearbeitet, bedeutete das Angebot einer Amnestierung der Täter für viele Opfer eine Frustration ihres Wunsches nach Bestrafung. In diesem Zusammenhang fragten wir danach, welche alternativen Formen einer Befriedigung der gegen die Täter gerichteten Aggressionen denkbar seien und »ob die Institutionen (...) über ihre tatsächlichen oder angeblichen Ziele und Aufgaben hinaus noch eine zusätzliche Funktion im Sinne der neurotischen Ersatzbefriedigung und der neurotischen psychosozialen Abwehr ausüben« (Mentzos 1996, S. 94). Das latente Geschehen der Amnestierungsanhörungen lässt sich nun als Möglichkeit begreifen, (zumindest ausgesuchte) Täter von Gewaltübergriffen subtil eben doch anzuklagen und mit ihrer Schuld zu konfrontieren. Wut und Rachebedürfnis würden dann entgegen dem offiziellen Verständnis doch Eingang in die Anhörungssituation gefunden haben.

Dabei handelt es sich vermutlich nicht nur um die Wut der Opfer, sondern auch um ein kollektives Bedürfnis nach Anklage, Bestrafung und Beschämung: die Amnestierungsanhörungen boten die Möglichkeit, Schuld zu individualisieren. Sah sich nach dem demokratischen Umbruch zunächst die Bevölkerungsgruppe der Weißen mehr oder weniger pauschal angeklagt, so ließ sich durch die Amnestierungsanhörungen die Schuld auf einzelne geständige Tätern projizieren. Als Geschehen z. B. den Nürnberger Prozessen im Nachkriegsdeutschland vergleichbar, wäre hier entsprechend auch von einer schuldentlastenden Wirkung für die (zumeist weißen) ›Mitläufer/innen‹ auszugehen.[46]

Der Wunsch nach Bestrafung und Beschämung verdeutlicht sich auch im szenischen Geschehen während der Anhörungen, da die Täter Rede und Antwort zu stehen hatten. Dem häufig geäußerten Vorwurf, man habe diese mittels des Amnestierungsprocederes allzu leicht »davonkommen lassen«, hielt die Wahrheitskommission manchmal entgegen, dass das Ausmaß öffentlicher Beschämung im Anhörungsgeschehen nicht zu unterschätzen sei:

> »You have to stand up before South Africa, before the world and at a cross-examination tell your story (...) in all its gory details. You won't go to jail, but your neighbor will know. And when you walk into a supermarket the person who sells you your milk will know what you did. Your grandchildren and your great grandchildren and five generations down the line will know what you did. So you won't go to jail, but you don't walk away totally free« (Villa-Vicencio, zit. in Kjeldgard und Nexo 1999, S. 95).

In dieser Darstellung zeigt sich eine Bestrafungsabsicht, die auf öffentliche Beschämung zielt. Diese Beschämung war auch deswegen wirksam, weil bei den Anhörungen eben nicht nur lokales Publikum präsent war, sondern über Fernsehbildschirme und Radios auch ein großer Teil der südafrikanischen Nation und der Weltöffentlichkeit.

Auch die Konfrontation mit den betroffenen Opfern, so sie denn anwesend waren, war von subtil anklagendem und beschämendem Charakter: »the TRC has created platforms for survivors to experience the humanity of their perpetrators through amnesty hearings. Regardless of the outcome of the hearings, survivors have the chance to see their tormentors in an entirely new relationship of power – where the balance is tipped in the favour of victims« (Winslow 1997, S. 41). Auch wenn mir die Machtbalance nicht ganz so eindeutig zugunsten der Opfer verteilt scheint, wie Winslow hier behauptet, so ist doch der szenische Gehalt der konfrontierenden Begegnung nicht zu unterschätzen: die Täter sahen sich allein durch die Präsenz der Opfer mit einer stillen Anklage konfrontiert und hatten sich indirekt vor ihnen zu verantworten.

Insofern zeigt sich im Herangehen der Wahrheitskommission ein doppelbödiger Umgang mit der gesellschaftlichen Schuldfrage: auf einer manifesten Ebene wurde sie in den Hintergrund gerückt; die juristische Unterfütterung der Auseinandersetzung sowie die damit verknüpften Rechtfertigungsvorgaben entzogen ihr weitgehend den Boden, diskursiv wurden die Täter als ihrerseits Traumatisierte gedeutet. Auf einer latenten Ebene aber vermittelt sich der Wunsch nach öffentlicher Beschuldigung und Beschämung. Dieser dürfte gerade deswegen ausgeprägt gewesen sein, weil die Bestrafung als Mittel einer gesellschaftlichen Stigmatisierung der Verbrechen und als »Gefäß« für die gesellschaftliche Aggression gegen die Täter wegfiel.[47] Per subtiler Schuldzuschreibung wurden die Verbrechen dann aber doch als tatsächlich schuldhaft verantwortete Taten kenntlich gemacht – und dies war umso notwendiger, als sich die demokratisierte Gesellschaft ja als ein explizit moralisches Kollektiv zu bestimmen suchte. Der Widerspruch zwischen Diskurs und Realität könnte also kaum eklatanter hervortreten – hier artikuliert sich die Aggression gegen die Täter im Unterlassen bzw. im Verschweigen tatsächlicher Hilfestellungen.

Damit kann auch verständlicher werden, warum die Aussagenden sich tatsächlich weitgehend hinter den ihnen angebotenen Rechtfertigungsstrategien verschanzten. Immerhin hätte man das Aussagen ja auch als eine Gelegenheit zu öffentlicher Beichte verstehen können verbunden mit der Hoffnung auf (gesellschaftliche) Vergebung. Dies wäre nicht zuletzt auch vor dem Hintergrund der religiösen Ausrichtung der Wahrheitskommission nahe liegend gewesen. In den vorgestellten Anhörungen zeigte sich jedoch kein überzeugend wirkendes Bedürfnis der Täter, über die eigene Schuld nachzudenken.[48] Zwar bedeutete Mr Marais, anders als Mr Ismail, dass er sich rückblickend von seinen Taten distanziert, doch enthüllte sich dieses Bekenntnis durch eine diskursanalytische Betrachtung als widersprüchlich und unglaubhaft. Das zentrale Motiv seiner Aussage ließ sich vielmehr als der Versuch einer Herleitung mildernder Umstände herausarbeiten. Natürlich stellt ein öffentliches Schuldbekenntnis eine große Herausforderung für Täter dar.[49] Dennoch konnte sich eine Interpretation und »Verwendung« der Aussagesituation als Möglichkeit öffentlicher Beichte vermutlich auch deswegen nicht durchsetzen, weil sich Anklage, Verurteilung und Aggression unterschwellig deutlicher vermittelten als die diskursiv propagierte Einfühlung und das Verständnis für die Täter.

Allerdings ist auch bei dieser Betrachtung der Schulddynamik vor dem Amnestierungskomitee eine Differenzierung zwischen schwarzen, farbigen und weißen Tätern notwendig – auf diesen Aspekt hin sind die bisherigen Überlegungen zu präzisieren. Verstehen wir die Amnestierungsanhörungen nicht nur als juristische Pragmatik, sondern auch als Versuch einer öffentlichen Neuinterpretation des historischen Konflikts und der moralischen Wertigkeit seiner Protagonisten, so versteht sich von selbst, dass das Kollektiv der vor dem Amnestierungskomitee erscheinenden Täter in sehr unterschiedlichen Rollen wahrgenommen wurde. Gerade die Anhörung von Mr Ismail als prominentem Befreiungskämpfer hat deutlich werden lassen, dass das Selbstverständnis zumeist schwarzer und farbiger Aktivisten im Kontext der tatsächlichen gesellschaftlichen Befreiung und Demokratisierung kaum die Identifikation mit Täteranteilen zulässt.

Auch im Bezug auf das Kollektiv der weißen Täter findet sich eine Spaltungsbewegung, die von Buur (2001) beschrieben wird: zunächst sei die Neigung vorherrschend gewesen, vor allem in den (burischen) Afrikaanern die Personifikationen des Bösen zu erkennen.[50] Aber wie hätte sich so noch dem Ruf der Versöhnung gerecht werden lassen können? Insofern habe sich eine Interpretation angeboten, aus der heraus nur einzelne bösartige Afrikaaner-Täter aus dem eigentlich guten Kollektiv der Afrikaaner hervorgegangen seien (vgl. Buur 2001). Einhergehend damit wurden ausgesuchte »weiße« Täter als Personifikation des bösen Apartheidsystems interpretiert und hier vor allem jene, die entweder besonders grausame Taten zu verantworten hatten oder sich besonders uneinsichtig, kaltblütig oder abweisend vor dem Amnestierungskomitee zeigten. Auch wenn der öffentliche Diskurs Wert darauf legte, niemanden zu anzuklagen oder zu verurteilen, so wird auch hier der latente Mechanismus der Schuldprojektion deutlich.

Freilich kann es hier nicht darum gehen, die reale Schuld der aussagenden weißen Täter in Frage zu stellen. Es wäre zu kurz gegriffen, wollte man die Klärung Schuldfrage dadurch umgehen, dass man die jeweilige Schuld konkreter Täter gegeneinander misst oder gar ausspielt. Vielmehr muss Schuld artikuliert und gerichtet werden können, um Täter mit ihrer Verantwortung zu konfrontieren. Die Arbeit der Wahrheitskommission zeigt in diesem Kontext jedoch die problematischen Aspekte dieser Auseinandersetzung auf: nämlich jene Momente, da Schuld projiziert sowie stellvertretend aufgebürdet wird. Damit wird die Auseinandersetzung um schuldhafte Verantwortung in scheinbar schuldhafte und scheinbar schuldfreie Kollektive gespalten. Problematisch am Amnestierungsprocedere erscheint zudem, dass hier die Schuldfrage zwar diskutiert wurde, dies jedoch nicht offen benannt wurde und damit bewusst werden konnte. Das Auseinanderklaffen von manifestem und latentem Geschehen prägte die Auseinandersetzungen wesentlich – die Nachapartheidgesellschaft benötigte einerseits ausgewiesene Täter als Träger kollektiver Schuld und konnte sich doch im Zuge der Selbstdarstellung als egalisierende und versöhnende Gesellschaft gerade das Bewusstwerden einer solchen massiven Ausgrenzungsbewegung nicht leisten.

Hannah Arendt hat das »Vorgehen strafrechtlicher Rekonstruktion individueller Schuld als die Rückverwandlung eines Rädchens in einen Menschen beschrieben« (zit. in Limbach 2001, S. 87f.). Im Rückbezug auf die Wahrheitskommission lässt sich fragen, inwiefern die Amnestierungsanhörungen die Möglichkeit boten, eine solche Rückverwandlung zugunsten einer kollektiven Bearbeitung der gesellschaftlichen Konflikte anzustoßen. Auf einer politischen Ebene ist die gesellschaftliche Reintegration der Täter scheinbar gelungen: Täter aller politischen Gruppierungen haben Amnestierungen erreicht, Amnestierungsanträge wurden nur vereinzelt abgelehnt und auch dies quer durch alle politischen Lager. Auf einer psychologischen Ebene konnten die Hintergründe, Motivationen und auch Konflikte der Täter jedoch kaum zugänglich werden, eine emotionale Integration der ausgeübten Gewalt dürfte sowohl individuell als auch kollektiv weiterhin ausstehen. Das Bemühen, ein Modell kollektiver Versöhnung umzusetzen, innerhalb dessen die Reintegration der Täter einen wesentlichen Grundpfeiler darstellt, bleibt in dieser Hinsicht unvollständig.

8.4. Perspektiven von Tätern und Opfern: eine Gegenüberstellung im Rahmen einer Amnestierungsanhörung

> »I do not really believe that they have any remorse whatsoever. Their children are quite comfortable, their wives are comfortable. My children as well as my wife are suffering. (...) Now, here comes a person asking for forgiveness. Even children get punished for whatever wrongs that they do, now why should they be forgiven when our children are now suffering.« (Mr Zulu)

Die Bearbeitung der Schuldfrage wird insbesondere dann brisant, wenn es zu einer Gegenüberstellung zwischen Tätern und Opfern kommt. In diesem Kapitel möchte ich ein Beispiel vorstellen, da im Rahmen der Wahrheitskommission eine Auseinandersetzung zwischen den Perspektiven von Tätern und Opfern möglich wurde. Die Amnestierungsanhörungen boten den einzigen öffentlichen Anlass für derartige Begegnungen.[51] In ungefähr 52% der Fälle nahmen Opfer aktiv an den Anhörungen ihrer Täter teil, auch wenn sie dabei nicht immer per Anwalt gegen den Amnestierungsantrag Widerspruch einlegten (Ernest

2004); in 28% der Fälle wurden die Amnestierungsanträge von den betroffenen Opfern angefochten.[52] Ging es der Wahrheitskommission zunächst also nur darum, den Opfern juristisch die Möglichkeit zu geben, gegen den Amnestierungsantrag Einspruch zu erheben, so folgte daraus auch, dass hier – letztlich aber eben nur hier – eine Begegnung und öffentliche Auseinandersetzung zwischen Tätern und Opfern möglich wurde.[53] Ein Beispiel für eine solche Auseinandersetzung ist entsprechend in die empirische Untersuchung einzubeziehen.

8.4.1. Die Sicht der Opfer

In der hier vorgestellten Anhörung sind acht Opfer vertreten, um gegen die Amnestierungsanträge drei weißer Täter, ultrarechter Widerstandsaktivisten, Widerspruch einzulegen.[54] Diese haben einen Überfall auf einen ausschließlich von schwarzen Passagieren besetzten öffentlichen Bus im Oktober 1990 zu verantworten; laut ihrer Aussage sollte damit gegen den Übergang zur Demokratisierung protestiert und das Land destabilisiert werden. Die Opfer werden vor der Kommission durch einen Anwalt, Mr Purshotam, vertreten. Er erhält im untersuchten Ausschnitt die Gelegenheit, die anwesenden Opfer als Zeugen zu vernehmen.

Auch dieser Teil der Anhörung beginnt mit einer langwierigen juristischen Debatte. Ein Rechtsanwalt der Täter, Mr Prinsloo, teilt von einer juristischen Auseinandersetzung zwischen Tätern und Opfern im Vorfeld der Amnestierungsanhörung mit. Im Rahmen dieser Auseinandersetzung hatte der Rechtsanwalt der Opfer eine Schuldanerkenntnis und finanzielle Entschädigung von den Tätern verlangt mit dem Hinweis, dass in diesem Falle die Opfer keinen Widerspruch gegen den Amnestierungsantrag einlegen würden. Dieser Sachverhalt ist jetzt, da die Opfer Wort erhalten sollen, noch einmal zu klären. Der Anwalt der Opfer bekräftigt aber, dass die Betroffenen ihren Widerspruch gegen die Amnestierung aufrechterhalten und dass er in dieser Anhörung versuchen wird darzulegen, dass ein politisches Motiv der Täter als Grundlage für ihre Amnestierung ausgeschlossen werden kann.

Reagiere ich zunächst etwas gelangweilt auf diese formelle Auseinandersetzung und die damit verbundene langatmige Verzögerung der eigentlichen Anhörung, so gibt mir der Hinweis auf das juristische Begehren der Opfer nach finanzieller Entschädigung doch wichtige Aufschlüsse: denn hieraus geht hervor, dass Täter und Opfer bereits vor der Amnestierungsanhörung in Kontakt standen und dass die Opfer eine selbstbewusste Forderung formuliert haben, die sogar an den Versuch einer Erpressung grenzt. Dies deutet auf eine stark angespannte und von Wut geprägte Beziehung zwischen Tätern und Opfern. Sehen wir uns an, inwiefern in der folgenden Vernehmung eines der Opfer, Mr Zulu, diese Gefühle zum Ausdruck kommen.

Mr Zulu ist der erste Aussagende unter den Opfern. Einleitend erfahren wir, dass er zum Zeitpunkt der Anhörung 45 Jahre alt und verheiratet ist; er hat sieben Kinder und ist arbeitslos. Der Anwalt bittet Mr Zulu darum, den Tathergang aus seiner Sicht zu schildern:

> MR ZULU: »I was from work that particular day. (…) The bus ferried us from Alice Street through the centre of town and when we got to a certain place called Sereteri, that Hill. There was a garage further down there. I was sitting on the right hand side. I saw white gentlemen in a private car. Just as we were passing in the bus, they got into the car very quickly, with so much speed. As the bus was driving along the road – apparently the driver had also noticed that they were apparently following us. (…) There was a sharp curve. Just as the bus was taking the curve, we saw this car speeding up toward us. The bus continued on that road – they followed us. Just as the bus was approaching the bridge – that is the side from which we got injured – I saw two White people, they were protruding through the windows and they were having machine guns. They started firing at the bus. We all started screaming in the bus. Many that I saw were still alive, some were already dead at that time. They continued firing at us, despite the fact that there were some who had already died. Thereafter, I realised that I had been injured. I lost conciousness thereafter« (Anhörungsprotokoll Zulu; S. 3f.).[55]

Mr Zulus Ausführlichkeit der Beschreibung zeigt, wie genau er sich an den schrecklichen Vorfall erinnert. Seine detaillierten Angaben zur räumlichen Abfolge ziehen uns ins Geschehen. Die Erzählung wirkt klar, geordnet und einer genauen Chronologie verpflichtet. Der eher sachlich gehaltene Tatsachenbericht wird allenfalls durch die Hervorhebung der Geschwindigkeit dramatisiert, wodurch die Verfolgung der weißen Männer eine unheimliche Qualität erhält. Auffallend ist, dass Mr Zulu den traumatischen Moment des eigentlichen Übergriffs bei weitem nicht so detailliert beschreibt, wie es die Ausführlichkeit der einleitenden Sätze nahe legen könnte. Ob der Busfahrer versuchte dem Übergriff durch Lenkmanöver auszuweichen, ob Glas splitterte, ob Menschen in Panik gerieten, ob Blut floss – all dies bleibt ausgeklammert.

Allein das Schreien der Passagiere wird vermittelt. Die Angst vor einer potenziell retraumatisierenden Überflutung mit dem erinnerten Grauen erlaubt Mr Zulu hier vermutlich nur ein knappes Andeuten des Geschehens.

In den Worten »*they continued firing at us despite the fact that there were some who had already died*« (S. 4) verrät sich Unglauben und Empörung über die mörderische Intention der Täter. Es scheint Mr Zulu kaum vorstellbar, dass die Täter beabsichtigt haben könnten, tatsächlich alle oder möglichst viele Passagiere zu töten. Dies verdeutlicht sich auch einige Sätze später, als Mr Zulu von seinem Anwalt gebeten wird eine Angabe zur Zeitdauer des Überfalls zu machen. Er antwortet hier: »*I cannot be able to do that because all this happened so quickly. Apparently they were trying to kill us all*« (S. 4).[56]

Mr Zulu hat von diesem Gewaltübergriff eine schwere Behinderung und eine massive gesundheitliche Beeinträchtigung davongetragen:

> »*I lost conciousness by the time I had already seen that my arm was hanging on by a thread. Thereafter, I don't know what happened because if I can remember well, I regained conciousness at hospital after about two months. And I was put at the ICU ward. I stayed for quite a long time – I can't even remember for how many months I stayed there. If I can recall very well, after quite a long time I didn't even know that I didn't have an arm anymore, I saw after quite a few months after the accident. That's only then that I realised I had lost an arm. I remained in hospital for quite a long time and I was in tremendous pain. Even today I still have these pains, I haven't yet healed*« (S. 4).[57]

Durch die Darstellung der Bewusstlosigkeit, der Verletzungen und der starken Schmerzen verdeutlichen sich die schweren Folgen der ausgeübten Gewalt. Kontrastieren wir diese Schilderung mit der des Täters Mr Marais, die sich auf das schlichte »*We fired, we passed the bus*« beschränkte, so beeindruckt die enorme Kluft zwischen diesen Darstellungen. Für diesen war der Gewaltübergriff quasi im selben Moment, da sich die Schüsse aus dem Gewehrlauf lösten, beendet, für jenen hält sie in schmerzhafter Qual über Monate und Jahre hinweg bis zum Tag der Anhörung an. Baumeister (1997) hat für diese Kluft den Begriff der »magnitude gap« (sinngemäß: Bedeutungskluft) geprägt; er beschreibt sie als generell charakteristisch für das Erleben von Tätern bzw. Opfern. Nur für letztere hat ein Gewaltübergriff immer eine existenzielle und damit lang anhaltend verunsichernde Bedeutung. Treffen Täter und Opfer vor dem Amnestierungskomitee zusammen, so wird diese Bedeutungskluft besonders offenbar. Im Kontext der Amnestierungsanhörungen zeigen die auseinander gehenden Einschätzungen der Gewalt auch, dass für die einen, die Täter, die Amnestierung tatsächlich die Qualität einer rein juristischen Formsache annehmen kann, die bestenfalls mit dem Amnestierungsbeschluss »abgehakt« ist, während die anderen, die Opfer, mit der emotionalen Bearbeitung der erlebten Gewalt und den damit verbundenen drängenden Fragen über viele Jahre hinweg ringen. Damit könnte das Amnestierungsprocedere die beschriebene Kluft zusätzlich weiter vertiefen bzw. zementieren. Es dürfte das Opfer mit dem wütenden Impuls konfrontieren, den Täter doch noch zur Wahrnehmung und Anerkennung des von ihm verantworteten Leidens zu drängen.

So arbeitet der Anwalt, Mr Purshotam, durch seine Nachfragen auch weiter heraus, wie sehr die körperliche Behinderung das Leben des Aussagenden beeinträchtigt. Wir erfahren, dass Mr Zulu neunzehn Jahre lang Automechaniker war und diesen Beruf nun nicht mehr ausüben kann. Er fügt hinzu, er könne sich nicht einmal mehr selbständig an- und auskleiden. Inzwischen sei er in Rente gegangen.

Schließlich erhält das Opfer die Gelegenheit, das politische Motiv der Täter in Frage zu stellen:

> MR PUSHOTAM: »*Do you think that the attack was related to any political objective?*«
> MR ZULU: »*I do not believe so, I do not believe that they could have killed innocent people if it had to do with politics*« (S. 6).[58]

Mr Zulu distanziert sich hier von der Argumentation der Täter, die Tat habe einen politischen Charakter, der die Amnestierung rechtfertige. Das Schießen auf unschuldige Zivilist/innen beweist für ihn den blind mörderischen Charakter der Tat. Diese Auffassung führt er abschließend detailliert aus:

> MR PUSHOTAM: »*Do you have anything else to relate to the Committee?*«
> MR ZULU: »*I just want to put this request forward that these attackers, they say they want amnesty or they have applied for amnesty – I'm asking as to why they want to be forgiven because according to my own opinion they did this with full intention. They moved from a certain place to where they attacked us. Now, this was a distance. It indicated fairly well that this was planned. To me this looks like a cold blooded murder, they were killing animals. They never knew that they were not only killing us but they were killing our families as well.*

If they had intended to kill politically why didn't they go to the place where the attack took place (...)? They attacked us. We were innocent victims coming back from work, now we are in such a predicament and suffering. Our children are suffering as a result of the attack. The education that we wanted to give our children can no longer be fulfilled because of them. They wanted to do us down. According to them, they decided to do this because we were Black. I do not see any logic whatsoever for me to forgive a person who has rendered me to be what I am today. My future is now bleak as well as my children's future« (S. 6).[59]

Mr Zulu findet hier sehr deutliche Worte für die rigorose Ablehnung einer Amnestierung der Täter. Die oben beschriebene Bedeutungskluft vertieft sich weiter: Mr Zulu versucht gleichsam, sie gedanklich detailliert abzutasten, indem er den Anwesenden das Ausmaß seines Schicksals vor Augen führt. Nachdenklich stimmt jedoch, dass seine Argumente gegen die Amnestierung die tatsächlich gültigen Amnestierungskriterien nicht stimmig berücksichtigen. Am deutlichsten wird dies an der Überlegung mit welchem Recht die Täter eigentlich die Vergebung der Opfer beanspruchen können, obwohl sie doch mit voller Absicht gehandelt haben. Tatsächlich aber geht es im Rahmen des Amnestierungsprocederes weder um die Frage nach Vergebung noch um die Frage nach der bewussten Absicht: allein der Abgleich der Tat mit den gültigen Amnestierungskriterien steht zur Disposition. Auch die Argumentation, die Tat könne nicht amnestiert werden, weil sie aufgrund ihrer Ungeheuerlichkeit moralisch unentschuldbar ist, kann vor dem Amnestierungskomitee nicht greifen. Mr Zulu macht dahingegen deutlich, dass die mittels dieser Kriterien eingeführte Entkoppelung der Auseinandersetzung zwischen Tätern und Opfern der eigentlichen Notwendigkeit einer Bearbeitung ihrer Beziehung nicht einmal ansatzweise gerecht zu werden vermag. Ein eklatanter Widerspruch zwischen dem Wunsch des Opfers nach einer auch moralisch fundierten Konfrontation mit dem Täter und den geltenden Amnestierungskriterien spannt sich hier auf.

Dass die Täter in voller Absicht töteten, ist für Mr Zulu ein Beleg für die Unentschuldbarkeit der Tat. Damit lässt sich nachträglich verstehen, warum die Schilderung des Tatvorlaufs in seiner Erzählung soviel Raum einnahm: sie dient als Beleg für die Intentionalität des Gewaltübergriffs. Spielt das Kriterium der Intentionalität tatsächlich eine Rolle in der *moralischen* Bewertung einer Tat, so verhält es sich bei der Beurteilung unter den Amnestierungskriterien jedoch gerade anders herum: hier zielte das Bemühen des Täters ja darauf, das planvolle

Organisieren der Tat hervorzuheben und von einer zufälligen, wahllosen Schießerei abzugrenzen. Unklar bleibt, warum Mr Zulu diese Diskrepanz zwischen seiner Auslegung der Amnestierungskriterien und den faktischen Vorgaben nicht erkennt oder aber nicht darauf eingeht. Möglicherweise war er nicht ausreichend gut informiert – eine solche Kritik wurde z. B. von Opferverbänden immer wieder artikuliert (Phakati und van der Merwe, im Druck). Ebenso ist aber auch denkbar, dass der Aussagende gleichsam wider besseren Wissens nicht vermochte, das juristisch fundierte Amnestierungsprocedere mit seinen individuellen Auffassungen von Recht und Unrecht zu vereinen. Der Widerspruch gegen die Amnestierung der Täter würde sich dann nicht nur gegen die Strafbefreiung richten, sondern auch gegen die Vorstellung, die Täter könnten sich durch die Amnestierung auch von ihrer Schuld freigesprochen fühlen. Im Gegensatz dazu unterstreicht Mr Zulu, dass die schwere Schuld der Täter für ihn bestehen bleibt und nicht vergeben werden kann, solange das Unrecht gerade in seinen Folgewirkungen unvermindert fortbesteht. Ist die Auseinandersetzung um Schuld auch scheinbar aus dem Amnestierungsprocedere verbannt, so verdeutlichen Mr Zulus anklagende Worte, dass sie dennoch auf Bearbeitung drängt und nicht ausgeklammert werden kann. Eine öffentliche Bearbeitung von Gewalttaten zu akzeptieren, die – anders als das übliche Vorgehen vor Gericht – Rechtsprechung und Moral dezidiert voneinander loslöst, ist für das Opfer inakzeptabel.

Eine bedeutende Rolle in Mr Zulus Argumentation spielt die Darlegung der familiären Katastrophe, die der Gewaltübergriff mit sich gebracht hat. Mr Zulu findet hier den Vergleich, dass der Übergriff nicht nur die betroffenen Zivilist/innen getötet hat, sondern auch die Angehörigen. Die diesem Vergleich implizite Dramatisierung gibt Ausdruck vom erlebten Ausmaß der Destruktion und unterstreicht damit noch einmal die Bedeutungskluft. Zu fragen wäre jedoch auch, ob das Kontrastieren des familiären Elends mit den Privilegien der Täter-Familien noch eine weitere Funktion hat. Eine mögliche Antwort hierauf könnte sich durch die weitere Analyse dieses Anhörungsabschnitts entwickeln. Zunächst aber folgen wir Mr Zulus weiteren Ausführungen:

> »As I'm talking I'm in so much pain. The pain doesn't end, physically as well as mentally. Each time I pass where the attack took place, I get panic attacks. I don't know how I can phrase this in any clearer way than what I've already said. Now I'm wondering as to whether this forgiveness they are asking for – is it from deep down inside their hearts or

is it on the surface. Or maybe they have just come because they want to be part of the boiling pot« (S. 6).⁶⁰

Erneut kann hier Mr Zulu's Auffassung irritieren, die Täter würden um Vergebung bitten. In den Protokollen ist von einem solchen Begehren der Täter keine Rede. Mr Zulu scheint jedoch den Amnestierungsantrag mit der Bitte der Täter um Vergebung gleichzusetzen. Darin schwingt die Auffassung mit, die Täter müssten einen wirklichen inneren Umkehrprozess »*from deep down inside their hearts*« vollzogen haben, um einen Amnestierungsantrag zu stellen. Damit wird erneut eine moralische Kategorie benannt, die im Gesetzestext der Wahrheitskommission gerade keine Berücksichtigung findet. Auch ein Gefühl der Reue wird nicht abverlangt, das Opfer fragt jedoch mehrfach danach:

> »*I do not really believe that they have any remorse whatsoever. Their children are quite comfortable, their wives are comfortable. My children as well as my wife are suffering. It is very painful that as the head of the family, there's absolutely nothing you can do for your family. You cannot even do the house chores, there's absolutely nothing you can do. Now, here comes a person asking for forgiveness. Even children get punished for whatever wrongs that they do, now why should they be forgiven when our children are now suffering*« (S. 6).⁶¹

Mit dem Hinweis darauf, dass sogar Kinder für Missetaten bestraft werden, macht Mr Zulu deutlich, dass Bestrafung nötig ist, um eine moralische Entwicklung anzustoßen. In diesen Worten steckt ein Appell an die Wahrheitskommission, eine väterlich-strenge Haltung einzunehmen, um soziale Gerechtigkeitsprinzipien durchzusetzen. Könnte sich dies auch auf eine finanzielle Verpflichtung zur Entschädigung beziehen? Das erneut beschriebene, düstere Bild des Familienlebens, das er mit dem bequemen Leben der Täterfamilien kontrastiert, legt dies nahe. Implizit ist darin der Ruf nach ausgleichender finanzieller Gerechtigkeit artikuliert: erst wenn die enorme Kluft zwischen der ökonomischen Sicherheit der Täterfamilien und der tragischen Verarmung der Opferfamilien überbrückt worden ist, könnte die Möglichkeit der Vergebung in Betracht gezogen werden. Die unter Armut leidenden Kinder deuten auch einen sich potenziell fortschreibenden Hass zwischen den Bevölkerungsgruppen an, der sich nicht nur auf die fatalen körperlichen und psychischen, sondern auch auf die ökonomischen Folgen der Gewalt bezieht. Der Neid auf das Privileg dieser weißen Familie, deren Oberhaupt sich einer massiven Gewalttat schuldig gemacht hat und die dennoch diese Privilegien weiter ungetrübt genießen kann, kommt hier wie auch im folgenden unverhohlen zum Ausdruck:

> »*They should be forgiven and their children should continue with their education? I am totally dissatisfied and I refuse to do that because when the case was still on in Durban, we were a laughing stock. They kept on looking at us and they kept on laughing at us. That actually showed that whatever they did, they did to animals. Now how do you forgive a person who regards you as an animal? They did not even hide that they regarded us as animals«* (S. 6).[62]

In dieser flammenden Anklage vermitteln sich die Kränkung und der damit verbundene Hass des Aussagenden. Die Idee der Versöhnung, die doch in der Arbeit der Wahrheitskommission so betont wurde, scheint hier sehr fern, eine Annäherung zwischen Tätern und Opfern zum gegebenen Zeitpunkt undenkbar. Dabei ist bedeutsam, dass Opfer und Täter bereits anlässlich einer früheren Gerichtsverhandlung aufeinander trafen (»*when the case was still on in Durban*«); dieses Erleben potenzierte für Mr Zulu die Kränkung und den Hass auf die Täter.[63] Allmählich wird nun die Komplexität der massiv gespannten Beziehung zwischen Tätern und Opfern nachvollziehbar: nicht nur die Gewalttat per se, sondern auch ihre psychischen, sozialen und ökonomischen Folgewirkungen und schließlich die Begegnung vor Gericht waren für die Opfer quälend, kränkend und von potenziell traumatischer Qualität.

Die Bedeutung der Beleidigung, dass die Opfer von den Tätern ausgelacht und als Tiere angesehen wurden, erhellt sich erst zu Ende der Anhörung. Hier erfahren wir, dass Mr Marais während der früheren Gerichtsverhandlung aussagte, man habe auf die Schwarzen geschossen wie auf Tiere. Da Tiere keine Seele hätten, habe man den Übergriff auch nicht als Mord angesehen.[64] Das mehrmalige Wiederholen der Begrifflichkeit und der entwürdigenden Situation vor Gericht macht deutlich, wie schwer die menschenverachtende und erniedrigende Haltung der Täter wiegt. Das Absprechen menschlicher Würde, welches das Töten rechtfertigen sollte, bedeutet dabei nicht nur eine enorme Beleidigung, sondern ist auch Ausdruck sadistischer Arroganz und Gefühllosigkeit auf Seiten der Täter. Hier erhalten wir als Leser einen Eindruck von der extrem aggressiven Aufladung des Rassismus, der während des Apartheidsystems alltäglich war und bis in die Gegenwart fortwirkt. Hass und Verachtung liegen schonungslos bloß; die Wut, die sie hervorrufen, wird auch in mir als Leserin spürbar. Nun wird verständlich, warum Mr Zulu die innere Wandlung der Täter so massiv in Frage stellt. Vor dem

Hintergrund des aggressiv vertretenen Rassismus, von dem hier berichtet wird, ist eine solche Wandlung tatsächlich kaum vorstellbar.

Zwar könnte die Anhörung vor dem Amnestierungskomitee die Chance bergen, eine neue Qualität der Begegnung zwischen Tätern und Opfern zu ermöglichen. Doch deutet bislang nichts auf versöhnliche Gesten hin:

> MR PUSHOTAM: *»Have any of the applicants approached you and asked you for forgiveness?«*
> MR ZULU: *»There is not even a single one who came to me.«*
> MR PUSHOTAM: *»Have they written to you asking for forgiveness?«*
> MR ZULU: *»There's absolutely nothing of that sort happened«* (S. 6f.).[65]

In dieser Frage-Antwort-Sequenz wird dem Gremium vor Augen geführt, dass die Täter keinerlei Interesse gezeigt haben, sich um Aussöhnung zu bemühen. Die Positionen von Tätern und Opfern scheinen sich unverändert und unvereinbar gegenüber zu stehen und der wütende Protest des Opfers hat Zündstoff in die Anhörung getragen. Wie kann der sich hier erneut fortsetzende Konflikt bearbeitet werden?

Mr Purshotam beschließt zunächst die Befragung des Zeugen und gibt das Wort nun weiter. Ms van der Walt fährt mit der Befragung fort: sie ist die Anwältin von Mr Botha, dem »Vorgesetzten« von Mr Marais, der auch an der Tat beteiligt war. Sie bezieht sich jetzt auf die eingangs bereits erwähnte juristische Forderung der Opfer nach Entschädigungszahlungen als Voraussetzung für eine Duldung des Amnestierungsantrags:

> MS VAN DER WALT: *»Mr Zulu, did you instruct Mr Purshotam to oppose the amnesty application of the applicant?«*
> MR ZULU: *»That is correct.«*
> MS VAN DER WALT: *»Mr Zulu, why did Mr Purshotam write a letter to the applicants in which he said that if they paid the amount of compensation claimed, there would be no further opposition to the amnesty application?«*
> MR PURSHOTAM: *»Mr Chairman, may I answer that question?«*
> CHAIRPERSON: *»Just let him answer and see what he has to say«* (S. 7).[66]

An dieser Stelle präzisiert sich noch einmal die eigentliche Dynamik zwischen Tätern und Opfern: hier zeigt sich eine Haltung der Opfer, die versuchen, von einer hilflos-ohnmächtigen Position wegzufinden und stattdessen fordernd für ihre Interessen einzustehen. Ms van der Walt spielt dabei auf eine Erpressungsstrategie der Opfer an, deren diskreditierendes Potenzial sich in der Nervosität des Anwalts zeigt, wenn er sich beeilt, an Stelle des Opfers antworten zu wollen. Aber der Anhörungsvorsitzende fordert Mr Zulu auf sich zu erklären:

> MR ZULU: »*I think he should say that because he did realise that there is absolutely no need why we should forgive people whilst we haven't been compensated. As I've already explained that even children do get punished when they have wronged. Now how do we forgive when we haven't been compensated? I do agree with him when he says it would have been better had we been compensated for the injuries.*«
> MS VAN DER WALT: »*So, it is correct Mr Zulu that as far as you're concerned, you are concerned about the compensation, the payment of the civil claim?*«
> MR ZULU: »*My main concern is my children as well as my family because whatever I had at the time, my resources are now being finished. I have absolutely nothing left. Now I am rightfully concerned that I have nothing. I should be compensated*« (S. 7).[67]

Mr Zulu bekennt sich nun unumwunden zu seiner Entschädigungsforderung, auf die er uneingeschränktes Recht anmeldet. Die ausführliche Darstellung seiner familiären Notlage kann jetzt in ihrer Bedeutung genauer verstanden werden: denn damit verknüpft Mr Zulu nicht nur die Absicht, das ganze Ausmaß der erlittenen Gewalt zu verdeutlichen und so die Täter anzuklagen; vielmehr unterstreicht er so auch die Rechtmäßigkeit seiner finanziellen Forderung. Dass Mr Zulu die Entschädigungsforderung erst jetzt und auf Nachfrage hin formuliert, scheint in diesem Kontext plausibel: eine direkte Forderung hätte die bis hierhin durchgehaltene Qualität der Darstellung gestört, aus der heraus Mr Zulu sich als handlungsunfähiges Opfer präsentierte. Die moralische Bewertung der Tat, die in seiner bisherigen Rede sehr vordergründig war, kommt nun allerdings kaum noch zum Tragen.

Ms van der Walt versucht, mit dem Hinweis auf die Entschädigungsforderung die Argumentation von Mr Zulu in Frage zu stellen. Wenn sie den Eindruck erwecken kann, dass Mr Zulu der Amnestierung allein aus finanziellen Interessen heraus widerspricht und damit den Täter sogar zu erpressen versucht, kann sie sein Anliegen als von persönlichen Bereicherungsmotiven bestimmt diskreditieren.

> MS VAN DER WALT: »*Mr Zulu, is that correct that your interest lies with the payment of compensation only?*«
> MR ZULU: »*Yes, we should be compensated but that is not my main concern*« (S. 7f.).[68]

Die Diskreditierungsabsicht der Anwältin greift jedoch nicht. Mr Zulu räumt seinen Entschädigungsforderungen eine nachgeordnete Priorität ein und bedeutet damit die Gültigkeit seiner moralischen Ablehnung einer Amnestierung. So verlegt sich Ms van der Walt darauf, die Diskrepanz zwischen juristischen und moralischen Bewertungskategorien herauszuheben. Sie weist darauf hin, dass Mr Zulu auf der juristischen Ebene keine Argumente liefern konnte, die gegen eine Amnestierung sprechen würden:

> Ms van der Walt: »*But you cannot contribute anything relating to the evidence of the applicants where they testified why they committed the acts and the fact that they were relying on the fact that it was an act committed with a political motive.*«
>
> Mr Zulu: »*If that was the case, they should have gone to the beach where the Whites had been attacked. They were not supposed to have come to us to attack innocent people*« (S. 8).[69]

Mr Zulu geht nur noch einmal kurz auf die seiner Ansicht nach mangelnde Fundierung der Tat gemäß den Amnestierungskriterien ein. Der knappe Hinweis darauf, dass unschuldige Zivilist/innen getroffen wurden, die am politischen Kampf nicht unmittelbar beteiligt waren, genügt ihm. Für ihn steht fest, dass die Tat nicht politisch motiviert war und sich damit gar nicht erst zur Amnestierung qualifiziert. Ms van der Walt stellt an dieser Stelle die Befragung ein. Tatsächlich ist kaum damit zu rechnen, dass Mr Zulu noch neue oder andere Argumente abzuwägen bereit ist – er zeigt eine klare, selbstbewusste und unversöhnliche Gegenposition zum Anliegen der Täter.

Die Befragung wird nun von Mr Prinsloo übernommen, dem Anwalt von Mr Smuts, dem dritten der beteiligten Täter. Er knüpft unmittelbar an die Befragung durch seine Vorgängerin an:

> Mr Prinsloo: »*Mr Zulu, do you receive a pension from the Natal Provocial Administration?*«
>
> Mr Zulu: »*Yes, I'm getting a sick pension because I had long service there. It's not even equivalent to the salary I was getting when I got attacked. I can't even make ends meet with this meagre salary that I'm getting. I'm being helped by my wife so that we may be able to keep head above water.*«
>
> Mr Prinsloo: »*What is the amount?*«
>
> Mr Zulu: »*I don't even think that I should tell you that because that is my family's concern as well as mine.*«
>
> Mr Prinsloo: »*Does your wife work?*«

MR ZULU: *(No English translation.) No further questions by Mr Prinsloo (S. 8).*[70]

An dieser Stelle steigt die konflikthafte Anspannung zwischen Aussagendem und Anwalt. Indirekt stellt der Anwalt durch seine Nachfrage Mr Zulu's Darstellung des finanziellen Elends in Frage. Wenn Mr Zulu eine Rente erhält, kann es ja keinesfalls so schlimm um die Situation der Familie bestellt sein, so scheint hier die Logik. Die Beteuerung des Opfers, dass die Rente nicht ausreicht, genügt dem Anwalt nicht – er fragt nach der exakten Summe. In Mr Zulu's Antwort zeigt sich deutlicher Ärger, wenn er ablehnt, dem Anwalt hierüber Auskunft zu geben. Mr Zulus Zweifel an der Glaubwürdigkeit der Täter wird hier vom Anwalt umgekehrt. In dieser mutuellen Diskreditierungsabsicht zeigen sich gerichtsspezifische Taktiken, mit denen die Protagonisten die juristische Auseinandersetzung weiterzuführen scheinen. Mit der indirekten Anspielung auf zweifelhaft-unmoralische Motive des Opfers hat sich die implizite Rolle des Aussagenden von der eines Anklägers zu der eines Beschuldigten gewandelt, der seine Darstellung rechtfertigen muss. Mr Zulu reagiert auf diesen unterschwellig angestrebten Rollentausch jedoch sehr dezidiert. Indem er sich einer Antwort verweigert, macht er deutlich, dass er nicht bereit ist, sich die Rolle eines Schuldigen aufnötigen zu lassen, der detailliert Rede und Antwort stehen muss. Die ausbleibende Übersetzung der Antwort auf die Frage nach dem möglichen Einkommen seiner Frau legt trotziges Sich-Versperren oder assoziativ fluchende Beleidigungen nahe und verdeutlicht die Wut des Aussagenden. Seine Forderung nach Entschädigung bleibt uneingeschränkt stehen.

Überraschend ist, dass alle Anwesenden außer Acht lassen, dass die Wahrheitskommission eine Lösung für die Entschädigung der Opfer vorgesehen hat: mit der Aussage vor der Wahrheitskommission war verbunden, dass – nach Überprüfung und Bestätigung der Angaben – die Opfer für Entschädigungszahlungen vorgesehen wurden (vgl. Kapitel 5.1.). Dieses wäre die eigentlich nahe liegende Antwort auf die Forderung des Opfers.[71]

8.4.2. Entschädigung oder Entschuldigung?

Mit dieser Sequenz endet die Befragung von Mr Zulu. Nach ihm sagen noch sieben weitere Opfer aus. Deren Befragung folgt einem ähnlichen

Schema wie dem Mr Zulus: auch sie erhalten die Gelegenheit, ihr Erleben des Übergriffs darzustellen und jeder von ihnen betont, einer Amnestierung der Täter nicht zuzustimmen. Mr Purshotam versäumt nicht, jeden einzeln zu fragen, ob die Täter sich persönlich entschuldigt hätten. Jeder der Zeugen verneint diese Frage.

Nach dem Ende dieser Befragungen setzt sich die Anhörungsroutine übergangslos fort: ohne jegliches Eingehen auf die Aussagen der Opfer fordert der Anhörungsvorsitzende die anwesenden Rechtsanwälte dazu auf, ihre Schlussplädoyers zu halten. Erneut zeigt sich damit ein Bruch zwischen der Perspektive der Opfer, die während der Befragung eine moralische Auseinandersetzung mit dem Täter einfordern, und der juristisch durchsetzten Routine der Anhörung, die den Übergriff der Täter ausschließlich unter Bezugnahme auf einen spezifischen Kriterienkatalog diskutiert. Das Erleben und die Überlegungen der Opfer finden kaum Widerhall.

Immerhin gehen die Anwälte der Täter auf das Argument der Opfer ein, eine Amnestierung könne auch deswegen nicht in Frage kommen, weil die Täter sich nicht entschuldigt haben. Kontern sie vornehmlich mit dem Argument, das Amnestierungsgesetz setze dies auch nicht zwingend voraus, so weist der Anwalt von Mr Marais darauf hin, dass sein Mandant sich ja längst bei den Opfern entschuldigt habe:

> MR WILKINSON: »*And then I want to refer you to this – I don't unfortunately have copies of this. 29th of March 1991, the third applicant says on the front page, ›I'm sorry‹ and there's a long account of what he did. And more specifically – now this is addressed to the victims who've testified today: ›Unfortunately, there are certain things in life you can't make right. Words and apologies can't make it right. Even if I get the death sentence, it won't bring back the fathers and husband's of those people. It won't and that is what I regret the most‹. So to my colleague, five years ago there was an apology. You're right to mention it's not a requirement to apologise but this has in any case been done five years ago. That's all, Sir.*«
> INTERPRETER: »*The microphone isn't on. The speaker's mike is not on.*«
> MR WILKINSON: »*It is marked as Schedule D. I don't have copies for everyone but with your leave I shall submit – hand it up [no sound]*« (S. 56).[72]

Die hier aus einer Zeitungsschlagzeile zitierte Entschuldigung ist von ambivalenter Qualität: auf einer manifesten Ebene kann sich der Antragsteller tatsächlich dieser Entschuldigung rühmen – er hätte zur öffentlichen Demonstration seines inneren Wandels kaum ein wirksameres Medium finden können. Auf einer latenten Ebene kommen aber auch schnell Zweifel an der Aufrichtigkeit dieser Entschuldigung auf. Vor allem die damit verbundene Argumentation irritiert und beleidigt die Opfer implizit. Denn der Täter weist darauf hin, dass Worte und Entschuldigungen keine wirkliche Wiedergutmachung zu leisten vermögen. Damit disqualifiziert er implizit auch den Wert seiner Entschuldigung, die, kaum dass sie ausgesprochen ist, auch schon lapidar zurückgenommen scheint. Natürlich können entschuldigende Worte die eigentlich erlittenen Verluste nicht aufwiegen oder wiedergutmachen. Und doch steht außer Frage, dass sie damit nicht etwa überflüssig sind, sondern die Opfer auf eine solche Anerkennung ihres Leids warten. Dieser Widerspruch pointiert sich, wenn Mr Marais fortfährt, dass auch die Todesstrafe die Toten nicht zurückzubringen vermag. Schließen wir kontextuell aus dem Beitrag, dass dieser Artikel während der bereits erwähnten Gerichtsverhandlung veröffentlicht wurde, bei der also offenbar über eine Todesstrafe für die Täter diskutiert wurde, so erscheint die Motivation für diese Art von Entschuldigung mehr als transparent: wenn der Tod als Strafe für den Täter die Ermordeten nicht wiedererwecken kann, so sollte man doch gleich von der Todesstrafe absehen, so wird hier argumentiert. Auch hier versucht Mr Marais die Öffentlichkeit für sich einzunehmen, indem er sich qua Entschuldigung scheinbar an ihre Erwartungen anpasst, die dabei verwendeten diskursiven Versatzstücke jedoch so allgemein hält, dass eine eigentlich konträre Auffassung deutlich wird. Aber nicht nur inhaltlich, auch formal wirkt diese Entschuldigung unangemessen: denn die Entschuldigung dürfte zwar eine öffentliche Wirkung gehabt haben, sprach jedoch die einzelnen Opfer nicht persönlich an. Fraglich bleibt, ob die Opfer sich von dieser Schlagzeile gemeint fühlen konnten oder ob in ihnen nicht vielmehr der Eindruck entstand, dass der Täter diese medienwirksame Entschuldigung für seine subjektiven Anliegen funktionalisierte. Der Anwalt der Opfer hat ja während der Vernehmung herausgearbeitet, dass eine *persönliche* Entschuldigung nach wie vor ausgeblieben ist.

Die technischen Schwierigkeiten, die an dieser Stelle der Anhörung auftreten (Ausfall der Lautsprecher, fehlende Kopien), spiegeln die Widersprüchlichkeit und Gebrochenheit dieser scheinbar so spektakulären Entschuldigung. Detaillierter wird jedoch im Rahmen dieser Anhörung nicht darauf eingegangen.

Zum Ende der Anhörung kommt noch der Beweisführer der Wahrheitskommission, dessen Rolle grob mit der eines Staatsanwalts vergleichbar ist, zu Wort. Er bezieht hier relativ klar Stellung: so bezeichnet er die Tat beispielsweise als »*cowardly cold-blooded mass murder*« (S. 51), also feigen, kaltblütigen Mord. Die zitierte Aussage von Mr Marais vor Gericht, man habe in Schwarzen nur Tiere gesehen, widerspreche zudem einem vorgeblichen politischen Motiv: denn Tiere ohne Seele würden nicht aus politischen Absichten heraus getötet. Mahnend erinnert er das Amnestierungskomitee an die Tragweite dieser Amnestierungsentscheidung: »*The decision is yours. It's a dreadful decision you have to make*« (S. 52).[73]

Der Anhörungsvorsitzende beschließt dann ohne weiteren Übergang die Anhörung:

»*The Committee will consider this application in due course and give it's decision. Thank you very much for all your assistance. And to the public – to the ladies and gentlemen, I must say that this is the end of this particular application. To those of you who have been injured and who have suffered financial loss and who gave evidence about their financial loss, steps I have no doubt, will be taken to be in touch with you to see what can be done by the Reparations Committee in due course. You just have to be a little more patient. Thank you very much. We will now adjourn until 9.30 tomorrow morning*« (S. 56).[74]

Im Vergleich zum feierlichen Duktus der Schlussansprache in vielen Opferanhörungen beendet der Vorsitzende diese Sitzung sachlich und nüchtern. Bedeutsam ist der an die Opfer gerichtete Passus: erst an dieser Stelle werden sie und die von ihnen artikulierten Anliegen noch einmal direkt angesprochen. Dies ist die einzige Stelle des Anhörungsprotokolls, an der unmittelbar auf sie Bezug genommen wird. Auffallend ist dabei jedoch, dass der Vorsitzende ausschließlich auf ihre finanziellen Anliegen eingeht. Lag es Mr Zulu gerade an der Verknüpfung von moralischen Erwägungen mit der Frage nach Wiedergutmachungszahlungen, so reduziert der Vorsitzende das Interesse der Opfer an dieser Stelle auf die Entschädigung per se. Dabei drückt er sich ausgesprochen vage aus: »*steps I have no doubt, will be taken to be in touch with you to see what can be done (...) in due course*«. Auch der Hinweis »*you just have to be a little more patient*« deutet auf eine beschwichtigende Haltung. Der Eindruck, die Opfer seien nur aufgetreten, um finanzielle Forderungen zu stellen, reduziert die eigentliche mit der Anhörung der Opfer verbundene Konfliktspannung. Das moralische Dilemma vermag das Amnestierungskomitee im Gegensatz zur finanziellen Debatte der Protagonisten nicht anzusprechen und nicht zu

245

lösen. Und auch hinsichtlich der finanziellen Anliegen der Opfer scheint er erleichtert, diese an ein zuständiges anderes Komitee delegieren zu können.

8.4.3. Zusammenfassende Überlegungen

Die Aussagen der Opfer im Rahmen der Amnestierungsanhörungen stellen insofern eine Besonderheit in der Arbeit der Wahrheitskommission dar, als nur hier Opfer und Täter *unmittelbar* in Dialog treten konnten. In dieser Hinsicht hält damit zur offiziellen Ebene der Abklärung der Amnestierungswürdigkeit der Täter eine zweite, gleichsam nicht vorgesehene Ebene Einzug in die Auseinandersetzung.[75]

Wenn auch Beispiele zeigen, dass diese Begegnungen zwischen Tätern und Opfern für eine versöhnliche Annäherung dienlich sein konnten (Fourie 2000), führte es häufig eher zu einer Wiederbelebung der Konflikte. In der vorgestellten Anhörung prallten die konträren Interessen von Tätern und Opfern frontal aufeinander. Allerdings traten die Täter und Opfer nicht in eine unmittelbare Auseinandersetzung, sondern kommunizierten indirekt über die Anwälte miteinander. Sie befanden sich zwar im selben Raum, doch konnte die explosive Wucht dieser Begegnung durch die formale juristische Rahmung aufgefangen werden.

Die Konfrontation führte zu einem beeindruckenden Perspektivenwechsel auch für mich als Leserin: in den Diskursen der Täter erscheinen die Opfer gleichsam als Objekte, die allenfalls in ihrer Qualität als »legitimate targets« interessieren. In dem Maße aber, wie diese sich vom »Objektstatus« lösen und als Subjekte in den Anhörungen in Erscheinung treten, fordern sie die Auseinandersetzung mit ihrem menschlichen Schicksal, das von der Gewalt der Täter tief gezeichnet ist. Die deutlich zu Tage tretende Bedeutungskluft der Gewalt macht zudem die Frage nach der schuldhaften Verantwortung der Täter offenbar: die Opfer widersetzen sich gegen das Bestreben der Täter, die Schuld zu relativieren oder zu leugnen.

Gerade darin aber zeigt sich, dass die politische Kompromisslösung der Wahrheitskommission auf einem Spaltungsprozess beruht: nicht nur werden die Perspektiven von Tätern und Opfern weitgehend voneinander abgespalten, zudem wird die juristische von einer moralischen Schuldbearbeitung gespalten. In dem Moment, da sich die eine Spaltung aufhebt, hebt sich auch die andere auf – und damit werden unmittelbar die bis dahin latent gehaltenen Konfliktinhalte offenbar: das Ringen um die Annahme von Schuld, die Forderung nach Wiedergutmachung, der Kampf gegen ökonomische Benachteiligung und die damit verbundenen Emotionen von Wut, Hass, Rachewünschen, Neid und Gier. Insofern mag der gesellschaftliche Konflikt mittels eines spaltenden Umgangs zwar auf politischer und juristischer Ebene gelöst scheinen, auf moralischer Ebene besteht er jedoch fort, solange die durch die Gewalt bestimmte massive »Beziehungsstörung« zwischen Täter und Opfer nicht bearbeitet wurde.

Eine besondere Rolle spielt in der vorgestellten Anhörung die Forderung nach einer finanziellen Wiedergutmachungsleistung. Zunächst artikuliert sich darin der Wunsch nach einem Schuldanerkenntnis der Täter: die Entschädigungszahlung könnte die Befriedigung vermitteln, dem Täter doch noch eine wenn auch äußerliche Anerkennung des zugefügten Leids abzuringen (Tampe 1992). Das Bedürfnis nach ausgleichender Gerechtigkeit wird in den Bereich der Ökonomie verschoben, dessen sachliche und klar messbare Qualität die Rettung aus emotionaler Explosivität verheißt.[76] In der finanziellen Forderung an die Täter vermittelt sich die durch die fortgesetzte massive ökonomische Benachteiligung genährte Wut des Opfers. Die unbewusste Dimension der Verlagerung der Forderungen in den Bereich der Ökonomie gründet dabei vermutlich im Neid des Opfers auf die finanzielle Potenz der Täter und in dem Verlangen nach auch nur annähernd vergleichbaren finanziellen Privilegien. Hierbei entsteht eine Legierung zwischen den sozialen Konflikten um ökonomische Privilegien und den historischen Konflikten in Bezug auf das rassistische Apartheidsystem.

Die Entschädigungszahlungen erhalten für Mr Zulu die Qualität einer wesentlichen Vorbedingung seiner Vergebungsbereitschaft. Darin zeigt sich auch, dass für viele der an den Anhörungen der Wahrheitskommission beteiligten Opfer – im Gegensatz zu den Tätern, die zügig in den Genuss von Amnestierungen kamen – wenig Anreiz besteht, an einem Bearbeitungsprojekt teilzunehmen, das ihren Tätern die Schuldfreiheit verspricht; der Wunsch nach Entschädigungszahlungen dürfte hier auch den Charakter einer »Ersatzbefriedigung« haben.

Dieser Anhörungsabschnitt hat aber auch gezeigt, dass das Amnestierungsprocedere keinen ausreichenden Raum für die Bearbeitung der aufscheinenden Konflikte bot. Die Integration der Opfersicht und vor allem der durch sie aufgeworfenen Fragen blieb weitgehend aus und wurde gar nicht erst angestrebt. Im Bezug auf die Überlegung, »dass Schuld im Sinne von Schuldigsein und Schuldigwerden in Beziehungen geschieht und nur in der Auseinandersetzung der Beteiligten, in der Klärung ihrer jeweiligen Standpunkte und Motive bewältigt werden kann« (Hirsch 1997, S. 55), vermag auch das Amnestierungsprocedere keinen Rahmen für einen solchen Auseinandersetzungsversuch anbieten. Die Aufgabe wird hier ausschließlich in einer Abklärung der Amnestierungswürdigkeit der Täter gesehen. Die durch die betroffenen Opfer artikulierten Fragen sind für die juristische Beurteilung der Tat irrelevant. Hass und Wut zwischen den Konfliktgegnern haben ihren Ausgang in der rassistischen Praxis des Apartheidsystems genommen und sich vor dem Hintergrund der gerichtlichen Auseinandersetzung weiter verhärtet. Auch die Wahrheitskommission hat jedoch keine Ansätze parat, um diese Verhärtung aufzuweichen; eine Leerstelle an konkreten Versöhnungskonzepten wird deutlich.

Umgekehrt könnte das Amnestierungsgeschehen sogar dazu beigetragen haben, die während der Anhörung offenbar gewordenen Konflikte zu vertiefen: denn auch dem Amnestierungsantrag von Mr Marais und seiner Mittäter wurde mit einer Gegenstimme stattgegeben. Über die Reaktion der Opfer auf diese Amnestierung ist nichts bekannt, doch können wir vor dem Hintergrund ihrer Verbitterung und ihrem Hass gegenüber den Tätern von massiver Empörung und Wut über dieses Urteil ausgehen.

Generell spiegelt sich in Untersuchungen zur Einschätzung des Amnestieverfahrens massive Skepsis: 65% aller Südafrikaner/innen schätzten es als unfair für die Opfer ein (Theissen 2002).[77] Und gerade die von den Amnestierungen betroffenen Opfer äußerten ihr Unbehagen mit diesem Verfahren: sie kritisierten das juristische Vorgehen, dessen Beitrag zur Wahrheitsfindung als zweifelhaft eingeschätzt wurde, ebenso wie eine ausbleibende oder nicht ausreichende Beschämung und Bestrafung der Täter. Diese hätten sich durch die Amnestieverfahren allzu leicht aus der Verantwortung stehlen können (Phakati und van der Merwe, im Druck). Simpson (2002) moniert damit einhergehend, dass gerade die beiden zentralen Versprechen im Hinblick auf eine Zumutbarkeit des Amnestierungsprocederes für Opfer, nämlich das Fördern umfassender Geständnisse der Täter sowie angemessene Reparationszahlungen, im Vorgehen der Wahrheitskommission nicht ausreichend konsistent eingelöst wurden. Damit aber steht die Tragfähigkeit des politischen Kompromisses als gesellschaftliche Kompromisslösung in Frage. Denn das Amnestierungsarrangement könnte gerade jene tragfähige demokratische Ordnung unterhöhlt haben, die es doch herzustellen trachtete: »There are (…) times when countries may have to sacrifice legal principles in the name of political pragmatism, in order to end war or achieve peace. However, when amnesty is granted with scant regard for its impact on the credibility of the criminal justice system and its processes, we breathe life into the sense of impunity at the heart of criminal behaviour« (Simpson 2002, S. 247).

Im folgenden Kapitel möchte ich die unterschiedlichen Facetten der Bearbeitungszugänge der Wahrheitskommission noch einmal zusammenfassend diskutieren und ausloten, welche manifesten und latenten Bearbeitungsleistungen nötig wurden.

9. Zusammenfassende Diskussion

»Gäbe es nicht eine Mitwelt, die unsere Schuld vergibt, wie wir unseren Schuldigern vergeben, könnten auch wir uns kein Vergehen und keine Verfehlung verzeihen, weil uns, eingeschlossen in uns selber, die Person mangeln würde, die mehr ist als das Unrecht, das sie beging.«
H. Arendt (1960a, S. 238)

In der Auseinandersetzung mit dem empirischen Material hat sich ein Erkenntnisprozess vollzogen, den ich nun zusammenfassend nachzeichnen möchte.

Bezogen wir uns zunächst auf die Selbstdarstellung der Wahrheitskommission, die das institutionelle Erzählangebot vor allem als ein Forum der Heilung interpretierte, so haben wir nach und nach verstanden, dass der Aspekt eines institutionell angeregten Heilungsprozesses für Opfer bzw. Täter nur einen Ausschnitt aus dem vielfältigen manifesten und latenten Geschehen während der Anhörungen bildete.[1] Vielmehr überlagerten sich in diesem gesellschaftlichen Bearbeitungsansatz verschiedene Ebenen: die Wahrheitskommission bot eine spezifische Pragmatik individueller Vergangenheitsbearbeitung an, innerhalb derer die öffentliche Darstellung der subjektiven Erfahrungen einen zentralen Stellenwert hatte. Darüber hinaus verstand sie sich aber auch als Mittlerin in einem Konflikt zwischen Opfern und Tätern, verbunden mit dem konkreten gesellschaftlichen und machtpolitischen Auftrag der Förderung ihrer Versöhnung. Und schließlich ist deutlich geworden, dass sie auch als Ort gesellschaftlicher Selbstbesinnung und Neubestimmung zu verstehen ist: der politische Konflikt, dessen kompromisshafte Lösung die Wahrheitskommission darstellte, ist institutionell geronnen zu einem Erinnerungskonflikt in Bezug auf die unterschiedlichen Interpretationen der Vergangenheit, die mittels der Anhörungen ausgelotet werden sollten und die der Fundierung einer neuen gesellschaftlichen Identität dienten.[2] Insofern ist die Arbeit der Wahrheitskommission also auch als eine Pragmatik nationaler Transformation zu verstehen, so wie es Turner (1989) formuliert: »Ich neige dazu, das soziale Drama in seiner vollen formalen Entfaltung, seiner vollen Phasenstruktur, als einen Prozess aufzufassen, der bestimmte über viele Handelnde verteilte Werte und Ziele in ein (…) System gemeinsamer oder übereinstimmender Bedeutung verwandelt« (S. 119).[3] Im Falle der Wahrheitskommission stand dabei nicht nur ein Sinngebungsprozess per se auf der Agenda, sondern auch die moralische Neuverortung eines Kollektivs, das sich aufgrund veränderter Machtverhältnisse von alten Werten zu lösen und neue Werte zu formulieren hatte – und dies entlang der gesellschaftlichen Konflikte. Die Protagonisten der Auseinandersetzungen vor der Wahrheitskommission traten also nicht nur als Träger oder Erzählerinnen individueller Leidensgeschichten auf, sondern auch als um die Frage schuldhafter Verantwortung ringende Repräsentanten der gesellschaftlichen Konfliktparteien.

Dabei ist die spezifische Qualität dieser gesellschaftlichen Konflikte bedeutsam. Denn ihre Besonderheit liegt in ihrer Jahrhunderte zurückreichenden Verwurzelung. Beginnend bei der Mandelhecke, mit der sich die Holländer am Kap vor den »wilden Schwarzen« schützten, bis hin zu den geographisch rigoros durchgesetzten Trennungen der Wohngebiete und Homelands bedeutete die Geschichte Südafrikas seit Ankunft der weißen Siedler stets die Auseinandersetzung mit Abgrenzungen, Spaltungen und Projektionen, die in der Ideologie der Apartheid kulminierten. Versuchte die südafrikanische Gesellschaft nach dem Ende der Apartheidzeit die Gewalttätigkeit der Auseinandersetzungen zu bearbeiten und sie zu befrieden, so bemühte sie sich damit um die Herstellung einer gesellschaftlichen Kohärenz, die in den vorangegangenen drei Jahrhunderten südafrikanischer Geschichte niemals auch nur ansatzweise gegeben war. Es ging hier also nicht nur darum, eine durch den Konflikt hervorgerufene gesellschaftliche Spaltung wieder zu schließen, sondern darum, de facto erstmals ein die Hautfarben übergreifendes gesellschaftliches Selbstverständnis zu entwickeln. So formuliert z. B. auch Krog (1998): »in this country, there is nothing to go back to, no previous state or relationship one would wish to restore. In these stark circumstances, ›reconciliation‹ does not even seem like the right word, but rather ›conciliation‹« (S. 109).

Insofern stellt die Aufspaltung der Gesellschaft in Täter und Opfer nur den beklemmenden Kulminationspunkt von eigentlich viel tiefer reichenden gesellschaftlichen Spaltungen dar und die Arbeit mit diesen Tätern und Opfern lud sich entsprechend mit einer gesellschaftlichen Symbolfunktion auf: hinter der konkreten Versöhnungspragmatik verbarg sich der viel weitreichendere Auftrag einer stellvertretenden symbolhaften Befriedung der Gesellschaft überhaupt.[4] Die Frage nach den Möglichkeiten einer Versöhnung zwischen Tätern und Opfern bedeutete somit indirekt auch die Frage nach einer Versöhnung zwischen alten und neuen Machthabern, zwischen ehemaligen Kolonialherren und ehemals Kolonisierten, zwischen Nutznießern der Apartheid und indirekt Leidtragenden, zwischen Mitläufern und gesellschaftlich Entrechteten – und dies geschah fast immer im Rückbezug auf die Kategorien der Hautfarben.

In den Analysen der Anhörungsprotokolle ist deutlich geworden, wie konflikthaft die Anhörungen sich gerade dann aufluden, wenn die Zuschreibungen von Opfer- bzw. Täterrollen die gewohnten Hautfarben-Stereotypien durchbrachen. Die Irritation, die sich dann einstellte, kann als Hinweis darauf verstanden werden, dass an diesen Stellen die individuelle Perspektive eines/einer Aussagenden mit dem gesellschaftlich relevanten, symbolhaften Bearbeitungsauftrag in Konflikt trat. Damit wird aber auch die doppelbödige Qualität dieser gesellschaftlichen Institution transparent: Tätern und Opfern wurde nicht nur die »Heilung der traumatischen Erfahrungen« in Aussicht gestellt, sondern sie wurden auch für das Aushandeln und Verankern des neuen gesellschaftlichen Selbstverständnisses benötigt.

Diese Doppelbödigkeit greift das zentrale Paradoxon in der Arbeit der Wahrheitskommission auf: denn neben dem Streben nach individueller und gesellschaftlicher Heilung schien es vor allem unumgänglich, den politischen Konflikt zu befrieden und einen gewaltsamen Widerstand gegen die gesellschaftliche Transformation zu verhindern. Die damit verbundene politische Konfliktpragmatik begrenzte aber den für Heilungsansätze notwendigen, frei gestaltbaren psychischen Raum.

Besonders klar tritt dieses Paradoxon im Hinblick auf die Amnestierung von Gewalttätern zutage: denn einerseits wurde das in der Vergangenheit begangene Unrecht mittels der Möglichkeit der Amnestierung der (juristischen) Anklage enthoben, die Täter konnten damit ihre schuldhafte Verantwortung relativieren. Andererseits stand aber gerade dieses Unrecht öffentlich zur Disposition.

Von hier ausgehend verschärft sich das beschriebene Paradoxon. Es hat die Arbeit der Wahrheitskommission, wie ich im Folgenden zeigen möchte, zentral bestimmt: Einerseits war der gesellschaftliche Konflikt

Grundlage und Ausgangsbasis ihrer Arbeit, der Weg seiner Bearbeitung konnte also das Wagnis eines Wiedererweckens seines konfliktgeladenen und gewalttätigen Charakters nicht umgehen. Die damit verbundene erneute Konfrontation zwischen Tätern und Opfern bedeutete in der gesellschaftlichen Übergangssituation andererseits jedoch eine enorme Gefährdung: die eben erst errungene demokratische Ordnung war ja gerade darauf angewiesen, die sozialen Spaltungen zu überbrücken und ein Minimum an gesellschaftlicher Kohärenz herzustellen. Eine Gesellschaft, die über Jahrhunderte hinweg koloniale Konflikte ausgetragen hatte und Jahrzehnte lang von massiver Gewalt geprägt war, musste nun sehr plötzlich auf den Ausdruck von Aggressionen verzichten – wie aber würde das so entstehende Vakuum zu füllen sein?

Die neue Machtelite war auf die soziale Befriedung unmittelbar angewiesen, aggressive Konfrontationen vor der Wahrheitskommission mussten also unbedingt vermieden werden. Das Verhindern eines Wiederaufbrechens der Konflikte zwischen Tätern und Opfern schien gerade auch deswegen nötig, weil das Geschehen während der Anhörungen symbolisch zur Befriedung der allumfassenden gesellschaftlichen Spaltungen dienen sollte. Damit war das öffentliche Bearbeitungsforum, das die Wahrheitskommission anbieten konnte, nicht wert- oder zielfrei, sondern setzte vielmehr einen klaren Rahmen, der die Möglichkeiten der inneren und äußeren Auseinandersetzung für den Einzelnen und die Gesellschaft – im Gegensatz zur von der Wahrheitskommission deklarierten Subjektorientierung – begrenzte.

Dieses Paradoxon gibt Ausdruck einer institutionellen Gratwanderung, welche die Wahrheitskommission täglich auszubalancieren hatte[5] und deren jeweiligen Pole vielleicht mittels zweier Schlagwörter zu fassen sind: »Ohne Hass keine Versöhnung« (Becker 1992) und im Gegensatz dazu, wie Desmond Tutu (1999) formuliert: »Keine Zukunft ohne Vergebung«. Das damit verbundene Spannungsfeld umfasste auch die mit dem Konflikt einhergehenden spaltenden Emotionen wie Wut, Rache, Hass, Schuldgefühl, Scham, Neid und Gier. Einerseits war ihre Bearbeitung für dieses gesellschaftliche Aufarbeitungsprojekt unumgänglich, doch war dafür Sorge zu tragen, dass ein Wiederbeleben dieser Emotionen die gerade erst mühsam errungene politische und soziale Stabilität nicht gefährdete und bestehende gesellschaftliche Spaltungen nicht etwa vertiefte.

Die Wahrheitskommission musste also in ihrer täglichen Arbeit die Pole von konfliktfokussierendem *und* konfliktvermeidendem Herangehen verbinden – ein eigentlich nicht auflösbarer Widerspruch.[6]

Vor dem Hintergrund dieser Überlegungen ist denn auch die folgende Diskussion ihrer Arbeit zu verstehen: Der beschriebene Widerspruch war und ist per se nicht lösbar; die notwendigen Kompromisse, um ihn dennoch auszubalancieren, bedeuteten notwendigerweise das In-Kauf-Nehmen von teilweise unbefriedigenden Lösungen. Das besondere Verdienst der Wahrheitskommission liegt meinem Verständnis nach darin, die undankbare und a priori eben nicht befriedigend lösbare Aufgabe dennoch anzunehmen, die Möglichkeit des Scheiterns zu schultern und auszuloten, welche Antworten auf diesen Widerspruch sich dennoch finden lassen. Mit dieser Leistung ist ihr weit mehr gelungen als den meisten Staaten, die sich weltweit bis heute den Herausforderungen dieses Paradoxons gesellschaftlicher Vergangenheitsbearbeitung zu stellen hatten. Umgekehrt, so meine ich, entbindet die enorme Achtung vor dieser Leistung aber nicht davon, die Erfolge ebenso wie die unbefriedigenden und problematischen Aspekte dieser gesellschaftlichen Konfliktlösung herauszuarbeiten und zu diskutieren.

9.1. Die Wahrheitskommission als Versuch gesellschaftlicher Konfliktlösung: Ambivalenzen und Widersprüche in der Arbeit mit Tätern und Opfern

Gehen wir davon aus, dass sich mit den Anhörungen der Wahrheitskommission *auch* der Versuch einer gesellschaftlichen Neuinterpretation der Vergangenheit verband, so wird schnell klar, dass sich damit das beschriebene Paradoxon zwischen Konfliktfokussieren und Konfliktvermeiden fortsetzte: die neu auszulotende Frage, wer in dem historischen Konflikt als schuldhaft Verantwortlich zu bestimmen und wer als Opfer des Konflikts zu verstehen sei, barg ihrerseits Zündstoff und konnte ein konfrontatives oder gar explosives Aufeinandertreffen unterschiedlicher Sichtweisen bedeuten, das andererseits doch gerade zu vermeiden war. Die damit verbundene gesellschaftliche Kontroverse kreiste um die Frage, ob die Gewalt *gegen* das Apartheidregime mit der Gewalt *des* Apartheidregimes gleichzustellen sei.

In den Analysen der vorgestellten Anhörungen ist die widersprüchliche Aufladung dieser Kontroverse deutlich geworden, die gerade dann als besonders irritierend spürbar wurde, wenn die Kategorien von schuldig und unschuldig zu verschwimmen schienen und nicht mehr eindeutig zu bestimmen waren. Gerade wenn Täter- und Opfer-Zuschreibungen im Rahmen der öffentlichen Auseinandersetzungen verwischten, nahm die Ambivalenzspannung massiv zu; allzu schnell schienen sich einseitige Zuschreibungen festigen und durchsetzen zu wollen, aus denen heraus ein Aussagender als nur schuldhaft oder nur unschuldig verstanden wurde. Im Rückbezug auf die Hautfarben schien dabei eine vereinfachende Formel zu lauten: »Weiß« ist gleich Schuld tragend und Unterdrückung verantwortend, »Schwarz« ist gleich unschuldig und unter Unterdrückung leidend. Eine kategorielle Verwirrung setzte immer dann ein, wenn Täter oder Opfer nicht in das vorgesehene Bild dieser Zuschreibungen passten. So zeigte beispielsweise die Anhörung der weißen Hinterbliebenen eines Bombenopfers, wie schnell die Anerkennung und Würdigung als gesellschaftlich wertvolles »Opfer« nicht mehr zu passen schien und stattdessen subtiler Anklage und Schuldzuschreibung Platz machte. Umgekehrt hat die Analyse der Amnestierungsanhörungen gezeigt, dass auch die Auseinandersetzung um schuldhafte Verantwortung der Täter in Abhängigkeit ihrer Hautfarben sehr unterschiedliche Qualitäten annahm: Schuldzuschreibungen und –projektionen richteten sich auf vornehmlich auf weiße Täter, die in den Augen der Öffentlichkeit häufig als Inkarnationen der bestialischen Grausamkeit der Apartheidzeit wahrgenommen wurden (Buur 2001). Die Auseinandersetzung mit schwarzen Aussagenden vor dem Amnestierungsausschuss, wie beispielsweise mit Aboobakar Ismail, ging eher mit der unterschwelligen Auffassung einher, die ausgeübten Taten seien im Befreiungskampf unerlässlich gewesen. In diesem Geschehen spiegelt sich das Ringen um Schuldzuschreibungen auf konkurrierenden Ebenen: implizit vermittelt sich eine Hierarchie der Betroffenheit von Unterdrückung, Verlust oder Schmerz, innerhalb derer die Rolle und Stellung während des Apartheidkonflikts den obersten Rang einnimmt. Die Ebenen von persönlicher, politischer und kollektiver Schuld und Schuldzuschreibungen überlagern sich und treten in Konkurrenz zueinander.[7]

Auch ich als indirekte Zeugin dieser Kontroverse wurde schnell vom Strudel der Widersprüche erfasst. Der Appell, die Verhältnismäßigkeit der historischen Schuld der Befreiungskämpfer anzuerkennen, erreichte und verwirrte mich gleichermaßen – nicht zuletzt dadurch, dass diese Forderung ja auch durch den Rückbezug auf den Widerstand gegen den Nationalsozialismus brisant wird. Die Auseinandersetzung mit der Schuldfrage bedeutet insofern nicht nur die Auseinandersetzung mit einem politischen Dilemma, sondern auch mit einem grundlegenden moralischen Dilemma[8], das eine schnelle Auflösung gleichermaßen ersehnen wie unmöglich erscheinen lässt. In diesem Geschehen erscheint es mir wichtig, die Spannung, welche im Wunsch der schnellen Zuordnung zu einer klar umrissenen Auffassung mündet, zunächst einmal auszuhalten und zu verstehen.

Vor diese Aufgabe sah sich auch die Wahrheitskommission gestellt. Im Spannungsfeld der politischen Ethik war es ihr eigentlich unmöglich, eine neutrale Haltung einzunehmen und doch musste ihr daran gelegen sein, sich als unparteiisch gegenüber allen Seiten des historischen Konflikts zu präsentieren, wenn sie ihre Vermittlungsfunktion auch nur annähend ausfüllen wollte. Insofern hatte sie gleichzeitig eine moralisch wertfreie Haltung zu demonstrieren *und* sich im Kontext der neuen gesellschaftlichen Ideologien doch moralisch zu verorten.[9] In dieser paradoxalen Zuspitzung zeigt sich eine weitere Ausformung des eingangs beschriebenen Grundparadoxons zwischen dem Ziel konfliktvermeidender gesellschaftlicher Kohärenz einerseits und andererseits der Notwendigkeit, die sozialen Konflikte dennoch fokussierend zu bearbeiten. Um eine gesellschaftliche Harmonisierung anzuregen und die Spaltungen nicht fortzuschreiben, war Neutralität eine Grundvoraussetzung. Um den Neubeginn einer demokratisierten Nation zu markieren, war aber auch eine gesellschaftliche Ethik zu formulieren, die sich in maximaler Abgrenzung zur Ideologie der Apartheid positionierte und damit auch das Verständnis von »gut« und »böse« umdefinierte.[10] Andererseits erforderte die Abgrenzung von der Ideologie der Apartheid aber auch das Vermeiden gesellschaftlicher Spaltungs- und Ausgrenzungsbewegungen. Und schließlich – hier schlägt das Paradoxon ein weiteres Mal um – war ein Wiederholen der konflikthaft aufgeladenen Dynamiken beim Versuch der Bearbeitung nicht zu vermeiden.

Die Stärke der Wahrheitskommission bestand an dieser Stelle darin, die Konflikthaftigkeit der Positionen zuzulassen und auszuhalten:

> »While its overall aim is to be even-handed and as objective as possible, to view the Commission as homogenous, as all of one piece, is a rather oversimplified approach. The Commission is made up of many people with different perspectives. Members have had sympathy with the victims (…). In addition, some Commission members have shared the perspectives of victims in their own past experience. Depending on the context, members may also have had some empathy with perpetrators, perceiving them to some extent also as victims. This is not to decry the efforts of the Commission to be objective. It is an honest admission that the perspective of the Commission and its members is a complex one« (Final Report 1998, Band 5, Kap. 1, §51 und 52).[11]

Der hier anklingende benennende und akzeptierende Umgang mit der paradoxalen Aufladung der gesellschaftlichen Auseinandersetzung kann auch die in mir steigende Anspannung im Bezug auf das beschriebene moralische Dilemma aufzulösen helfen. Denn hier wird deutlich, dass es nicht darum gehen kann, einseitig Position zu beziehen, als vielmehr die Heterogenität und mögliche Legitimität unterschiedlicher Sichtweisen zuzulassen und zu untersuchen. Die eigentliche Herausforderung besteht dann darin, die spezifische Gestalt des moralisch aufgeladenen Konflikts herauszuarbeiten und zu verstehen, wie die Wahrheitskommission institutionell und im Dialog mit den beteiligten Tätern und Opfern damit umging.

9.2. Institutionelle Spaltung als Möglichkeit der Bearbeitung von Widersprüchen und Ambivalenzen

Vor dem Hintergrund des beschriebenen Paradoxons gewinnt die Abkoppelung der Auseinandersetzungsforen für Täter und Opfer eine besondere Bedeutung: die gesellschaftliche Diskussion der Schuldfrage fand damit auf zwei sehr unterschiedlichen und weitgehend voneinander losgelösten Ebenen statt. Indem die Wahrheitskommission die Konflikte in Abwesenheit des jeweiligen Konfliktgegners thematisierte, stellte sie sicher, dass vehemente Konfrontationen und ein akutes Wiederaufflammen der Emotionen bei einer Wiederbegegnung von Opfern und Tätern weitgehend vermieden wurden.[12] Die öffentliche Auseinandersetzung blieb damit gespalten: man hörte die Stimmen der Opfer und ihrer Hinterbliebenen, trauerte mit ihnen und hoffte auf die heilende Wirkung einer öffentlichen Aussage. Gesondert davon fanden die juristisch geprägten Anhörungen der Täter und ihrer Rechtsanwälte statt mit detailliert geführten Auseinandersetzungen um die Erfüllung von Kriterien für eine mögliche Amnestierung. Die Stimmen der Opfer fanden hier allenfalls Gehör, erhielten aber kein Gewicht und keine Relevanz für das Amnestierungsprocedere. Durch die institutionelle Abkoppelung beider Auseinandersetzungsprozesse blieb die unmittelbare Kommunikation zwischen Tätern und Opfern formell und inhaltlich auf ein Minimum beschränkt – und darin vermittelt sich vermutlich auch der Wunsch oder die Hoffnung, dass Täter und Opfer eindeutig zu bestimmen seien. Der an religiösen und psychologischen Themen orientierte Diskurs der Opferanhörungen fand jedoch keinerlei Entsprechung oder Parallele in den Amnestierungsanhörungen.

Damit erhellt sich noch einmal der Hintergrund für die merkwürdige Dopplung der im Kontext der Wahrheitskommission entwickelten Anhörungsrituale, die uns im Rückbezug auf die Theorie von Turner (1989; vgl. Kap. 5.2.2.) auffiel. Wir können sie nun als eine wichtige Funktion im Gefüge der gesellschaftlichen Kompromissbildung verstehen, indem sie das Wiederbeleben der mit dem Konflikt verbundenen massiven Aggressionen durch eine Konfrontation zwischen Tätern und Opfern zu umgehen suchte. Dort wo Täter und Opfer aufeinander trafen, waren sie durch das reglementierte, juristische Vorgehen diskursiv gleichsam festgebunden; eine direkte Kommunikation fand hier selten statt, zumeist geschah sie auf dem Umweg über die beteiligten Anwälte. Eine unmittelbare Begegnung zwischen Tätern und Opfern mit dem Ziel der Klärung ihrer Beziehung aber, wie es beispielsweise mittels eines einzigen Bearbeitungsforums denkbar gewesen wäre, hätte ein allzu gefährliches Aufflammen spaltender Emotionen, insbesondere von Hass und Wut, mit sich gebracht.[13]

Allerdings mag uns diese rigorose Spaltung der Bearbeitung und Auseinandersetzung auch verwundern.[14] Bedeutete es nicht eine Fortführung eben jener Spaltungen, die zu überwinden die Wahrheitskommission doch gerade angetreten war? Wie konnte sie damit noch ihrem Versöhnungsauftrag[15] gerecht werden, der notwendigerweise eine Auseinandersetzung zwischen Tätern und Opfern voraussetzt?[16] Generell hat uns das weitgehende Vakuum konkreter Zugänge und Ansätze für die Versöhnung zwischen Tätern und Opfern überrascht: »One of the supreme ironies of the TRC is that reconciliation is a macro theme of the commission's work, but there is no apparatus in its structure to help achieve it« (Winslow 1997, S. 24). Es blieb weitgehend unklar, wie genau die Arbeit zur Versöhnung zwischen Tätern und Opfern beitragen könnte. Durch die Trennung der Erzählforen zwischen Tätern und Opfern war ein reguläres Aufeinandertreffen nicht vorgesehen.

Freilich könnte man einwenden, dass die Arbeit der Wahrheitskommission im phasenhaften Prozess von Annäherung und Versöhnung zwischen Tätern und Opfern nur die ersten Schritte zu fördern beanspruchte. Dieser Einwand scheint mir berechtigt, wobei sich dann die Frage anschließt, welche für diesen phasenhaften Verlauf notwendigen psychischen Prozesse in den einzelnen Opfern und Tätern denn angeregt wurden. Diese Frage ist jedoch nicht pauschal zu beantworten; wir konnten anhand der analysierten Anhörungen einen Eindruck davon gewinnen, wie sowohl Täter als auch Opfer an sehr unterschiedlichen Stadien der inneren Auseinandersetzung mit der erlittenen bzw.

ausgeübten Gewalt standen und eine Synchronisierung dieser inneren Prozesse mit dem Ziel der Versöhnung aus diesem Grunde kaum zu leisten war. Die Vielfalt und die unterschiedlichen Ausprägungen der Auseinandersetzungs- und Versöhnungsbereitschaft, welche insgesamt weniger als statisch, sondern als prozesshaft zu verstehen sind, traten in der Analyse der Anhörungen deutlich hervor. Sie hätten ein sehr umfangreiches und individuell zugeschnittenes Begegnungsformat für Täter und Opfer erfordert – eine Leistung, die im vorgegebenen Rahmen auch nicht annähernd zu erfüllen war.

Entgegen dem eigentlichen Auftrag an die Wahrheitskommission waren also keine konkreten Hilfestellungen für die Annäherung zwischen Tätern und Opfern vorgesehen – und noch mehr als das: über die voneinander geschiedenen Anhörungskomitees blieben sie zudem weitgehend voneinander getrennt. Die Spaltung der Gesellschaft in Täter, Opfer und Mitläufer/innen wurde damit einerseits beibehalten und fortgeschrieben, andererseits aber gerade auch an jenen Stellen etabliert, da komplexe und widersprüchliche Rollenzuschreibungen eine Überforderung durch Ambivalenzspannung bedeutet hätten.

Die Leerstelle an konkreten Ansätzen für individuelle Versöhnungsprozesse wird noch eklatanter, wenn wir uns fragen, wieso die Wahrheitskommission für Täter keine Möglichkeit zu direkter Wiedergutmachung an den Opfern vorsah. Dies hätte immerhin eine unmittelbare Bezugnahme von Tätern zu Opfern erfordert und gefördert: »reparations would constitute a public acknowledgement of guilt by the violator. A violator's admission of guilt, more even than acutual punishment of the violator, can mark a turning point in the survivors' search for meaning and closure. (...) Individual compensation is important (...) because it signals recognition of guilt for each individual act« (Mertus 1997, S. 54).[17] Aber gerade für diese Form der Beziehungsarbeit zwischen Tätern und Opfern sah die Wahrheitskommission keinerlei offiziellen Rahmen vor – er blieb komplett ausgeklammert.

Das Vorsehen einer Verpflichtung zu finanzieller Wiedergutmachung durch die Täter von politischer Gewalt war im Prozess der Übergangsverhandlungen nach Ende des Apartheidregimes vermutlich nicht durchzusetzen. Zudem wäre eine Bemessung der finanziellen Schuld schwer festzulegen und ihre Zahlung bürokratisch kaum durchzusetzen gewesen. Der staatlich eingerichtete Fonds für Wiedergutmachungsleistungen ist an dieser Stelle als Kompromiss in Bezug auf gegensätzliche Anliegen zu verstehen, – allerdings tritt hier der Nachapartheidstaat als Finanzier in Erscheinung und nicht etwa die verantwortlichen Täter.[18]

Die Wahrheitskommission selbst weist in ihrem ersten Abschlussbericht auf dieses Problem hin und zeigt auf, dass es sich auch auf die Mitläufer und Nutznießerinnen der Apartheid ausdehnt:

> »In this process of bridge building, those who have benefited and are still benefiting from a range of unearned privileges under apartheid have a crucial role to play. Although this was not part of the Commission's mandate, it was recognised as a vital dimension of national reconciliation. This means that a great deal of attention must be given to an altered sense of responsibility; namely the duty or obligation of those who have benefited so much (...) to contribute to the present and future reconstruction of our society« (Final Report 1998, Band 1, Kap. 5, §111).

Einzubeziehen in das Nachdenken über Reparationen sind dabei natürlich auch all jene internationalen Wirtschaftsunternehmen, die im Schutz von Kolonialismus und Apartheidsystem Profite machten (Soyinka 2000), ebenso wie die Menschen in den westlichen Industrieländern, die davon profitierten.[19] Generell belegt dieses Zitat, wie selbstkritisch die Wahrheitskommission ihre eigene Arbeit und die ihr gesteckten Grenzen reflektierte und zum Gegenstand der Diskussion machte. Ich werte dies als besondere Leistung in ihrem Bearbeitungsversuch.

9.3. Die Dialektik der Spaltungen in den institutionellen Bearbeitungsmustern

Die Spaltung der Auseinandersetzung zwischen Tätern und Opfern war fast durchgängig institutionell verankert. Dass die Bearbeitung eines Beziehungskonfliktes letztlich jedoch nur *in* einer Beziehung gelingen kann, ist eine psychoanalytische Erkenntnis, die sich auch in einen gesellschaftlichen Bezug setzen lässt. Dann wäre die Frage zu stellen, ob und an welchen Stellen die Wahrheitskommission die beschriebenen Spaltungen doch zu durchbrechen und aufzuweichen vermochte.

Das vorgestellte Material bietet hierzu einigen Aufschluss. Zum einen konnten wir beobachten, dass die Gestaltung der Anhörungen durchaus Spielräume ließ, um individuelle Begegnungen zu ermöglichen. Im Laufe der Tätigkeit der Wahrheitskommission kam es zu verschiedenen Begegnungen zwischen Tätern und Opfern, die teilweise auch am Rande der eigentlichen Anhörungen stattfanden oder aber über die

Anhörungen hinaus gefördert wurden (vgl. z. B. Fourie 2000). Ebenso erlaubte die (juristisch vorgesehene) Möglichkeit für die Opfer von Menschenrechtsverletzungen, gegen einen Amnestierungsantrag Einspruch zu erheben, ein Zusammentreffen mit dem Täter während der Amnestierungsanhörungen. Die Analyse der Anhörung des weißen Untergrundkämpfers Eugene Marais, der von einigen seiner Opfer auch direkt befragt wurde, hat uns einen Eindruck von der Vehemenz und Sprengkraft der hierbei entstehenden Emotionen gegeben. Wir konnten sehen, dass das Setting der Amnestierungsanhörungen einerseits ausreichend Flexibilität zuließ, um eine Konfrontation des Täters mit den Fragen seiner Opfer zu erlauben, andererseits sich aber auch als ausreichend strukturgebend erwies, um die Explosivität dieser Konfrontation zu begrenzen. Gerade durch die juristische Prägung des Rituals, das genaue und formale Vorgaben für die Wortbeiträge machte, konnten Wut und Anklage gleichsam diskursiv gezähmt Ausdruck finden.

Diese Flexibilität hebt auch eine Untersuchung von Buur (2000c) hervor. Er hat eine Begegnung zwischen Tätern und Opfern im Rahmen eines Amnestierungsprozesses beleuchtet und dazu nachträglich einige der Beteiligten interviewt. In diesem Fall konnten die betroffenen Opfer zusätzlich zur Amnestierungsanhörung zwei psychologische Gesprächsrunden am Rande der eigentlichen Anhörungszeiten und schließlich auch ein informelles Zusammentreffen mit den Tätern wahrnehmen. Buur beobachtet in den Aussagen seiner Interviewpartner über diese Formen der Begegnung

>»the existence of a second alternative level of discourse taking place in the amnesty hearing. This discourse sought to make a creative interpretation of the amnesty hearing format possible (...). The alternative discourse was not located outside the overall preamble of the (...) process as such; it did not take place in opposition to the amnesty process (...), but alongside the legal procedures« (a.a.O., S.159f.). »It was the porosity of the hearing – with its many different spaces where people could shift between the legal on-stage and the non-legal off-stage dealing with the Other – that made the ›ritual stuff‹ accessible to them. In other words the polymorphic nature of the hearing allowed a bridging element between the legal, formal aspect and other issues of relevance for participants. (...) The hearing as a whole created a space from where each person could begin to deal with issues of relevance to them« (a.a.O., S. 172).[20]

Diese positive Einschätzung findet durch unsere Beobachtungen allerdings auch eine kritischere Ergänzung. Können wir einerseits zwar feststellen, dass die Opfer sich während der Amnestierungsanhörung einen Raum für ihre Anliegen und Fragen erkämpfen konnten, so hat sich auch gezeigt, wie wenig Resonanz sie damit eigentlich fanden. Die Auseinandersetzung zwischen Täter und Opfern erschien wie die Kommunikation in unterschiedlichen Sprachen, deren jeweilige Bedeutungen weder dem einen noch dem anderen zugänglich werden konnten. Damit blieb die Auseinandersetzung eher der Form einer Dopplung von Monologen verhaftet.[21] Auch an dieser Stelle spiegelt sich also die Ambivalenz zwischen notwendiger Beziehungsarbeit und der im Dienste der gesellschaftlichen Befriedung stehenden Verhinderung ihrer explosiven Dynamik. Dabei stimmt auch nachdenklich, dass die Begegnungen zwischen Tätern und Opfern (bis auf vereinzelte Ausnahmefälle) nur im Rahmen der Amnestierungsanhörungen stattfanden. Dies dürfte mit dem Widerstreben der Täter zu tun haben, sich durch die Begegnung mit dem Opfer mit Schuld- und Schamgefühlen zu konfrontieren. Das juristische Korsett der Amnestierungsanhörungen schnürte diese und andere schwierige Gefühle ab, wenn sie die Dynamik allzu bedrohlich prägten.[22]

9.4. Die Rolle des Gremiums in der Dialektik der Spaltungen

Trotz dieser institutionellen Spaltung der Gremien bot sich noch ausreichend zu lösender Zündstoff. Denn die einzelnen Komitees waren ja mit südafrikanischen Bürger/innen besetzt worden, die unterschiedliche Positionen im gesellschaftlichen Konflikt bezogen hatten – jede/r von ihnen war selbst in den historischen Konflikt einbezogen. Das Bemühen um eine paritätische Besetzung des Gremiums durch Mitglieder unterschiedlicher politischer und ethnischer Bevölkerungsgruppen war unabdingbare Voraussetzung für die Akzeptanz durch eine Bevölkerungsmehrheit, aber es bedeutete auch eine Herausforderung an die interne Kohärenz der Institution.[23]

Das Bemühen um eine konstruktive Bearbeitung der innerhalb der Institution entstehenden Konflikte kann als modellhaft für die gesellschaftliche Bearbeitung insgesamt verstanden werden: in dem Maße, wie es den Gremiumsmitgliedern gelang, die Konflikte zuzulassen und an Formen ihrer Bewältigung zu arbeiten, wirkten sie wie eine Art interner Verdauungsapparat für die mit diesen Konflikten einhergehenden Spaltungen, Projektionen und unverdaulichen Emotionen.[24] Ihre Integration dürfte auch die Integration der Konflikte auf gesellschaftlicher Ebene gefördert haben. Im Sinne von Bions Konzept des *containment* (1990) von bedrohlichen Gefühlen kann die Wahrheitskommission also als eine wesentliche »haltende Funktion« ausübend verstanden werden: die explosiven gesellschaftlichen Konflikte wurden auch durch die interne Auseinandersetzung im Gremium gebunden und in einer »verdaulicheren« Form an die Öffentlichkeit zurückgegeben.

Darüber hinaus bemühte sich die Wahrheitskommission darum, auch in Abwesenheit der jeweiligen Konfliktgegner eine Auseinandersetzung mit den *inneren* Repräsentanzen der Opfer bzw. Täter anzuregen. In den Anhörungen für die Opfer bzw. für Hinterbliebene von Ermordeten fragten die Gremiumsmitglieder die Aussagenden fast immer nach ihrer Bewertung einer möglichen Amnestierung des oder der Täter. Häufig wurde auch die Frage nach der Bereitschaft zur Vergebung angesprochen. In den Amnestierungsanhörungen forderten entweder die Anwälte der Opfer eine Auseinandersetzung mit deren Sichtweise, oder aber die Beweisführer der Wahrheitskommission bezogen deren Perspektive in die Anhörung ein. Auch dies verstehe ich als einen Lösungsversuch im beschriebenen Dilemma von machtpolitisch erwünschter Eingrenzung einer eigentlich notwendigen Konfrontation.

Diese Überlegung können wir durch eine Beobachtung aus der Analyse der Anhörungsprotokolle ergänzen: denn die Gremiumsmitglieder regten nicht nur mittels ihrer Wortbeiträge eine Auseinandersetzung mit den inneren Repräsentanzen der Täter bzw. Opfer an. Vielmehr hielten diese Repräsentanzen auch auf einer weitaus eindringlicheren Ebene Einzug in die Anhörungen, nämlich qua projektiver Identifizierung. Indem sich die traumatischen und konflikthaften Situationen als Wiederholung des Erinnerten in den Anhörungen reinszenierten, wurden durch einzelne Gremiumsmitglieder die Repräsentanzen der Täter in projektiver Identifizierung übernommen.[25] Das Arrangement der Anhörungen erlaubte, mittels der Triangulierung bzw. einer Diversifizierung der Rollen die beklemmende Logik der Wiederholung des Traumas zumindest ansatzweise aufzulösen.[26] Insofern konnten die Traumata zwar nicht im Sinne Freuds in ihren bewussten und unbewussten Dimensionen durchgearbeitet werden. Indem sie jedoch in den unbewussten Reinszenierungen Ausdruck fanden, erhielten sie die Chance, eine symbolische Form der Bearbeitung zu finden.[27]

Trotz einer Spaltung der Arbeit mit Tätern und Opfern und ihrer sorgfältigen institutionellen Rahmung reaktivierten sich also die gesellschaftlichen Konflikte in den Anhörungen und bedrohten das Ziel der Herstellung sozialer Kohärenz. Hier diente der im Kontext der Anhörungen immer wieder formulierte Versöhnungsdiskurs als weitere Möglichkeit der Konfliktabwehr. Ich möchte seine Bedeutung im Folgenden eingehender diskutieren.

9.5. Der Versöhnungsdiskurs: Das Propagieren gesellschaftlicher Kohärenz als Gegenbewegung zur Dialektik der Spaltungen

> »We are all wounded people, traumatized, all of us, by the evil of apartheid. We all need healing and we (...) must pour balm on the wounds inflicted by this evil system. Let us be channels of love, of peace, of justice, of reconciliation. Let us declare that we have been made for togetherness, we have been made for a family, that, yes, now we are free, all of us, black and white together, we, the Rainbow People of God. And let us make a success of this democracy. And we are going to make it. For we have a tremendous country, with tremendous people. Our God, who makes all things new, will make us a new people, a new united people in a new South Africa« (Tutu 1994, S. 262).

Ich habe dieses Zitat von Tutu als Einleitung für diesen Abschnitt ausgewählt, weil es gleichsam eine Grundessenz des Versöhnungsdiskurses enthält, der durch die öffentliche Arbeit der Wahrheitskommission artikuliert und dadurch im diskursiven Repertoire verankert wurde. Dieser Diskurs prägte die Anhörungen wesentlich: Zum einen wurde er in den Auftaktreden wie auch in den Schlussansprachen während der Opferanhörungen – häufig von Desmond Tutu selbst – artikuliert. Zudem ließ sich beobachten, wie er oft gerade dann zur Anwendung kam, wenn sich in den individuellen Anhörungen Wut, Hass, Neid oder andere spaltende Emotionen zeigten. Er bildete somit ein wesentliches Regulationsinstrument für die emotionale Dynamik während der Anhörungen. Seine unmittelbare Ausrichtung an christlich-religiösen Grundwerten ist unübersehbar und bot in der öffentlichen Diskussion immer wieder Anlass zu massiver Kritik (Meiring 2000, Moosa 2000, Tutu 1999). Sehen wir uns einige der zentralen Botschaften dieses Versöhnungsdiskurses im Hinblick auf die Funktion der gesellschaftlichen Befriedung näher an.

9.5.1. Südafrika als ein Kollektiv von Opfern

Eine wesentliche Auffassung dieses Diskurses propagiert eine die Gemeinsamkeit des Leidens hervorhebende Grundhaltung. Darin erscheint das südafrikanische Volk geeint durch die quälende und zerstörerische Erfahrung der Apartheid, deren Akteure auf wundersame Weise von der Bildfläche verschwinden. So liest sich in den abschließenden Empfehlungen der Wahrheitskommission: »Ganz Südafrika, Stadt und Land, Schwarz und Weiß, Männer, Frauen und Kinder – war beherrscht von Unterdrückung und Widerstand, und niemand ist mit sauberen Händen daraus hervorgegangen. Alle brauchen Versöhnung, denn alle müssen gesund werden« (Wahrheits- und Versöhnungskommission Südafrika 2000, S. 374). In unzähligen Abwandlungen wurde dieses Motiv gerade auch von Desmond Tutu wiederholt, z.B. wenn er sagte: »There is not a single person who has not been traumatized by apartheid – even the perpetrators. We have to pour balm to our tortured souls« (zit. in Frost 1998, S. 144).[28]

So sinnvoll diese Sichtweise gerade auch aus einem psychologischen Betrachtungswinkel heraus erscheinen mag, so problematisch wird sie doch bei eingehender Untersuchung: denn in der einenden Bewegung, aus der heraus auch Täter brutaler und systematischer Gewaltübergriffe als traumatisiert und heilungsbedürftig gelten, wird allzu schnell die trennende Kluft zwischen Opfer und Täter übersprungen. In der Sicht der Täter als hilfebedürftig bleibt ihre Verantwortung ausgeklammert, die Rollen zwischen Tätern und Opfern verwischen zu einem Konglomerat, in dem das Machtgefälle und die Gegensätzlichkeit der Positionen nicht mehr unterscheidbar sind. Man muss sich erst mühselig in Erinnerung rufen, dass in der Interpretation als traumatisiertes Kollektiv *eigentlich* auf einen massiven gesellschaftlichen Konflikt Bezug genommen wird.

Ich verstehe diese diskursive Figur als Beitrag zur gesellschaftlichen Produktion von Unbewusstheit nach Erdheim (1984): mit dem sozialen Konflikt einhergehende spaltende Emotionen können so aus der öffentlichen Auseinandersetzung verbannt werden. Sie schlägt den Abwehrmechanismus der Reaktionsbildung vor: denn in der Sicht der Täter als ihrerseits leidende Opfer des unmenschlichen Apartheidsystems scheinen auch Rache oder Vergeltungsmaßnahmen gänzlich unpassend; vielmehr erhalten auch die Täter Anspruch auf Zuwendung, Mitleid und Hilfe. Dieser reaktionsbildende Umgang mit den Aggressionen gegenüber den Tätern kann zudem das Gefühl moralischer Größe oder gar Überlegenheit vermitteln und so eine maximale Distanz zu den von der Apartheid propagierten Werten herstellen. Dabei steht diese Interpretation in auffallendem Widerspruch zu der auf institutioneller Ebene ausbleibenden psychologischen Hilfe für die Täter: die Wahrheitskommission hielt – zumindest offiziell – kein Angebot einer psychologischen Bearbeitung der ausgeübten Gewalt bereit und auch in den Anhörungen galt der Einbezug psychologischer Fragestellungen als explizit irrelevant oder sogar störend. In Kapitel 8.3. habe ich diskutiert, dass die ausbleibende bzw. verheimlichte psychologische Betreuung der Täter als Ausdruck eigentlich fortwährender Aggressionen verstanden werden kann. [29]

In dem Maße, wie die südafrikanische Gesellschaft als geeint in ihrem Bedürfnis nach Heilung interpretiert wird, zeigt sich aber auch das Verleugnen einer weiteren gesellschaftlichen Spaltung. Denn hier verwischen nicht nur die Anteile von Tätern und Opfern, sondern auch die massive ökonomische Ungleichverteilung und die Spaltung der Gesellschaft in Konfliktbeteiligte, Betroffene, Mitläufer und Nutznießer. Für eine schwarze Familie, die während der Apartheidzeit z. B. von Zwangsumsiedlung, Verhaftungen und ökonomischem Elend betroffen war, dürfte sich der Hinweis auf die gesellschaftsumfassenden Traumatisierungen reichlich zynisch anhören, nicht zuletzt im Rückbezug auf eine prototypische weiße Familie, die im Normalfall ein von Gewaltübergriffen freies und privilegiertes Leben im Schutz und Schatten der Apartheidregierung zu leben vermochte. An welcher Stelle hier eine Traumatisierung auszumachen sein sollte, bleibt ungewiss – doch wird schnell deutlich, wie gut diese diskursive Formel dazu dient, eben diese Vielschichtigkeit realer ökonomischer Unterschiede zu verschleiern, welche mit einer ganzen Reihe spaltender Emotionen wie beispielsweise Neid und Gier verbunden sind. Auch Hamber und Wilson (1999) stellen fest: »psychologising the nation can become an ideology for subordinating diverse individual needs to the exigencies of national unity and reconciliation« (S. 1). Die eigentliche vernichtende Qualität des Traumas wird im Kontext des Versöhnungsdiskurses entschärft und damit auch dem Bewusstsein weniger zugänglich: denn wenn auch Nutznießer und Mitläufer/innen des Apartheidsystems traumatisiert sind, wie es der Versöhnungsdiskurs propagiert, welche Worte lassem sich dann noch für die massiven, durch die Apartheid-Gewalt bedingten Traumatisierungen finden?

Das Nachdenken über die Doppelbödigkeit dieser diskursiven Formel lässt aber auch deutlich werden, wie schwierig es ist, nicht in einseitige Spaltungen zu verfallen, aus denen heraus die Täter entweder nur anzuklagen oder nur zu entschuldigen sind. Die Herausforderung liegt hier in einer Integration der verantwortlichen und der möglichen ohnmächtigen Seiten der Täter – und zwar sowohl in der öffentlichen Auseinandersetzung, als auch in den einzelnen Tätern selbst. Weiter ist zu berücksichtigen, dass diese Integration als ein phasenhaft ablaufender Prozess voranschreitet, dessen Ausgang weder vorbestimmt noch statisch ist und der zudem jederzeit scheitern kann. Eine vorschnelle Einfühlung in mögliche ohnmächtige Anteile trägt jedoch dazu bei, die ambivalente Aufladung dieses Geschehens zu verschleiern und eine Auseinandersetzung der Täter mit ihrer Schuld vorschnell abzubrechen oder zu verhindern. Gerade der konfrontative Teil dieser Integrationsarbeit blieb im Versöhnungsdiskurs aber ausgeklammert.

9.5.2. Die narzisstische Gratifikation der Versöhnungsbereitschaft als konkrete Umsetzung afrikanischer Spiritualität

Wird im eben vorgestellten Motiv des Versöhnungsdiskurses der Konflikt durch eine Gleichsetzung von Tätern und Opfern zum Verschwinden gebracht, so können wir in einem anderen Motiv den Versuch erkennen, den Verzicht auf spaltende Emotionen wie Wut, Hass und Rache narzisstisch aufzuwerten. Hier wird das südafrikanische Volk als einzigartig in seiner Fähigkeit zur Vergebung gepriesen. So beendete Desmond Tutu beispielsweise die erste von der Wahrheitskommission überhaupt durchgeführte Opferanhörung mit folgenden Worten:

> »It is quite incredible the capacity people have shown to be magnanimous – refusing to be consumed by bitterness and hatred (…). We have been moved to tears. We have laughed. We have been silent and we have stared the beast of our dark past in the eye. We have survived the ordeal and we are realizing that we can indeed transcend the conflicts of the past, we can hold hands as we realize our common humanity« (1999, S. 120).

Die narzisstische Gratifikation schreibt Tutu auch Gott zu:

> »God does have a sense of humour. Who in their right mind could ever have imagined South Africa to be an example of anything but awfulness (…). We South Africans were the unlikliest lot and that is precisely why

God has chosen us. (...) We were a hopeless case if ever there was one. God intends us that others look at us and take courage. God wants to point at us as a possible beacon of hope« (a.a.O., S. 229).

Die hier artikulierte narzisstische Überhöhung der Versöhnungsbereitschaft hat eine faszinierende Wirkung. Auch als Leserin fühle ich mich von der Idee einer gesellschaftlichen Vorbildrolle angezogen. Aber ein damit verbundenes Unbehagen bezieht sich auf das Auslöschen all jener Stimmen, die dieser moralischen Auffassung entgegenstehen. Tutu hält der Gesellschaft gleichsam einen (Zerr-)Spiegel vor, der das Bild eines durch Vergebung und Versöhnung harmonisch verbundenem und fast von heiligem Schein umglänztem Volk zeichnet. In diesem Bild findet keine Berücksichtigung, ob und wie viel Hass, Wut und Rachewünsche tatsächlich formuliert wurden – diese Gefühle erscheinen in Tutus Worten gänzlich getilgt. So äußerten sich nach einer Studie des Centre for the Study of Violence and Reconciliation in den Opferanhörungen nur ca. 10% der Opfer zur Frage der Vergebung (Ernest 2004). Dabei sei keinesfalls durchgängig Vergebungsbereitschaft signalisiert worden. Der öffentliche Mythos eines vergebenden Kollektivs ist also durchaus in Frage zu stellen.

Damit aber wurden aggressive Strebungen in zweifacher Hinsicht abgewehrt: zum einen in den Anhörungen selbst, da die Bereitschaft zu Vergeben häufig eher hervorgelockt denn mitgeteilt wurde, wie auch Verdoolaege (2002) feststellt: »When victims were revengeful (...) it could be a difficult task to bridge the individual story and the masterstory. By posing some leading questions and by praising utterances of reconciliation, the commissioners (...) gently tried to guide testifiers towards this concept of reconciliation« (S. 15). Zum anderen wurden auch jene Stimmen, die von dem erwünschten Diskurs der überwältigenden Vergebungsbereitschaft abwichen, übergangen, sie verhallten gleichsam ungehört. Das diskursive Insistieren auf den Werten von Vergebung und Versöhnung wurde von manchen Aussagenden sogar als gewaltsam empfunden, wie es sich beispielsweise in der Äußerung eines aussagenden Opfers spiegelt, man habe ihm die Versöhnung in den Schlund gestopft (»pushing reconciliation down my throat« [30]).

Die Hintergründe dieses diskursiven Musters sind nicht schwer zu durchschauen:

»Es liegt im Interesse der Mächtigen, freiwillig dem Ohnmächtigen, dessen Aggression verhindert werden soll, Konzessionen zu machen;

für freiwillig abgetretene Trophäen kann man dann wieder Kompensationen der Ehrfurcht und Unterwerfung verlangen und erhalten. Da aber *magische* Partizipationen die gleiche aggressionseinschränkende Wirkung haben können wie reale, können magische Machtpartizipationen aller Art Ohnmächtige freiwillig in der Ohnmacht erhalten. Die Illusion von der Autorität, die einen erst der Aktivität beraubt und in eine masochistisch-rezeptive Haltung gebracht hat, geliebt und durch Zufuhren von Selbstgefühl erhalten und erhöht zu werden, ist offenbar ein Mittel, dessen Klassengesellschaften sich erhalten« (Fenichel 1952, S. 228; Hervorhebung im Original).

Die Verlockung der Zugehörigkeit zu einem von Gott auserwählten Volk dürfte die Bereitschaft, sich dem Diskurs der Versöhnung anzuschließen und entgegenlaufende Emotionen eher zu verdrängen, wesentlich erhöht haben. Das tägliche Wiederholen dieses »Erwählungsdiskurses« bewirkte einen Sog der Identifizierung mit dem narzisstisch überhöhten Kollektiv der Versöhnten: Wer würde nicht gerne jenem Volk zugehören, das der Welt als Beispiel moralischer Größe dient? Diese diskursive Formel kann natürlich auch deswegen so gut greifen, weil die südafrikanische Gesellschaft während der Apartheidzeit international geächtet wurde. Im achterbahnartigen Wechsel kollektiver Befindlichkeit von globaler Empörung hin zu (phantasierter und realer) weltweiter Anerkennung, die sogar bis zu den Höhen Gottes hinaufreicht, spiegelt sich eine enorme Gratifikation für ein »Vergessen« der eigentlich spaltenden Emotionen. Öffentlich wahrgenommen und diskutiert wurden denn auch nur vereinzelte Stimmen, die vehement an ihrem Widerstand gegen Versöhnung und Vergebung festhielten, wie z.B. die Familie des ermordeten Steve Biko, die sich anwaltlich und medial massiv gegen das Amnestierungsverfahren der verantwortlichen Täter zur Wehr setzte (Simpson 2002).

Der Konflikt zwischen individuell auftretenden und gesellschaftlich erwünschten Emotionen erzeugte so ein Spannungsfeld von Anpassung und Widerstand. Die narzisstische Gratifikation für die Identifizierung mit dem gesellschaftlich vorgegebenen Ideal der Versöhnung leistete einer Anpassungsbewegung bzw. einem Anpassungsmechanismus Vorschub, den Parin (1992) »Identifikation mit der Ideologie einer Rolle« nennt. In diesem Fall könnte man von der Rolle des (großherzig) Vergebenden sprechen:

> »Auch durch Rollenidentifikation werden innere Konflikte nicht gelöst. Doch resultieren für das Ich zwei Vorteile, wenn es die ihm

zugeteilten Rollen nicht nur übernimmt, sondern sich mit ihnen identifiziert: Die äußere Anpassung erfolgt dann automatisch, sie erfordert keinen Besetzungsaufwand. Eine dabei eventuell nötige Ichspaltung wird zumeist nicht wahrgenommen (...). Zweitens bietet die Identifikation immer eine wirkliche oder phantasierte libidinöse oder aggressive Befriedigung (...); ergänzend bietet sie eine narzisstische Befriedigung darüber, dass man einer ist, der seiner Rolle entspricht« (S. 97).

So bildet der Versöhnungsdiskurs gleichsam das Scharnier der gesellschaftlichen Produktion von Unbewusstheit im Individuum: die Ideologie gibt bestimmte Konfliktlöse- und Abwehrmuster vor, mit denen sich das Subjekt nicht nur deswegen zu identifizieren bereit ist, weil narzisstische Gratifikationen winken, sondern auch, um zum Kollektiv zu gehören:

»Man hat sich die Rolle nicht gewählt; sie ist aufgezwungen worden. Um den Zwang nicht zu spüren, nimmt man ihn ins Ich herein (...). Das Ich ist entlastet. Man ist nicht mehr allein (...), und die Abwehr gegen frühkindliche Wünsche nach Geborgenheit und Zugehörigkeit ist entspannt. Man ist Rollenträger, nimmt teil an einer Institution, einer Gruppe« (a.a.O., S. 117). Genau dieses bedeutet aber auch, den gesellschaftlichen Konflikt dadurch zu lösen, dass man ihn innerpsychisch bindet: »Der Widerspruch in der Gesellschaft ist zum Widerspruch im Subjekt geworden« (a.a.O., S. 120).[31]

Die Diskussion um die Gratifikationen des Versöhnungsdiskurses ist schließlich noch um einen weiteren Aspekt zu ergänzen: seine Verknüpfung mit dem afrikanischen Konzept des *ubuntu* (vgl. Kap. 5.2.5). Denn die Bereitschaft zur Versöhnung wird hier immer wieder als etwas genuin Afrikanisches interpretiert. Wie beschrieben gilt das Konzept des *ubuntu* als Quintessenz schwarzafrikanischer Lebensauffassung und sollte gerade in der Betonung zwischenmenschlicher Verbundenheit den Boden für die gesellschaftliche Versöhnung bilden.[32] Implizit und explizit wird in der Darstellung einer überwältigenden Versöhnungsbereitschaft des südafrikanischen Volkes immer wieder auf den eigentlichen afrikanischen Charakter dieser gesellschaftlichen Haltung hingewiesen:

»Tutu believes that black people have access almost to a superior humanity, which enables them to do things that surpass cold logic. When a woman at the Truth Commission hearings says that she forgives the killers of her son, Tutu tells her: ›You make me so proud, Mama, to be a black person like you‹. What the world lacks, black people have« (Krog 1998, S. 111).

Indem Tutu auf die narzisstische Erhöhung der neuen Regenbogengesellschaft als »Vergebungsgesellschaft« hinweist, macht er damit indirekt auch deutlich: die neue Gesellschaft findet die weltliche und göttliche Anerkennung im wesentlichen mittels schwarzafrikanischer Spiritualität – ohne diese wäre die beschworene gesellschaftliche Woge der Vergebung gar nicht denkbar. Inwiefern diese Spiritualität im Schwarzafrika der Postmoderne überhaupt zutrifft, spielt dabei eine weniger große Rolle: »ubuntu is a romaticised version of the traditional, rural African community« (Wilson 1996, S. 11); it is an »ideological concept which conjoins human rights, reconciliation and nation-building in the populist term of a relatively benign African nationalism« (a. a. O., S. 14). Auch Alex Boraine, der stellvertretende (weiße) Vorsitzende der Wahrheitskommission, äußert sich skeptisch zum Konzept des *ubuntu*: »It's a dangerous concept which is drenched in sentimentality. It creates a facile and superficial understanding of reconciliation« (zit. in Kjeldgard und Nexo 1999, S. 101). Das Konzept des *ubuntu* lässt sich jedoch als diskursiv wirksame Schablone oder als Symbol einsetzen: es erlaubt den Bezug auf ein schwarzafrikanisches kulturelles Erbe, das während der Jahrhunderte von Kolonisation und Apartheid massiv entwertet wurde. Galten Menschen schwarzer Hautfarbe in der Apartheidideologie als minderwertigen Tieren vergleichbar, zu denen eine maximale Distanz hergestellt werden sollte, so wandeln sie sich hier zu moralischer Helden, die Südafrika auszeichnen und erheben. So bildet diese wiederholte Bezug auf das Konzept des *ubuntu* auch eine Antwort auf den »Kampf um Anerkennung« nach Honneth (1994): die vormals Verachteten sind nun zu Hoffnungsträgern und moralischen Pfeilern des neuen Staates geworden.[33]

Damit aber vermittelt sich auch eine Ambivalenz im Gebrauch des Konzepts des *ubuntu* als Grundlage staatlicher Erneuerung. Denn steht hier *eigentlich* die Herstellung gesellschaftlicher Kohärenz auf den Fahnen, so können wir uns fragen, inwiefern nun diese neue spirituelle Grundlage nicht einen Teil der Bevölkerung, nämlich sowohl weiße als auch farbige und indische Mitbürger/innen, implizit ausschließt: Da sie *ubuntu* – anders als die schwarzafrikanische Bevölkerung – nicht gleichsam mit der Muttermilch aufgesogen haben, fühlen sie sich möglicherweise dem neuen »spirituellen Kollektiv« weniger zugehörig:

»Ubuntu is (...) an exclusive African unifier. (...) the nation building process and catharsis (...) does not seem to be for all. Those who do not identify with ubuntu are immediately excluded from the national catharsis process and the Fantasy of the new South Africa« (Kjelgard and Nexo 1999, S. 167).

Der Versuch, auf diskursiver Ebene die südafrikanische Gesellschaft als eine kohärente »Vergebungsgesellschaft« zu entwerfen, welche die spaltenden und kolonialen Kategorien der Hautfarben hinter sich lässt, findet hier also eine ambivalente Gegenströmung. Allerdings wird diese Schlussfolgerung im Versöhnungsdiskurs dadurch entkräftet, dass sich auch »nicht-schwarze« Mitbürger dieser gesellschaftlichen Welle der versöhnlichen Verbundenheit anschließen und damit eine gesellschaftliche Erneuerung ermöglichen sollen. Sind erst alle Bürgerinnen und Bürger der »Regenbogengesellschaft« davon angesteckt, könnte man auf internationale und sogar göttliche Bewunderung hoffen. Idealisierung und Entwertung finden so möglicherweise mit umgekehrten Vorzeichen Eingang in das neue gesellschaftliche Selbstverständnis: die während der kolonialen und der Apartheidzeit als »Untermenschen« diskriminierten und entwürdigten schwarzen Bürgerinnen und Bürger werden nun zu moralischen Vorbildern, vielleicht sogar Erlösern; die unmoralische »weiße« Gesellschaft der Apartheidtäter und -unterstützer wird durch die spirituelle schwarzafrikanische Kraft bekehrt und befreit. Das erinnert fast an eine »Kolonialisierungsbewegung« mit umgekehrten Vorzeichen.

Auf die eigentlich kolonialen Wurzeln des gesellschaftlichen Konflikts jedenfalls kann mittels des Konzepts des *ubuntu* Bezug genommen und eingegangen werden, ohne sie jemals explizit ansprechen zu müssen. Der koloniale Konflikt als Hintergrund des Apartheidkonfliktes findet mittels dieses Konzepts symbolische Darstellung und symbolische Lösung: hierbei verheißt eine afrikanische Ideologie die Befreiung von gesellschaftlichen Spaltungen und gesellschaftlichen Konflikten. Ihr versöhnender und verbindlicher Charakter betont – als direktes Gegenmodell zur Apartheidideologie – Zusammenhalt statt Spaltung. Getilgt sind damit die Wut und der Hass der Kolonisierten über den jahrhundertelang aufrechterhaltenen Herrschaftsanspruch der Kolonialherren.

In den konkreten Anhörungen dahingegen wurden die gesellschaftlichen Konflikte in ihren »rassischen«, also letztlich kolonialen Dimensionen zwar spürbar, konnten jedoch kaum offen benannt werden – zu groß schien die Sorge, damit das eben erst gebannte »Gespenst« der Apartheidideologie wieder aufleben zu lassen. Da, wo diese Konflikte doch Erwähnung fanden (wie z. B. in der Anhörung Juqu), wurden sie jedoch nicht aufgegriffen und angesprochen, sondern eher ignoriert.

Mamdani (2000) kritisiert, dass gerade durch das Ausklammern der systematisierten gesellschaftlichen Gewalt auf der Grundlage der diskriminierenden Apartheidgesetze (wie z. B. Zwangsumsiedlungen) der koloniale Kontext von der Wahrheitskommission nicht ausreichend bearbeitet wurde, was auch die Frage nach den zahlreichen Mitläufern und Nutznießern des Apartheidsystems einschließt: »the TRC focused on torture, murder and rape, all outside the law, ignoring everything that was distinctive about apartheid and its machinery of violence« (S. 73). Eine ähnliche Kritik formuliert Adam (1998):

> »Die Wahrheitskommission hätte zur stärkeren Bewusstseinsbildung über die fortdauernden materiellen Ungerechtigkeiten und ihre historischen Ursachen beitragen können. Statt dessen hat sich das Wirken der TRC auf individuelle, krasse Menschenrechtsverletzungen beschränkt. Nur ganz wenige Südafrikaner haben sich jedoch Folterungen schuldig gemacht, während alle Weißen Nutznießer der Apartheid waren. Indem die TRC die außergewöhnlichen Greuel betont, erlaubt sie den gewöhnlichen Nutznießern der Greuel ein gutes Gewissen. Der Durchschnittsweiße kann sich von den Verbrechen, die in seinem Namen und zu seinem Vorteil begangen wurden, entrüstet distanzieren, weil er daran ja nicht beteiligt war« (S. 366).

Auch Alexander (2001) kritisiert am Abschlussbericht der Wahrheitskommission, er habe sich nicht ausreichend mit der Frage des Rassismus auseinandergesetzt und könne deswegen kaum zur Versöhnung beitragen (vgl. S. 38f.). Die Auseinandersetzung mit dem diskursiven Gebrauch des Konzepts *ubuntu* verdeutlicht dahingegen, dass rassistische und koloniale Themen durchaus durch die Wahrheitskommission bearbeitet wurden, wenn auch überwiegend auf symbolischer Ebene. Eine offene Diskussion seines kolonialen und rassistischen Kerns hätte den gesellschaftlichen Konflikt zu diesem Zeitpunkt kaum zu befrieden vermocht, sondern vermutlich weiter vertieft. Insofern ist doch zu überlegen, ob dieser teilweise überhöht wirkende gesellschaftliche Diskurs nicht einen wesentlichen Beitrag dazu lieferte, einen gesellschaftlichen Frieden abzusichern, der eben nicht nur machtpolitisch erwünscht, sondern auch gesellschaftlich ersehnt wurde.

9.5.3. Von der Spaltung der Gesellschaft zur Spaltung der Geschichte

Schließlich ist noch ein weiterer, zentraler Aspekt des Versöhnungsdiskurses zu diskutieren: in diesem Fall nämlich wird gesellschaftliche Kohärenz propagiert gerade indem eine andere Spaltung etabliert wird, die Spaltung im zeitlichen Kontinuum. Immer wieder wurde im Kontext des Versöhnungsdiskurses auf die Vorstellung eines grundlegenden Neuanfangs Bezug genommen, innerhalb dessen die Regenbogengesellschaft alle Bezüge zur Apartheidgesellschaft radikal gekappt hat: »Our God, who makes all things new, will make us a new people, a new united people in a new South Africa«, wie Tutu in den oben bereits zitierten Worten formuliert (1994, S. 262). Natürlich ist die Vorstellung eines gesellschaftlichen Neuanfangs deswegen so erleichternd, weil darin der Ballast des historischen Konflikts und der damit einhergehenden konfliktgeladenen Beziehungen entsorgt ist. In dem Maße, wie eine Verbindung zwischen dem Apartheidstaat und der neuen Regenbogengesellschaft nicht mehr (an)erkannt wird, sind auch die einstigen Täter nicht mehr identifizierbar, die Opfer verlieren ihre Identität als Opfer, die Fragen nach Mitläufertum und Privilegiengenuss haben sich erübrigt, alle sind gleich unschuldig und schuldfrei.[34] Eine scharfe Abgrenzung von einer dunklen und geisterhaft-bedrohlichen Welt der Vergangenheit kommt besonders deutlich in Tutus Vorwort zum Abschlussbericht der Wahrheitskommission zum Ausdruck:

> »Having looked the beast of the past in the eye, having asked and received forgiveness and having made amends, let us shut the door on the past – not in order to forget it but in order not to allow it to imprison us. Let us move into the glorious future of a new kind of society where people count, not because of biological irrelevancies or other extraneous attributes, but because they are persons of infinite worth created in the image of God. Let that society be a new society (…). My appeal is ultimately directed to us all, black and white together, to close the chapter on our past and to strive together for this beautiful and blessed land as the rainbow people of God« (Final Report 1998, Band 1, Kap. 1, §92–93).[35]

Tutus Worte könnten nicht sorgfältiger gewählt sein. Die gesellschaftliche Gewalt erscheint hier nicht mehr ausgeübt von konkreten Tätern aufgrund einer konkreten Ideologie, sondern als unheimliche Bestie, als bedrohliches, animalisch-gewalttätiges Wesen, das die von zahllosen

Einzeltätern ausgeübte Gewalt entpersonalisiert. Indem die neue Regenbogengesellschaft dieser Bestie noch einmal ins Auge sieht, verdeutlicht sich die Abgrenzung und Gegenüberstellung von Einst und Jetzt, von bösen, fremden Monstern und dem neuen, von *ubuntu* beseelten, südafrikanischen Wir-Kollektiv (vgl. Kjeldgard und Nexo 1999, Buur 2001). Damit ist dann auch der Konflikt um Verantwortung und Schuld, um Reue und Wiedergutmachung ein Phänomen der Vergangenheit. Die Illusion eines Neuanfangs verheißt die Befreiung vom historischen Konfliktpotential. Asmal et al. (1997) sehen denn auch in der Wahrheitskommission die Chance, »to change the nation's paradigm of itself through a short, sharp hammer blow of a new beginning« (S. 27). Die Gewaltsamkeit dieser Parabel gibt Ausdruck von der eigentlich aggressiven Unterfütterung des Konflikts. Adam (1998) weist darauf hin, dass solcherlei Formulierungen einem Mythos Vorschub leisten, der dem deutschen Mythos »der Stunde Null« nahe kommt (S. 362).

9.5.4. Facetten des Versöhnungsdiskurses als Facetten der gesellschaftlichen Konfliktbearbeitung

Die hier vorgestellten Facetten des Versöhnungsdiskurses zeigen Möglichkeiten auf, das eingangs beschriebene zentrale Paradoxon der Wahrheitskommission zwischen Konfliktfokussierung und Konfliktvermeidung zu lösen: war ein Fortschreiben der gesellschaftlichen Spaltungen zur Konfliktabwehr zwar nötig, so vermochte der Versöhnungsdiskurs gleichzeitig, diese Spaltungen entweder diskursiv zu leugnen oder aber sie auf ein zeitliches Kontinuum zu verlagern und damit gesellschaftliche Homogenität und Harmonie zu propagieren. Dass die gesellschaftliche Befriedung vor allem auch den Interessen der neuen Machtelite diente, bleibt dabei jedoch weitgehend unbewusst: die von Gewalt gezeichnete Vergangenheit wird entpersonalisiert, dämonisiert und in ihren zeitlichen Bezügen gekappt, so dass die aktuelle gesellschaftliche Situation als davon befreit erscheint. Die zur Aufhebung dieser Spaltungen notwendige Unbewusstmachung der mit dem Konflikt einhergehenden Aggressionen wird narzisstisch aufgewertet, das afrikanische Konzept des *ubuntu* dient dabei als Identifikationsmatrix für ein »außergewöhnliches und auserwähltes Volk«.

Dieser Diskurs wurde gerade dann besonders hervorgehoben, wenn sich in den Anhörungen die gesellschaftlichen Konflikte reaktualisierten und unter den Protagonisten reinszenierten. An diesen Stellen diente der Diskurs als eine Art psychische Plombe, welche die wieder aufreißenden Spannungen und Spaltungen zu überdecken half. Im Wiederholen dieser diskursiven Schablonen während der Anhörungen und in den Medien konnte sich so mehr und mehr ein Bild der »Regenbogengesellschaft« durchsetzen, innerhalb dessen die gesellschaftlichen Konflikte entschärft und ansatzweise aufgelöst scheinen:

> »Während die individuelle Erinnerung der Vergangenheit ausdrücklich eingefordert wird, wird im Namen der Zukunft der Nation kollektives Vergessen zumindest nahegelegt. Vertieft wird dies durch die Relativierungsstrategien der mainstream-Massenmedien, die immer dann zum Einsatz kommen, wenn die Rhetorik der Versöhnung den Status der Privilegierten bedroht. In diesen Strategien der Beschwichtigung wird das Pathos der nationalen Einheit ausgerufen, um die gegebenen Trennungen und Ungleichheiten der Gesellschaft zu rationalisieren« (Seibert 1998, S. 36).

Wut, Hass und mögliche Rachewünsche konnten vom Motiv eines in Versöhnung herausgehobenen Volkes gleichsam aufgesogen werden, Neid oder Gier im Angesicht massiver ökonomischer Ungleichverteilung traten hinter dem Versprechen kollektiver Heilung zurück.

Doch haben wir auch gesehen, wie vielfältig die individuellen Umgangsweisen mit diesem Diskurs waren: das Spektrum reichte von Anpassungsbewegungen, die auf eine möglichst korrekte Präsentation der notwendigen Vokabeln und diskursiven Formeln achteten, bis hin zu Gegenbewegungen, die diesen Diskurs subtil für eigene, konträre Interessen instrumentalisierten oder aber sich dem Diskurs offenkundig versperrten. Insofern dürfte die Bedeutung des Diskurses als plombenartiges Füllmaterial für einen paradox aufgeladenen gesellschaftlichen Konflikt auch in seiner gleichsam elastisch dehnbaren Qualität liegen, die Spannungen überbrücken kann, ohne sie zu zementieren. Diese elastische Qualität erklärt sich möglicherweise gerade durch die wechselseitige, dialektische Bezogenheit von gesellschaftlich-politischen und individuellen Interessen:

> »Individuen sind mehr als Verwender von (verordneten) Vokabeln: Sie können Repertoires öffentlich benutzen, privatim jedoch meiden, sie können an bestimmten Erklärungen – und den diskursiven Systemen, denen sie zu verdanken sind – festhalten oder neue – im Rahmen anderer diskursiver Systeme – erwerben oder ersinnen, sie können alte Meta-

phern auf neue Erfahrungen anwenden oder neue Metaphern für alte Erfahrungen prägen« (Keller 1996, S. 78).

Die Elastizität des Diskurses bietet sich dem Einzelnen gleich einem Schutzmantel an und kann damit z.B. Zugehörigkeit verheißen; zudem ist er nutzbar, mitgestaltbar und auch widerrufbar.

Vermutlich bewährt sich ein diskursives Angebot gerade dann, wenn es die Ängste und Konflikte, vielleicht aber auch Sehnsüchte der einzelnen Subjekte anzusprechen und aufzugreifen vermag: Institutionen (und die in ihnen artikulierten Diskurse)

> »sind sicher nicht aus der Sorge der Gesellschaft um die individuelle neurotische Abwehr der einzelnen, sondern unter dem Einfluß sachbezogener Notwendigkeiten sowie politisch-ökonomischer Interessen entstanden. Es ist aber wahrscheinlich, dass diese letzteren sich individuell neurotischer Bedürfnisse bedienen, indem sie ›Lösungen‹ präsentieren, die über die genannten primären Zielsetzungen hinausgehen und eine Art Prämie darstellen, die zu einer besseren Motivation der Beteiligten beiträgt« (Mentzos 1996, S. 82f.).

Möglicherweise war hierbei auch eine Sehnsucht nach der Umsetzung eines gesellschaftlichen Ideals bedeutsam, welche die Identifikation mit dem moralisch getönten Versöhnungsdiskurs förderte. Es war für mich in verschiedenen Gesprächen mit Südafrikaner/innen eindrücklich, wie der spirituell-moralische Gehalt dieses Diskurses nicht nur leierkastenartig rezipiert wurde, sondern auch emotional zum Tragen kam. Beispielsweise zeigte sich ein weißer Südafrikaner tief berührt von der Betonung der menschlichen Verbundenheit im *ubuntu*-Konzept, das zwar eine romantisierte Fassung traditioneller schwarzafrikanischer Spiritualität darstellen mag, aber für ihn in der Begegnung mit schwarzafrikanischen Mitbürgern tatsächlich auch spürbar und zugänglich wurde. Hier könnte sich zeigen, dass der spirituell unterfütterte Diskurs eine Sehnsucht wachzurufen und dann auch ansatzweise zu befriedigen vermochte, die einen Gegenpol im konflikthaft aufgeladenen gesellschaftlichen Geschehen bildet. Darin würden sich gesellschaftliche Notwendigkeiten und subjektive Sehnsüchte nach einem harmonischkonfliktfreien Dasein verschränken. Gerade dadurch könnte es dem Versöhnungsdiskurs zumindest ansatzweise gelungen sein, eben jene Wirkung hervorzurufen und auszulösen, die er propagierte. Nehmen wir diesen Gedanken ernst, so enthüllt sich darin nicht nur eine faszinierende gesellschaftliche Dynamik, sondern auch eine spezifische kollektive Leistung, welche die Wahrheitskommission ermöglichte: So wie Kriegspropaganda extrem destruktive Massenphänomene fördern und anheizen kann, bildete der mit der Arbeit der Wahrheitskommission verbundene öffentliche Diskurs einen Anreiz für gesellschaftliche Wiederannäherung, für Toleranz und Verständigung. Es kann dann möglicherweise weniger darum gehen, wie »echt« diese kollektive Stimmungslage tatsächlich war, sondern vielmehr darum, wie dauerhaft sie ist und ob sie langfristig Chancen hat, sich stabil zu verankern.

Auch in meiner Gegenübertragung konnte ich die Sehnsucht nach gesellschaftlicher Harmonie spüren. Schien mir der Versöhnungsdiskurs manchmal auch als allzu plump harmonisierend, so verspürte ich doch auch eine Faszination angesichts der angestrebten Umsetzung moralischer Ideale in Südafrika. Dass es sich hierbei nicht nur um Abwehrkonstrukte, sondern auch um eine konkrete menschliche Leistung handelt, zeigt ja die weitgehend friedliche Lösung einer enorm zerstörerischen gesellschaftlichen Spannungssituation. Insofern illustriert sich am Beispiel der Wahrheitskommission vielleicht nicht nur die Frage nach der Produktion von gesellschaftlicher Unbewusstheit zum Zwecke der Machtsicherung, sondern auch das Fördern gesellschaftlicher Sublimierung von Aggression:

> »The shared aggressive fantasies that go along with enmity or opposition have not gone away, rather they are covered over by an apparent shared reaction formation (...). This seemingly negative unconcious motivation does not take away from the reality of this new closeness, however. The crucial issue is whether this closeness can be sublimated« (Volkan 1998, S. 179).

9.6. Abschließende Überlegungen

In diesem Kapitel habe ich versucht, die dialektische Dynamik der Spaltungen im Bearbeitungsansatz der Wahrheitskommission nachzuzeichnen. Sie wurde verständlich als Versuch einer Kompromissbildung im Angesicht eines eigentlich paradoxalen Bearbeitungsauftrages. Hierin zeigt sich die Auswirkung einer politischen Kompromissbildung als einer auch im psychoanalytischen Sinne zu verstehenden Kompromissbildung: gleich einem Symptom spricht diese von der Unlösbarkeit eines Konfliktes und enthält ihn zugleich in ihrem Kern.

Die Abwehr der gesellschaftlichen Konflikte durch Spaltungsvorgänge war wesentlich bedingt durch das Vermächtnis kollektiver

Schuld, die ihrerseits spaltend wirkt (Schwan 1997). Wir haben gesehen, wie einerseits der Versöhnungsdiskurs das südafrikanische Volk als geeintes Kollektiv von Traumatisierten interpretierte und die Wahrheitskommission diese Interpretation in den Anhörungen ständig wiederholte, andererseits auf der institutionellen Ebene und im Anhörungsgeschehen jedoch die gesellschaftlichen Spaltungen fortgeführt wurden. Glorifizierte, vergebungsbereite Opfer und ausgewiesene, als »bösartige Bestien« dargestellte Täter der Apartheidzeit bilden zwei Pole dieser Spaltungen. Indem die Wahrheitskommission den Anspruch formulierte, *alle* Konfliktbeteiligten benötigten Hilfe und Heilung, war die Schuldfrage zwar scheinbar aus der Auseinandersetzung getilgt. Letztlich ließ sich aber in den Analysen der Amnestierungsanhörungen ein starkes Ringen um die Zuschreibung von Schuld herausarbeiten: das Idealbild einer von Bösartigkeit und Gewalt befreiten Gesellschaft benötigt den Verweis auf eben jene, die diese Bösartigkeit und Gewalt einst verkörpert bzw. ausgeübt haben. Sie werden zu auszustoßenden Elementen, welche in der neu etablierten Gesellschaftsordnung keinen Platz mehr finden sollen. Im Versöhnungsdiskurs verschwommen die Täter als diffuse Repräsentanten einer »Bestie der Vergangenheit«, in vereinzelten Amnestierungsanhörungen wurden jedoch besonders grausame, weiße Täter als »ein tatsächliches oder moralisches ›Opfer‹ (...) [herausgelöst], das als Sündenbock für die von der Gruppe im Zuge der gewaltsamen Krisenbewältigung begangenen ›Sünde‹ dient« (Turner 1989, S. 112). Einige dieser Täter wurden also zu Projektionsflächen oder »Behältern« für die gesellschaftlich weitverzweigte Schuld, die so in ihnen deponiert werden konnte.[36]

Natürlich kann uns diese Form der »Lösung« nachdenklich stimmen: ist denn eine gesellschaftliche Auseinandersetzung als gelungen anzusehen, wenn sie die gesellschaftlichen Spaltungen fortschreibt, zumal wenn daraus notwendigerweise weitere Spaltungen hervorgehen? Seibert (1998) formuliert dazu recht bitter:

> »Damit vertieft der Aufbau der ›einen‹ südafrikanischen Nation die faktische Spaltung Südafrikas in eine durch die Versöhnungsliturgie entrassifizierte Nation der ›Insider‹, in der sich die Herren von gestern mit den Eliten der bisher Ausgeschlossenen verbinden, und in eine in sich noch einmal zersplitterte Subnation derjenigen, die auf dem internationalen Markt der Möglichkeiten nichts zu melden haben. Die inneren Spaltungslinien dieser ›zweiten‹ Nation werden ihrerseits rassistisch und ethnizistisch definiert« (S. 37).

Dem entgegenhalten lässt sich, dass auf gesellschaftlicher Ebene Spaltungen nicht notwendigerweise als pathologisch anzusehen sind. Vielmehr können sie auch dazu dienen, aggressive Konfrontationen und Zuspitzungen solange einzudämmen, bis die Integration des Gespaltenen tatsächlich geleistet werden und auch gelingen kann. Winnicott (1990) schreibt bezugnehmend auf die Berliner Mauer, dass die Trennung zwischen Konfliktparteien

> »den Konflikt im schlimmsten Fall einfach hinausschiebt, im besten Fall jedoch die einander entgegengesetzten Kräfte über eine lange Zeitspanne hinweg voneinander fernhält, sodaß die Menschen in dieser Zeit die Kunst des Friedens einüben und damit experimentieren können. Darauf beruht der zeitweilige Erfolg einer Trennungslinie zwischen einander entgegengesetzten Kräften: dass wir uns in die Kunst des Friedens einüben können, dass Waffenruhe herrscht, so lange, bis die Mauer aufhört, Gut und Böse voneinander zu trennen« (S. 250).

Winnicotts Gedanke erscheint mir als wesentlicher Hinweis, um die tatsächliche Tragweite der Wahrheitskommission zu ermessen. Im Angesicht ihres paradoxalen Auftrags konnte es ihr kaum gelingen, eine wie auch immer geartete »optimale Lösung« zu entwickeln; die aufgezeigten problemhaften Aspekte ihrer Arbeit geben vielmehr Ausdruck von den notwendigen schmerzhaften Zugeständnissen bei der Entwicklung eines gesellschaftlichen Kompromisses. Die besondere Leistung der Wahrheitskommission liegt meiner Meinung nach aber darin, einen flexiblen Umgang mit den widersprüchlichen Notwendigkeiten von gesellschaftlicher Spaltung und gesellschaftlicher Integration gefunden zu haben. Der vielschichtige Charakter ihres Bearbeitungsansatzes beinhaltete mehr als eine reine Pragmatik von jeweils individuell anzuregenden Auseinandersetzungen mit der politischen Gewalt. Gerade auch die ritualisiert-symbolischen und die diskursiven Bearbeitungszugänge erlaubten das flexible Eingehen auf die gesellschaftlichen Konflikte. Damit ist es der Wahrheitskommission gelungen, einen elastischen gesellschaftlichen Übergangsraum für die öffentliche Auseinandersetzung zu schaffen. Die in diesem Raum auftretenden bzw. beibehaltenen Spaltungen dürften nötig gewesen sein, um die gesellschaftlichen Aggressionen soweit zu »halten«, dass eben keine Mauern aus Stein und Beton nötig wurden.

Trügerisch wäre dann nur die Vorstellung, die öffentliche Bearbeitung und Auseinandersetzung der Konflikte sei mit dem Ende der Wahrheitskommission beendet und ein für allemal beigelegt, wie sie sich beispielsweise in Tutus Worten äußert, man solle nun das Kapitel der Vergangenheit schließen. Vielmehr ist deutlich geworden, dass der dialektische Umgang mit Spaltungen nur den Anfangspunkt einer gesellschaftlichen Bearbeitung bilden kann, die bestenfalls in einer zunehmenden Integration dieser Spaltungen mündet und schlimmstenfalls Gefahr läuft, in erneuten aggressiven Konfrontationen zu kulminieren: »Denn kein soziales Drama kann jemals zu einem endgültigen Abschluss gelangen: die Bedingungen seines Endes sind oft die Bedingungen, unter denen ein neues soziales Drama entsteht« (Turner 1989, S. 172).

10. Schlussbetrachtung und Ausblick: Die Wahrheitskommission als Beispiel gesellschaftlicher Vergangenheitsbearbeitung

»When (...) I think about what South Africa is to me, do you want me to only remember the ten year old who was playing soccer in the street and forget the ten year old who was avoiding (...) military trucks, (...) that were speeding through the townships? You know, it's like when you say (...) we must move on, (...) that apartheid is over, what you're effectively saying is that I must kill who I am. Essentially what I'm saying is that I think memory is difficult in South Africa because we've spent the last ten years (...) essentially butchering the memory of this land and it's becoming harder (...) to grasp onto what it is, because the memory of this land is everything that it was, good or bad, and this country has got to accept that you can't wish away history.«
Itumeleng Mahabane im Dokumentar-Film »Story of a beautiful country« (Mathabane 2004)

In der Auseinandersetzung mit dem südafrikanischen Konzept gesellschaftlicher Vergangenheitsbearbeitung ist deutlich geworden, dass die Aufträge an die Wahrheitskommission ebenso vielschichtig und z.T. sogar widersprüchlich waren wie die an sie gerichteten Erwartungen: je nach Standpunkt des Betrachters stand z.B. die Forderung nach Aufklärung und Wahrheitsfindung, nach gesellschaftlicher Selbstreflexion und moralischer Neuverortung, nach Erziehung zu Demokratie und Heilung, nach Versöhnung oder nach Beschämung der Täter im Vordergrund.[1] Diesem paradox aufgeladenen Bündel an Anforderungen war auch deswegen kaum gerecht zu werden, weil die personellen und finanziellen Ressourcen für eine so überdimensionale Herausforderung kaum ausreichen (Cherry, Daniel und Fullard 2002). Zudem eröffneten die individuellen Standpunkte und Bearbeitungsanliegen der teilnehmenden Protagonisten ein unüberschaubar großes Feld der Bearbeitungsnotwendigkeiten. Simpson (2002) spricht von einem »near impossible task from the outset« (S. 225).[2]

Was aber hat die Wahrheitskommission vor dem Hintergrund dieser vielfältigen und widersprüchlichen Aufträge doch erreichen können?

Zunächst einmal lässt sich festhalten: sie hat einen öffentlichen Raum geschaffen, in dem die gesellschaftlichen Konflikte diskutiert werden konnten. Sie hat mithilfe der Medien eine öffentliche Debatte gefördert. Durch die Veröffentlichung der vielen tausend Stimmen von betroffenen Opfern und Tätern entstand eine lebhafte Auseinandersetzung. Die bis heute anhaltenden öffentlichen Kontroversen (vgl. z. B. Posel 2002) sind ebenso Ausdruck der Konflikte wie auch weitergehende Versuche ihrer Bearbeitung. Der beschriebene Umgang der Wahrheitskommission mit den gesellschaftlichen Spaltungen dürfte den notwendigen Rahmen für diese Kontroversen geschaffen haben.

Zudem hat die Wahrheitskommission zusätzlich zu der Vielfalt an subjektiven Wahrheiten objektive Fakten herausgearbeitet und öffentlich zugänglich gemacht: sie hat das Schicksal von Vermissten aufgeklärt und verscharrte Tote exhumiert, sie hat Daten und Zahlen zusammengestellt, Hintergründe von Gewalttaten recherchiert und Beweismaterial gesammelt. Damit hat sie zu einer wesentlichen Differenzierung beigetragen: das Feld notwendiger kontroverser Auseinandersetzung ist zu unterscheiden von etablierten Fakten, die künftig nicht mehr zu ignorieren, zu leugnen oder in Frage zu stellen sind.

Ein besonderes Verdienst der Wahrheitskommission erkenne ich darin, in Zusammenarbeit mit den Medien tatsächlich weite Segmente der Gesellschaft erreicht und in die Auseinandersetzung einbezogen zu haben. Allerdings akzentuiert sich hier auch noch einmal die Frage, in welchem Verhältnis die Delegation der Bearbeitungsleistungen an einzelne Individuen zur gesamtgesellschaftlichen Transformation steht. Reicht es, etwas salopp gefragt, ein paar Stellvertreter/innen für die Auseinandersetzung auf eine öffentliche Bühne zu schicken, um umfassende gesellschaftliche Wandlungsprozesse anzuregen? Trotz der beispiellosen Zahl an Mitwirkenden bleibt der Stellenwert der Wahrheitskommission im Rückbezug auf die gesamtgesellschaftlichen Veränderungen unklar. Vielmehr lässt sich umgekehrt sogar fragen, ob die Delegation per se nicht auch ein Spaltungsarrangement war: indem der an den Anhörungen unbeteiligte Teil der Gesellschaft die beschwerliche und konfliktgeladene Bearbeitung und Auseinandersetzung an einzelne Protagonisten delegieren konnte, sah er sich möglicherweise kaum vor die Notwendigkeit gestellt, den persönlichen Standpunkt und die individuelle Beteiligung oder Verwicklung am gesellschaftlichen Konflikt zu hinterfragen oder gar eigene Wege der Auseinandersetzung zu suchen und zu entwickeln.

Damit ist auch die Frage nach der Tradierung des kollektiven Traumas angeschnitten: konnte die Wahrheitskommission, indem sie Fakten zusammengetragen und ein Feld öffentlicher Debatte abgesteckt hat, dazu beitragen, dass künftige Generationen weniger schwer an der Last von Nicht-Gewusstem und Nicht-Ausgesprochenem zu tragen haben? Und wie verhält es sich mit der Weitergabe seelischer Traumatisierungen? Diese Frage berührt den präventiven Anspruch dieses Modells kollektiver Vergangenheitsbearbeitung: kann die öffentliche Auseinandersetzung mit der Vergangenheit Folgegenerationen vor einer Wiederholung der gewaltsamen Konflikte schützen?

Durch das Nachdenken über die Arbeit der Wahrheitskommission konnten wir erkennen, dass ein Vorgehen analog zum einzeltherapeutischen »Durcharbeiten« von Traumatisierungen im Sinne Freuds auf gesellschaftlicher Ebene nicht umsetzbar ist. Die eigentlich brisante Erkenntnis Freuds, nämlich dass trotz kognitiver Einsicht und bewusster Absicht die zentralen Konflikte fortwirken und zur Reinszenierung drängen, eröffnete an dieser Stelle aber einen neuen Betrachtungswinkel: damit nämlich verschiebt sich der Fokus weg von den rein kognitiven Erinnerungsleistungen hin zum emotionalen und zum symbolischen Erinnern. Und durch die Auseinandersetzung mit dem empirischen Material haben wir verstanden, dass auf kollektiver Ebene gerade die symbolische Inszenierung und die symbolische Bearbeitung der gesellschaftlichen Konfliktkonstellationen von zentralem Stellenwert sind. Insofern stimme ich auch nicht mit Bloom (2001) überein, der schreibt: »it is necessary that collectively what was repressed or denied must be made concious, that the collective ego's myths and phantasies be so weakened that they can no longer be significant as defences« (S. 51). Ich würde vielmehr behaupten, dass auf kollektiver Ebene das Bewusstmachen des Verdrängten eine sekundäre Rolle spielt. Vielmehr könnte es darum gehen, gerade auf symbolischer Ebene alternative Bearbeitungs-, Abwehr- und Verdrängungsleistungen anzuregen und in dem, was bewusst werden kann und was verdrängt werden muss, andere Akzente zu setzen. Dies steht jeweils in Abhängigkeit der veränderten gesellschaftlichen Machtbeziehungen.

In den Anhörungen der Wahrheitskommission fanden die historischen Konflikte unterschiedliche Formen der Reinszenierung. Anders als im einzeltherapeutischen Setting ging es hier in der Folge aber nicht darum, die unbewussten Anteile dieser Reinszenierungen bewusst zu machen und im Wechselspiel zwischen Verstehen und Wiederholen durchzuarbeiten, sondern vielmehr darum, *symbolische* Antworten und Handlungsmöglichkeiten zu finden, welche die wieder aufscheinenden Konflikte gleichermaßen aufgreifen wie auch beantworten. Die wieder aufscheinenden gesellschaftlichen Konflikte wurden diskursiv beschwichtigt, meist wurden kollektiv erwünschte Konfliktlösungen im Sinne von spezifischen Abwehrleistungen aufgezeigt und vereinzelt ließ das szenische Geschehen die Entwicklung von symbolischen Lösungsmöglichkeiten zu. Dem Versöhnungsdiskurs kam hier eine zentrale Rolle zu: immer da, wo befriedigendere Konfliktlösungen unmöglich schienen, diente er als eine Art psychische Plombe, mittels derer die wieder aufbrechenden Konflikte überdeckt und gebunden werden konnten.[3]

Die christlich-religiöse Ausrichtung der Wahrheitskommission war für diesen Weg »gesellschaftlicher Produktion von Unbewusstheit« (Erdheim 1984) von zentraler Bedeutung. Hieran lässt sich die Funktion von diskursiver und symbolischer Konfliktbearbeitung noch einmal gut nachvollziehen: zum einen dienten religiöse Grundauffassungen im Versöhnungsdiskurs als wesentliche Argumentationslinien – so ist z. B. die Forderung der (reaktionsbildenden) Verdrängung von Aggressionen zugunsten einer versöhnlichen Haltung Kernstück christlicher Lehren. Im symbolischen Bearbeitungsgeschehen der Wahrheitskommission war zudem die Würdigung der im Befreiungskampf Gestorbenen bzw. ihrer Hinterbliebenen von fundamentaler Bedeutung: sie war mit der Idee verbunden, die Gesellschaft durch diese »Opfergaben« gereinigt und befreit zu haben, eine Vorstellung, die sich unmittelbar auf die Rolle Jesu als Befreier von Sünden und Retter der Christenheit bezieht (Hettling 1998). Dieses kollektiv zugängliche Bild als moralische Bezugsgröße diente dann auch dazu, den Schuldkonflikt zu entschärfen: die im Befreiungskampf Gestorbenen konnten gehuldigt werden als Wegbereiter einer »von den bösen Bestien der Vergangenheit« befreiten Gesellschaft; die Auseinandersetzung um die vielschichtige und konkrete gesellschaftliche Schuld schien sich damit fast zu erübrigen.

Auch in den Amnestierungsanhörungen ist eine starke symbolische Fundierung zu erkennen: hier klingt das christlich-religiöse Motiv der Beichte an. Die Hoffnung schien sich darauf zu richten, dass die Gesellschaft anstelle eines Beichtvaters bzw. letztlich an Gottes Statt die Sünden dann würde vergeben können, wenn eine umfassende Beichte abgelegt wurde. Dieser symbolische Gehalt der Amnestierungsanhörungen erleichterte zumindest ansatzweise die Auseinandersetzung mit den Tätern: in dem Maße, wie sie sich als »reuige Sünder« zu erkennen gaben (was wie gezeigt gerade unter weißen Tätern eher die Ausnahme denn die Regel war), stieg gesellschaftlich und in den einzelnen Subjekten die Bereitschaft, ihnen zu vergeben. Dies erleichterte den gesellschaftlichen Umgang mit Schuld wesentlich, der Weg zur Vergebung und Versöhnung schien damit geebnet.

10.1. Symbolische Konfliktlösungen und Herrschaftslegitimierung

Diese symbolischen Formen von Konfliktlösung und Konfliktabwehr bieten in machtpolitischer Hinsicht einige Vorteile: die angeregte Auseinandersetzung ebenso wie das damit angestrebte gesellschaftliche Selbstverständnis wird kontrollier- und steuerbar. Die Auseinandersetzung mit der Wahrheitskommission hat verdeutlicht, dass kollektives Erinnern nie in einem politischen Vakuum geschieht, die Arbeit an und mit der Vergangenheit wird immer auch politisch funktionalisiert.[4] Die angestrebten Wege der Konfliktlösung und der Prozess der Lösungssuche sind nicht offen, sondern vorgegeben und orientieren sich an der Sicherung der bestehenden Machtverhältnisse. In dieser Hinsicht lässt sich auch danach fragen, wer von diesem Modell der gesellschaftlichen Konfliktbearbeitung unmittelbar profitierte: Es waren sowohl die Täter der Apartheidzeit wie auch die neuen Machthaber, welche von der entwickelten Konfliktlösung – im Gegensatz zu den betroffenen Opfern bzw. Hinterbliebenen – begünstigt waren. Darin zeigt sich die Wahrheitskommission als Baustein einer »Vergangenheitspolitik« (Frei 1999), die unmittelbar im Interesse der alten und neuen Machthaber stand. Was aber bedeutet dies im Rückbezug auf die gesellschaftlichen Konflikte?

Mit König (1998) lässt sich postulieren,

> »dass das Problem der Vergangenheitsbewältigung in den Zusammenhang der Revolutionsgeschichte hineingehört. Nach Hannah Arendt (...) hat im 20. Jahrhundert die Revolution den Krieg als Mittel zum Umsturz bestehender politischer Verhältnisse abgelöst. (...) Vielleicht müssen wir heute die Ergänzung vornehmen, dass auch die Revolution als politisches Instrument und damit zugleich als Maßstab der Kritik überholt ist. An ihre Stelle treten als einer Art künstlicher Revolution

> die aufwendigen und langwierigen Verfahren der Vergangenheitsbewältigung, die die Aufgaben übernehmen, von denen man früher annahm, dass sie im Zuge von Revolutionen spontan und gleichsam nebenbei mit erledigt würden. Im Vergleich zu ›wirklichen‹ Revolutionen sind die rechtsförmigen und rechtsstaatlich gebundenen Versuche, die Macht der Vergangenheit und die Fortwirkungen des alten Regimes klein zu halten, natürlich ganz unspektakulär und unheroisch. Aber vielleicht sind sie alles in allem nicht nur rationaler, sondern auch erfolgreicher« (S. 390).

König führt in seinem Zitat nicht näher an, welche Aufgaben früher von Revolutionen »spontan und gleichsam nebenbei mit erledigt« wurden. Ist hier nicht die Vorstellung maßgeblich, dass das Erbe von Regimes und Diktaturen besser blutig beseitigt werden sollte, »weil mit den Mitteln des Rechtsstaates das Erbe an Hass, Wut, Entrüstung und Verachtung nicht bewältigt werden kann, das die Tyrannei materiell und psychisch hinterlässt« (Rovan, zit. in König 1998, S. 389)?

Diese Überlegungen verdeutlichen die ungeheure Brisanz der gesellschaftlich angeregten Verdrängung von Hass, Wut und Rache. Wenn es zutrifft, dass die Wahrheitskommission als »langwieriges Verfahren der Vergangenheitsbewältigung« an die Stelle der Revolution getreten ist, folgt daraus notwendigerweise, dass eine ihrer vorrangigen Aufgaben die Befriedung der gesellschaftlichen Aggression darstellen muss. Ihre Arbeit wäre dann vor allem als Etablieren gesellschaftlicher Abwehrmechanismen gegen den Ausbruch roher Gewalt zu begreifen.

Hettling (1998) schreibt, dass »jede politische Ordnung auf Gewalt gegründet ist (S. 7); die Gewalt sei »herrschaftserzeugend und herrschaftslegitimierend« (S. 8). Wird auf die Ausübung von Gewalt zum Etablieren einer neuen politischen Ordnung verzichtet, so mag dies eine zivilisatorische Errungenschaft sein, doch muss an die Stelle der Gewalt ein anderes Medium der Herrschaftserzeugung und -legitimierung treten und zudem ein Weg gefunden werden, die mit der Gewalt verbundene Aggression zu kanalisieren. In dieser Hinsicht wäre die Wahrheitskommission als machtvolles Instrumentarium unblutiger Erzeugung und Legitimation von Herrschaft zu verstehen.

Hierbei spielt das Fortschreiben gesellschaftlicher Spaltungen, wenn auch entlang neuer Koordinaten, eine besondere Rolle. Alte Spaltungen, allen voran die der Hautfarben, wurden im Kontext der Wahrheitskommission diskursiv entkräftet, entlang der institutionell markierten Unterscheidung zwischen Tätern und Opfern wurden jedoch neue gesellschaftliche Spaltungen aufrechterhalten und bekräftigt.[5] Die

Gleichzeitigkeit von proklamierter gesellschaftlicher Harmonie und latent fortgeschriebenen Spaltungen kann hier als das Ausbalancieren gegensätzlicher Bestrebungen verstanden werden: die Förderung nationaler Einheit und das Verhindern einer (blutigen) Reeskalation des Konflikts konnten so gleichermaßen Berücksichtigung finden.

Auch die öffentlichen Rituale als symbolische »Lösungen« des Konflikts dienten als Pfeiler einer neuartigen gesellschaftlichen Befriedung:

> »Versöhnung hat gegen Rache keine Chance, wenn sie nicht die Gefühle anerkennt, von denen sich die Rache nährt, nicht den der Rache inhärenten Respekt durch Rituale zu ersetzen vermag, die den ehemals kriegsführenden Gemeinden Gelegenheit geben, gemeinsames Trauern zu lernen. Versöhnung muss in das gemeinsame Erbe der Demokratie des Todes hineinreichen, um die drastische Nichtigkeit sämtlicher Kämpfe zu lehren, die mit dem Töten enden, der ewigen Vergeblichkeit aller Versuche, jene Menschen zu rächen, die nicht mehr sind« (Ignatieff, zit. in Wahrheitskommission 2000, S. 342f.).

So gibt auch Simpson (2002) zu bedenken, dass die gesellschaftliche Befriedung solange nicht dauerhaft sein kann, solange die eigentlichen Interessen und Gefühle der Opfer nicht anerkannt worden sind. Damit scheint sich ein Widerspruch aufzuspannen zwischen einem machtpolitischem und einem psychologischem Verständnis gesellschaftlicher Versöhnungsanliegen. Dient der Ruf nach Versöhnung eher Machtinteressen, wie es beispielsweise Harper und Ntsime (2000) formulieren? Sie schreiben: »reconciliation must be seen for what it is: not as a form of therapeutic reparation, but a political compromise, which has ensured that the monopoly of wealth remains in the hands of white minority and emerging black elite« (S. 67). Auch Adam (1998) erkennt im Projekt der Wahrheitskommission eher »einen symbolischen Krieg um die moralische Überlegenheit. Das große Spektakel einer öffentlichen Wahrheitskommission (...) befriedigt das Bedürfnis, die moralischen Sieger und Verlierer der ausgehandelten Revolution öffentlich auszuweisen. Es ist ein Teil des anhaltenden Ringens um politische Legitimität und hat wenig damit zu tun, aus der Vergangenheit lernen zu wollen« (S. 352).

Diesen skeptischen bis kritischen Einschätzungen gegenüber steht ein Verständnis der Wahrheitskommission als eines gesellschaftlichen Diskussionsforums, das einen offenen und dennoch ausreichend sicheren Rahmen schafft, um die gestörten sozialen Beziehungen zu bearbeiten und potentiell zu transformieren. Eine solche Sichtweise wird beispielsweise von Lederach (1999) umrissen:

»Reconciliation can be thus understood as both a focus and a locus. As a perspective, it is built on and oriented toward the relational aspects of conflict. As a social phenomenon, reconciliation represents as space, a place or location of encounter, where parties to a conflict meet. Reconciliation must be proactive in seeking to create an encounter where people can focus on their relationship and share their perceptions, feelings, and experiences with one another, with the goal of creating new perceptions and a new shared experience« (S. 30).

Man kann dem Bearbeitungsansatz der Wahrheitskommission aus meiner Sicht nur gerecht werden, wenn man diese Auffassungen nicht als sich gegenseitig ausschließend versteht, sondern als Pole eines Spannungsfeldes, innerhalb dessen sie sich bewegte: In einem solchen Verständnis haben sowohl ökonomische und Machtinteressen dieses gesellschaftliche Konfliktlösemodell geprägt wie auch der Versuch, einen Raum für die öffentliche Auseinandersetzung zu schaffen und dabei Möglichkeiten für eine klärende oder gar versöhnliche Wiederannäherung zwischen Tätern und Opfern auszuloten.

10.2. Abschließende Überlegungen und Ausblick

Zum Ende meiner Untersuchung hin entsteht vor allem Neugierde: wie mögen die aussagenden Opfer und Täter ihre Erfahrung heute bewerten, welche Formen der inneren Auseinandersetzung haben sie gefunden? Konnten sie die aufscheinenden Konflikte für sich lösen und haben sie dabei die diskursiven Vorgaben und Rationalisierungen übernommen? Wie werden die gesellschaftlichen Konflikte viele Jahre nach Beendigung der Arbeit der Wahrheitskommission wahrgenommen?

Diese Fragen lassen den Wunsch nach einer abschließenden Einschätzung der Wahrheitskommission aufkommen. Auch wenn eine solche Einschätzung an dieser Stelle weder solide zu leisten ist noch den Kernpunkt meines Interesses bildet, lassen sich einige Meinungsbilder zusammentragen:

Von südafrikanischen Opferverbänden, insbesondere der Khulumani Support Group (z.B. Hamber, Friedman, Maepa und Mosikare 2001), wurden vor allem skeptischen und kritischen Stimmen Gehör verschafft: viele Opfer oder Hinterbliebene zeigten sich eher enttäuscht von den Versprechungen der Wahrheitskommission (vgl. Matshoba 2002, Mosikare 1998) und vor allem unzufrieden über ausbleibende bzw. unzureichende Reparationszahlungen (Hamber, Nageng und O'Malley 2000, Phakati und van der Merwe (im Druck).[6]

Eine Umfrage unter schwarzen Tätern, die Amnestierung beantragt hatten, belegt ihre Unzufriedenheit mit mangelhafter Vorbereitung für und Vertretung während der Anhörungen, ebenso wie mit mangelhafter Nachsorge (vgl. Abrahamsen und van der Merwe 2005).

Das südafrikanische Centre for the Study of Violence and Reconciliation (*csvr*) hat mit zwei Projekten auf nicht ausreichend bearbeitete Aspekte der Wahrheitskommission reagiert und damit auch auf sie aufmerksam gemacht: Zum einen äußerte eine Reihe von schwarzen Tätern im Rahmen einer Umfrage dieses Zentrums das Bedürfnis nach versöhnenden Begegnungen mit ihren Opfern und bemängelten die Vernachlässigung dieses Aspekts durch die Wahrheitskommission. Hier hat das *csvr* die Möglichkeit für individuelle, professionell begleitete Begegnungen geschaffen, die sich zwischen zwei und zwölf Sitzungen erstrecken (vgl. Centre for the Study of Violence and Reconciliation 2005). Zum anderen wurde bei der Nachsorge ehemaliger Befreiungskämpfer/innen das soziale Vakuum deutlich, in dem viele von ihnen heute leben: aufgrund des Befreiungskampfes wurde oftmals eine Berufsausbildung unmöglich, die auf dem heutigen Arbeitsmarkt jedoch fast unerlässlich ist. Da der Befreiungskampf zudem familiäre Bindungen zerrüttete oder zerstörte, sind die ehemaligen Kämpfer/innen auch sozial isoliert. Zudem durchleben viele nach dem Ende des Kampfes Identitätsprobleme; die gesellschaftliche Anerkennung blieb – anders als der Versöhnungsdiskurs nahe legte – weitgehend aus und konterkariert damit die öffentlich propagierte »Heldenverehrung«. Hier erarbeitet das *csvr* ein Programm zur sozialen und beruflichen Rehabilitation der Befreiungskämpfer/innen (Nelisiwe Makhubu, pers. Mitteilung; vgl. dazu Gear 2005).

Deuten diese Einschätzungen von Opfern und Tätern auf ein insgesamt eher problematisches Verhältnis zu den Erfolgen der Wahrheitskommission, so scheint auch gesamtgesellschaftlich die Resonanz zwiespältig gewesen zu sein:[7] Kneifel (2000) beispielsweise zitiert Umfragen von 1996, in denen »über die Hälfte der weißen Südafrikaner das Apartheidsystem als gerecht einstufte, fast jeder zweite hielt die Wahrheitskommission für eine Hexenjagd« (S. 371).[8] Adam (1998) zitiert eine andere Meinungsumfrage dieser Zeit, in der »zwei Drittel der Schwarzen die Arbeit der Wahrheitskommission positiv bewerten und 84% der Weißen die Kommission als manipulativ und befangen ablehnen« (S. 365). In einer späteren Umfrage von 2000 aber zeigten sich 89% der schwarzen und 63% der weißen Bevölkerung mit der Arbeit der Wahrheitskommission zufrieden (Gibson und Macdonald 2001, S. 6).⁹

Zudem bleibt fragwürdig, ob die Wahrheitskommission zur Entwicklung von mehr Toleranz und Versöhnlichkeit unter den Bürgern verschiedener Hautfarben beitragen konnte: noch im Dezember 2000, also sechs Jahre nach den ersten freien Wahlen, bestätigten 51% aller weißen Südafrikaner/innen, es habe sicherlich einige Misshandlungen unter dem alten Apartheidsystem gegeben, aber die Ideen, auf denen die Apartheid beruhte, seien grundsätzlich gut gewesen (Gibson und Macdonald 2001, S. 6). Theissen (1998) spricht vom »Post-Apartheid-Syndrom« (S. 59) und meint damit »den engen Zusammenhang zwischen niedrigem Menschenrechtsbewusstsein, Glorifizierung der Apartheid und negativen Einstellungen gegenüber der neuen Demokratie« (ebd.). Seine Gegenüberstellung mit Meinungsumfragen unter Deutschen nach dem 2. Weltkrieg zeigt auf, dass die politische Kultur im Nachkriegsdeutschland über viele Jahre von einer ähnlich abwehrenden Haltung bestimmt war: »Der Aussage ›der Nationalsozialismus war eine gute Idee, die nur schlecht ausgeführt wurde‹ stimmten 1968 noch 55% aller Westdeutschen zu« (ebd.).

Die Parallelen der Auseinandersetzung von deutschen Mitläufern des Nationalsozialismus mit jener der weißen Mitläufer des Apartheidsystems sind bestürzend, sie deuten aber auch darauf, dass die Bearbeitung einer schuldhaften Vergangenheit Zeit braucht und vielleicht immer erst von abwehrenden Reaktionen geprägt ist. Jaspers ([1946]/ 1996) schreibt in Bezug auf das politische Klima im Nachkriegsdeutschland:

> »Zu allen Weisen des Trotzes gehört ein aggressives Schweigen. Man entzieht sich, wo Gründe unwiderleglich werden. Man zieht sein Selbstbewusstsein aus dem Schweigen als der letzten Macht des Ohnmächtigen. Man zeigt das Schweigen, um den Mächtigen zu kränken. Man verbirgt das Schweigen, um auf Wiederherstellung zu sinnen (…) durch Selbstrechtfertigung, die keine Schuld anerkennt« (S. 76).¹⁰

Auch unter Stasi-Tätern in Ostdeutschland nach der politischen »Wende« von 1989 ist eine solche abwehrende Haltung zu beobachten (vgl. z.B. Busse 1991; Gauck 1991). Hier wurde die Auseinandersetzung zwischen Tätern und Opfern der Repressalien der Staatssicherheit bis auf wenige Ausnahmen vorwiegend in kirchlichen Kontexten angeregt und blieb letztlich zumeist den Betroffenen überlassen (vgl. z.B. Gajdukowa 2004). Eine offene Diskussion wurde auch dadurch erschwert, dass sie stets unter dem Blick der westdeutschen Öffentlichkeit stattfand, der manchmal die Täter der »Staatssicherheit« zur Projektion und Abwehr eigener Schuldkonflikte zu nutzen schien.

Diese Beobachtung weist noch einmal auf eine zentrale Problematik in der Arbeit der Wahrheitskommission: denn entgegen den Vorstellungen vieler internationaler Beobachter war die Mehrheit der Amnestierungsantragsteller schwarzer und nicht etwa weißer Hautfarbe. Zudem beteiligten sich die Täter an der öffentlichen Auseinandersetzung häufig nicht wirklich freiwillig: in der überwiegenden Mehrheit waren sie von Angst vor Strafverfolgung motiviert oder meldeten sich nach bereits verhängter Strafe aus dem Gefängnis heraus.[11] Hier bestätigt sich die Feststellung, dass Amnestierungen keinesfalls als Alternative zur herkömmlichen juristischen Aufarbeitung gesellschaftlicher Verbrechen anzusehen sind, sondern dass sich beide Zugänge bestenfalls ergänzen (Nerlich 2002, Simpson 2002).

Ein wesentlicher Aspekt hierbei ist auch die Frage nach der strafrechtlichen Aufarbeitung der Verbrechen *nach* Ende der Wahrheitskommission: denn die Motivation, sich am Amnestierungsverfahren zu beteiligen, speiste sich ja aus dem Wunsch nach Straffreiheit. Was aber geschah mit jenen Tätern, welche entweder keine Amnestie beantragt hatten oder deren Amnestierungsbegehren abgelehnt wurde?[12] Die Wahrheitskommission übergab der Staatsanwaltschaft 803 Fallakten zu nicht-amnestierten Tatverdächtigen mit der Aufforderung zur Strafverfolgung: bis Juni 2004 wurde jedoch nur über ca. fünf Straftäter entschieden und der Großteil von ihnen freigesprochen (Theissen 2004). Zwanzig Straftäter, deren Amnestierungsanträge vom Amnestierungskomitee abgelehnt worden waren, wurden von Präsident Thabo Mbeki 2002 begnadigt (a.a.O.). So steht die südafrikanische Gesellschaft auch nach dem Ende der Wahrheitskommission vor dem Problem einer angemessenen Bestrafung von politisch motivierten Gewalttaten: auch »Zuckerbrot und Peitsche« von Amnestierungsverfahren und Strafandrohung scheinen es nur unzureichend gelöst zu haben (Nerlich 2002).

Zudem tritt hinter der Pragmatik einer Bestrafung der Täter die eigentlich brisante Frage nach einer psychologischen Bearbeitung der gesellschaftlichen Gewalt in den Hintergrund. Genau damit aber ist das Bemühen der Wahrheitskommission um eine offen geführte und authentisch am Gegenüber interessierte Verständigung zwischen Opfern und Tätern in Frage gestellt. Entgegen ihrer expliziten Absicht vermochte auch die Wahrheitskommission kaum, Täter zu einer inneren und äußeren Auseinandersetzung mit ihrer Schuld zu motivieren.[13] Das Anregen einer solchen Auseinandersetzung ist natürlich allein deswegen schwierig, weil sie desto schneller abgelehnt wird, je direkter sie eingefordert oder angestrebt wird. Der juristische Kontext der Amnestierungsanhörungen zeigte sich jedenfalls kaum geeignet, das Durcharbeiten der Schuld in den Tätern zu fördern, die Amnestierungskriterien stärkten Abwehr- und Rationalisierungsstrategien eher als dass sie sie in Zweifel zogen. Die Frage, wie ein Klima gesellschaftlicher Auseinandersetzung beschaffen sein müsste, das eine umfassende öffentliche Auseinandersetzung mit Schuld und Scham erlaubt, lässt sich also auch zum Ende dieser Untersuchung nicht befriedigend beantworten.[14] Ich begreife dies als eine wesentliche Herausforderung an künftige gesellschaftliche Anstrengungen in der Bearbeitung sozialer Konflikte.

Ein anderer Aspekt bezieht sich auf die Nachhaltigkeit dieser Konflikte: die Wahrheitskommission war ein Beispiel geradezu atemberaubender Geschwindigkeit in der Institutionalisierung einer öffentlichen Bearbeitungsleistung. Wer hätte z. B. unmittelbar nach Kriegsende gewagt, eine ähnlich umfassend angelegte Auseinandersetzung zwischen den nationalsozialistischen Deutschen und ihren Opfern auch nur vorzuschlagen? Die Beteiligung einer großen Zahl von Bürger/innen an diesem Bearbeitungsprojekt spricht von der empfundenen Notwendigkeit, ja dem starken öffentlichen Bedürfnis nach einer solchen gesellschaftlichen Diskussion, das wesentlich durch die charismatischen Persönlichkeiten von Nelson Mandela und Desmond Tutu angeregt worden sein dürfte.[15]

Aber diese entschlossene Zügigkeit in der öffentlichen Bearbeitung regt auch zu Fragen an: Ist die Verführung an dieser Stelle vielleicht allzu groß, die einmal geleistete Arbeit als Riegel vor weiterführende Auseinandersetzungen zu schieben, sinngemäß argumentierend: »Damit brauchen wir uns doch jetzt nicht mehr auseinanderzusetzen, das wurde doch schon damals alles im Rahmen der Wahrheitskommission besprochen«?[16] Gerade die deutsche Auseinandersetzung mit dem Nationalsozialismus zeigt im Gegensatz dazu, dass der Prozess der gesellschaftlichen Auseinandersetzung Zeit braucht und nicht gleichsam per Knopfdruck verordnet werden kann. Würde man im übertragenen Sinn von der Vorstellung einer psychischen Halbwertzeit der gesellschaftlichen Konflikte und damit verbundenen Traumatisierungen ausgehen, so ließe sich fragen, ob diese Halbwertzeit institutionell zu beschleunigen ist oder aber eigenen Gesetzmäßigkeiten folgt. Diese Gesetzmäßigkeit könnte in Abhängigkeit davon stehen, wie viel Schrecken des Traumas bewusst werden kann und was zunächst verdrängt werden bzw. bleiben muss, bevor es ertragen werden kann.

An dieser Stelle könnte sich auch die Bedeutung der transgenerativen Weitergabe der Traumatisierungen bzw. der Schuld (vgl. Hardtmann 1992, Leuzinger-Bohleber 2003) noch einmal neu bestimmen: nämlich nicht nur als beschwerliche Last des (gleichsam sträflich von der ersten Generation) Versäumten, sondern vielleicht auch als übernommene Verantwortung, aufgrund einer geringeren persönlichen Betroffenheit die Bearbeitung der Traumata bzw. der damit verbundenen Schuld erneut und weiter zu versuchen. Die Integration der durch die ausgeübten bzw. erlittenen Traumatisierungen zersprengten psychischen Fragmente kann möglicherweise nicht von nur einer Generation geleistet werden, sondern muss vielleicht generationsübergreifend probiert werden.

Ungeklärt sind dabei allerdings zwei Fragen. Zum einen wäre die weit verbreitete Auffassung in Frage zu stellen, dass die Traumata und unbewältigten Gefühle zwischen den Generationen *besprochen* werden müssen. Ist dies möglicherweise eher als ein der Psychotherapie entlehntes Diktum der Postmoderne anzusehen, das Einrichtungen wie jener der Wahrheitskommission Hochkonjunktur beschert (Nora 2002)? Grünberg (2001) konstatiert insgesamt

> »auf Seiten der Betrachter eine auffallende *Überschätzung des Verbalen*« (S. 212) und hebt im Gegensatz dazu hervor, »dass es *nicht* (...) das vermeintliche Schweigen (...) ist, das wesentlich zur Tradierung des elterlichen Traumas an die Nachkommen führt« (S. 183). »Überlebende, die ihren Kindern nicht ›alles‹ erzählen, enthalten ihnen nicht notwendig etwas vor, sie produzieren durch ihr Schweigen keine Unwahrheit. (...) Vor dem Hintergrund dieser Befunde und Überlegungen ist nicht nur zu fragen, ob es für Überlebende besser ist, *nicht* ›zu sprechen‹. Zu fragen wäre auch, ob es – außer anderen Überlebenden – Menschen gäbe, die auch nur im Ansatz verstehen könnten, wovon die Verfolgten ›reden‹. Und: Kann ›das Unsagbare‹ wirklich *gesagt* werden? Es kann also keineswegs darum gehen, die Überlebenden zum ›Sprechen‹ zu bringen« (a.a.O., S. 211f.; alle Hervorhebungen im Original).[17]

Diese Hypothese spricht den Bemühungen der Wahrheitskommission Hohn: ihr Heilungsanspruch wäre damit a priori zum Scheitern verurteilt gewesen. Nach Grünberg wäre es ihr nicht im Ansatz gelungen, die eigentliche Bearbeitungsaufgabe zu bewältigen, so wie er auch fragt, »ob das Verbale tatsächlich den Kern der Tradierung ausmacht, ob diese nicht wesentlich durch nonverbale Beziehungsgestaltungen (...) zustande kommen, die damit den *eigentlichen Diskurs* bilden und deren Verhältnisse deshalb noch viel genauer untersucht werden müssten, um die Mechanismen der Tradierung (...) zu begreifen« (ebd.).[18] Ich möchte Grünberg entgegenhalten, dass es an dieser Stelle weniger um ein statisches Für oder Wider das Sprechen gehen könnte, als vielmehr um ein Verständnis der Tradierung als eines Prozessablaufs, innerhalb dessen dem Schweigen und dem Sprechen zu unterschiedlichen Zeitpunkten unterschiedliche Bedeutung zukommen könnte. Letztlich gehe ich davon aus, dass das Sprechen als Möglichkeit interpersoneller Vergewisserung über das traumatisch Erlebte einen zentralen Stellenwert hat, einhergehend mit Hermann Beland (2000), der über sein Grundverständnis als Analytiker schreibt: »Ich versuche, von ganzem Herzen, mit all meinen Kräften und von ganzem Gemüt zu *verstehen*, wissend oder glaubend, dass die Psyche Wahrheit braucht, um nicht zu verkümmern, ebenso wie der Körper Luft und Nahrung« (S. 106; Hervorhebung durch die Verf.). Zum Verstehen aber bedarf es letztlich der Sprache.

Grünbergs Überlegungen führen uns aber auch zur zweiten ungeklärten Frage, nämlich ob es überhaupt hilfreich ist, nach einem »idealen« Weg der Tradierung und der transgenerativen Aufarbeitung kollektiver Traumata zu suchen. Tatsächlich klammert eine solche Frage das zentrale Charakteristikum der traumatischen Erfahrung aus, nämlich ihre Fragmentarisierung oder bildlich gesprochen ihre Sperrigkeit, die sich gerade dem Wunsch einer »perfekten Bewältigung« notwendigerweise immer wieder entzieht. Zu vermuten ist ja vielmehr, dass die potentiell zerstörerische, destruktive Kraft des Traumas intergenerationell weder über den »Königsweg« des Redens noch mittels eines alternativen »Königwegs« des Schweigens aufzulösen ist. Vielmehr bahnt sich die traumatische Erfahrung ihren Weg gerade auch nicht-sprachlich in interpersonelle Reinszenierungen und transzendiert damit letztlich die Frage nach dem vorzuziehenden Weg ihrer Bearbeitung. Eine wie auch immer gestaltete schnelle und beherzte Bearbeitungsanstrengung kann spätere Generationen vielleicht nie von der Last oder dem Zwang der Auseinandersetzung befreien. Insofern wäre die Vision einer umfassenden, vielleicht sogar endgültigen Bearbeitung eher eine auch machtpolitisch erwünschte Trugvorstellung. Die schleunige und zeitlich begrenzte institutionalisierte Bearbeitung nährt die Hoffnung, sich schnell vom konflikthaften Geschehen der Vergangenheit zu befreien, aber schürt auch Zweifel, ob sich zeitliche Vorgaben oder Begrenzungen überhaupt mit derlei komplexen Bearbeitungsleistungen verknüpfen lassen. Die Beobachtung der gesellschaftlichen Weiterentwicklung in Südafrika wird also die generativen Folgewirkungen des sozialen Konflikts zu untersuchen haben; die Frage, inwiefern die Arbeit der Wahrheitskommission hier gleichsam präventiv vor einer transgenerativen Weitergabe der Traumata zu schützen vermochte, wird sich erst in kommenden Jahrzehnten beantworten lassen.

Die wirtschaftspolitische Situation Südafrikas ist hierbei von zentraler Bedeutung: denn die Illusion einer schnellen und endgültigen Auseinandersetzung ist natürlich gerade dann verführerisch, wenn die juristische und ökonomische Verteilung gesellschaftlicher Gerechtigkeit weiterhin ausbleibt und damit wesentlicher Konfliktstoff fortbesteht. Hat die Wahrheitskommission statt einer eigentlichen Konfliktbearbeitung insofern nur eine gesellschaftliche Scheinharmonie hergestellt? Dass im Post-Apartheid-Südafrika nicht nur eine versöhnliche Stimmung vorherrscht, belegen stetig wachsende Kriminalitäts-Statistiken (Grill 2005), die sich auf die fortbestehende Verarmung und Verelendung der schwarzen Bevölkerung zurückführen lassen: Die ökonomischen Differenzen zwischen Weißen, Farbigen und Schwarzen sind auch zehn Jahre nach der Demokratisierung der Gesellschaft eklatant (vgl. z.B. Henri und Grunebaum 2005).[19] Wie aber ist vor diesem Hintergrund der Versuch psychosozialer Befriedung einer Gesellschaft einzuordnen, die in ihrem ökonomischen Lebensalltag weiterhin so massiv von Differenzen geprägt ist? Ein etwas ironischer Kommentar zur Regenbogengesellschaft bringt dieses Problem treffend auf den Punkt: sie kann, so wird manchmal angemerkt, eben nur funktionieren, wenn am Ende des Regenbogens endlich der Topf mit dem Gold gefunden wird.

Diese Überlegungen zeigen: der Versuch einer gesellschaftlichen Bearbeitung historischer Gewalt bedeutet das Sich-Einlassen auf ein ambivalent aufgeladenes Feld öffentlicher Auseinandersetzung, innerhalb dessen partielles Scheitern gleichsam vorprogrammiert ist. Die komplexen Herausforderungen einer solchen Auseinandersetzung lassen die Vision idealer Lösungen gleichzeitig ersehen wie auch obsolet erscheinen. Die auf die Wahrheitskommission gerichteten idealisierenden und entwertenden Zuschreibungen (vgl. Buur 2002, Krog 2004) aber ignorieren gerade jenes Faktum: nämlich dass die gesellschaftliche Bearbeitung politischer Konflikte eine paradoxe Herausforderung darstellt und dies sowohl für das betroffene Kollektiv wie auch für die einzelnen, daran beteiligten Protagonisten.

Diese Herausforderung ist ein von Hoffnungen und Enttäuschungen, von Teilerfolgen und Rückschlägen, von Entwicklung und von Abwehr gezeichneter Prozess. Die Aufgabe einer Integration dieser Widersprüche kann das Risiko des sich wiederholenden Scheiterns und Neuversuchens gar nicht umgehen.

Akzeptiert man aber die Unmöglichkeit dieser Aufgabe, dann lässt sich vielleicht eine Haltung in dieser Auseinandersetzung entwickeln, die Karl Jaspers ([1946]/1996) so formulierte:

> »Wir wollen lernen, miteinander zu reden. Das heißt, wir wollen nicht nur unsere Meinung wiederholen, sondern hören, was der andere denkt. Wir wollen nicht nur behaupten, sondern im Zusammenhang nachdenken, auf Gründe hören, bereit bleiben, zu neuer Einsicht zu kommen. Wir wollen uns innerlich versuchsweise auf den Standpunkt des anderen stellen. Ja, wir wollen das uns Widersprechende geradezu aufsuchen. (…) Wir müssen die Bereitschaft zum Nachdenken wiederherstellen. (…) Wir gehören zusammen; wir müssen unsere gemeinsame Sache fühlen, wenn wir miteinander reden. In solchem Sprechen ist keiner des andern Richter« (S. 7ff.).

Anmerkungen

1. Einleitung

1 ANC steht für African National Congress – die aktuell stärkste politische Partei Südafrikas. Sie wurde 1923 gegründet und war von 1960 bis 1990 als eine der bedeutendsten verbotenen Untergrundorganisationen im Befreiungskampf gegen die Apartheid aktiv. Seit den ersten freien Wahlen in Südafrika 1994 ist der ANC Regierungspartei.
2 Bei der Darstellung geschichtlicher Aspekte Südafrikas beziehe ich mich, sofern nicht anders angegeben, auf Harker (1994) und Sparks (1990, 1995).
3 Im Englischen »Truth and Reconciliation Commission« – meist abgekürzt mit »TRC«. Ich verwende im Folgenden den sprachlich gängigeren Begriff »Wahrheitskommission«. Bei der Darstellung der Wahrheits- und Versöhnungskommission beziehe ich mich, sofern nicht anders angegeben, auf ihren Abschlussbericht (Truth and Reconciliation Commission 1998, 2003). Um entsprechende Textstellen aus diesen Bänden kenntlich zu machen, kürze ich im Folgenden die jeweiligen Quellenverweise mit »Final Report« ab.
4 Der erste Abschlussbericht der Wahrheitskommission wurde im Oktober 1998 veröffentlicht, nach den gesetzlichen Vorgaben sollte zu diesem Zeitpunkt die Arbeit dieser Institution eigentlich bereits beendet sein. Das Amnestierungskomitee arbeitete jedoch noch bis November 2001, der zweite Teil des Abschlussberichtes wurde schließlich Ende März 2003 der Öffentlichkeit präsentiert. Die insgesamt sieben Bände dieser Berichte umfassen über 2700 Seiten.
5 Insgesamt nahm ich an vier Anhörungen und zwei Workshops der Wahrheitskommission teil. Darüber hinaus erhielt ich die Möglichkeit, verschiedene Mitarbeiter/innen in mehreren Gesprächen über ihre Arbeit zu befragen und teilnehmend zu beobachten. Eine Rückkehr nach Südafrika in den Jahren 1998, 2000 und 2006 erlaubte mir, Nachfragen zu stellen und ungeklärte Aspekte zu diskutieren.
6 Diese subjektiven Eindrücke bestätigen sich durch repräsentative Meinungsumfragen in Bezug auf die Einschätzung der Wahrheitskommission unter Südafrikaner/innen (Theissen 2002). Zu Hintergründen und zur Problematik der Verwendung von Bezeichnungen für die Hautfarben vgl. meine Ausführungen in Kapitel 1.3.
7 Die Einrichtung der Wahrheitskommission wurde gesetzlich festgelegt. Sie basiert auf dem »Gesetz zur Förderung der nationalen Einheit und Versöhnung«, verabschiedet am 19. Juli 1995 (Government Gazette 1995).

8 Eine Besonderheit stellt hier der Begriff »Täter« dar: hier sind tatsächlich männliche Täter der Apartheidzeit gemeint, da die große Mehrheit der aussagenden Täter vor der Wahrheitskommission männlichen Geschlechts war (die Angaben schwanken zwischen 26 Frauen (Ernest 2004) und 56 Frauen (Phakati und van der Merwe, im Druck) unter insgesamt 7116 Anträgen auf Amnestierung. Alle aussagenden Frauen waren einer schwarzen Befreiungsbewegung zugehörig.
9 Zu den historischen Hintergründen dieser Kategorien vgl. Kap. 4.
10 Vgl. hierzu die Ausführungen von Desmond Tutu im Vorwort zum Abschlussbericht: »a few words need to be said about that great difficulty South Africans experience when describing their fellow compatriots. The former government defined every person according to a racial category or group. Over the years, these became the badges of privilege and of deprivation. For the purposes of the report, the significance of this racial branding is simply that these categories are reflected in statistics produced over the years and, in their own way, provide a guide to the inequities of the past. (...) Generally in this report, black Africans are referred to as Africans. Coloured people, people of Indian or Asian origin and white people are referred to as such. No disrespect is intended to any group or political perspective. It is simply impossible to write a history of South Africa without erring on one side or another of the argument« (Final Report 1998, Band 1, Kap. 1, §12–13).
11 Die Wahrheitskommission schreibt dazu in ihrem Abschlussbericht (1998): »From the outset, the commissioners expressed some discomfort with the use of the word ›victim‹. Although the term is commonly enough used when talking about those who suffered under apartheid, it may also be seen to imply a negativity or passivity. Victims are acted upon rather than acting, suffering rather than surviving. The term might therefore be seen as insulting to those who consider that they have survived apartheid or emerged victorious. Unlike the word ›victim‹, the word ›survivor‹ has a positive connotation, implying an ability to overcome adversity and even to be strengthened by it. This does not, of course, mean that many (if not all) survivors were not still experiencing the effects of the trauma they had suffered. It also does not mean that all survived. There were, indeed, many who did not survive and on whose behalf others approached the Commission. (...) For the sake of consistency, the Commission ultimately decided, in keeping with the language of the Act, to use the word ›victim‹. In doing so, however, it acknowledged that many described as victims might be better described and, indeed, might prefer to be described as ›survivors‹. Many played so crucial a role in the struggle for democracy that even the term ›survivor‹ might seem an inadequate description« (Final Report 1998, Band 1, Kap. 4, §37 und 39); Vgl. zu dieser Diskussion z.B. auch Janoff-Bulman (1985).
12 Diese Problematik wird z.B. im Roman »Roter Staub« von Gillian Slovo (2003) eindringlich herausgearbeitet.
13 »Sometimes others who appear before the TRC as ›victims‹ have a story to tell about their own involvement in the struggle which is not confined to the ›victim‹ role. (...) Those who fall into this double category have expressed an intense need to come to terms with what they have done. Being placed in the ›victim‹ category restricted them from full disclosure of their experiences and left them silent again« (de Ridder 1997, S. 33).

2. Kollektives Bearbeiten traumatischer Vergangenheit – eine Annäherung an das Forschungsgebiet

1 Insgesamt wurden weltweit ca. 25 »Wahrheitskommissionen« eingerichtet, überwiegend in Afrika (z.B. Ghana, Nigeria, Sierra Leone) und in Lateinamerika (z.B. Chile oder Peru); vgl. Hayner 1994, 2000b. Die Regierung Ruandas hat dahingegen Laien-Tribunale zur Bearbeitung des Genozids entwickelt (Klein 2005). In Osteuropa wurde intensiv über die Notwendigkeit gesellschaftlicher Bearbeitung der im Kontext totalitärer Regimes begangenen Straftaten diskutiert (vgl. z.b. Horch und Guck 2001), jedoch ohne dies bislang zu institutionalisieren. Die deutsche »Gauck«- (inzwischen »Birthler«-)Behörde ist in dieser Hinsicht zwar Vorreiterin im Versuch einer Bearbeitung der Übergriffe der Sicherheitspolizei (vgl. z.b. Gauck 1991) geworden, doch bleibt auch hier für die eigentliche Bearbeitungsanstrengung dem Einzelnen überlassen.

2 Nora (2002) unterscheidet hierbei zwischen globalen, ideologischen und inneren Dekolonialisierungsprozessen. Dabei kommt der ideologischen Dekolonialisierung eine besondere Bedeutung zu, da sie »den befreiten Völkern hilft, ihr langes, traditionelles Gedächtnis wiederzufinden, das die Regime beschlagnahmt, zerstört oder manipuliert hatten« (S. 26). Was nun stattfindet, sei die »Beschleunigung« und die »Demokratisierung der Geschichte«: »Gemeint (…) ist das rasche, fast schlagartige Aufkommen aller möglichen Formen des Gedächtnisses von Minderheiten, für die die Rückgewinnung ihrer eigenen Vergangenheit integraler Bestandteil ihrer Identitätsfindung ist« (a.a.O., S. 25). Vgl. dazu auch Arenhövel (2002).

3 »Zu den Grundannahmen der Psychotherapie gehört, dass Erinnerungsarbeit heilsam ist und daß dabei archaische Bedeutungen wahrgenommen und neu eingeordnet werden. Auch die kollektive Erinnerungsarbeit enthält integratives und emanzipatorisches Potential in diesem Sinne. Beim Rückblick auf die kollektive Geschichte geht es um die Wahrnehmung der Chronologie der Ereignisse, die Wahrnehmung und Reflexion von Zielen und Wirkungen, von Motiven und seelischen Spuren und nicht zuletzt auch um moralische Bewertungen« (Heimannsberg 1992, S. 20). Ein vorschnelles Übertragen von Konzepten individualtherapeutischer Behandlung auf gesellschaftliche Prozesse ist meiner Meinung nach jedoch zu problematisieren; vgl. dazu meine Ausführungen weiter unten.

4 Als *Ziele* nennt Ash (2002): »1. Wahrheit, 2. Gerechtigkeit, 3. Anerkennung von Verantwortung oder Schuld, 4. Verhinderung erneuter Menschenrechtsverletzungen, 5. Konsolidierung demokratischer Verhältnisse, 6. Heilung, 7. Reinigung, 8. Versöhnung« (S. 33) und als *Wege* trägt er zusammen: »1. Gerichtsverfahren, 2. Säuberungen (…) [bzw.] Lustration, 3. Wahrheitskommissionen (…), 4. die Öffnung der Archive (…), 5. Kriminalisierung der Leugnung (…), 6. Gedenk- und Erinnerungsarbeit (…), 7. symbolische Sühneakte öffentliche Entschuldigungen (…), 8. symbolische Versöhnungsakte (…), 9. Entschädigung oder Reparation (…), 10. schließlich und vielleicht am schwierigsten: der (…) wirtschaftliche[n] Wiederaufbau« (a.a.O., S. 35f.). Lustration bedeutet die »feierliche kultische Reinigung durch Sühnopfer oder Ähnliches« (Duden 2003).

5 Die Autoren schreiben: »eine Gedenkzeremonie stellt nicht einfach eine Erinnerung an die Vergangenheit dar, sie schafft und bekräftigt vielmehr die Erinnerung an die Vergangenheit. (…) Dabei ist der gefühlsmäßige Anteil bei einer Gedenkveranstaltung von zentraler Bedeutung. Bei derartigen Zusammenkünften (…) bekräftigen die einzelnen Mitglieder einer Gemeinschaft ihre gemeinsamen *Gefühle* kollektiv« (Echebarria und Castro 1995, S. 123f.; Hervorhebung im Original).

6 Dieser Aspekt wird meiner Meinung nach von einigen Autoren nicht ausreichend berücksichtigt; für sie scheint sich diese Problematik offenbar gar nicht erst zu stellen (vgl. z. B. Shriver 1995, Minow 1998).
7 Für eine kritische Diskussion der gegenwärtigen psychologischen Traumakonzepte vgl. Becker (2005).
8 Vgl. dazu auch Marcelo Vinar: »Jede Person ist, unabhängig davon, ob sie es weiß oder nicht und ob sie damit einverstanden ist oder nicht, Zusammenfassung und Spiegel der Geschichte ihrer Zeit und ihres Ortes (...). Subjekt einer persönlichen und einer kollektiven Geschichte zu sein, dies sind die beiden Seiten der Verankerung und Zugehörigkeit, der niemand entkommen kann« (zit. in Müller-Hohagen 1998, S. 320).
9 Burke (1991) fragt nach der sozialen Organisation des Vergessens: »Können Gruppen – ebenso wie Individuen – das, was dem Gedächtnis unbequem ist, unterdrücken? Und wenn ja, wie geschieht das?« (S. 300). Er sieht im Procedere von Amnestierungen eine solche kollektive Vergessenshandlung, »die offizielle Löschung von Konflikterinnerungen im Dienst gesellschaftlicher Kohäsion« (ebd.). Zur Bedeutung des »Vergessens« im gesellschaftlichen Erinnern vgl. z. B. auch Shotter (1990) und Assmann (1991). Zu unterscheiden ist an dieser Stelle jedoch zwischen mehr oder weniger intendierten Akten des Vergessens und dem Vergessen als Ausdruck von unbewusster Abwehr und Widerstand.
10 Zu vermuten ist, dass Jaspers die Bedeutung individueller Bearbeitung so hervorhebt, da er dem Klima der Abwehr und Leugnung von Gräueln nach Kriegsende entgegenwirken wollte – von diesem Anliegen ist sein Buch wesentlich bestimmt.
11 An dieser Stelle öffnet sich natürlich ein weites Feld wissenschaftlicher Auseinandersetzung: Freud selbst hat ja beispielsweise mit seinen Arbeiten »Totem und Tabu« ([1912–1913]/1974) oder »Massenpsychologie und Ich-Analyse« ([1921]/1974) das Verhältnis individueller und kollektiver psychischer Prozesse eingehender zu bestimmen und auszudifferenzieren versucht. Ebenso ist auf gruppenanalytische Ansätze und Analysen zu verweisen, so z. B. auf die Arbeiten von Bion (1974) oder Foulkes (1977). Letztlich sind all diese Arbeiten eher als Versuche einer Annäherung an die tatsächliche Komplexität der vielfältigen Prozesse zu verstehen.
12 Diese Auffassung hat Halbwachs (1967,1985) detailliert herausgearbeitet. Folgendes Zitat umschreibt einen Kern seiner Hypothesen: »Es gibt kein mögliches Gedächtnis außerhalb derjenigen Bezugsrahmen, deren sich die in der Gesellschaft lebenden Menschen bedienen, um ihre Erinnerungen zu fixieren und wiederzufinden« (1985, S. 121).
13 Aufregend an Freuds zitierter Überlegung erscheint mir, dass hier ein Vergleich in umgekehrter Richtung angestrebt wird: fragten wir uns weiter oben, ob ein Vergleichen *von individuellen zu kollektiven Prozessen* überhaupt zulässig ist, so kann Freud mit seinem Beispiel eine Beobachtung aus dem kollektiven Geschehen für ein Verständnis individueller Konflikte fruchtbar machen. Middleton und Edwards (1990b) sprechen, ähnlich wie in Freuds Überlegung, von der »dilemmatic nature of collective memory as both marking continuity in the preservation of the past and altering the past in terms of the concerns of the present« (S. 12).
14 Volkan (1999) hat diese Überlegung mit den Begriffen der »gewählten Traumata« und der »gewählten Ruhmesblätter« differenziert ausgearbeitet. Er zeigt auf, dass Nationen gerade jene historischen Ereignisse in der kollektiven Erinnerung bewahren, die besonders erhebend oder besonders traumatisch wirkten und darin einen Grundpfeiler der kollektiven Identität bilden. Damit lässt sich beispielsweise auch das Erinnern des Holocaust als Bezugspunkt jüdischer Identität interpretieren (vgl. z. B. Bauer 2002). In ähnlicher Weise postuliert Diner (1995) für die deutsche Identität und den National-

sozialismus: »Das kollektive Gedächtnis bleibt (...) an den Nationalsozialismus gebunden – sei es als Eingedenken von Schuld, sei es in Abwehr. (...) Das kollektive Gedächtnis haftet (...) an jener Vergangenheit und konstituiert derart vermittelt Zugehörigkeit« (S. 118). Einhergehend mit Middleton und Edwards (1990b) halte ich es aber für notwendig, stets auch nach der machtpolitischen Funktionalisierung dieser identitätsstiftenden Erinnerungsfoci zu fragen.

15 Gerade diese Überlegung wird ja im obigen Zitat von Freud angesprochen. Entsprechend lässt sich die psychoanalytische Therapie auch als Versuch einer Neuschreibung und Neuinterpretation der eigenen Geschichte verstehen.

3. Einige Überlegungen zu Übertragungsdispositionen und Gegenübertragunsreaktionen im vorliegenden Forschungskontext

1 Allerdings mahnt der Vergleich der Gräuel des Nationalsozialismus mit denen der Apartheidzeit, so sehr er sich aufdrängt, doch zur Vorsicht: ist es denn überhaupt legitim, die perfekt durchstrukturierte Massenvernichtung des Nationalsozialismus einem Vergleich auszusetzen und damit möglicherweise in seiner Monstrosität zu relativieren (vgl. z. B. Giordano 1987, Alexander 2001, Bauer 2001, Semelin 2004)? Lässt sich der kolonial bedingte Konflikt Südafrikas überhaupt mit dem arischen Größen- und Vernichtungswahn der Nationalsozialisten gleichsetzen? Das Apartheid-Regime hat seine Verbrechen eben nicht mit einer vergleichbar hochkomplexen Vernichtungsmaschinerie organisiert. Da jedoch in dieser Arbeit das Interesse für die *psychologischen* Möglichkeiten in der *Bearbeitung* kollektiver Gewaltverbrechen im Vordergrund steht, ist ein Vergleich aus meiner Sicht durchaus zulässig.

2 Darüber hinaus wurde es im wiedervereinigten Deutschland möglich, eine solche Debatte im Bezug auf die Verbrechen des Nationalsozialismus unter geänderten Vorzeichen zu führen, befreit von der eher versperrenden Frage darüber, welcher staatliche Weg der Auseinandersetzung mit der NS-Zeit der »bessere« sei (vgl. Sühl 1994). So konnte beispielsweise die Debatte um ein Holocaust-Mahnmal in Berlin in einer neuen, vielleicht offeneren und vielfältigeren Qualität geführt werden (vgl. Leggewie und Meyer 2005) – und es dürfte kein Zufall sein, dass es eben erst *nach* der Wiedervereinigung gebaut wurde.

3 Dieser thematische Bezug wird beispielsweise in einem Dialog zwischen Joachim Gauck und Desmond Tutu hergestellt und diskutiert (Tutu und Gauck 1997). Dabei zeigte sich aber auch, dass die jeweils notwendige gesellschaftliche Bearbeitung durch die unterschiedlichen sozialen, politischen und historischen Kontexte nur im Ansatz zu vergleichen ist.

4 Entsprechend hätte ich in dieser Arbeit vermutlich andere Akzente gesetzt und Fragen vielleicht anders formuliert, wenn ich in der DDR sozialisiert worden wäre.

5 So bestätigt sich durch die Beschäftigung mit der Wahrheitskommission für mich, was Spangenberg (1997) als Notwendigkeit einer politischen Kultur formuliert: »Die Unfähigkeit zu trauern ist in meinen Augen vielleicht zum geringeren Anteil ein Versagen des Einzelnen. Es ist dazu eine politische Kultur erforderlich, die die Auseinandersetzung mit dem Anderen, vor allem dem politisch Andersdenkenden fördert« (S. 67).

6 Dies steht übrigens in merkwürdigem Kontrast zur allgemeinen Resonanz auf die

Wahrheitskommission: bis auf das Interesse der juristischen Fachwelt an den Amnestierungsanhörungen galt die Aufmerksamkeit zumeist den Opferanhörungen.

7 Ein solcher Beweis der Alltäglichkeit und Allgemeinheit des menschlichen Potentials zum Bösen wurde in Deutschland gerade nach dem Ende des zweiten Weltkriegs dringend ersehnt: »Wir sehen mit Schrecken die Gefühle der moralischen Überlegenheit: Wer sich der Gefahr gegenüber absolut sicher fühlt, ist schon auf dem Wege, ihr zu verfallen. Deutschlands Schicksal wäre eine Erfahrung für alle. Möchte diese Erfahrung verstanden werden! Wir sind keine schlechtere Rasse. Überall haben Menschen die ähnlichen Eigenschaften. Überall gibt es die gewaltsamen, verbrecherischen, vital tüchtigen Minoritäten, die bei Gelegenheit das Regime ergreifen und brutal verfahren« (Jaspers [1946]/1996, S. 68). »Wenn wir unsere eigene Schuld bis in ihren Ursprung verfolgen, so stoßen wir auf das Menschsein, das in deutscher Gestalt ein eigentümliches, furchtbares Schuldigwerden angenommen hat, aber Möglichkeit im Menschen als Menschen ist« (a.a.O., S. 69).

8 Die Sehnsucht nach einer Identifizierung mit einer Opferidentität im Nachkriegsdeutschland hat sich z.B. auf absurde Weise in den gefälschten Memoiren eines vermeintlich dem KZ entronnenen kleinen Jungen gezeigt (Wilkomirski 1995; vgl. dazu Diekmann und Schoeps 2002).

9 Die Analyse der Protokolle der Wahrheitskommission wird die Frage aufwerfen, inwiefern in diesem Kontext tatsächlich von einer »heißen Affektkultur« gesprochen werden kann.

10 Tatsächlich wurde die Arbeit der Wahrheitskommission im Spielfilm »Country of my skull« (Boorman 2003) in Verbindung mit einer Familiengeschichte fiktiv nachempfunden und durch ein Reduzieren ihrer Widersprüche, Konflikte und Abgründe sehr idealisierend dargestellt.

11 Eine solche Haltung illustriert sich eindringlich in einem Erfahrungsbericht über die Teilnahme an Anhörungen der Wahrheitskommission (medico international rundschreiben 1997). Ein überkritischer und z.T. zynischer Duktus vermittelt sich, wenn der Autor z.B. schreibt: »es gehört zum nichtswürdigen Ritual eines politisch korrekten Verfahrens, sich zu einigem finalen Kitsch noch extra aufzuschwingen« (S. 16).

Ein persönlicher Eindruck ist, dass in Deutschland die emotionale Reaktion auf die Arbeit der Wahrheitskommission (sowohl idealisierend als auch entwertend) umso heftiger ausfällt, je stärker eine individuelle Betroffenheit im Bezug auf das emotionale Erbe des Nationalsozialismus vorliegt.

4. Einblicke in die Geschichte Südafrikas: vom kolonialen Konflikt zur »Regenbogennation«

1 Ich beziehe mich in diesem Kapitel, soweit nicht anders angegeben, auf die Darstellungen in Sparks (1990, 1995), Holland (1990), Harker (1994), Murray et al. (1996), Marais (2001).

2 Noch heute wachsen die Reste dieser frühen »Mauer« im Botanischen Garten Kapstadts.

3 Zu einer literarisch-dokumentarischen Darstellung der kolonialen Gewalt vgl. Lindqvist (1999).

3 In dieser Namensgebung bildet sich die Entwicklung einer neuen Identität der burischen Siedler ab: zunächst bezeichneten sie mit dem Wort »Afrikaaner« die schwarzen Ureinwohner des Landes. Nach der Ankunft der Briten aber identifizierten sie sich in

Abgrenzung zu jenen Europäern als Afrikaner (vgl. van Wyk und Voice 1990). Afrikaaner werden heute manchmal als »Afrikas weißer Stamm« bezeichnet.

4 Übrigens zeigte sich auch hier die defensiv-ängstliche Mentalität der Afrikaaner: auf ihrem Trek schützten sie sich durch sog. *Laager*, im Kreisrund aufgebaute Wagenburgen. Noch heute sieht man in zahlreichen Mauern um afrikaanische Villen-Grundstücke nachempfundene steinerne Wagenräder, die dieses »Laager«-Symbol zitieren.

5 Mahatma Gandhi war einer der wohl berühmtesten indischen Einwanderer: er arbeitete von 1893–1914 in Südafrika, zunächst in einem Anwaltsbüro. Bald entwickelte er sich zu einem politischen Führer der indischen Einwanderer und rief eine indische antikoloniale Widerstandsbewegung ins Leben, die Natal Indian Congress Partei. In seiner Autobiographie ([1927]/2003) beschreibt er die alltäglichen Erfahrungen mit dem vorherrschenden Rassismus.

6 Diese Wortschöpfung und die damit verbundene Idee der Ausgrenzung und Absonderung einer Volksgruppe gilt als Vorläufer oder gleichsam Urform der späteren nationalsozialistischen Konzentrationslager.

7 »The impact on the collective Afrikaner mind is impossible to exaggerate. It was not just the poverty and hardship: for the first time in their history these proud, free men of the veld tasted the bitter juice of humiliation.(...) The pain of the Afrikaner losses deepened their sense of grievance and hardened their nationalism. And it bred in them an abiding hostitlity toward the original agents of their misery, the gold-mining industry and the financial power of the English and Jewish groups who controlled it« (Sparks 1990, S. 133).

8 Viele dieser »Homelands« basierten auf einer Fiktion; das »Homeland« Kwazulu bestand beispielsweise aus über vierzig inselartig in Südafrika verstreuten Teilgebieten. »Die fiktive Vorstellung war, daß jeder Afrikaner tatsächlich seine wirkliche Heimat in einem dieser Homelands hat. Dabei sind die Territorien und die Zuordnung der einzelnen Gruppen weder historisch noch ethnisch noch sprachlich-kulturell gerechtfertigt. Die Territorien wurden allein nach den Landansprüchen der Weißen zugeschnitten. Wenn man einmal durch Südafrika fährt, braucht man keine Grenzposten, um erkennen zu können, wann man sich in einem Homeland befindet. Sobald die Gegend unfruchtbar wird, befindet man sich in einem Homeland« (Verheugen 1986, S. 34).

9 2005 ist mit der Wiederbebauung dieser Brachfläche begonnen worden; ehemalige Einwohner können nun auf Antrag die Berechtigung für eine Wohnung in ihrem ehemaligen Heimatbezirk erhalten.

10 Diese geographische Ausgrenzung von Schwarzen und Farbigen aus den »weißen« Städten hat bis heute weitreichende Folgen: Arbeitnehmer/innen hatten und haben auch heute bis zu ihren häufig in der Innenstadt gelegenen Arbeitsplätzen große Distanzen zurückzulegen, was bedeutet, dass ein großer Teil des Lohns in Fahrtkosten mit öffentlichen Verkehrsmitteln investiert werden muss. Die Mehrzahl schwarzer und farbiger Städter Südafrikas lebt weiterhin in Townships, mehr und mehr aber in festen, von der Regierung geförderten Bauten.

11 Die psychosoziale Verelendung ist durch Armut, mangelnde Infrastruktur, häufige Abwesenheit der Väter oder gar beider Elternteile als Wanderarbeiter und damit verbundener Kriminalität, Alkoholismus und erhöhten Infektionsraten bedingt. Sie stellt auch im demokratischen Nachapartheid-Südafrika ein vordringliches Problem dar.

12 Selbst die Rechte zur Besichtigung einer natürlichen Grotte bei Oudtshoorn unterschieden sich nach Hautfarben: Weiße durften sämtliche Grotten, Farbige nur die kleineren Grotten besichtigen. Schwarzen war die Besichtigung gänzlich verboten. Mandela (1994a) beschreibt, dass sogar das Essen und die Kleidung der Gefängnis-

insassen nach Hautfarben unterschieden wurde: »Mit Ausnahme von Kathy erhielten wir alle kurze Hosen (...). Kathy, der einzige Inder unter uns, erhielt lange Hosen. (...). Kathy bekam als einziger Socken. Kurze Hosen sollten Afrikaner dran erinnern, dass sie ›Boys‹ waren« (S. 515). »Zum Abendessen bekamen die farbigen und indischen Gefangenen einen Viertellaib Brot (...) und ein Stück Margarine. Afrikaner, davon ging man aus, wollten kein Brot, weil es ein ›europäisches‹ Nahrungsmittel sei« (a.a.O., S. 530).

13 Die Pro-Kopf-Ausgaben für Schüler unterschieden sich beispielsweise 1981/1982 folgendermaßen: 1221 Rand (südafrikan. Währung) pro weißem Schulkind, 798 Rand pro indischem, 419 Rand pro farbigem und 165 Rand pro schwarzem Schulkind. Das Lehrer-Schüler-Verhältnis in weißen Klassen betrug 1:18, in indischen Klassen 1:24, in farbigen 1:27 und in schwarzen Schulklassen 1:43 (zit. in Crapanzano 1985, S. 122).

14 Legendär wurde dabei der Bleistift-Test in Zweifelsfällen: fiel ein in das Haar gesteckter Bleistift nicht heraus, galt der oder die Klassifizierte automatisch als schwarz. Gegen diese Klassifizierungen wurden auch Berufungen eingelegt, da sie wesentlich über das weitere Lebensschicksal (z.B. im Hinblick auf Arbeitsmöglichkeiten, auf das Recht zu heiraten usw.) entschieden. 1982 wurden beispielsweise 996 Menschen auf ihre Berufung hin von einer in eine andere Rassengruppe klassifiziert.

15 Das Sharpeville-Massaker steht seitdem als Chiffre für die gewaltsame Eskalation des Befreiungskampfes. Dieses Datum wurde auch bei der Festlegung des zu bearbeitenden Zeitraums durch die Wahrheitskommission als Anfangspunkt gesetzt.

16 **Umk**honto we Sizwe ist der Name des bewaffneten Flügels des ANC; er wird mit MK abgekürzt.

17 Mandela (1994a) zitiert seine Rede vor Gericht z.B. so: »Stärker als meine Furcht vor den gräßlichen Bedingungen, denen ich im Gefängnis ausgeliefert sein mag, ist mein Haß gegenüber den abscheulichen Bedingungen, denen mein Volk außerhalb der Gefängnisse überall in diesem Land ausgesetzt ist (...) Ich werde immer noch angetrieben sein von meinem Abscheu vor der Rassendiskriminierung gegenüber meinem Volk, um nach Verbüßung meiner Strafe den Kampf, so gut ich es vermag, wiederaufzunehmen für die Beseitigung jener Ungerechtigkeiten, bis sie ein für alle Mal abgeschafft sind. (...) Ich habe keinen Zweifel, daß die Nachwelt verkünden wird, daß ich unschuldig war und dass die Verbrecher, die man vor dieses Gericht hätte stellen sollen, die Mitglieder der Regierung sind« (S. 446f.).

18 Straker et al. (1995) fanden heraus, dass 82% aller untersuchten Jugendlichen einen Gewaltübergriff miterlebt hatten (S. 120).

19 Besonders grausam war das sog. »necklacing«, was in seiner wörtlichen Übersetzung etwa »jemandem eine Halskrause umbinden« bedeutet. Dabei wird dem Opfer ein mit Benzin gefüllter Autoreifen übergestülpt und in Brand gesetzt.

20 Umgekehrt bildete sich in einer demoskopischen Befragung der weißen Bevölkerung 1984 eine sehr konservative Meinung ab (Rhoodie et.al. 1985): über die Hälfte der Befragten lehnte eine Abschaffung der Rassentrennung in öffentlichen Einrichtungen ab, nur ein Drittel befürwortete die Abschaffung des Verbots gemischtrassiger Ehen. Die Beteiligung der Schwarzen an den Wahlen und ihre Repräsentanz im Parlament lehnten zwei Drittel der Befragten ab. Die Studie zeichnet deutliche Unterschiede unter den Weißen Südafrikas nach: konservative Meinungen wurden von den Afrikaanssprachigen weitaus stärker vertreten als von englischen Muttersprachlern.

21 61% der Anträge schwarzer Täter bezogen sich auf Gewalttaten an schwarzen Opfern, insgesamt dürften ca. 58% aller Amnestierungsanträge von Schwarzen gestellt worden sein (vgl. Ernest 2004). Diese Angaben sind vage, weil die Wahrheits-

kommission selbst erstaunlicherweise keine systematische statistische Analyse zu den Amnestierungsanträgen vorgelegt hat.
22 Inkatha Freedom Party – südafrikanische Befreiungsorganisation, vor allem im Nordosten des Landes einflussreich.
23 Indemnität [spätlateinisch indemnitas – Schadloshaltung] bezeichnet in diesem Zusammenhang die Straffreiheit eines Abgeordneten in Bezug auf Äußerungen oder Abstimmungen im Parlament (vgl. Duden 2003).
24 Kutz (2001) weist daraufhin, dass dieser Verdacht nicht haltbar ist und das neue Gesetz vor allem auch den politischen Straftätern des ANC zugute kam.
25 Unterdessen waren aber auch verdeckte Aktivitäten zur Verschleierung von Verbrechen an der Tagesordnung. Ab 1990 wurden Tausende von Polizeiakten vernichtet, Experten schätzen ihre Zahl auf mindestens 135 000 (Simpson 1996).
26 Die Wahlergebnisse spiegelten in groben Zügen die demographische Verteilung der Hautfarben wider: 1996 waren 76,6% der ca. 43 Millionen Südafrikaner und Südafrikanerinnen schwarzer Hautfarbe, 10,9% waren weiß, 8,9% farbig und 2,6% indischer Herkunft.
27 Dies ist eine geläufige Bezeichnung für die südafrikanische Nachapartheid-Gesellschaft, die ein harmonisches Zusammenspiel der vielen Hautfarben und ihrer verschiedenen Schattierungen evoziert.
28 Nelson Mandela (1994b) erinnerte entsprechend in seiner Antrittsrede als Präsident Südafrikas an die Herausforderungen für die neue Demokratie: »we are not yet free; we have merely achieved the freedom to be free, the right not to be oppressed. (...) For to be free is not merely to cast off one's chains, but to live in a way that respects and enhances the freedom of others. The true test of our devotion to freedom is just beginning« (S. 751).
29 Hierbei gilt es, sich ein zentrales Paradoxon zu vergegenwärtigen, das die Nach-Apartheid-Gesellschaft auszeichnet: denn die staatlichen Sicherheitsdienste, welche zahllose Apartheidverbrechen verantworteten, waren jetzt dazu da, Sicherheit und Ordnung zu garantieren und eben jene demokratische Verfassung zu schützen, welche die Apartheidregierung stets abgelehnt hatte. Ebenso bildeten ehemalige Befreiungsaktivisten, die z. T. schwere Gewaltübergriffe und Sabotageakte verantworteten, jetzt die neue Regierungselite (Simpson 2002). Die paradoxale Auflagung der Nach-Apartheid-Situation wird uns weiter unten eingehender beschäftigen.
30 Verlässliche Angaben hierzu liegen nicht vor; offizielle und inoffizielle Statistiken schwanken beträchtlich.
31 Der südafrikanische Kabarettist Pieter Dirk Uys spottete dahingegen über die gesellschaftlichen Probleme, Schwarz und Weiß seien eben gerade keine Regenbogenfarben (vgl. Grill 2004).
32 Die unverarbeitete Qualität dieser erlittenen Traumatisierungen vermittelt sich auch dadurch, dass heute noch viele Buren von den Geschehnissen sprechen als seien sie gerade erst geschehen. Die daraus resultierende Unfähigkeit zur Einfühlung in das Gegenüber beschreibt Sparks (1990): »Their ethnocentric minds were unable to project into the black situation and to recognize that the blacks would respond exactly as they themselves had done when their own revolution was on the rise. They had never abandoned Afrikaner nationalism or the ›moderate‹ compromisers and dealers. They had never been prepared to settle for less than full power. And the more they had felt themselves persecuted and oppressed, the more politicized they had become and the more committed to their Nationalist cause. (...) they were so conditioned to thinking of blacks as ›different‹ that they could not imagine them reacting in the same way as themselves« (S. 359).

5. Die Wahrheitskommission – institutionelle Konzeption und gesellschaftliche Bedeutung

1 »Innerhalb des ANC forderte man lautstark: ›Fangt die Bastarde und hängt sie.‹ Uns [den Verhandlungspartnern des ANC – Anm. d. Verf.] wurde jedoch klar, daß man nicht gleichzeitig einen friedlichen Übergang vorbereiten und sagen kann, daß man Leute fangen und hängen will. Daher haben wir für den friedlichen Übergang einen Preis gezahlt« (zit. in Wahrheits- und Versöhnungskommission 2000, S. 16).

2 Adam (1998) weist darauf hin, dass man dieses »südafrikanische Wunder« eher als gekaufte Revolution bezeichnen sollte; die Kompensationszahlungen und Renten an ehemalige Macht- und Entscheidungsträger sowie an Polizeigenaräle der Apartheid würden in ihrer Bedeutung für den friedlichen Übergang unterschätzt.

3 So wurde beispielsweise im Februar 1994 eine Konferenz abgehalten, die sich dem internationalen Vergleich der gesellschaftlichen Auseinandersetzungsformen mit vergangenem Unrecht widmete. (Hier berichtete auch Joachim Gauck von den Erfahrungen im Umgang mit den Stasi-Akten.) Sie ermöglichte, die besonderen Herausforderungen und Schwierigkeiten der gesellschaftlichen Bearbeitung von Unrecht deutlicher zu erkennen und im Hinblick auf die südafrikanische Situation zu diskutieren und abzuwägen (vgl. Boraine, Levy und Scheffer 1997).

4 *amnesty international* konnte so z.B. durchsetzen, dass die von einer Tat betroffenen Opfer an den Anhörungen der Amnestierungsantragsteller teilnehmen durften, auch wenn diese unter Ausschluss der Öffentlichkeit tagten.

5 Zum südafrikanischen Konzept des *ubuntu* vgl. Kap. 5.2.5.

6 Vgl. GG, Kapitel 2, Absatz 3, S. 6.

7 Bei der Darstellung der Wahrheitskommission beziehe ich mich, sofern nicht anders angegeben, auf folgende Quellen: Truth and Reconciliation Commission – Final Report (1998, 2003), Wahrheits- und Versöhnungskommission (2000) sowie Posel und Simpson (2002).

8 Schon hier zeigt sich die stark religiöse Ausprägung der Wahrheitskommission, die ich unten eingehender diskutieren werde. Beeindruckend ist der feierliche, fast an ein Hochzeitszeremoniell erinnernde Duktus der Einschwörung der Kommissionsmitglieder: »Each commissioner, when called by name, moves forward and receives a candle and olive branch. Each candle is then lit from the peace candle and the commissioners stand in a semi-circle, facing the congregation. (…) [Einschwur der Gremiumsmitglieder – Anm. d.Verf.:] ›We call upon you who have been appointed to us as commissioners of the Truth and Reconciliation Commission to acknowledge and recognise as a sacred trust the awesome responsibility that has been given to you. We pledge you our support and give you our blessing in the task that lies before you and we ask that in your work for truth and reconciliation you will be guided by a wisdom greater than your own, a Wisdom that knows and encompasses all truth. Will you dedicate yourselves to carry out the task that ha been entrusted to you with the highest integrity, with impartiality and compassion for all, for the purpose of healing our nation? – The Commissioners respond: I will. – The Congregation proclaims: Go forward in the light of truth with our blessing‹« (Botman und Petersen 1996, S. 168f.).

9 Man hatte mit ca. 250 Amnestierungsanträgen gerechnet – tatsächlich aber wurden über 7000 eingereicht.

10 Ursprünglich war als Endstichtag der 5. Dezember 1993 vorgesehen – der Tag, an dem die Übergangsverfassung verabschiedet worden war. Dies hätte aber ein Ausklammern all jener Gewaltakte, die im Zusammenhang mit den ersten freien Wahlen vor

allem durch ultrarechte Gruppierungen begangen wurden, bedeutet. Nachdem bis Ende 1996 nur wenige Amnestierungsanträge eingegangen waren, entschied man sich für die Ausweitung des Bearbeitungszeitraums und damit auch für ein Verschieben der Annahmefrist für Amnestierungsanträge. Dies führte zu einer deutlichen Zunahme an eingehenden Anträgen.

11 Dabei achtete man auf die Veröffentlichung von Informationsbroschüren in allen, also auch den schwarzafrikanischen Landessprachen und gestaltete sie leicht verständlich, z.B. in Comic-Form für Südafrikaner/innen mit geringem Lesevermögen. So konnte der Anspruch auf eine möglichst demokratische Partizipation aller Bürger/innen eingelöst werden, auch wenn Kritiker bemängelten, dass die Information über den rechtlichen und organisatorischen Kontext einer Aussage nicht ausreichend gewesen sei (vgl. Posel und Simpson 2002).

12 Die Auswahl der Räumlichkeiten war auch von symbolischen Erwägungen bestimmt: »By choosing the city hall in the centre of town and not a community centre in the township, the Truth Commission wants to portray a symbolic break with the institutional frameworks of the past. The city hall is no longer the official domain of Whites and perpetrators: it now belong to all of us« (Krog 1998, S. 39).

13 Näher beschreibe ich die Atmosphäre einer Anhörung in Kap. 7.1.

14 Ausführliche Beschreibungen dieses Procederes und der damit verbundenen Schwierigkeiten finden sich im Sammelband von Posel und Simpson (2002). Hier verdeutlicht sich der enorme finanzielle und personelle Umfang dieser Arbeit. Es ist beeindruckend, sich zu vergegenwärtigen, wie viele Menschen am Gelingen dieses gesellschaftlichen Projekts unmittelbar beteiligt waren und aktiv dazu beitrugen.

15 Diese Spezialanhörungen sind eine weitere Besonderheit der südafrikanischen Wahrheitskommission im internationalen Vergleich (vgl. Hayner 2000b). Übrigens lehnte nur die Berufsgruppe der Richter die Beteiligung an einer Spezialanhörung vor der Wahrheitskommission ab, was zu erheblicher öffentlicher Kritik führte. Immerhin spielten die Richter eine zentrale Rolle in der Durchsetzung der Apartheidlegislatur (vgl. Boraine 2000, S. 185f.).

16 Das Mandat der Wahrheitskommission bezog sich ausschließlich auf schwere Fälle von Menschenrechtsverletzungen wie Ermordungen, Folter oder schwere Misshandlungen. Zahlreiche andere Menschenrechtsverletzungen, wie z.B. willkürliche Verhaftungen oder Zwangsumsiedlungen, die ja weite Teile der schwarzen und farbigen Bevölkerung betroffen hatten, wurden nicht bearbeitet.

17 Ohne öffentliche Anhörungen wurden jene Anträge bearbeitet, bei denen es sich nicht um *schwere* Menschenrechtsverletzungen handelte oder bei denen eine Ablehnung aufgrund der weiter unten genannten Kriterien zu erwarten war.

18 Das Amnestie-Gesetz orientierte sich an den sog. Noorgaard-Kriterien zur Beurteilung politischer Straftaten.

19 In einer Studie vom Juli 1996 ging das Legal Aid Board von Gesamtkosten in Höhe von 11,7 Millionen Rand aus (vgl. Kutz 2001, S. 141). Von zentraler Bedeutung ist hierbei, dass sich nur wenige Anwälte bereit fanden, zu den staatlich festgelegten Tarifen der Rechtskostenbeihilfe zu arbeiten. Häufig waren sie schlecht vorbereitet und den (privat liquidierenden) Rechtsanwälten wohlhabender Täter unterlegen. Dies hat die Amnestierungsanhörungen wesentlich geprägt und ist kritisch zu bewerten (Pigou 2002).

20 Strafverfolgungen und Amnestieverfahren sind also in unmittelbaren Zusammenhang zu setzen. Nerlich (2002) hat aufgezeigt, dass konkrete Strafverfolgungsmaßnahmen, die nach dem Systemwechsel eingeleitet wurden, in vielen Fällen Täter motivierte, bei der Wahrheitskommission Amnestie zu beantragen. »In den Bereichen, in denen es

keine *ernsthafte* Verfolgung von Staatskriminalität gab, scheuten die Täter den Amnestieprozess. Die *allgemeine* Furcht vor Strafverfolgung reichte offenbar nicht aus, die Staatskriminellen zum Amnestieantrag zu bewegen« (S. 318; Hervorhebung durch die Verf.).

21 Im ersten Jahr verzeichnete diese Sendung über eine Million Zuschauer wöchentlich und gehörte zu den zehn beliebtesten Sendungen; die Einschaltquote unter Schwarzen war allerdings dreimal so hoch wie unter Weißen (Theissen 2004).

22 Die enge Zusammenarbeit mit den Medien führte auch zu einem durch die Wahrheitskommission organisierten Seminar für die Journalist/innen, die durch die Berichterstattung von den Opferanhörungen häufig Symptome von Sekundärtraumatisierung zeigten (Krog 1998).

23 Übrigens war auch hier Nachsorge für die Sekundärtraumatisierungen der Übersetzer/innen nötig; die psychische Belastung beim Dolmetschen war überaus stark.

24 Er verfügt über ein Budget von ca. 800 Millionen Rand (Gunnar Theissen, pers. Mitteilung).

25 Das Aufklären der Todesumstände und das Aufspüren der sterblichen Überreste einiger Opfer war insofern von Bedeutung, als in vielen schwarzafrikanischen Glaubenssystemen die Toten erst dann zur Ruhe kommen und damit die Harmonie der sozialen Beziehungen wiederherstellen, wenn sie zeremoniell bestattet wurden. Kriegstraumata werden »in direkte Verbindung mit der Magie und dem Zorn der Geister der Toten gebracht (...). Wenn in Kriegszeiten die Toten kein ordentliches Begräbnis erhalten, können die Geister nicht ihren rechtmäßigen Platz in der Welt der Ahnen einnehmen. Deshalb, so denken die Menschen, sind diese Geister verbittert und eine Gefahr für ihre Mörder oder auch für andere. Kontakt mit Tod und Blutvergießen kann die sozialen Beziehungen vergiften« (Green und Honwana 1999, S. 30; vgl. auch Hamber und Wilson 1999, Antonio und Kusche-Uebber 2005).

26 Allerdings wird der Wahrheitskommission ebenso das Streben nach Neutralität und Allparteilichkeit vorgeworfen: sie habe sich häufig mehr als nötig zurückgehalten und sei dadurch eher allzu lahm und zahnlos gewesen (Simpson 2002). Asmal et al. (2000) kritisieren eine mangelnde moralische Positionierung der Wahrheitskommission: der Anspruch der Neutralität laufe bei einer Beurteilung der Verbrechen der Apartheidregierung fehl. Für das politische Gelingen dieses Projekts dürfte jedoch der Versuch einer möglichst neutralen Haltung vonnöten gewesen sein.

27 Auch von Seiten der ehemaligen Apartheidfunktionäre wurde gegen den Abschlussbericht gerichtlich vorgegangen: de Klerk verfügte per Gericht, dass die Passagen, da er im Abschlussbericht genannt wird, nicht veröffentlicht werden durften. Die Wahrheitskommission war gezwungen, die entsprechenden Seiten kurzfristig aus den druckfrischen Exemplaren herauszureißen und entschied sich, stattdessen eine geschwärzte Ersatzseite einzufügen, um diesen Vorgang sichtbar zu machen (vgl. Boraine 2000).

28 Die institutionellen Schwierigkeiten und Herausforderungen werden z.B. von Cherry, Daniel und Fullard (2002) eindringlich beschrieben; sie verdeutlichen die enorme Vielschichtigkeit der Aufgaben, das Ausmaß dieses gesellschaftlichen Kraftaktes und die im Verhältnis dazu geringen personellen und finanziellen Ressourcen. Buur (2002) schreibt zu diesen Problemen: »we should acknowledge that critical analyses of the ›micro-politics‹ of everyday work are not simply pointing out the ›failures‹. The lived, active, fluid, human dimensions of the myriad ways in which norms and actions are played out (...) are as real as anything can be. (...) There is a tendency to view the problems encountered by commissions as a result of ›bad planning‹, ›lack of proper training‹, ›lack of resources‹ and ›inappropriately formulated mandates‹.

Such analyses, which imply that commissions might be ›smooth-running‹ and ›problem-free‹ (...) fail to engage with the politics and modality of power intrinsic to official commission work. (...) it is probably impossible to come up with an all-embracing ›perfect plan‹« (S. 85).

29 Allerdings kann diese reparative Funktion des Erzählens auch an einer Nicht-Symbolisierbarkeit des Traumas scheitern (vgl. Grubrich-Simitris 1995, Bohleber 1997).

30 Zur therapeutischen Arbeit mit Tätern und Opfern vgl. Levold et al. (1993), Hirsch (2004). Das Erzählen als Zugang, um politische Feindschaft zu überwinden, wurde von Bar-On (2000) in verschiedenen psychologischen Projekten systematisiert. Gemeinsam ist allen Ansätzen jedoch die Arbeit auf einer nicht-öffentlichen Ebene.

31 Auch die psychotherapeutische Behandlung lässt sich als ein modernes Ritual verstehen (Haas 2000), das der Bewältigung einer Krise dient (Imber-Black et al. 1995). Umgekehrt haben auch Rituale als therapeutische Technik Eingang in die systemische Therapie gefunden (Kohen 1995).

32 So sind die öffentlichen Anhörungen der Wahrheitskommission in Südafrika auch mit Theateraufführungen oder einem Wanderzirkus verglichen worden: »It has been said that the TRC was a theatrical performance. It was political theatre. (...) It was a mirror being held up to the nation« (Villa-Vicencio, zit. in Wüstenberg 2004, S. 183). Der südafrikanische Bühnenautor Mda (2003) hat passend zu diesen Überlegungen ganz konkret ein »theatre of reconciliation« gefordert; Theateraufführungen seien »effective carriers of political and social messages and can play a role in reconciliation« (S. 5). In Anlehnung an ein Stück von Alfred Jarry (König Ubu) wurde bereits 1997 ein Theaterstück über die Wahrheitskommission entwickelt und aufgeführt: »Ubu and the Truth Commission« (vgl. Grill 1997).

33 Dass die politische Unterdrückung schwarzer und farbiger Südafrikaner/innen ein gesellschaftliches Unrecht und den Bruch einer sozialen Norm darstellt, wurde vor allem durch internationale Protestkampagnen bekräftigt. Man könnte damit auch behaupten, die internationale Gemeinschaft habe Südafrika dem Modernisierungsdruck ausgesetzt. Eine modernisierungstheoretische Einbettung (vgl. z. B. Wagner 1995) des gesellschaftlichen Übergangs in Südafrika muss aber einer anderen Arbeit vorbehalten bleiben.

34 Zu einer weiteren Interpretation von Großgruppen- und politischen Ritualen vgl. Volkan 1999.

35 Daneben ist beispielsweise die Möglichkeit zu nennen, sich bei der Wahrheitskommission in ein öffentliches Buch der Versöhnung (*book of reconciliation*) einzutragen, das in ihren Büroräumen auslag und in das man sich auch virtuell über das Internet eintragen konnte.

36 Die Wahrheitskommission (1998) schreibt dazu: »Gross socio-economic inequalities are the visible legacy of the systematic, institutionalized denial of access to resources and development opportunities on grounds of colour, race and sex. But they are also the less tangible consequences of centuries of dehumanising devaluation of ›non-Europeans‹, ›non-whites‹ and ›non-males‹« (Final Report 1998, Band 1, Kap. 5, §25).

37 Zu einer philosophischen Einordnung und Diskussion von Missachtung, Demütigung und Entwürdigung vgl. auch Margalit (1997).

38 »It is (...) dignity that many African people all but lost during the colonial period, and it is that they must now regain. The worst thing that can happen to any people is the loss of their dignity and self respect« (Nwoye 2001, S. 64).

39 Die Wahrheitskommission schreibt dazu: »we must (...) create a home for all South Africans. The road to reconciliation, therefore, means both material reconstruction and the restoration of dignity. (...) It requires restitution and the restoration of our

humanity – as individuals, as communities and as a nation« (Final Report 1998, Band 1, Kap. 5, §26).
40 Desmond schreibt beispielsweise: »it appears to be assumed that all decisions of the Commission will be informed by Christian values. This would not be bad (...) if the norms and values were indeed Christian. But the word ›Christian‹ is all too often simply a synonym for ›Western‹. This is clearly illustrated in the Commission's individualistic understanding of human rights and their violation rather than a more African (...) approach« (zit. in Meiring 2000, S. 125).
41 Vgl. dazu Nwoye 2000, Errante 1999.
42 Honwana (1999) plädiert z. B. dafür, »to account for the place that ancestral spirits and other spiritual forces have in the causation and healing process. (...) by focusing exclusively on the individual, it undermines family and community efforts to provide support and care. Likewise (...), recalling the traumatic experience through verbal externalisation as a means to healing is not always effective. In many instances, people would rather not talk about the past or look back, and perfer to start afresh once certain ritual procedures (...) have been performed« (S. 3; vgl. dazu auch Bodibe (1992) und Wittstock et al. (1992).
43 2001 waren 79,8% der Bevölkerung Südafrikas christlichen Glaubens, davon nur ungefähr jeder neunte weißer Hautfarbe (Fischer Weltalmanach 2005). Dabei ist natürlich zu berücksichtigen, dass die Christianisierung ihrerseits Teil des Kolonialisierungsgeschehens war.
44 Vgl. Wüstenberg (2004) zur Diskussion des symbolischen Handelns in den Anhörungsritualen (S. 173 ff.).
45 Dennoch wurde das Herangehen auch scharf kritisiert, z.B. von Asmal et al. (1997), die schreiben: »it turns the Commission into an unsatisfactory hybrid organ of mild punishment (...) and wholesale exculpation (amnesty without contrition)« (S. 24). Dass das der Wahrheitskommission zugrunde liegende Bearbeitungskonzept also spezifisch afrikanisch ist, bleibt zumindest umstritten.
46 Dieser Aspekt wird meiner Meinung nach auch in der wissenschaftlichen Rezeption häufig übersehen. So geht beispielsweise Wüstenberg (2004) allzu unbefangen von einem allgemeingültigen Konzept »afrikanischen Denkens« aus.
47 Darin käme die Wahrheitskommission einer Forderung nach einer »afrikanischen Psychologie« nahe, die Lifschitz (1989) so formuliert: [An integrative approach should] »draw from both Western and African approaches to healing in order to form a hybrid – neither one nor the other« (S. 50). Generell entzündete sich die Kritik eher an der christlich-religiösen Ausrichtung ihrer Arbeit, welche Hindus, Muslimen, Buddhisten oder Atheisten den Zugang erschwert haben mag. So wurden z.B. viele Anhörungen mit einem christlichen Gebet eröffnet.
48 Busch (2001) kritisiert den seiner Meinung nach übereilt angewandten Begriff der gesellschaftlichen Produktion von Unbewusstheit: »nicht die gesellschaftliche Erzeugung, sondern lediglich die ›institutionelle Abstützung‹ schon vorhandener Abwehrmechanismen« (S. 400) sei doch schließlich gemeint. Das aber sei etwas anderes als ihre gesellschaftliche Produktion. Aus meiner Sicht handelt es sich bei diesem Einwand um eine Scheindebatte, die außer Acht lässt, dass das Wechselverhältnis zwischen Subjekt und Gesellschaft in seinem widersprüchlichen, dialektischen und vielschichtigen Charakter noch bei weitem nicht ausreichend ausgelotet ist. Die von Erdheim gewählte Begrifflichkeit erscheint mir aber insofern Erkenntnis fördernd, als sie den Aspekt der Funktionalisierung und Steuerung gesellschaftlicher Dynamiken auch in seinen unbewussten Dimensionen hervorzuheben vermag.

6. Methodologie und Methoden

1 Eine umfassendere wissenschaftstheoretische Verortung liefern z. B. Leuzinger-Bohleber et al. (2002).
2 Erdheim bezeichnet dies allerdings als Teil des »szientistischen Selbstmissverständnisses der Psychoanalyse« (1988, S. 66). Parin und Parin-Matthey (1983) kritisieren in diesem Zusammenhang den »Medicozentrismus« der Psychoanalyse.
3 So lässt sich beispielsweise auch einwenden, dass die im individualtherapeutischen Setting so fruchtbare Verknüpfung von forschendem *und* therapeutischem Zugang in Anwendung auf Kollektive nicht aufrechterhalten werden kann: psychoanalytische Sozialforschung bezieht sich auf Material, das sich theoretisch, methodologisch, methodisch und praktisch vom therapeutischen Deutungsdialog unterscheidet. »Jede historisch-psychoanalytische Forschung, die ihre Erkenntnisse auf die Interpretation von Texten (...) aufbaut, trennt mindestens ebensoviel von der als *talking cure* angelegten Psychoanalyse akut leidender Individuen, wie sie mit ihr verbindet« (Straub 1998, S. 19). Hier wird allerdings übersehen, dass die Psychoanalyse weit mehr ist als ein Kompendium therapeutischer Methoden; zahlreiche Schriften Freuds beziehen sich auf soziale und historische Phänomene. »Der Gebrauch der Analyse zur Therapie der Neurosen ist nur eine ihrer Anwendungen: vielleicht wird die Zukunft zeigen, daß sie nicht die wichtigste ist. Jedenfalls wäre es unbillig, der einen Anwendung alle anderen zu opfern, bloß weil diese Anwendungsgebiet sich mit dem Kreis ärztlicher Interessen berührt« (Freud [1926]/1975, S. 339).
4 Zu vermuten ist, dass diese Einwände vor allem auch deswegen formuliert werden, weil die Psychoanalyse gleichsam in einer forschenden Zwitterposition entwickelt wurde: Freuds Begriff des »Junktims zwischen Heilen und Forschen« (vgl. [1927]/1975, S. 347) beschreibt die Parallelität dieser Prozesse im Therapiezimmer, durch die er sich als naturwissenschaftlich geprägter Mediziner möglicherweise in Frage gestellt sah. Lou Andreas-Salome, Freundin und Kollegin von Freud, notiert nach einer Unterredung mit ihm in ihrem Tagebuch (1958): »Später in seinem Zimmer: über den Konflikt zwischen Therapie und Forschung. Gewiß sind die Kranken ja rührendes Material, insofern *sie* es zugleich sind, die dem Arzt erst seine Erkenntnisse vermitteln, die der *Internist* sich, wenigstens zum Teil, am toten Körper holen kann oder am empfindungslos gemachten. Aber er sprach schön davon, wie die – wenn auch meist durch unheilbare und unglückliche Fälle am reichsten – erweiterten Erkenntnisse es erst später möglich machen können, eine immer sicherere Therapie auszubauen – bis praktischer Arzt und wissenschaftlicher Forscher sich wenigstens so weit trennen können, wie es in der Medizin der Fall ist. Gleichzeitig betonte er aber außerordentlich die Notwendigkeit, im fortwährenden engsten Kontakt mit dem Krankenmaterial zu bleiben. (Dieser Schwierigkeit, im »Ubw« [sic] arbeitend zu verbleiben, entspricht dafür – so scheint mir – das seltsame Neubleiben der Resultate, die stets wieder unbemerkte Pforten öffnen. (...) So sehr sind und bleiben es zwei Welten – und man spürt tief, wie sehr dieser starke Kopf in der andern, der Welt der Normen, heimisch ist« (S. 142).
5 Leuzinger-Bohleber bezieht sich in der zitierten Arbeit auf Ulrich Moser (1991), der die Generierung und Überprüfung von Theorien in der Psychoanalyse konzeptionell systematisiert hat und anschaulich aufschlüsselt, wie klinische und extra-klinische (oder nach Moser: *On-Line-* und *Off-Line-*) Forschung in parallel verlaufenden Erkenntnisschritten verläuft.
6 Eine Synthese von psychoanalytischen und soziologischen Zugängen ist in der vorliegenden Arbeit auch durch die Thematik der kollektiven Traumatisierungen nahe lie-

gend: »Insofern das Trauma, wo es von einem rein somatischen Phänomen in einen sprachlich-kulturellen Bereich übergeht, zuerst von der Psychoanalyse beschrieben wurde, folgt dem Einbruch traumatischer Ereignisse in kollektive Erfahrungen notwendig der Einbruch psychoanalytischer Bedeutungsfiguren und Untersuchungskategorien in die Geschichtstheorie« (Weigel 1999, S. 52).

7 Bude (1987) beschreibt einen dynamischen, von Begeisterung und Neugier getragenen Forschungsprozess: »Das interpretierende Subjekt verhält sich in einem eigentümlichen Wechselspiel zur Welt. Einerseits ist der Interpret abstinent. Er enthält sich jeglicher Stellungnahme zur Welt (...). Mit Heidegger könnte man von der ›Gelassenheit‹ des Interpreten reden. Andererseits aber greift er zu. Er zieht die Verweisungen in der Nußschale einer Deutung zusammen. Wiederum mit Heidegger könnte man von der ›Entschlossenheit‹ des Interpreten reden. Aus dem Wechselspiel von ›Gelassenheit‹ und ›Entschlossenheit‹ blitzt plötzlich der (...) ›abduktive Schluß‹ der Deutung auf« (S. 107).

8 Lockot (1985) beschreibt die Stärke von Gegenübertragungsreaktionen, die ihrerseits von Widerständen und Abwehrhaltungen seitens des Forschers geprägt sein können und damit auch die Qualität genuiner Übertragungsreaktionen haben: »Verdrängt werden (...) all die Regungen, die nicht in das Bild, das sich der historisch Arbeitende gemacht hat, passen. Dieses Bild besteht ja bereits vorher als Erwartung, als Hoffnung (oder Befürchtung) – als Übertragung« (S. 28).

9 Im Bezug auf die Anhörungsprotokolle ist entsprechend eine analoge Haltung im Sinne von »Lesen mit dem dritten Auge« zu entwickeln.

10 Von Wyl (2000) versucht mit der Erzählanalyse JAKOB den Aspekt der Inszenierung in Erzählungen aufzuschlüsseln. Aus meiner Sicht gelingt es ihr jedoch nicht, mittels dieses Vorgehens die eigentlich brisante Verwobenheit sprachlicher *und* nicht-sprachlicher Inszenierungen transparent zu machen.

11 In dieser Synthese vermischen sich die Haltungen von Analysand (freie Assoziation) und Analytiker (gleichschwebende Aufmerksamkeit). Regine Lockot (1985) beschreibt die damit verbundene Verwirrung. Sie fragt sich in ihrer Untersuchung zur Psychoanalyse während des Nationalsozialismus »wer der Analysand und wer der Analysierende ist. Sind es die historischen Persönlichkeiten, die nachträglich zum ›neurotischen‹ Patienten werden sollen? Sicherlich nicht! Der Analysand ist derjenige, den den Prozeß der Aufarbeitung eines historischen Stoffes vornimmt. Aber wer ist dann der Analysierende? Es ist ebenfalls der historisch Arbeitende. Er ist damit Analysand und Analysierender zugleich. Der historische Stoff dient ihm als Vehikel der eigenen Analyse« (S. 22).

12 Fromm (1990) beschreibt ein ähnliches Vorgehen in Bezug auf die Untersuchung von Theorien: »In Wirklichkeit ist es nicht sehr viel anders als bei einer Psychoanalyse: Wir schließen auf die Gegenwart unbewußter Ideen auf Grund von eigentümlichen Auslassungen, Versprechern, Unter- oder Übertreibungen, Unentschlossenheiten, aprupten Übergängen (...). Wir analysieren genau die Art und Weise, in der ein Autor sich ausdrückt, wir spüren die immanenten Widersprüchlichkeiten auf, die er nicht ganz glätten konnte, die kurze Erwähnung einer Theorie, auf die er nie wieder zurückgriff, das übermäßige Insistieren auf bestimmten Punkten, das Auslassen einer möglichen Hypothese. Auf diese Weise können wir schlußfolgern, daß der Autor sich bestimmter anderer Möglichkeiten gewahr gewesen sein muß, aber doch nur so wenig, daß sie nur gelegentlich einen kurzen offenen Ausdruck finden, während sie ansonsten wirklich verdrängt bleiben (...) Im Unterschied zur Psychoanalyse von Personen konzentriert sich die Psychoanalyse von Theorien nicht primär auf verdrängte Gefühle und Wünsche, sondern auf verdrängte Gedanken und auf Entstel-

lungen im Denken eines Autors. Sie versucht, die verborgenen Gedanken zu erforschen und die Entstellungen zu erklären« (S. 40f.).
13 Spangenberg und Koop (2001) liefern ein faszinierendes Beispiel für eine solche psychoanalytische Anwendung der linguistischen Diskursanalyse.
14 Zu den Besonderheiten der Übersetzungsarbeit vor der Wahrheitskommission verweise ich auf die differenzierten Darstellungen in Buur (2000a, 2000b).
15 Zur Problematik der Auswertung der Transkripte in Bezug auf unvollständige Informationen vgl. auch Blommaert et al. (2006).
16 Krog (1998) weist darauf hin, dass auch ethnisch bedingte non-verbale, mimische und gestische Verständigungsschwierigkeiten die Kommunikation in den Anhörungen erschwert haben.
17 Ernest (2004) hat z. B. die prozentuale Verteilung bei den Amnestierungsanhörungen folgendermaßen aufgeschlüsselt: Es wurden zu 58% schwarze Täter und zu 39% weiße Täter angehört. Jeweils 1% der Anträge wurde von Indern, Farbigen bzw. anderen ethnischen Gruppen gestellt. 61% der Anträge schwarzer Täter hatten Schwarze zum Opfer, 7% hatten Schwarze *und* Weiße zum Opfer und nur 15% hatten Weiße zum Opfer (S. 8).
18 Die von mir bearbeiteten Originalprotokolle sowie die ausführlichen Analysen der drei weiteren Anhörungen können von der Verfasserin gesondert angefordert werden.

7. Die Anhörungen von Opfern von Menschenrechtverletzungen

1 Vgl. hierzu die Ausführungen im bericht der Wahrheitskommission, Final Report (1998), Band 5, Kap.1, §15ff.
2 Die Verarbeitung der so erhobenen Daten durch die Wahrheitskommission verdient gesonderter Betrachtung. Die Wahrheitskommission dankte den Aussagenden schriftlich für ihr Zeugnis und versuchte dann, die Aussage zu überprüfen. Dies bedeutete z. B. auch zu entscheiden, ob eine zu Protokoll gegebene Gewalterfahrung tatsächlich eine schwere Menschenrechtsverletzung im Sinne des Gesetzes darstellte: nur so qualifizierte sich das Opfer für einen Anspruch auf Wiedergutmachungsleistungen. Solche Entscheidungs- bzw. Einstufungsprozesse bildeten Teil der umfangreichen Arbeit der Wahrheitskommission *hinter den* Kulissen, die wenig spektakulär und dennoch folgenreich für die einzelnen Opfer war. Die Bedeutung dieser Arbeit hinter den Kulissen und ihre immanente Widersprüchlichkeit wird in Posel und Simpson (2002), Cherry, Daniel und Fullard (2002) sowie Buur (2001, 2002) dargestellt.
3 »The focus on the suffering of the individuals (…) were in some cases a deterrent to people who were unwilling to come forward to make statements. Thus, political activists did not regard themselves as victims who needed to weep or to forgive or to be forgiven, but rather as participants in the struggle for liberation, who had known that they would suffer for their cause. Furthermore, deponents who had made statements but who had not been invited to testify in public felt in some way that they had been overlooked. It required a great deal of effort to assure them that their statements would be equally carefully investigated« (Final Report 1998, Band 5, Kap.1, § 28–29).
4 Die folgende Darstellung ist fiktiv, bezieht sich aber auf meine persönlichen Erfahrungen bei der Teilnahme an verschiedenen Anhörungen der Wahrheitskommission; vgl. hierzu z. B. Krog 1998.

5   Bei mehreren hundert Anhörungstagen konnte Tutu natürlich nicht allen Anhörungen vorsitzen, in diesen Fällen übernahm ein (manchmal auch nicht-geistlicher) Stellvertreter seine Funktion.
6   Meiring (2000) beschreibt, wie einer der ersten Anhörungen der Wahrheitskommission eine Diskussion vorausging, bei der Mr Fazel, ein Mitglied der Wahrheitskommission, sich zunächst gegen eine allzu religiöse Ausgestaltung der Anhörungen aussprach: »The many prayers, the hymn-singing before and during the hearings and the religious wrappings of the process were out of place. The TRC process was a legal process and should be conducted in a juridical style. That Desmond Tutu arrived at most hearings wearing his archbishops vestment, complete with clerical collar and crucifix, they had to accept. But, surely, it was a juridical hearing in Johannesburg (...) At the stroke of 9 a.m. the TRC procession moved into the hall. One after the other, Tutu and his collegues shook hands with the victims in the first three rows. He proceeded to the stage to adress the audience. ›We will observe half a minutes‹ silence‹ he said ›before we commence with our programme‹. The first witness was announced and asked to take the oath. The stage was set. But Tutu was patently uncomfortable. He was unable to start with the proceedings. He shifted the papers on the table in front of him. He cleared his throat. When he spoke to the audience, he said ›No! This is not the way to do it. We cannot start without having prayed. Close your eyes!‹. In his inimitable way, the Archbishop placed the hearing of the day in the Lord's hands, asking Jesus Christ, who himself is the Truth, guide us in our quest for truth, that the Holy Spirit of God grant us the wisdom and grace we need. After a resounding ›Amen‹, he announced with disarming smile: ›So! Now we are ready to start the days‹ work ...‹ Fazel and his collegues equally gamely accepted the Archbishop's instinct and ruling. From that day onwards all TRC hearings were to start – and be closed – in a proper fashion« (S. 123f.).
7   Anhörung vom 23. April 1996, Heideveld, Fall No. CT/00712; http://www.truth.org.za/HRVtrans\Heide\CT00712.htm (1.5.1999)
8   [*Wir wissen, dass dies sehr schwer für Sie ist und es wird traurige Erinnerungen wachrufen. Aber wir hoffen, dass Sie, indem Sie von der Vergangenheit sprechen, innerlich geheilt werden. Danke fürs Kommen. Der Anwalt Herr Ntsebeza wird Ihnen beim Versuch, Ihre Geschichte zu erzählen, helfen.*] Übersetzung hier wie im Folgenden durch die Verfasserin.
9   [*Herr Vorsitzender, auch dies ist die Geschichte der Tötung eines Jugendlichen. Fuzile Petros Juqu war fünfzehn Jahre alt, als er 1985 von der Polizei erschossen wurde. Es ist eine traurige Geschichte dieses Landes, das wohl von 1976 an von staatlich geförderter Gewalt überschwemmt wurde. Und hier sind Frau Juqu und ihr Mann, die Ihnen und Ihrer Kommission und den Anwesenden hier berichten werden, wie es sich für sie anfühlte, einen Sohn, der noch am Anfang seines Lebens stand, zu verlieren. Mrs Juqu, ich spreche jetzt Xhosa mit Ihnen.*]
10 [*Mamma, ich werde Dich [durch die Anhörung – Ergänzung der Verf.] führen. Ich werde Dir Fragen stellen, dann brauchst Du Dir keine Sorgen machen, während Du hier sitzt. Ich werde Dir helfen, entspann Dich einfach, entspann Dich, denn wir haben Verständnis dafür, dass dies sehr schwer für Dich wird. Aber entspann Dich einfach.*]
11 [*Deine Wunde ist auch unsere Wunde, könntest Du uns sagen, wer Du bist, wo Du geboren wurdest, wo Du Deinen Mann kennenlerntest, wie viele Kinder Du hast. Erzähle uns alles, was Du über Fuzile weißt und alles, was an jenem Tage, da Du ihn zuletzt sahst, geschah. Wir werden dann auf die Details zurückkommen, aber jetzt erzähle erstmal.*]

12 [MR NTSEBEZA: *Dein Mann wird uns erzählen, was passierte.*
   MRS JUQU: *Nein, ich bin noch nicht fertig.*
   MR NTSEBEZA: *Okay, Du kannst fortfahren.*
   MRS JUQU: *Als mein Mann mit den Kleidern meines Sohns zurückkam, als ich sein Hemd sah, ich hab noch nie ein Hemd gesehen, das so viele Löcher hatte, als hätten Ratten daran gefressen. Ich musste es einfach verbrennen, weil ich es nicht länger ansehen konnte, das hat mich beinah um den Verstand gebracht. Ich sagte meinem Mann, dass wir dieses Hemd verbrennen müssten, weil es nicht schön aussieht.*]
13 [VORSITZENDER: *Danke, Mama. Papa, Du musst auch vereidigt werden. Ich bitte Dich also. (...). Ich habe Dich ja schon begrüßt. Ich meine jetzt, da all dies Dir sehr wehtun wird, besonders wie wir das machen, wie wir Dir diese Fragen stellen. Aber wir offen, dass diese Gelegenheit für Dich, Dich mitzuteilen, all diese [vermutlich: Gefühle] aus Deiner Brust zu kriegen, Dich heilen wird. Mr Dumisa Ntsebeza hilft Dir mit Deiner Geschichte.*]
14 *[Wir haben die Geschichte schon von Deiner Frau gehört und wir haben schon von Euch beiden die Geschichte gehört. Wir sagen das, wie wir Euch beide da so Hand in Hand sitzen zu sehen. Dass wir Euch nicht wirklich in die Vergangenheit zurückholen wollen und Euch in den Schmerz zurückstoßen wollen und Eurer Geschichte zuhören und alle Welt von Eurer Geschichte wissen lassen übers Radio und Fernsehen* [vermutlich eine Auslassung in der Simultanübersetzung]. *Aber wir tun dies, weil wir glauben, dass wenn jemand alles noch mal wiederholt, dass er gehört wird* [vermutlich ein Transkriptionsfehler: heard und hurt wird im Englischen ähnlich ausgesprochen. Wenn wir hier sinngemäß *hurt* einsetzen, scheint der Satz sinnvoller:], *dass er Schmerzen verspürt, dass er anfänglich Schmerzen verspürt, aber während er die Geschichte noch mal erzählt, wird er geheilt. Ich werde Dir jetzt ein paar kurze Fragen stellen, aber, Dadda, dies wird, dies wird Deinen Schmerz und Deine Trauer wieder beleben.]*
15 *[Ja, ja, er sagte, das ist, was er sagte, ja, ich vergeude seine Zeit. Ich sah ihn, er lag auf dem Bauch, sein ganzer Rücken war voller Einschusslöcher. Dieser Polizist war ein Weißer, ich weiß seinen Namen nichtmal. Ich wollte seinen Namen gar nicht wissen, weil ich ihn schon gehasst habe.]*
16 [MR NTSEBEZA: *War er schon tot, als Du ihn identifiziert hast?*
   MR JUQU: *Ja, sie sagten mir, dass er hier sei, was, dachten Sie, sollte ich wohl tun?*
   MR NTSEBEZA: *Wie fühltest Du Dich, während er das sagte?*
   MR JUQU: *Wenn ich irgendwas vor mir, vor mir oder irgendetwas, irgend..., einen Stock oder irgendeine Waffe gehabt hätte, hätte ich es auf ihn geworfen, weil mein Sohn dort einfach tot lag.*]
17 [ADV. NTSEBEZA: *Ist das jetzt dieses Bündel, auf das sich Deine Frau bezieht, wenn sie davon spricht, dass es aussah, als sei es von Mäusen gefressen?*
   MR JUQU: *Das ganze Bündel sah aus, als wäre es von Maus, Mäusen gefressen und es war voller Blut.*
   ADV. NTSEBEZA: *Es war offensichtlich nicht nur eine Kugel.*
   MR JUQU: *Oh! Ja, es waren viele, viele Kugeln, Blut kam aus seiner Nase. Er war – er wurde von vielen, vielen Kugeln im Rücken getroffen.*]
18 *[Ja, Sir, ich wurde nach Wynberg* [Sitz des lokalen Gerichts; Anm. d. Verf.] *geladen, aber ich kann mich nicht daran erinnern, ob ich eine schriftliche Aufforderung oder was erhielt, jedenfalls ging ich nach Wynberg. Als ich dahin kam, ich weiß nicht mehr, ob das ein Richter war oder wer, ich weiß nicht, wer da normalerweise zu Gericht sitzt, ich kenne die Vorgänge bei Gericht nicht. Ich weiß nicht, wer all diese Leute da sind.]*
19 *[Sie fragten mich: Ist das Dein Sohn, ich sagte, ja, das ist er, er sagte,* **ja** [erscheint so

im Original; Mr Juqu zitiert hier wohl die Sprechweise des burischen Richters], *er ist tot. Darauf sagte ich: was soll ich denn tun. Er sagte Oh! es tut uns sehr leid. Darauf ich: was tut Ihnen denn leid? Zu dem Zeitpunkt war ich schon durcheinander, aber ich habe mir gesagt, nein, jetzt bleibe ich mal stehen und höre zu und der Richter sagte: Okay, wir können nichts machen. Da hab ich mich einfach umgedreht und bin gegangen. Es war mir scheißegal, was der über mich dachte, ich bin einfach gegangen.]

20 *[Nein, sie haben nur gesagt, es täte ihnen leid, dass mein Sohn erschossen wurde, und dass sie da nichts machen könnten. Ich sagte: Oh, das ist also, was Sie dazu zu sagen haben, die sagten Ja, das ist, was wir dazu sagen, darauf habe ich kehrt gemacht und bin gegangen.]*

21 *[Mein Herr, dies ist eine sehr schwierige Frage, die ich Ihnen jetzt stelle, ich stelle sie auf Englisch. Ich denke, wir können den Schmerz und die Sorge nicht übersehen – sie stehen Ihnen ins Gesicht geschrieben. Die Frage stellt sich, ob Sie den- oder diejenigen, die Ihren Sohn töteten, vielleicht sehen möchten. Wie – wie denken Sie darüber?]*

22 *[Ja, ich höre, was Sie sagen, aber was werden sie tun, wenn ich ihnen begegne, denn mein Sohn ist doch tot! Sogar jetzt, sogar die Tatsache, dass ich hierher kam- ich wollte nicht zu dieser Kommission kommen, weil ich, weil ich sehr verletzt worden bin. Das macht mich wirklich wahnsinnig, wenn ich diese Leute jetzt treffe, was soll ich dann mit denen anstellen? Mein Sohn wurde erschossen und keiner sagte mir, dass mein Sohn im Leichenschauhaus ist, was soll ich denn mit diesen Leuten anstellen und was werden sie denn tun können. Die **Buren** haben das gemacht.]*

23 Offenbar war es nicht selten, dass Aussagende für eine öffentliche Aussage motiviert werden mussten (vgl. Posel und Simpson 2002).

24 *[Ich bin nicht hier, um Entschädigung zu kriegen, ich bin nur – mein erschossener Sohn schmerzt mich sehr, die Kommission wird sehen, was sie tun kann, ich bin nicht hier, um der Kommission zu sagen, was zu tun ist, ich bin nicht hier, um irgendeinen Vorteil daraus zu ziehen. Mir tut nur alles weh im Innern, mein Herz ist gebrochen. Ich werde jetzt nichts mehr sagen.]*

25 *[Der Grund, warum ich Sie das frage, ist, weil wenn unsere Kinder 15 Jahre alt sind, denkt man in einer normalen Gesellschaft, wenn sie nicht zu der Zeit zu Hause sind, wenn sie es sollten, ach, die sind mit einer Freundin aus oder auf einer Party oder bei ihrem Freund. Damals, in den Siebzigern und Achtzigern, war das eine sehr abnormale Gesellschaft, wenn die eigenen Kinder spät kamen, wusste man sofort, dass etwas nicht in Ordnung war. Und man wusste, wohin man zu gehen hatte, um sie zu suchen. Eins der Dinge, die wir uns für die Zukunft wünschen, ist, dass wir eine Gesellschaft aufbauen können, wo man, wenn die fünfzehnjährigen Kinder spät heimkommen, weiß warum, nämlich dass sie mit Freunden unterwegs sind und nicht etwa in Gefahr. Und vielleicht ist das etwas, wozu die Wahrheitskommission beitragen kann, diese bessere Gesellschaft für unsere Enkel zu schaffen.]*

26 *[Ich verstehe, wenn die Wahrheitskommission etwas tun will, ich bin ja nicht dagegen. Aber es müsste klar sein, dass, wenn etwas passiert ist, dass man dann zu mir kommt und mich darüber aufklärt. Nicht dass ich ..., nicht dass ich einfach vor Gericht zitiert werde und jetzt wurde ich hierhin gebracht und jetzt werde ich wieder dem Schmerz ausgeliefert.]*

27 *[Mein Herr und auch Sie, verehrte Dame, wir wissen, dass wir nicht – wir können niemals sagen, wir seien Gottes, wir können nicht einmal sagen, dass Sie, dass wir, dass wir die Dinge für Sie wieder in Ordnung bringen könnten. Wir alle sind Menschen und wir kommen aus der Apartheid und ihrem Unrecht.* [Hier dürfte es sich um einen Transkriptionsfehler handeln – gemeint ist vermutlich das Wort hardship – die fehlerhafte Transkription greift möglicherweise den Begriff des broken heart des Aussagenden

auf.] *Wie Sie sagten, dass das Vorgehen Sie in Bedrängnis gebracht hat und wir können – wir können auch niemals vergessen, was in unserem Land geschehen ist.*]

28 [*Wir möchten, dass sich unser Land ändert, wie Mrs Burton sagte, wenn-, wenn ein Teenager nicht zu der Zeit zu Hause ist, zu der er kommen sollte, wir wollen dann nicht in Krankenhäuser und Gefängnisse und Leichenschauhäuser gehen. Wir würden jetzt nur sagen, wir würden jetzt lieber sagen, mein Kind ist nur mit Freunden aus. Damit wir dahin kommen, braucht es Menschen wie Sie, Menschen, die an die Öffentlichkeit gekommen sind. Menschen, die Opfer waren, es sind jene Leute, die – die uns heute hierhin gebracht haben. Wir möchten Kooperation zwischen Weißen und Schwarzen, so dass es in diesem neuen Südafrika keinen Tag mehr gibt, an dem all die Dinge, die in der Vergangenheit vorkamen, wieder passieren. Wir möchten nicht, dass eine Zeit kommt, in der ein Vater und eine Mutter wieder in ein – so etwas Ähnliches wie diese Kommission kommen müssen, nur um uns zu erzählen, dass ich das Hemd meines Sohnes von Kugeln zerfetzt vorfand, so als wäre es von Rassen angefressen. Wir danken Ihnen, dass sie hierher gekommen sind.*]

29 Zur Diskussion dieser Frage beziehe ich mich auch auf zwei weitere von mir analysierte Opferanhörungen, die von Monica Daniels und die von Susan Walters, welche das Nachdenken ergänzen können; sie werden an entsprechender Stelle kurz vorgestellt. Die ausführlichen Analysen dieser beiden Anhörungen können bei der Verfasserin angefordert werden.

30 »Kriminalitätsopfer (...) gehen (...) davon aus, daß sie selbst, ihre Person und ihre Verletzungen im Mittelpunkt des Verfahrens stehen. Sehr früh müssen sie aber feststellen, daß sie selbst eben nicht Subjekt, sondern eher (Tat-)Objekt sind. Von Beginn an ist das Verfahren auf den Täter ausgerichtet, zunächst auf die Feststellung seiner Identität, dann darauf, ihm die Tat nachzuweisen. Das Opfer rückt immer mehr aus dem Zentrum des Geschehens an den Rand« (Tampe 1992, S. 97).

31 Vgl. das entsprechende Protokoll: http://www.truth.org.za/HRVtrans\Helder\CT00157.htm (1.11.98)

32 Auch in der Anhörung von Monica Daniels zeigte sich die empathische Bereitschaft des Gremiumsmitglieds, die Gefühle der Aussagenden nicht nur aufzugreifen, sondern auch stellvertretend zu spüren. Grubrich-Simitis (1995) schreibt im Bezug auf die psychotherapeutische Arbeit mit Holocaust-Überlebenden: »Für den Patienten scheint es von ausschlaggebender Bedeutung zu sein, (...) die Gefühle seines Analytikers spüren zu können. Was sich ihm von dessen Angst, Entsetzen, Erschütterung, Scham und Schmerz mitteilt (...), beweist dem Analysanden psychisch den Realitätscharakter des Geschehenen« (S. 372).

33 Deutlich wird an dieser Stelle noch einmal die unklare Differenzierung, wer und was genau eigentlich gemeint ist, wenn von gesellschaftlicher Heilung die Rede ist; vgl. hierzu die Diskussion in Kapitel 2.1.

34 Auch Odendaal (1997) nennt als grundsätzliches Dilemma in der Arbeit der Wahrheitskommission: »How to conduct a transparent and public process, but at the same time create a safe space for parties to disclose uncomfortable information.(...) The process of inner healing (...) requires time and continous attention. The image of people opening their emotional wounds to the glare of television lights for a fleeting moment – to be left afterwards to deal with the opened wounds on their own – is not comforting. The tension between the need for transparency and the need for a safe space is inevitable and inescapable« (S. 5).

35 Die Funktion des Versöhnungsdiskurses in der Arbeit der Wahrheitskommission diskutiere ich ausführlich in Kapitel 9.5.

36 Liebs (1982) spricht von einer »erzählerischen Treibhaussituation« beim Erzählen in

der Psychotherapie: »Das *Erzählen*, Erzählenkönnen und Erzählen*wollen* ist also eine Grundvoraussetzung für die therapeutische Situation. Gleichzeitig aber ist dieses gelegentlich geradezu ›verordnete‹ Erzählen denkbar weit von ursprünglicheren Erzählanlässen bzw. Erzählsituationen entfernt. Aus der *Lust* und Freiwilligkeit als auslösende Momente des spontanen Erzählens werden Notwendigkeiten (bis zum Zwang) und Leidensdruck, das Erzählen*müssen*« (zit. in Eisenmann 1995, S. 17 – Hervorhebungen im Original).

37 Diese Argumentation wurde auch in einem ganz anderen Kontext politisch funktionalisiert: so haben z. B. Baumeister (1997) auf die tödliche Logik der Heilungsmetapher im Nationalsozialismus hingewiesen. Hier wurde das Töten von Juden und anderen Minderheiten damit gerechtfertigt, dass sie den Volkskörper infizierten und gefährdeten (vgl. auch Cullberg Weston 1997 zu einer ähnlichen Logik im Krieg zwischen Serben und Kroaten). Ärzte in Konzentrationslagern deuteten so die Ermordung von Juden als medizinisch gerechtfertigt (Lifton 1988).

38 Für eine ausführliche Diskussion dieses Aspekts vgl. Kapitel 9.5.1.

39 Tampe (1992) verweist darauf, dass 90% aller Opfer wünschen, dass der Täter bestraft werden soll (S. 95). Auch Herman (1993) schreibt: »Ist einmal öffentlich anerkannt, dass jemandem Gewalt angetan wurde, muss die Gesellschaft handeln: Sie muss den Verantwortlichen für den Schaden suchen und den Schaden wiedergutmachen. Diese beiden Reaktionen – Anerkennung und Wiedergutmachung – sind notwendig, damit das Opfer wieder an Gesetz und Ordnung glauben kann« (S. 102).

40 In einer Befragung von Aussagenden vor der Wahrheitskommission wurde denn auch das Amnestierungsprocedere einhellig abgelehnt (Hamber, Nageng und O'Malley 2000, S. 32). Die in dieser Studie zitierten Stimmen verdeutlichen nicht nur die Unzufriedenheit vieler Opfer mit den Amnestierungen, sondern auch, dass es der Wahrheitskommission scheinbar kaum gelungen ist, das Konzept der Amnestierung im Kontext der politischen Kompromissbildung den Betroffenen als plausibel, begründet und angemessen zu erklären.

41 Der ambivalente Umgang mit der Wut der Opfer verdeutlicht sich im ersten bericht der Wahrheitskommission. Hier heißt es: »it is necessary (…) to acknowledge that the desire for revenge is an understandable human response. Suppressed anger undermines reconciliation. Nonetheless, the tendency to equate justice with retribution must be challenged and the concept of restorative justice considered as an alternative« (Final Report 1998, Band 1, Kap. 5, §54a). Ähnlich argumentiert Desmond Tutu bzgl. der Amnestierungen: »that is the price that had to be paid, and yes, the victims and survivors are probably asked a second time and to be willing – if this high price had not been paid this country would have gone up in flames« (zit. in Hamber und Wilson 1999, S. 10). Einerseits wird die Zumutung des Amnestierungsgesetzes gegenüber den Opfern (übrigens auffallend holprig) erkannt und angesprochen. Andererseits wird sie jedoch gleich mit dem Zusatz versehen, dass diese Zumutung zugunsten eines friedlichen Übergangs unerlässlich war.

42 »The door to reconciliation and forgiveness will be opened all that wider if the desire for revenge is legitimised and understood, if it is respected and contained, and if it is given both public and private space for its expression. Without this space (…) survivors will feel more than simply let down (…). They will continue to feel embittered that yet another of their legitimate feelings has been silenced; that they have to forgo any chance of criminal or civil claim in exchange for limited truth and inadequate reparation« (Hamber, Nageng und O'Malley 2000, S. 39).

43 Die Wahrheitskommission geht in ihrem ersten bericht aber durchaus auf diese Problematik ein und führt eine ganze Reihe von Gründen an, welche den ausgehandelten

Kompromiss als gerechtfertigt erscheinen lassen: So wurde dadurch beispielsweise möglich, eine relativ hohe Zahl von Gewalttätern zu einer Aussage zu bringen und damit Tathergänge und –hintergründe aufzuklären, was im Rahmen herkömmlicher Gerichtsverfahren nur in Einzelfällen und in langwierigen Beweisverfahren möglich gewesen wäre. Viele Opfer hätten mit einer strafrechtlichen Aufarbeitung niemals in Erfahrung bringen können, wen überhaupt sie hätten anklagen und auf Wiedergutmachung verklagen können (Final Report 1998, Band 1, Kap. 5). In der öffentlichen Auseinandersetzung wurde das Problem der Straflosigkeit sehr kontrovers diskutiert.

44 Mentzos (1988) spricht sogar von einem ubiquitären, »primäre[n] Schuldgefühl der Herrscher« (S. 138).

45 Quelle für das Anhörungstranskript: http://www.truth.org.za/HRVtrans\Pretoria\ WALTERS.htm (1.11.98)

46 »Versöhnung als letzte ›staatstragende Szene‹ in einer im Vorhinein festgelegten Dramaturgie bleibt ein leeres Beschwichtigungsritual, das die Verarbeitung der traumatischen Vorfälle vorzeitig abbricht. Damit verbunden wäre die Gefahr eines neuen psychologischen Rassismus, der den Unterdrückten ein Theater anbietet, in dem sie jammern und sich ausheulen können, während die ökonomische Marginalisierung ungehindert weitergeht versehen mit einem Feigenblatt der Menschlichkeit« (Spangenberg und Merk 1997b, S. 7).

47 Finanzielle Wiedergutmachungsforderungen wurden in der Folge offenbar auch sozial stigmatisiert. Eine Aussagende vor der Wahrheitskommission bewertet retrospektiv: »I regret it so badly. Since then I'm even scared to walk out in the community because people swear at me saying that I want to make money from my children's death. I didn't mean it like that. It's just that people decided to believe what they wanted to and I have become so miserable because of my testimony« (Hamber, Nageng und O'Malley 2000, S. 29).

48 Vielmehr kann die Auseinandersetzung mit Entschädigungszahlungen die Trauerarbeit auch fördern: »All reparations (…) are like tombstones – a way of materialising the dead (…). Reparations are therefore a material representation and fixation of memory work (…) [and] are (…) attempts to ritually create symbolic closure« (Hamber und Wilson 1999, S. 7). Das Annehmen von Entschädigungzahlungen ist aber auch ambivalent besetzt, denn es bedeutet, den Verlust endgültig anzuerkennen. Dies kann als Verrat an den verlorenen Angehörigen oder an den verlorenen Idealen erlebt werden.

49 Die Entschädigungszahlungen wurden vom Staat schließlich mit über sechsjähriger Verspätung ausbezahlt und waren weitaus geringer als die von der Wahrheitskommission empfohlenen Summen – vgl. Kap. 5.1.

50 Der auf diesem Wege geschaffene Mythos von menschlichen Opfergaben für eine bessere Gesellschaft lässt sich mit Dörner (1995) als Medium symbolischer Politik begreifen. Die Sinngebung von Tod und Leiden entspricht also nicht nur einem individuellen Bedürfnis (Janoff-Bulman 1985), sondern kann auch politisch instrumentalisiert werden. Herman (1993) weist dabei darauf hin, dass Veteranen gewaltsamer Konflikte nach öffentlicher Anerkennung suchen und wissen wollen, »welche Bedeutung ihre Begegnung mit Tod und Töten für die moralische Haltung der zivilen Gesellschaft hat. Sie müssen wissen, ob ihre Taten als heroisch oder unehrenhaft, mutig oder feige, notwendig und zweckmäßig oder sinnlos gelten« (S. 103).

51 Gerwel (2000) weist darauf hin, dass die Ideologie der Befreiungsbewegungen bereits genau diesen Anspruch enthielt, eine neue, ideale Gesellschaft zu schaffen.

52 Ich war überrascht, bei meinem letzten Besuch in Südafrika 2006 zu erfahren, dass in der Aktualität viele ehemalige Befreiungskämpfer/innen sich gesellschaftlich eher

stigmatisiert, entwertet und an den Rand gedrängt fühlen. Insofern zeigt sich hier eine Gegentendenz zum beschriebenen »Heilungskult«, welche eine gesellschaftliche Ambivalenz widerspiegelt.

53 Gerade die Mütter der Befreiungskämpfer spielten in diesem »Kult« eine zentrale Rolle: sie wurden von der Wahrheitskommission »as the mothers of the nation and as incarnations of ubuntu« (Kjelgard und Nexo 1999, S. 158) gefeiert. »They are the laughing, singing characters with big, forgiving hearts, which makes them capable of overcoming hatred and all feelings of revenge« (ebd.). Hier klingt das christliche Motiv der Maria an, deren Sohn sich für die Befreiung der sündigen Menschheit geopfert hat. Zu einer eingehenderen Diskussion des Stellenwerts des *ubuntu* vgl. Kapitel 9.5.2.

54 Ausführlich diskutiere ich den im Kontext der Wahrheitskommission propagierten »Versöhnungsdiskurs« in Kapitel 9.5.

55 Jaspers Ausdifferenzierung verschiedener Schuldqualitäten wird auch in den folgenden empirischen Analysen immer wieder hilfreich sein, um die gesellschaftliche Auseinandersetzung in ihrer spezifischen Dynamik zu verstehen (vgl. Kapitel 8.2. und 8.3.).

56 Simpson (2002) warnt: »We should (...) guard against a ›sanitised public transcript‹ which suggests that anger, vengeance, or violent conflict are absent from post-apartheid South Africa. There is a grave risk that out of the testimonies and confessions of a few, a truth will be constructed that disguises the way in which Black South Africans, who were systematically oppressed and exploited under apartheid, continue to be excluded and marginalised in the present« (S. 246; vgl. Hamber und Wilson 1999).

8. Die Amnestierungsanhörungen

1 Ich beziehe mich hierbei, sofern nicht anders angegeben, auf den Final Report der Truth and Reconciliation Commission (1998, 2003).

2 Das hierfür vorgesehene Antragsformular erfragte neben den persönlichen Angaben die Mitgliedschaft in einer Partei, Untergrundbewegung oder öffentlichen Sicherheitsinstitution, die konkrete Tat sowie das politische Motiv des Antragstellers.

3 Wie beschrieben hat die Wahrheitskommission selbst keine Statistiken veröffentlicht.

4 Ernest (2004) hat eine differenzierte statistische Analyse der Zusammenhänge zwischen Hautfarbe, politischer Orientierung und Amnestierungsbewilligung unternommen und zwar sowohl hinsichtlich der Hautfarbe des Täters wie auch der betroffenen Opfer. Sie schlüsselt z. B. auf, dass Anträge von ehemaligem Sicherheitspersonal und von Mitgliedern des ANC am wahrscheinlichsten positiv bewilligt wurden (81% bzw. 70%). Ebenso untersuchte sie die Häufigkeit eines (rechtlich nicht erforderlichen) Reuebekenntnisses: 45,3% weißer Täter äußerten keine Reue in den Anhörungen, 12,3% äußerten extensive Reue. Bei schwarzen Tätern fand sie in 34,8% der Fälle keine demonstrierte Reue und in 33,1% extensive Reue. Insgesamt gibt ihre Datenanalyse vielfältige Aufschlüsse über die politischen Hintergründe und die politische Dynamik der Amnestierungsanhörungen. Vgl. zu diesen Statistiken auch Foster et al. (2005).

5 Quelle: http://www.truth.org.za/smntrans\pta7\Ismail1.htm (1.8.2000)

6 *[Mr Ismail, darf ich Ihre Aufmerksamkeit zunächst auf den Antrag richten, der in Band 3 enthalten ist. Ich möchte Sie insbesondere auf Seite 3 aufmerksam machen. Wenn Sie sich die vielleicht bereitlegen würden. Lassen Sie mich erklären, was mein – Entschuldigung, mein Beistand sagt, Sie möchten etwas fragen?]*

7 Im Anreden des Vorsitzenden handelt es sich um ein Charakteristikum der englischsprachigen Gerichtspraxis: alle Redebeiträge sind im Allgemeinen an den Anhörungsvorsitzenden zu richten.
8 [MR VISSER: (...) Auf Seite 8 des Dokuments, das vor Ihnen liegt.
MR ISMAIL: Welche Seite war das nochmal?
MR VISSER: Seite acht im selben Band. Mr Chairman, ich beziehe mich auf den vorletzten Paragraphen. Vielleicht sollte ich nicht konstatieren, vielleicht sollte ich Sie eher fragen, sehen Sie, auf Seite acht im sechsten Absatz von oben oder dem vorletzten Absatz von unten, da beziehen Sie sich auf einen Anhang weiter unten, bezieht sich das auch auf die Seiten 11 bis 19, damit wir jetzt wissen, wovon wir sprechen?
MR ISMAIL: Ja.
MR VISSER: In Ordnung. Stimmt es, dass Sie sich auf eine Liste beziehen, die Teil der Eingabe des ANC an das Human Rights Violations Committee der Wahrheitskommission ist, von Seite 72 an, das ist Anhang A – Entschuldigung, ich muss gestehen, Mr Chairman, ich bin unglaublich verwirrt zwischen Anlagen und Anhängen, aber ich glaube, es ist Anhang A2.1.
VORSITZENDER: Dies ist Anlage A ...
MR VISSER: Das grüne Buch.
VORSITZENDER: Die drei Bücher sind Anlagen. Der Anhang, der als Anhang von Mr Ismail's Aussage eingereicht wurde, ist ein Anhang. Das wird jetzt sehr kompliziert.
MR VISSER: Das habe ich mir gestern dauernd gesagt. Ich gerate immer noch durcheinander. Seite 72 folgende, Mr Chairman.]
9 Anhörung vom 6.Mai 1998, Johannesburg; http://www.truth.org.za/amntrans\pta7\Ismail.htm (1.8.2000)
10 »to blazon: beschreiben, heraldisch verzieren or schmücken; (fig) verkünden; blazonry, s. die Wappenkunde (...); (fig) pomphafte Hervorhebung« (Cassell's German & English Dictionary 1957).
11 Bei diesen Angaben beziehe ich mich auf Informationen aus dem Amnestierungsbescheid der Wahrheitskommission zum Antrag von Mr Ismail, vgl. http://www.truth.org.za/AmnestyDecisions\2001\21003.htm (24.10.2001).
12 Der Stellenwert des bewaffneten Kampfes für den gesellschaftlichen Wandel wird kontrovers diskutiert: war er tatsächlich ausschlaggebend für das Umschwenken der Apartheidregierung oder wurde der gesellschaftliche Wandel letztlich doch eher durch andere (z.B. wirtschaftliche oder makropolitische) Faktoren begünstigt (Sparks 1995)? Der Zerfall der ehemaligen Sowjetunion änderte in jedem Fall die strategische Bedeutung Südafrikas im internationalen Machtgefüge; die »Supermächte« verloren das Interesse an einer Steuerung der innenpolitischen Lage.
13 Vgl. hierzu Government Gazette (1995), Kapitel 5.
14 Quellenangabe: http://www.truth.org.za/amntrans\pta7\Ismail.htm (1.8.2000)
[MR VISSER: (...) Ich spreche jetzt einmal allgemein vom politischen Motiv. Sehen Sie, (...) was ich Sie fragen möchte, Mr Ismail, ist mein Hinweis, dass das Gesetz nicht hinsichtlich irgendeiner Moral unterscheidet, weder zugunsten der einen noch der anderen Seite der beteiligten Konfliktparteien. Stimmen Sie damit überein?
MR ISMAIL: Ja.
MR VISSER: Ja. Außerdem gibt es wirklich keine Veranlassung, zu beweisen, dass Sie die, die – wenn ich das Wort benutzen darf – moralische Überlegenheit genossen, um ein politisches Motiv nachzuweisen; das ist nicht Teil dessen, was in einem Amnestierungsantrag erwartet wird. Verstehen Sie das?

MR ISMAIL: *Könnten Sie das bitte wiederholen?*
MR VISSER: *Um ein politisches Motiv für eine bestimmte Tat nachzuweisen, ist es nicht nötig, zu beweisen, dass Sie auch moralisch das Recht hatten, sie zu begehen. Das Gesetz verlangt einfach nur den Nachweis eines politischen Motivs.*]
15 [*Nun, was ich nicht verstehe, Mr Ismail, ist, dass Sie in Paragraph 85 und 86 und an einigen anderen Stellen sagen oder erklären, wie Sie Ihre Absichten als gerechte Absichten ansahen; dass, als Zivilisten zum Beispiel durch die Church Street Bombe getötet wurden, dass dies bedauerlich, aber nötig war; wenn Sie sich auf Aktionen der früheren Regierung beziehen, die als mörderische, Zivilisten treffende Aktionen charakterisiert werden, dann gebrauchen Sie die Worte **Ermordung, Tötung usw.** Ich gehe auf einige Bemerkungen, die ziemlich rassistisch scheinen, nicht näher ein, davon will ich gar nicht erst anfangen. Was ich Sie fragen möchte ist: warum machen Sie diese Bemerkungen in Ihrem Antrag? Was ist ihr Zweck?*]
16 [*Mr Chairperson, man muss verstehen, dass der Kampf zwischen dem African National Congress and einem Apartheidstaat tobte. Beide sind nicht gleichzusetzen. Man muss verstehen, dass es keinen Kampf hätte geben müssen, wenn es keinen Apartheidstaat gegeben hätte. Was war denn die Ursache von Leid und Verbitterung in diesem Land? Es war die Apartheid. Es war die Unterdrückung der Menschen im Land. Und wenn man versucht, all dies ohne Bezug darauf zu untersuchen, dann beginnt man sich zu fragen: auf welcher Grundlage sprechen wir eigentlich? Wir sprechen hier nicht von zwei sich bekriegenden Ländern. Wir sprechen hier von einem Land, das mit sich selbst im Krieg war. Wir sprechen von einer Nation, die auf der Grundlage von Apartheid zerrüttet war, auf der Grundlage einer rassistischen Ideologie, die international verurteilt wurde, wo sogar die Vereinten Nationen den Befreiungskampf in diesem Land als einen gerechten Kampf ansahen.*]
17 [*Es gibt zwei unterschiedliche, gegensätzliche Dinge, von denen wir sprechen. Das eine, das zum Ziel hat, Privilegien der Weißen zu verankern, das zum Ziel hatte, weiße Vorherrschaft zu verankern, und ein anderes, das genau das Gegenteil tat, das für Befreiung kämpfte, das für Demokratie kämpfte, das für Veränderung kämpfte, das für Gleichheit kämpfte. Wir können deswegen nicht einfach sagen, wir – alles ist gleich. Im Gesetz steht es so, ja, denn Versöhnung steht auf der Tagesordnung. Wir müssen uns stets fragen: als die Hunderte und Tausende von Schwarzen in diesem Land getötet wurden – was geschah da? Als die Schulkinder von Soweto getötet wurden – was geschah damals?*]
18 [*Mr Ismail, ich unterbreche Sie hier mal, ich habe nicht zu einer politischen Rede aufgefordert.*]
19 [MR VISSER: *Die Tatsache, dass das betroffene Personal, das in jenem Gebäude für die Luftwaffe arbeitete, im Großen und Ganzen Büropersonal war, hat auf Ihre Einschätzung, dass es sich dabei um ein militärisches Ziel handelte, keinerlei Einfluss gehabt?*
MR ISMAIL: *Mr Chairperson, in einer Luftwaffenzentrale arbeitet höheres Militärpersonal. Die Menschen dort waren alle Teil des Militärapparats. Ein Soldat ist ein Soldat. Die Soldaten arbeiteten, um den Apartheidstaat zu schützen. Alle Soldaten waren Teil unseres Anschlags.*]
20 [*Sehen Sie, Mr Ismail, aus der Sicht der Opfer ist es schwer zu verstehen, wie man sie als Teil des Militärapparats ansehen konnte, wenn doch einige von ihnen nur Telefonistinnen waren, Leute, die mit Büchern arbeiteten, selbst wenn sie für die Regierung arbeiteten, das schon. Aber sie finden das schwer zu verstehen. Was sagen Sie zu ihnen?*]
21 Einige der Opfer, wie z. B. Mr Clarence, waren zudem ja in der Anhörung zugegen.

22 [*Mr Chairperson, kein Militärapparat kann ohne all diese Büroleute arbeiten. Ein Militärapparat ist Teil eines Ganzen und das Ganze wurde angegriffen. Sie wurden zu Recht angegriffen.*]
23 [*Mr Visser: Nungut. Das also haben Sie ihnen zu sagen. Nun, meine nächste Frage ist vielleicht folgende, eben noch vor der Teepause, wenn Sie gestatten, Mr Chairman. Vielleicht können wir jetzt eine Pause machen. Es ist drei vor elf, Mr Chairman.*
Vorsitzender: *Das ist ein passender Zeitpunkt. Ja, machen wir jetzt eine Teepause.*]
24 [Mr Visser: *Als Sie diesen speziellen Anschlag planten, hielten Sie da einen Moment inne um abzuwägen, ob es sich um ein* **hartes** *oder ein* **weiches militärisches Anschlagsziel** *handelte?*
Mr Ismail: *Mr Chairperson, wir dachten über das Militärpersonal nach, das dort arbeitete und auf das wir einen Anschlag verüben wollten. Wir wollten zeigen, dass nicht nur MK-Soldaten bluteten. Denn wir wussten, dass die einzige Möglichkeit, die Kriegsmaschinerie der Apartheid aufzureißen, darin bestand, auf den weichen Unterbauch loszugehen, weil wir glaubten, dass die SADF (südafrikanische Armee) keine Unglücksfälle tolerieren konnte. Wir griffen feindliches Personal an, Militärpersonal.*]
25 [*Mr Chairperson, nicht alle Opfer, von denen wir wissen, waren Militärangestellte, aber (...) wenn Leute in die Armee eintreten, wenn sie dort als Sekretärinnen und so weiter für die Armee arbeiten, dann werden sie zu einem Teil jenes Militärapparats. Während des Zweiten Weltkriegs starben mehr Zivilisten als Militärpersonen. Während des Zweiten Weltkriegs gingen die Alliierten mittenrein und bombardierten, Flächenbombardierungen, um die Nazi-Bestie anzugreifen. Damals konnte man keine spezifischen Ziele angreifen. Sie bombardierten Städte. All das wird als legitim angesehen. Wurden sie verurteilt – nein! Sie wurden als Sieger angesehen. Sie wurden als Befreier von der Nazi-Bestie angesehen. In unserem Fall glaubten wir, dass wir mit allen uns zu Verfügung stehenden Mitteln jene Sicherheitskräfte zerstören mussten, die die Apartheid verteidigten, und die griffen wir an.*]
26 Zu den Schwierigkeiten einer vergleichenden Theorie moderner Genozide vgl. z.B. Bauer (2001).
27 [Mr Ismail: *Mr Chairperson, ein Militär, der kämpft, was tut man da – man tötet Menschen. (...) Das Militär ist das Militär – darauf zielten wir.*
Mr Visser: *Und sie wollten möglichst viele von ihnen töten, soviel steht fest.*
Mr Ismail: *Absolut richtig.*
Mr Visser: *Ja.*
Mr Ismail: *Sie versuchten, ebenso viele von uns zu töten.*
Mr Visser: *Wann war das? Worauf beziehen Sie sich jetzt?*
Mr Ismail: *Sie, die SADF, die Polizei und andere haben die Menschen dieses Landes getötet, lange bevor wir zu den Waffen griffen.*]
28 [Mr Ismail: *Weil wir nicht absichtlich weiße Zivilisten angriffen, es war nie das Ziel des ANC, einfach nur Schrecken unter der Bevölkerung zu verbreiten. Er [der ANC] hat es sich nicht leicht gemacht, er hat immer einen gerechten Krieg geführt. Der Kampf versuchte, die Menschen zu überzeugen, die Menschen aufzuklären und in den Worten von Präsident Mandela, als er während seiner Gerichtsverhandlung sagte: ›Wir hofften, die Weißen zu Sinnen zu bringen, aber wir glaubten nicht, dass wir das tun sollten, indem wir einfach ein beliebiges Ziel angriffen. Wir beabsichtigten immer, sicherzustellen, dass wir auf eine gute Weise kämpften.‹ Und das war nicht dasselbe, wenn man die Apartheidkräfte betrachtet. Sie mähten Schulkinder nieder, sie griffen unschuldige Zivilisten an, sie drangen in andere Länder vor, ohne vorher Krieg zu erklären.*]

29 [MR VISSER: *Mr Ismail, kann ich Sie folgendes fragen. Bestehen Sie auch heute noch darauf, rückblickend, da Sie hier sitzen und mit dem Wissen um die Folgen jener Bombe, die Sie zur Church Street orderten, dass es tatsächlich ein überwiegend militärisches Ziel war, das angegriffen wurde – sagen Sie das immer noch?*
MR ISMAIL: *Mr Chairperson, ich würde sagen, dass die Ermittler sehr deutlich gemacht haben, dass sich in der Gegend überwiegend Militärpersonal aufhielt, es war dort, wir wollten jene Militärs treffen. Und das ist traurig, man bedauert den Verlust zivilen Lebens, aber ich sage allen, wir zielten auf das Hauptbüro der Luftwaffe.(...) Und ich sage noch einmal, dass es ein militärisches Ziel war und militärische Ziele waren rechtmäßig.*
MR VISSER: *Sie sind meiner Frage gekonnt ausgewichen. Meine einfache Frage ist nur: da Sie heute hier sitzen, im Rückblick, sind Sie immer noch überzeugt, dass jene Bombe ein überwiegend militärisches Ziel traf? Das ist alles, was ich wissen möchte.*
MR ISMAIL: *Ob sie ein überwiegend militärisches Ziel traf, ist das die Frage?*
MR VISSER: *Ja, ja.*
MR ISMAIL: *Ja, denn sie traf das Hauptbüro der Südafrikanischen Luftwaffe. Der Verlust zivilen Lebens wird bedauert. Ich sage es noch einmal, sie traf das Hauptbüro der Südafrikanischen Luftwaffe.*]

30 Vgl. dazu die Argumentation von Asmal et al. (1997): »The suffering of each individual who died, the suffering of that person's innocent family, may be comparable. But this cannot obscure the fundamentally different moralities of the causes in which individuals died. The primary root of the whole conflict lies in the very existence of apartheid, which must be held responsible for the consequences of the resistance to it« (S. 41).

31 Die kollusive Verstrickung könnte sich etwa in dem unendlich fortsetzenden Argumentationszirkel verdeutlichen: »Ich muss so hart durchgreifen, weil Du so gefährlich und gewalttätig bist!« versus »Ich muss so gefährlich und gewalttätig agieren, weil Du so rücksichtslos hart bist!«.

32 Allerdings wird gerade der Aspekt eines »umfassenden Geständnisses« im Entscheidungsprocedere des Amnestierungskomites von Simpson (2002) massiv in Frage gestellt: »from one amnesty decision to another, there was such pervasive inconsistency in the interpretation of what was expected for full disclosure as to suggest that the requirement was never consistently satisfied. (....) while the criterion of full disclosure may work to justify a conditional amnesty as a matter of legal principle, in practice it was virtually meaningless, as there was no consistent notion of what full disclosure constituted in any particular case« (S. 236f.)

33 Die ausführliche Analyse dieser Amnestierungsanhörung kann von der Verfasserin angefordert werden.

34 Auch hier beziehe ich mich auf das Schuldkonzept von Jaspers ([1946]/1996); vgl. hierzu Kapitel 7.3.5.

35 Dieser Modus der Auseinandersetzung schützte freilich nicht nur die aussagenden Täter, anwesende Opfer und deren rechtliche Vertreter, sondern auch das Gremium des Amnestierungskomitees selbst. Auch die Gremiumsmitglieder dürften Sorge gehabt haben, die zugeschriebene, neutrale Rolle nicht mehr erfüllen zu können, waren sie doch nicht nur Zuschauer des historischen Konflikts, sondern vielmehr selbst eingebunden in seine gesellschaftliche Dynamik. Die Identifikationen mit Anteilen der Täter bzw. Anteilen der Opfer und die daraus resultierenden emotionalen Reaktionen konnten in der rationalisierenden und intellektualisierenden Abwehrform der Anhörungen gebunden werden.

36 »Raul Hilberg, einer der führenden Erforscher des Holocaust, berichtet, daß er bei

der Durchsicht ›zehntausender‹ Nazi-Dokumente nicht ein einziges Mal auf das Wort ›töten‹ gestoßen war, bis er dann, nach vielen Jahren, den Ausdruck endlich doch noch entdeckte: in einer Verordnung über den Umgang mit Hunden« (Lifton 1988, S. 532; vgl. dazu auch Baumeister 1997).

37 Die Analyse dieser Anhörung zeigt auf, dass das zentrale Motiv des Täters ist, seine Tat je nach Gegebenheiten so darzustellen, dass er im Bezug auf das Strafmaß mildernde Umstände geltend machen kann.

38 »Ich bin's nicht, Adolf Hitler ist es gewesen«, Autor: Hermann van Harten, Freie Theateranstalt Berlin.

39 Osterkamp (1991) konstatiert ähnlich im Bezug auf den deutsch-deutschen Kontext: »Eine Vergangenheitsbewältigung, die sich auf die Ausgrenzung schuldig gewordener Personen richtet, statt sich mit den gesellschaftlichen Strukturen auseinanderzusetzen, unter denen es zu diesem schuldhaften Verhalten gekommen ist, bewältigt die Vergangenheit keineswegs, sondern verhindert eher die Aufarbeitung« (S. 82). Die Wahrheitskommission widmete sich allerdings durchaus einer differenzierenden Aufschlüsselung der Hintergründe des gesellschaftlichen Konflikts – der bericht geht hierauf ausführlich ein. Diese historische Klärung wurde jedoch losgelöst von einer Bearbeitung der individuellen Täterideologien versucht; entsprechend bietet das Kapitel des berichts, das sich mit den Motivationen der Täter auseinandersetzt, eher unbefriedigende Antworten (vgl. Final Report 1998, Band 7, Kap. 5).

40 Auch hier erhellt Jaspers Differenzierung der Schuld ([1946]/1996) das Verständnis: Mr Ismail fühlte sich über jedwede Form krimineller Schuld erhaben, weil er die politische, die moralische und schließlich die metaphysische Schuld ausschließlich dem Apartheidsystem zuschrieb. Er entwarf sich im Bezug auf diese Bewertungsebenen nicht als Täter, sondern vielmehr als Opfer. Entsprechend – so forderte er – dürfe seine Gegenwehr nicht kritisiert oder angeklagt werden, sondern müsse eher als heldenhaft interpretiert werden. Auch diese Argumentationsfigur ist offenbar typisch für »Täterdiskurse«; Busse (1991) z. B. nennt sie »einfache Opfer-Täter-Helden-Perspektive« (S. 62). Freilich verbindet sich mit der Dynamik des Befreiungskampfes ein solcher Begründungszusammenhang von selbst.

41 Quellenangabe: http://www.truth.org.za/amntrans\durban\MARAIS.htm (1.11.1998)

42 Hier kann auch der Rückbezug auf Karl Jaspers Theorien nicht weiterhelfen, weil in seinem Modell die Kategorien von Schuld und Unschuld, Täter und Opfer sehr eindeutig zuzuordnen sind.

43 »Täter entwickeln ihre eigene Verteidigung gegen die Wahrheit, aber Opfer auch. Wer sich als Opfer einer Aggression sieht, entwickelt eine durchaus verständliche Unfähigkeit zur Kenntnisnahme von Verbrechen durch die eigene Seite« (Ignatieff 1996, S. 18).

44 »Im Rahmen institutioneller Verfahren verliert der Erzähler endgültig seine Unschuld: gesagt ist gesagt, wer offen- und aktenkundig die Unwahrheit sagt, kann sich um Kopf und Kragen reden, was relevant ist, bestimmt jemand anders. Ungleich verteilt sind Wissen und Handlungsmöglichkeiten. Der Fremdbestimmung entgeht nicht einmal, wer schweigt. Das Ausnutzen der Möglichkeiten, die sich hin und wieder bieten, erfordert eine komplexe Handlungsplanung; scheitern kann sie allemal« (Hoffmann 1980, S. 28).

45 Bar-On (1990b) beschreibt fünf Phasen des Durcharbeitens (in diesem Fall bezogen auf die Auseinandersetzung mit dem Erbe der nationalsozialistischen Täter durch die zweite Generation): 1. Anerkennung, 2. Erkennen und Verstehen der moralischen Bedeutung der Tat, 3. Emotionales Sich-Einlassen; 4. Zulassen eines emotionalen Konflikts, 5. Integration (vgl. S. 129; vgl. dazu auch Schwan 1997, Jaspers [1946]/

1996, Hirsch 1997). Über kontextuelle Voraussetzungen der privaten und öffentlichen Auseinandersetzung mit schuldhafter Verantwortung vgl. Holzkamp (1990) und Busse (1991).

46 Berücksichtigen wir hier noch die den Amnestierungskriterien immanente Schulddelegation an einen Vorgesetzten, bleiben in diesem Procedere schließlich nur noch wenige »tatsächlich Schuldige«, vor denen sich die neue demokratische Gesellschaft dann gleichsam mit Abscheu abzuwenden vermag.

47 Der widersprüchliche Charakter von Verzicht auf eine Bestrafung der Täter und den Wunsch nach derselben spiegelt sich auch in der diskursiven »Lösung« Desmond Tutus, die Bestrafung an Gott zu delegieren: er hebt Gott als denjenigen heraus, der vor dem Jüngsten Gericht die Täter zur Rechenschaft ziehen wird. Die Wahrheitskommission wird als irdischer Helfer oder Vorbereiter dieser göttlichen Rechtsprechung interpretiert (vgl. Kjeldgard und Nexo 1999, S 122f.)

48 Schwan (1997) stellt dazu fest, dass »Schuld – paradoxerweise – wesentlich dann vorliegt, wenn ich sie abweise, d.h. wenn ich nicht bereit bin, sie in meine personale Identität einzubeziehen (...). Schuldbefreiung hieße also nicht Abweisen von Schuld, sondern gerade ihre Übernahme, so daß ich zumindest haftend für sie einstehe« (S. 46).

49 Bar-On (1992b) berichtet von einer Untersuchung in Deutschland der achtziger Jahre, bei der potentielle Gesprächspartner für Beichtsituationen wie Geistliche, Ärzte oder Psychotherapeuten befragt wurden, ob Nazi-Täter sich mit dem Wunsch der Beichte an sie gewendet hätten: »Die Befunde aus den Beichtsituationen waren bemerkenswert dürftig: Nur einer von 25 Geistlichen konnte sich an eine einzige Beichte eines Täters erinnern« (S. 282).

50 »One way of identifying the malaise of the South African Society is to ›villainise‹ somebody. This somebody, I suggest, is the ›Afrikaner‹. Afrikaner became shorthand for the old apartheid-state and its wrong-doings – the past of the present« (Buur 2001, S. 7). »During the SATRC process, it was constantly stressed ›do not villainise the Afrikaners‹. This statement, however, has the precise effect of vilifying Afrikaners, because the ›group‹ however disorganised and heterogenous it may be, is by implication pointed out as different from the rest, something to take notice of. On the one hand, by representing the Afrikaner in such categorical terms, the problem is no longer in individual human beings, but in an entire culture of old Afrikaners as opposed to the transformation of the new South Africa. On the other hand this classification process does also create a new category, the new nation state, an object of identification and service for the Afrikaners« (a.a.O., S. 9). Dieser Beobachtung steht die Auffassung von Asmal et al. (2000) entgegen. Sie werfen der Wahrheitskommission vor, Schuldzuschreibungen individualisiert und egalisiert zu haben und damit den strukturellen, politischen und moralischen Hintergründen der Gewalt nicht gerecht geworden zu sein.

51 Nur in wenigen Ausnahmefällen erschienen die Täter zu den Anhörungen der betroffenen Opfer. Und nur in seltenen Fällen kam es zu Zusammentreffen jenseits der Amnestierungsanhörungen, auch wenn sowohl von Täterseite (Abrahamsen und van der Merwe 2005) wie auch von Opferseite (Ernest 2004) der Wunsch danach geäußert wurde.

52 Nach Ernest (2004) deuten die Statistiken an, dass die Wahrscheinlichkeit einer Ablehnung des Amnestierungsbegehrens stieg, wenn es vom Opfer angefochten wurde. Fast die Hälfte aller Opfer war in den Anhörungen jedoch nicht vertreten: häufig konnten sie Jahre oder Jahrzehnte nach der eigentlichen Gewalttat nicht ausfindig gemacht werden oder weigerten sich, an den Amnestierungsanhörungen teilzunehmen, da sie den verhassten Tätern nicht noch einmal begegnen wollten (Hamber,

Nageng und O'Malley 2000). In den meisten Fällen war es die Wahrheitskommission, welche die Opfer zu einer Teilnahme an den Amnestierungsanhörungen ihrer Täter bewegte (Phakati und van der Merwe, im Druck).

53 Die Amnestierungsanhörungen boten in manchen Fällen am Rande des offiziellen Geschehens die Gelegenheit für eine Begegnung zwischen Tätern und Opfern, wie z.B. im zitierten Fall von Mr Ismail und Mr Clarence (für andere Fälle vgl. z.B. Buur 2000c, Fourie 2000). Dies bildete jedoch eher die Ausnahme und kann zudem empirisch nicht zugänglich gemacht werden.

54 Einen anderen Ausschnitt dieser Amnestierungsanhörung, in dem einer der Täter, Mr Marais, angehört wird, habe ich im vorangehenden Kapitel bereits in einigen Aspekten vorgestellt und diskutiert.

55 Quellenangabe: http://www.truth.org.za/amntrans\durban1\ZULU.htm (28.6.1999).
[MR ZULU: *An jenem Tag kam ich von der Arbeit. (...) Der Bus fuhr von Alice Street durch das Stadtzentrum und als wir zu einem bestimmten Ort namens Sereteri, dem Hügel da, kamen, war da eine Tankstelle weiter unten. Ich saß rechterhand. Ich sah weiße Herren in einem Privatauto. Als wir sie mit dem Bus gerade überholten, stiegen sie sehr schnell ins Auto, mit solcher Eile. Der Bus fuhr die Straße lang – scheinbar hatte der Fahrer auch gemerkt, dass sie uns wohl folgten. (...) Da war eine scharfe Kurve. Gerade als der Bus die Kurve nahm, sahen wir dieses Auto auf uns zurasen. Der Bus fuhr weiter die Straße lang – sie folgten uns. Just als der Bus sich der Brücke näherte – das ist die Seite, von der aus wir verletzt wurden – sah ich zwei Weiße, sie reckten sich aus den Fenstern hervor und hatten Maschinengewehre. Sie fingen an, auf den Bus zu schießen. Wir alle fingen an zu schreien im Bus. Viele, die ich da sah, lebten noch, andere waren da schon tot. Sie feuerten immer weiter, obwohl doch schon einige tot waren. Danach wurde mir klar, dass ich verwundet worden war. Ich verlor danach mein Bewusstsein.*] Diese wie die weiteren Übersetzungen durch die Verfasserin.

56 [*Das kann ich nicht, denn das passierte alles so schnell. Scheinbar versuchten sie, uns alle zu töten.*]

57 [*Als ich sah, dass mein Arm nur an einem Faden hing, verlor ich das Bewusstsein. Ich weiß nicht, was danach passierte, weil, wenn ich mich recht erinnere, habe ich das Bewusstsein im Krankenhaus wieder erlangt, nach ungefähr zwei Monaten. Und ich war auf der Intensivstation. Ich blieb ziemlich lange – ich kann mich nichtmal daran erinnern, wie viele Monate ich dort blieb. Wenn ich mich recht erinnere, wusste ich ziemlich lange nicht, dass ich keinen Arm mehr hatte, ich sah es nach einigen Monaten nach dem Unfall. Erst dann wurde mir klar, dass ich einen Arm verloren hatte. Ich blieb ziemlich lange im Krankenhaus und ich hatte fürchterliche Schmerzen. Sogar heute habe ich diese Schmerzen, ich bin immer noch nicht gesund.*]

58 [MR PUSHOTAM: *Glauben Sie, das Attentat hatte irgendein politisches Motiv?*
MR ZULU: *Das glaube ich nicht, ich glaube nicht, dass sie unschuldige Menschen getötet hätten, wenn es mit Politik zu tun gehabt hätte.*]

59 [MR PUSHOTAM: *Haben Sie dem Komitee noch etwas zu sagen?*
MR ZULU: *Ich möchte nur diese Bitte vortragen, dass diese Angreifer, sie sagen, sie wollen Amnestie oder sie haben Amnestie beantragt – ich frage, warum sie Vergebung wollen, denn nach meiner Meinung haben sie es doch mit voller Absicht getan. Sie fuhren von einem bestimmten Ort dorthin, wo sie uns angriffen. Das war in einiger Entfernung. Das hat deutlich gemacht, dass dies geplant war. Für mich sieht das nach kaltblütigem Mord aus, sie töteten Tiere. Es war ihnen nie klar, dass sie nicht nur uns, sondern auch unsere Familien töteten. Wenn sie vorgehabt hätten politisch zu töten, warum fuhren sie dann nicht dorthin wo der Überfall*

war? [Mr Zulu bezieht sich hier auf die Argumentation der Täter, der Übergriff sei eine Gegenreaktion auf einen Angriff auf Weiße an einem Strand am selben Morgen gewesen; Anm. d. Verf.] *(...) Sie griffen uns an. Wir waren unschuldige Opfer, die von der Arbeit kamen, jetzt sind wir in einer misslichen Lage und leiden. Unsere Kinder leiden als Folge des Angriffs. Die Bildung, die wir unseren Kindern ermöglichen wollten, ist wegen ihnen jetzt dahin. Sie wollten uns niedermachen. Nach ihrer Auffassung haben sie das getan, weil wir Schwarze sind. Ich sehe keinerlei Logik darin, jemandem zu vergeben, der mich zu dem gemacht hat was ich heute bin. Meine Zukunft und die meiner Kinder ist jetzt hoffnungslos.*]
60 [*Während ich spreche, bin ich voller Schmerzen. Der Schmerz hört nicht auf, physisch und auch mental nicht. Immer wenn ich dort langfahre, wo der Überfall stattfand, kriege ich Panikattacken. Ich weiß nicht, wie ich das noch klarer ausdrücken kann. Jetzt frage ich mich, ob diese Vergebung, um die sie bitten – kommt die aus ihrem tiefsten Herzen oder ist das oberflächlich. Oder sind sie nur gekommen, weil sie eine günstige Gelegenheit ausnützen wollen.*]
61 [*Ich glaube nicht wirklich, dass sie auch nur die geringste Reue empfinden. Ihren Kindern geht es gut, ihren Ehefrauen geht es gut. Meine Kinder und meine Frau aber leiden. Es tut weh, dass ich als Familienvater überhaupt nichts für meine Familie tun kann. Man kann nicht einmal Hausarbeit machen, nichts kann man machen. Und hier kommt dann einer, der um Vergebung bittet. Sogar Kinder werden für ihre Taten bestraft, warum sollte man ihnen vergeben, wo doch unsere Kinder jetzt leiden.*]
62 [*Ihnen sollte vergeben werden und ihre Kinder weiter zur Schule gehen? Das missfällt mir total und ich weigere mich, denn als der Fall in Durban verhandelt wurde, wurden wir verhöhnt. Sie glotzen uns die ganze Zeit und und lachten uns aus. Das zeigte deutlich, dass was auch immer sie getan haben, sie Tieren angetan haben. Wie soll man denn jemandem vergeben, der einen als Tier sieht? Sie verbargen nicht einmal, dass sie uns als Tiere ansahen.*]
63 Hierdurch könnte sich die weiter oben angestellte Beobachtung erklären, dass Mr Zulu vor der Wahrheitskommission mit ähnlichen Argumenten Einspruch erhebt, wie es eine Gerichtsverhandlung erwarten ließe. Vermutlich bedeutet die Auseinandersetzung vor der Wahrheitskommission für ihn die Fortsetzung der Auseinandersetzung vor Gericht. Anders als Mr Marais, der seine Argumentation so gut auf den veränderten Kontext der Strafbeurteilung auszurichten vermochte, dass Irritation über die Widersprüchlichkeit seiner jeweiligen Darstellungsweisen entstand, gelingt es Mr Zulu offenbar kaum, eine solche mentale und emotionale Spaltungsleistung zu vollziehen.
64 »MR PURSHOTAM: *I haven't had an opportunity of reading the entire judgment but (...) it appears that the terms which were used during the trial where that (...) at the time of the attack (...) he believed that Black people were ›diere van die veld‹ (animals of the field) and that they had no souls and as far as he was concerned, it wasn't murder to shoot them. (...) He then went on (...) to say that it was in accordance with his beliefs as a follower of a White religious cult called ›Israel's Vision‹, which he said proposed that the Black population were a threat to the White ›volk‹ and to battle with them was to fight the battle against satan*« (S. 53).
65 [MR PUSHOTAM: *Ist einer der Antragsteller auf Sie zugekommen und hat Sie um Vergebung gebeten?*
MR ZULU: *Nicht ein Einziger ist zu mir gekommen.*
MR PUSHOTAM: *Haben sie Ihnen geschrieben und um Vergebung gebeten?*
MR ZULU: *Nichts dergleichen ist passiert.*]
66 [MS VAN DER WALT: *Mr Zulu, haben Sie Mr Purshotam beauftragt, Einspruch gegen den Amnestierungsantrag des Antragstellers einzulegen?*

MR ZULU: *Das ist richtig.*
MS VAN DER WALT: *Mr Zulu, warum schrieb Mr Purshotam einen Brief an die Antragsteller, in dem er sagte, dass, wenn sie die geforderte Entschädigung zahlten, dem Antrag nicht länger widersprochen werden würde?*
MR PURSHOTAM: *Mr Chairman, darf ich darauf antworten?*
VORSITZENDER: *Lassen Sie ihn antworten und uns sehen, was er zu sagen hat.*]
67 [MR ZULU: *Ich denke, er sollte das so sagen, weil ihm klar war, dass es überhaupt nicht nötig ist, warum wir Leuten vergeben sollten, solange wir nicht entschädigt wurden. Wie ich schon erklärte, sogar Kinder werden bestraft, wenn sie Fehler machen. Wie sollen wir denn vergeben, solange wir nicht entschädigt wurden? Ich stimme mit ihm überein, wenn er sagt, es wäre besser gewesen, wenn wir für die Verletzungen entschädigt worden wären.*
MS VAN DER WALT: *Dann ist es also richtig, Mr Zulu, dass, was Sie angeht, Sie eine Entschädigung erreichen wollen, die Zahlung eines Schadensersatzes?*
MR ZULU: *Mein Hauptanliegen sind meine Kinder und meine Familie, weil, was immer ich damals besaß, meine Mittel sind jetzt am Ende. Ich habe absolut nichts mehr. Es ist mein gutes Recht, darüber besorgt zu sein, dass ich nichts habe. Ich sollte entschädigt werden.*]
Etwas unklar bleibt der unbestimmte Verweis auf das »he« in diesem Abschnitt. Bezieht Mr Zulu sich damit auf seinen Anwalt? Dann ließe er in seinen Worten durchscheinen, dass die Forderung nach Entschädigungszahlungen eigentlich ein Vorschlag des Anwalts war (*because he did realise that there is absolutely no need why we should forgive people...*), der sich Mr Zulu in der Folge überzeugt anschloss (*I do agree with him when he says...*).
68 [MS VAN DER WALT: *Mr Zulu, ist es richtig, dass Ihr Anliegen nur in der Zahlung eines Schadensersatzes liegt?*
MR ZULU: *Ja, wir sollten entschädigt werden, aber das ist nicht mein Hauptanliegen.*]
69 [MS VAN DER WALT: *Aber Sie können nichts in Bezug auf die Aussage der Antragsteller beitragen, bei der sie aussagten, warum sie diese Taten begingen und die Tatsache, dass sie sich darauf bezogen, dass es eine Tat mit politischem Motiv war.*
MR ZULU: *Wenn das so wäre, hätten sie zu dem Strand fahren müssen, wo die Weißen angegriffen worden waren. Sie hätten nicht zu uns kommen und uns Unschuldige angreifen dürfen.*]
70 [MR PRINSLOO: *Mr Zulu, erhalten Sie eine Rente von der Natal Provocial Administration?*
MR ZULU: *Ja, ich bekomme eine Erwerbsunfähigkeitsrente, weil ich dort lange gearbeitet habe. Es entspricht nicht einmal dem Gehalt, das ich bekam, bevor ich angegriffen wurde. Ich kann mit diesem mageren Gehalt, das ich bekomme, nicht auskommen. Meine Frau hilft mir, damit wir den Kopf über Wasser halten können.*
MR PRINSLOO: *Wie groß ist die Summe?*
MR ZULU: *Ich denke nicht, dass ich Ihnen das sagen sollte, denn das ist die Angelegenheit meiner Familie und von mir.*
MR PRINSLOO: *Arbeitet ihre Frau?*
MR ZULU: *Keine englische Übersetzung. – Keine weiteren Fragen durch Mr Prinsloo.*]
71 Erst zum Schluss der Anhörung weist der Vorsitzende auf die Möglichkeit hin, über die Wahrheitskommission Entschädigungsforderungen geltend zu machen. Auch hier lässt sich Mr Zulu jedoch nicht auf eine Zusage ein, diese Möglichkeit tatsächlich in Anspruch zu nehmen, sondern antwortet nur knapp: »*I think that can be handled by my attorney*« *[Das kann mein Anwalt regeln, denke ich]* (S. 11). Mr Zulu möchte sich damit vermutlich die Möglichkeit des Widerspruchs und der Aufrechterhaltung seiner finanziellen Forderungen offen halten. Dabei könnte ihn der Wunsch bewegen,

nicht von einem anonymen Komitee Geld zu erhalten, sondern tatsächlich die für sein Leiden verantwortlichen Täter zur Wiedergutmachungszahlung heranzuziehen.
72 [MR WILKINSON: *Und dann möchte ich Sie auf dies hier aufmerksam machen; unglücklicherweise habe ich davon keine Kopien. 29. März 1991, der dritte Antragsteller sagt auf der Titelseite ›Es tut mir leid‹ und es folgt ein langer Bericht darüber, was er getan hat. Und noch spezifischer – dies ist an die Opfer gerichtet, die heute hier ausgesagt haben: ›Leider gibt es manche Dinge im Leben, die man nicht wiedergutmachen kann. Worte und Entschuldigungen können es nicht wiedergutmachen. Selbst wenn ich die Todesstrafe erhalte, wird es die Väter und Ehemänner dieser Leute nicht wiederbringen. Das kann es nicht und das ist, was ich am meisten bedauere‹. Also, Herr Anwalt, vor fünf Jahren gab es durchaus eine Entschuldigung. Sie haben Recht zu erwähnen, dass es keine Vorraussetzung ist, sich zu entschuldigen, aber dies wurde auf jeden Fall vor fünf Jahren getan. Das ist alles, Sir.*
ÜBERSETZER: *Das Mikrophon ist nicht an. Das Mikro des Sprechers ist nicht an.*
MR WILKINSON: *Es ist als Tabelle D markiert. Ich habe nicht für jeden Kopien, aber mit ihrer Erlaubnis werde ich es einreichen.* (Keine Lautsprecher.)]
73 [*Die Entscheidung ist Ihre. Es ist eine schreckliche Entscheidung, die Sie zu treffen haben.*]
74 [*Das Komitee wird diesen Antrag zu rechter Zeit bearbeiten und seine Entscheidung mitteilen. Vielen Dank für all Ihre Mitarbeit. Und zum Publikum, zu den Damen und Herren, muss ich sagen, dass dies das Ende dieses spezifischen Antrags ist. Jene von Ihnen, die verletzt wurden und finanzielle Verluste erlitten und über ihre finanziellen Verluste ausgesagt haben, – da werden zweifellos Schritte unternommen, um mit Ihnen in Kontakt zu kommen und herauszufinden, was demnächst vom Komitee für Wiedergutmachung getan werden kann. Sie müssen nur noch ein wenig Geduld haben. Vielen Dank. Wir werden jetzt die Sitzung bis morgen früh um 9.30 Uhr aufheben.*]
75 Wie erwähnt war dies nicht in allen Amnestierungsanhörungen der Fall. Waren die Opfer nicht per Rechtsanwalt vertreten, oblag es vor allem dem Beweisführer der Wahrheitskommission, die Tatbegründungen und Argumentationen des Täters in Zweifel zu ziehen oder ggf. durch Beweismaterial zu widerlegen.
76 Die ambivalente symbolische Bedeutung von Entschädigungszahlungen diskutieren Hamber und Wilson (1999); Thompson (1980) spricht in diesem Zusammenhang von »moralischer Ökonomie«.
77 Amnestierungen wurden umso wahrscheinlicher als fair eingeschätzt, wenn die Opfer Gelegenheit erhielten, ihre Sicht der Dinge zu schildern, die Täter sich für ihre Tat entschuldigten und die Betroffenen eine staatliche Entschädigung erhielten: »Trafen alle drei Bedingungen nicht zu, so waren lediglich sieben Prozent der Meinung, es sei fair, den Täter zu amnestieren« (Theissen 2002, S. 72).

9. Zusammenfassende Diskussion

1 Er kann in der Einseitigkeit seiner Hervorhebung gesondert interpretiert werden – vgl. dazu meine Ausführungen in Kapitel 7.3.
2 Diese unterschiedlichen Bearbeitungsebenen der Wahrheitskommission ließen sich nicht immer mit Bestimmtheit auseinander halten: »to what degree the process of truth and reconciliation was aimed at the so-called collective psyche of the nation as oppo-

sed to that of the individual victim was never clear. Was individual reconciliation between perpetrator or victim the goal? Was healing the individual wounds of survivors paramount? Or, was the TRC aiming solely for national unitiy, with individual cases acting as mere stepping stones towards that end?« (Hamber, Nageng und O'Malley 2000, S. 33).

3 Die Übergabe der beiden Abschlussberichte (Final Report 1998, 2003) an den Präsidenten wäre somit als eine Art Fixierung der neuen Vergangenheitsdeutung zu verstehen.

4 Moosa (2000) spricht vom »Als-Ob-Charakter« der Wahrheitskommission und streicht damit die hier beschriebene überragende Symbolfunktion der Auseinandersetzung kritisch heraus.

5 Alexander (2001) pointiert dieses Paradoxon in einer Frage, die er in seiner kritischen Würdigung der Wahrheitskommission dann jedoch nicht weiter verfolgt: »Wie können wir uns auf das Verstehen hin bewegen, ohne je die Unmenschlichkeit zu vergessen, und wie sollen wir der Vergangenheit gedenken, ohne daß wir immer wieder die spaltenden Leidenschaften neu beleben?« (S. 30).

6 Der mit Vergebung und Versöhnung einhergehenden Dynamik scheint generell eine paradoxale Qualität inhärent zu sein. So ist nach Jacques Derrida erst das Vergeben des Unverzeihlichen Verzeihung im eigentlichen Sinn (vgl. Kodalle 2004). Lederach (1999) schreibt: »reconciliation is built on paradox (…) [and] can be seen as dealing with three specific paradoxes. First, (…) reconciliation promotes an encounter between the open expression of the painful past, on the one hand, and the search for the articulation of a long-term, interdependent future, on the other hand. Second, reconciliation provides a place for truth and mercy to meet, where concerns for exposing what has happened and for letting go in favor of renewed relationship are validated and embraced. Third, reconciliation recognizes the need to give time and place to both justice and peace, where redressing the wrong is held together with the envisioning of a common, connected future. (…) The basic paradigm of reconciliation, therefore, embraces paradox« (S. 30f.).
Becker (1992) weist darauf hin, dass in der Behandlung von Extremtraumatisierten ein zentrales Paradoxon als Akzeptieren von unauflösbaren Widersprüchen auftritt: So könne es erst dann eine Chance auf Heilung geben, wenn die Unmöglichkeit der Heilung akzeptiert worden sei. Die Vorstellung, dass sich diese Widersprüche auflösen oder beseitigen lassen müssten, damit dann alles harmonisch werden könne, gehe aber fehl, vielmehr komme es darauf an, die Widersprüche zu erkennen, auszuhalten und zuzulassen, anstatt sie zu verleugnen (S. 260ff.).

7 Die widersprüchliche Aufladung im Versuch einer Bestimmung der Schuldfrage zeigt sich zudem sehr deutlich in all jenen Fällen, da Aussagende zugleich als Täter *und* als Opfer von politischer Gewalt in Erscheinung traten. So sagten beispielsweise Mitglieder von konkurrierenden Befreiungsbewegungen aus, die sowohl Opfer von Angriffen der Gegengruppierung wurden wie auch selbst gewaltsame Angriffe durchführten oder auch »schwarze« Mitglieder der Geheimpolizei, die nicht selten selbst gefoltert wurden, um sie zu Werkzeugen der »weißen« Autoritäten für Gewaltaktionen gegen die Befreiungsbewegungen zu machen. Die hierbei entstehende Verwirrung im Bezug auf Schuld und Unschuld, Verantwortung und Ausgeliefert-Sein kann als paradigmatisch für die Ambivalenz der Auseinandersetzung verstanden werden.

8 Mamdani (1998) kritisiert, dass die Wahrheitskommission die eigentliche Brisanz des politischen Kompromisses durch das Ausklammern eines moralischen Standpunktes verschleiert habe: »Das ist meine Kritik an der TRC: sie hat aus dem politischen Kompromiss auch einen moralischen Kompromiss gemacht« (S. 18).

9 Etwas vereinfacht könnte man das Dilemma auch so zusammenfassen: Wenn Gewalt als Mittel der Konfliktlösung in der demokratisierten Gesellschaft ausgeschlossen werden soll, kann sie im Bezug auf die Vergangenheit nicht als heroisch dargestellt und gefeiert werden. Im weiter unten diskutierten »Versöhnungsdiskurs« der Wahrheitskommission wurde dieses Dilemma dadurch gelöst, dass die Gewalt als notwendiger Befreiungsschlag für eine zukünftig befriedete, gewaltlose Gesellschaft gedeutet wurde.

10 »The Truth and Reconciliation Commission (...) must make clear, not only to the beneficiaries of apartheid but also to the families of resisters that sinning against apartheid was a blessed thing to do« (Asmal et al. 1997, S. 63).

11 Generell finden sich im ersten Abschlussbericht der Wahrheitskommission widersprüchliche Auffassungen über das Problem der Parteilichkeit, die einmal deutlicher mit den Befreiungsbewegungen sympathisieren, an anderer Stelle aber auch weitgehende Neutralität zu belegen bemüht sind. Tutu äußert sich dazu so: »Wir haben versucht, unsere Aufgabe (...) ohne Voreingenommenheiten zu erfüllen. Man kann aber keine Neutralität in Bezug auf die Apartheid von mir erwarten. Sie ist ein von Grund auf böses System« (zit. in Wahrheits- und Versöhnungskommission 2000, S. 30).

12 Die Begegnungen im Rahmen der Amnestierungsanhörungen bildeten hier die Ausnahme. Bezogen auf das Gesamt aller Anhörungen betreffen sie aber nur eine verhältnismäßig kleine Zahl von Tätern und Opfern.

13 Im englischen Film »Country of my skull« von Boormann (2003) bleibt gerade dieser Aspekt unverstanden. In einer fiktionalen Nachstellung von Opferanhörungen der Wahrheitskommission inszeniert dieser Film unmittelbare Begegnungen mit den Tätern. Ich verstehe diese Umdeutung als Hinweis darauf, dass das Zusammenführen von Tätern und Opfern als emotional schlüssiger und vor allem für den gesellschaftlichen Versöhnungsanspruch eigentlich notwendig erscheint. Im Film wird die mit solchen Begegnungen verbundene, emotionale Sprengkraft allerdings nicht ausgelotet, ihre Darstellung wirkt eher oberflächlich und holzschnittartig. Die tatsächliche Vehemenz einer Konfrontation zwischen Tätern und Opfern zeigt sich dahingegen eindringlich am (realen) Beispiel einer Konfrontation der Mütter von schwarzen Opfern mit weißen Apartheidpolizisten, die im Dokumentarfilm von Reid und Hoffmann (2000) gezeigt wird: während der Ausstrahlung eines Videos als Beweismittel, das die Täter unmittelbar am Schauplatz ihrer grausamen Morde zeigte, brachen einige Mütter emotional zusammen und in einem spontanen Ausbruch von Wut schleuderte eine von ihnen ihren Schuh auf die vor ihr sitzenden Polizisten. Die Anhörung wurde unterbrochen und mit der ernsten Mahnung, diese Anhörung diene schließlich der Versöhnung und Gewalt habe deswegen zu unterbleiben, wieder aufgenommen. Auf den Schuh wurde nun als »missile« (Wurfgeschoß) Bezug genommen – ein Hinweis auf die erlebte Bedrohung und Aggression. Kjelgard und Nexo (1999) kommentieren: »Throwing the shoe is a very direct retaliation and indicates that perhaps the mother (...) is not prepared to forgive after all. The shoe symbolises transgression and frustration. It symbolises the forbidden desire to retaliate but also proves that there is scope for human agency – improvisation – on stage« (S. 134).

14 Ein weiteres Beispiel für die institutionelle Spaltung ist die Trennung der Bearbeitungsprozesse zwischen internem und öffentlichem Geschehen, auf die Buur (2001) hinweist. Er zeigt, dass die Bearbeitung der Aussagen von zahlreichen Klassifikationsschritten (wie z.B. die offizielle Anerkennung des Status als »Opfer von Menschenrechtsverletzungen«) begleitet waren, die öffentlich jedoch kaum thematisiert wurden. Damit verbunden hatte die Wahrheitskommission viele Widersprüche und

Konflikte auszutragen, ohne diese jemals zum Gegenstand der öffentlichen Auseinandersetzung zu machen. Diese Spaltung wiederholt sich auch im Hinblick auf die wissenschaftliche Forschung: die meisten wissenschaftlichen Arbeiten beschäftigen sich ausschließlich mit den öffentlichen Anhörungen bzw. mit den rechtlichen Folgen und Implikationen des Amnestierungsgesetzes.

15 Kritisch anzumerken ist hier, dass nicht diskutiert wurde, inwiefern die Versöhnung zwischen Tätern und Opfern überhaupt in deren Interesse stand. Viele von ihnen waren weder an einer Versöhnung interessiert noch dazu bereit (vgl. Hamber, Nageng und O'Malley 2000). So könnte die Versöhnung als Ausdruck und Motor der gesellschaftlichen Befriedung eher den Interessen der neuen Machthaber gedient haben als dem Wunsch der konkret Betroffenen. David Becker bemerkt dazu: »der Begriff der Versöhnung taucht am stärksten von den Tätern auf – die Angst haben vor dem möglichen Haß der Opfer« (Kaufhold 1994, S. 129).
Simpson (1998) formuliert – meiner Auffassung nach etwas übereilt und wenig präzise – eine südafrikanische »Flucht in die Versöhnung« im Rückbezug auf das psychoanalytische Konzept der Flucht in die Gesundheit (S. 507).

16 Diese Problematik wird auch von der Wahrheitskommission selbst in ihrem Abschlussbericht angesprochen, vgl. Final Report 1998, Band 1, Kap. 5, §7–9.

17 Hamber und Wilson (1999) haben auf die problematischen Aspekte von Wiedergutmachungsleistungen hingewiesen (vgl. Kapitel 7.3.): »reparation is a double-edged sword – public acknowledgements of social truths and monetary compensation are valuable contributions, but they can never wholly meet all the psychological needs of the survivors as these are disparate, inchoate and contradictory. The result is that (...) we should expect to have to live with the unsatisfied demands (...) of survivors for a long time« (S. 3).

18 In wenigen Ausnahmefällen haben sich Täter freiwillig zu wiedergutmachenden Zahlungen oder Gesten entschlossen (vgl. z.B. Burger 2004).

19 Wie dargestellt reichten verschiedene südafrikanische Opfer und Opferverbände Klage gegen multinationale Konzerne ein, die bislang jedoch erfolglos waren (vgl. z.B. Khulumani Support Group 2005).

20 Buur beschreibt weiter, dass die Teilnehmer die Ausgestaltung der Amnestierungsanhörung in keinem Moment hinterfragten und wertet dies als Hinweis auf die Akzeptanz des geschaffenen Anhörungsformats.

21 Eine ähnlich schwierige Konfrontation zwischen Tätern und Opfern im Rahmen einer Amnestierungsanhörung wird in der Arbeit von Kjeldgard und Nexo (1999) diskutiert. Die Verständigungsschwierigkeiten erwiesen sich auch hier als eigentlich unüberwindbar (vgl. S. 152ff.).

22 Die ausschließliche personelle Besetzung mit Juristen gab den Amnestierungsanhörungen ihre spezifische Gestalt (Simpson 2002, Pigou 2002). Es kann nachdenklich stimmen, wieso man das Amnestierungskomitee – anders als die Opferanhörungen – nicht auch mit Sozialwissenschaftlern oder Geistlichen besetzte. Die damit verbundene Spaltung spiegelt sich auch in der wissenschaftlichen Auseinandersetzung mit der Wahrheitskommission: meist wurden die Opferanhörungen von Sozialwissenschaftler/innen untersucht, während das Amnestierungsgeschehen fast ausschließlich juristisch analysiert wurde. Meine (zunächst gelangweilte) Gegenübertragungsreaktion auf das Material der Amnestierungsanhörungen illustriert den Hintergrund dieser Spaltung.

23 Tutu (1999) beschreibt: »That representativeness was a very important attribute to have but it caused us a major headache. We came from diverse backgrounds and we were to discover that apartheid had affected us all in different ways. We learned to our chagrin that we were (...) more deeply wounded than we had at first imagined. We

found that we were often very suspicious of one another and that it was not easy to develop real trust among us. We realized only later that we were all victims of a potent conditioning with ready-made judgments of those who belonged to other groupings. (...) Our meetings for the first year or so were hell. (...) You wondered as a black whether your white collegue would have reacted in that way to a fellow white and vice versa. (...) We were certainly authentic in reflecting the alienations and chasms and suspicions that were part and parcel of our apartheid society. We could be a useful paradigm for our nation, for if we could eventually be welded into a reasonably coherent and united and reconciled group, then there was hope for South Africa« (S. 79f.). Tutu stellt fest, dass es im Laufe der Arbeit gelungen sei, mehr Kohärenz und Respekt füreinander zu entwickeln (vgl. dazu Boraine 2000). Eine ausführliche Beschreibung der extrem kontroversen und angespannten internen Dynamik findet sich auch in Bell (2003). Er bewertet die Erfolge bei dem Versuch ihrer Integration weitaus skeptischer als Tutu.

24 Der erste Abschlussbericht der Wahrheitskommission (Final Report 1998) endet mit der Darstellung eines weißen Gremiumsmitglieds, Dr. Malan, der sich mit einigen Formulierungen nicht einverstanden zeigte und den Prozess der Zusammenstellung des Abschlussberichts insgesamt kritisiert (vgl. Band 5, Kap.1, Minority position). Darin enthüllt sich ein weiteres Dilemma in der Arbeit der Wahrheitskommission: auf politische Neutralität bedacht war doch ein bedeutender Teil ihres Personals stets apartheidkritisch und z. T. selbst in der Befreiungsbewegung aktiv. Der Nachtrag von Malan kritisiert diese unklare Haltung zwischen scheinbarer Neutralität und letztlich deutlichen Sympathien für die Befreiungsbewegungen. Zeigen sich damit auch fortbestehende Differenzen innerhalb der Wahrheitskommission, so werte ich die Form des Umgangs damit doch als beachtliche Integrationsleistung: die Differenz kann zugelassen und artikuliert werden und wird als bedeutsam für das Gesamt erachtet. Volkan (1998) schreibt: »Without working out their own internal conflicts concerning ethnic or other large-group conflict, indigenous workers will not be fully able to help their own people« (S. 188; vgl. de Ridder 1997).

25 Besonders eindringlich zeigte sich dies in der Anhörung von Monica Daniels: hier geriet der Anhörungsvorsitzende Dr. Boraine in eine ähnlich übergriffige und grenzverletzende Rolle wie die eigentlichen Täter. Ein Bewusstwerden dieser Wiederholungen wurde jedoch nicht möglich – auch in der Anhörung von Mr und Mrs Juqu wurde das Reinszenieren des traumatischen Erlebens allenfalls auf symbolischer Ebene bearbeitet.

26 So vermochte z. B. ein weibliches Gremiumsmitglied in der Anhörung von Mrs Daniels, einer durch das Wiedererwachen der Täterrepräsentanz geschuldeten Verletzung und Beschämung der Aussagenden Einhalt zu gebieten und die fürsorglichen und wiedergutmachenden Aspekte der Bemühungen hervorzuheben.

27 Die Anhörung von Mr und Mrs Juqu hat eine Stelle markiert, an der das Bearbeitungsangebot der Wahrheitskommission nicht ausreichte. Hier schien die Anhörungssituation insgesamt überwältigt von der wütenden Ohnmacht des Aussagenden. Das Erinnern der Traumata könnte eine psychologische Nachbetreuung erforderlich gemacht haben. Generell wurde das nicht ausreichende Angebot an psychologischer Nachsorge immer wieder als wichtiger Kritikpunkt an der Wahrheitskommission angeführt, übrigens auch von Tutu selbst (vgl. 1999, S. 233).

28 Diese Grundauffassung bildete sicherlich eine wesentliche Voraussetzung für den Erfolg der Verhandlungen mit der Apartheidregierung, wie Nelson Mandela (1994) deutlich macht: »I knew (...) that the oppressor must be liberated just as surely as the oppressed. A man who takes away another man's freedom is a prisoner of hatred, he

is locked behind the bars of prejudice and narrow-mindedness. I am not truly free if I am taking away someone else's freedom, just as surely as I am not free when my freedom is taken from me. The oppressed and the oppressor alike are robbed of their humanity« (S. 751). Konsistent damit stellte Mandela in Bezug auf seine Gefängnisfreilassung fest: »When I walked out of prison, that was my mission, to liberate the oppressed and the oppressor both« (zit. in Frost 1998, S. 6).

29 Abrahamsen und van der Merwe (2005) haben eine Befragung unter ehemaligen Amnestierungs-Antragstellern der Wahrheitskommission durchgeführt – übrigens erklärte sich dabei kein einziger weißer Täter zur Teilnahme bereit! (In einer Täterstudie von Foster et al. (2005) äußern sich dahingegen Täter aller Hautfarben.) Die schwarzen Aussagenden bemängelten vor allem eine schlechte Vorbereitung und schlechte rechtliche Vertretung bei den Anhörungen sowie das Gefühl, nach den Amnestierungen einfach »fallengelassen« (›dumped‹) worden zu sein und die Konfrontation bzw. das Weiterleben mit den Opfern alleine bewältigen zu müssen.

30 Chris Ribeiro, persönliche Mitteilung.

31 Dieser Aspekt wurde besonders in der Anhörung von Mrs Walters deutlich: trat sie zunächst vor das Gremium, um eine Anklage gegen die Mörder ihres Mannes zu formulieren, so vollzog sie nach der Konfrontation durch ein Gremiumsmitglied äußerlich die Anpassung an den offiziell erwünschten Versöhnungsdiskurs. Wie sie diesen Widerspruch innerlich lösen konnte, blieb offen. Möchte sie jedoch zum Kollektiv der Regenbogengesellschaft gehören, muss sie die unversöhnlichen Emotionen verschweigen oder verdrängen.

32 Wie dargestellt, wird im Gesetz zur Einrichtung der Wahrheitskommission mehrfach explizit auf das Konzept des *ubuntu* Bezug genommen.

33 Im Kontext der Anhörungen der Wahrheitskommission wurden insbesondere aussagende Mütter von schwarzen Befreiungskämpfern als Inkarnationen des *ubuntu* und als Ikonen der Bereitschaft zur Vergebung stilisiert: »they are staged as the mothers of the nation and as incarnations of ubuntu. They are the laughing, singing characters with big, forgiving hearts, which makes them capable of overcoming hatred and all feelings of revenge« (Kjeldgard and Nexo 1999, S. 158). Die schwarzafrikanische Mutter symbolisiert gesellschaftliche Erneuerung: »If she – the personification of the tragic of the nation – can move on without feelings of revenge, so can all others. (…) The nation can be complete and reconciled. The forgiving victim is in that sense the incarnation of the fullness that the world lacks. She is a living icon of morality« (a.a.O., S. 166). Implizit findet sich hierin auch das christliche Motiv der Maria, deren Sohn sich für die Befreiung der sündigen Menschheit geopfert hat

34 Dazu passend lässt sich übrigens auch Tutus Metapher (1994) zitieren, das neue Südafrika gliche einem neugeborenen Baby: »St Paul in Galatians speaks about ›in fullness of time‹ – when the time was just right. (…) And don't mothers know the fullness of time? The baby growing in the womb, and in the fullness of time, nine months later, the baby is born. (….) I was just thinking as I prepared this sermon: ›Yes, for our country too, it is a kind of ›in the fullness of time‹. It is as if God was like a mother, preparing this country, preparing it through pain, through suffering, preparing different kinds of people (…). In the fullness of time, South Africa is now ready for this gift. South Africa is like a baby that was in a womb, nurtured by love and the caring of God. In the fullness of time this new South Africa is brought to birth. In the fullness of time we come as a new people … For it is the fullness of time and God has brought us to birth« (S. 266). Interessant an dieser Metapher ist das Ausblenden der kolonialen Geschichte sowie der Apartheidgesellschaft – das neue Südafrika ist in einem (göttlichen) Mutterleib herangewachsen und wird als so unschuldig dargestellt wie ein Neugeborenes.

35 Wie dargestellt formulierte Tutu schon bei der *ersten* Opferanhörung überhaupt: »We should all be deeply humbled by what we've heard, but we've got to finish quickly and really turn our backs on this awful past and say: Life is for living« (zit. in Krog 1998, S. 29f.).
36 Eine solche Sündenbock-Dynamik als Mechanismus der Schuldprojektion wurde auch von der Wahrheitskommission selbst problematisiert (vgl. Final Report 1998, Band 1, Kap. 5, §107–108).

10. Schlussbetrachtung und Ausblick: Die Wahrheitskommission als Beispiel gesellschaftlicher Vergangenheitsbearbeitung

1 Ignatieff (1996) schreibt dazu: die »Vergangenheit ist ein Feld des Streitens, und die Funktion einer Wahrheitskommission ist, wie die jedes anständigen Historikers, den Streit klar herauszuarbeiten« (S. 18). Diese Auffassung unterscheidet sich natürlich deutlich von anderen Auffassungen, wie z. B. von Opfern, denen eher an öffentlichen (sei es juristischen, sei es moralischen) Verurteilung der Täter liegt. Ich habe das Bemühen klinischer Metaphern für gesellschaftliche Sachverhalte weiter oben problematisiert. An dieser Stelle kann ein Vergleich die Rollenkonfusion der Wahrheitskommission jedoch gut illustrieren: sie hatte gleichzeitig die Rolle einer (Einzel-)Therapeutin wie auch die einer (zielorientierten) Konfliktmediatorin einzunehmen.
2 Die Wahrheitskommission selbst schränkte die an sie gerichteten Ansprüche in ihrem bericht deutlich ein: »the most the Commission could and should hope for (…) was peaceful coexistence. Thus, a healthy democracy does not require everyone to agree and become friends. However, a culture of human rights and democracy does require respect for our common human dignity and shared citizenship, as well as peaceful handling of unavoidable conflicts« (Final Report 1998, Band 1, Kap. 5, §20)
3 An diese Überlegung knüpft sich die Frage, ob die gesellschaftliche Fähigkeit zu demokratischer Auseinandersetzung und Konflikttoleranz nicht unterschätzt wurde. Zwar stellte die Demokratie ein absolutes Novum in der Geschichte Südafrikas dar, doch hätte die südafrikanische Gesellschaft der Post-Apartheid vielleicht mehr Dissens und Konflikt austragen können, als man ihr zutraute.
4 Todorov (2001) schreibt in Bezug auf eine derartige Funktionalisierung, man könne »niemand einen Vorwurf machen, dass er die Vergangenheit instrumentalisiert. Nicht nur weil es alle tun, sondern auch, weil es nur legitim ist, dass die Vergangenheit dem Heute dient« (S. 14). Ein Missbrauch dieser Instrumentalisierung liege aber dann vor, wenn die Geschichte banalisiert oder sakralisiert werde.
5 »Eine Kommission zur Etablierung der Wahrheit kann die Spaltungen innerhalb einer Gesellschaft nicht aufheben«, schreibt Ignatieff (1996), alles was sie erreichen könne, sei »eine Reduzierung der Lügen« (S. 18).
6 Simpson (2002) weist aber auch auf die Heterogenität der Anliegen von Opfern hin: »By generalising and conveniently summarising the expectations of victims, their complex, inconsistent human identities are diminished and the extent to which needs vary from victim to victim and change over time is ignored. Generalised claims that victims are willing to forgive perpetrators who confess, or that they are merely seeking acknowledgement and symbolic reparation, are no more reliable that similarly broad claims that victims need or demand punitive justice« (S. 239).

7 Crawford (1998) legt nahe, dass Umfragen wie die im Folgenden zitierten jedoch vorsichtig zu bewerten sind: sie könnten eher die Haltung der Befragenden widerspiegeln als tatsächliche Meinungsbilder zu liefern.
8 Laut einer anderen Studie von 1998 bestätigten 79% der burischen Afrikaaner, die Wahrheitskommission sei schädlich für Südafrika gewesen (Theissen 2002, S.69f.). Theissen (1997, 1998) weist allerdings auf die Generationenunterschiede hin: weiße Bürger/innen unter 30 Jahren waren in seiner Befragung hinsichtlich der Erfolge der Wahrheitskommission eher positiv eingestellt.
9 Ernest (2004) schreibt, dass diejenigen, die an den Anhörungen beteiligt waren, sich insgesamt viel kritischer gegenüber den Erfolgen der Wahrheitskommission zeigten als die allgemeine Öffentlichkeit. Ebenso ist auffallend, dass die südafrikanische Öffentlichkeit dieses Geschehen wiederum weitaus kritischer beurteilt als die Weltöffentlichkeit. Es scheint, als nehme die Skepsis mit dem Grad der persönlichen Betroffenheit zu.
10 Gottschlich (1997) denkt entsprechend über nachträgliche Möglichkeiten der Bearbeitung nach: »Die Rolle, die in Südafrika die Wahrheitskommission innehat, wird in Deutschland mehr schlecht als recht von den Medien übernommen. Tatsächlich haben die Medien in Deutschland eine Menge aufgeklärt. Zur Versöhnung haben sie aber kaum beigetragen. (...) Zeitungen sind keine pädagogischen Veranstaltungen (...).Natürlich macht es keinen Sinn mehr, in Deutschland eine der südafrikanischen Wahrheitskommission vergleichbare Institution zu etablieren. Umso wichtiger wäre es deshalb, intensiver über die versäumten Möglichkeiten in der deutschen Publizistik zu reden. (...) Vielleicht sind (...) jetzt doch andere Formen der Vergangenheitsbearbeitung möglich« (S. 10).
11 Theissen (2004) zitiert eine Studie, nach der ca. 50% der Anträge von Tätern des ANC aus der Haft heraus beantragt wurde im Gegensatz zu 3% der Anträge von Tätern der Apartheid-Sicherheitsdienste. Von diesen waren allerdings 72% an Vorfällen beteiligt, zu denen bereits ein Ermittlungsverfahren der Staatsanwaltschaft eingeleitet worden war.
12 So haben beispielsweise nur siebzehn von über dreihundert Tätern, die am sog. »Massaker von Boipatong« beteiligt waren, einen Amnestierungsantrag gestellt (Simpson 2002).
13 Die herausgearbeitete latente Einfühlungsverweigerung ließe sich mit Bar-On (1992b) als »doppelte Mauer«, also als reziproke Abwehrbewegung im Täter *und* im Zuhörer, hier der Wahrheitskommission, gegen die schwierige Auseinandersetzung um schuldhafte Verantwortung verstehen.
14 Das weitgehende Vermeiden des Nachdenkens über diese Frage lässt sich auch auf wissenschaftlicher Ebene beobachten: in Relation zur extensiven Forschung der Psychotraumatologie von Opfern sind psychologische und psychoanalytische Arbeiten zu Täterschaft und deren emotionale Folgen bislang eher rar (vgl. z.B. Bar-On 1990a, 1992b, North 1988, Landman 2000, Bohleber 1998, Gobodo-Madikizela 2003, Welzer 2005, Foster et al. 2005, Kramer *im Druck*).
15 »Gesellschaften und Nationen sind nicht wie einzelne Menschen. Aber die Individuen, die in der Gesellschaft die politische Autorität haben, können einen großen Einfluss auf eben jenen mysteriösen Prozess haben, durch den die Menschen sich mit der schmerzhaften Vergangenheit ihrer Gesellschaften aussöhnen können« (Ignatieff 1996, S. 19).
16 Gegen ein solchermaßen propagiertes »Abhaken« der historischen Traumatisierungen haben sich südafrikanische Opferverbände denn auch massiv gewehrt (vgl. Hamber 1995 und 2000, Hamber und Wilson 1999).

17 Ein beeindruckendes Zeugnis davon, wie sich das Unbewältigbare des Traumas intergenerativ fortsetzt, obwohl bzw. gerade weil es wieder und wieder besprochen wurde, ist der Film »Der Preis des Überlebens« von Louis van Gasteren (2003). Dieser Film untermauert Grünbergs Hypothese und zeigt auf, wie die Nachfolgegeneration von KZ-Überlebenden vom Zwang der Eltern, ihre Erfahrungen mitzuteilen, erdrückt werden kann.
18 Grünberg geht sogar noch weiter und behauptet: »Es ist das Schweigen von Überlebenden, das die Rekonstruktion der in ihren Familien permanent präsenten Vergangenheit ermöglicht« (a.a.O., S. 183).
19 Grill (2005) rechnet das heutige Südafrika zu den gewalttätigsten Gesellschaften der Welt: alle sechs Minuten werde ein Raubüberfall begangen, alle 18 Minuten eine Vergewaltigung und alle 25 Minuten ein Mord. Im Jahr 2002 seien insgesamt 21.000 Menschen ermordet worden. Die epidemieartige Gewalt grassiere dabei vor allem in den schwarzen Townships: 95% der Gewaltopfer seien Township-Bewohner/innen (vgl. S. 345). Meintjes und Nhlengetwa (2005) beschreiben einen faszinierenden, gemeindeorientierten Ansatz in der psychosozialen Arbeit mit endemischer Gewalt im Nachapartheid-Südafrika.

Bibliografie

Abrahamsen, Therese und van der Merwe, Hugo (2005): Reconciliation through Amnesty? Amnesty Applicants' Views of the South African Truth and Reconciliation Commission. http://www.csvr.org.za/pubslist/pubstrc.htm (30.8.2005)
Adam, Heribert (1998): Widersprüche der Befreiung: Wahrheit, Gerechtigkeit und Versöhnung in Südafrika. In: König, Helmut, Kohlstruck, Michael und Wöll, Andreas (Hrsg.): Vergangenheitsbewältigung am Ende des zwanzigsten Jahrhunderts. Leviathan – Zeitschrift für Sozialwissenschaft, Sonderheft 18. Opladen, Wiesbaden, S. 350–367.
Agger, Inger und Jensen, S. (1990): Testimony as ritual and evidence in psychotherapy of political refugees. In: Journal of Traumatic Stress, 3 (1), 115–130.
Alexander, Neville (2001): Vergangenheitsbewältigung als Zukunftschance. »Wahrheit« und »Versöhnung« in Südafrika. In: Alexander, Neville, Limbach, Jutta und Gauck, Joachim: Wahrheitspolitik in Deutschland und Südafrika. Drei Pfade zur Aufarbeitung der Vergangenheit. Hannover, S. 21–50.
Alexander, Neville, Limbach, Jutta und Gauck, Joachim (2001): Wahrheitspolitik in Deutschland und Südafrika. Drei Pfade zur Aufarbeitung der Vergangenheit. Hannover.
Andreas-Salome, Lou (1958): In der Schule bei Freud. Tagebuch eines Jahres. 1912/1913. Zürich.
Antonio, Julia und Kusche-Uebber, Hilde (2005): Keine Patentrezepte. Psychosoziale Arbeit mit Kindern und Jugendlichen in Angola. In: medico international e.V. (Hrsg.): Im Inneren der Globalisierung. Psychosoziale Arbeit in Gewaltkontexten. medico-Report 26. Frankfurt, S. 186–191.
Arendt, Hannah (1960a): Vita activa oder vom tätigen Leben. Stuttgart.
Arendt, Hannah (1960b): Von der Menschlichkeit in finsteren Zeiten. Rede über Lessing. München.
Arendt, Hannah (1996): Eichmann in Jerusalem. Ein Bericht von der Banalität des Bösen. München, Zürich.
Arenhövel, Mark (2002): Tendenzen der Erinnerung an Diktatur und Bürgerkrieg – auf dem Weg zu einem Weltgedächtnis? In: WeltTrends. Zeitschrift für internationale Politik und vergleichende Studien. 10. Jg., Nr. 37, S. 11–26.
Argelander, Hermann (1970): Das Erstinterview in der Psychotherapie. Darmstadt.

Aron, Adrianne (1992): Testimonio, a Bridge Between Psychotherapy and Sociotherapy. In: Cole, Ellen, Espiu, Olivia und Rothblum, Esther (Hrsg.): Refugee Women and their Mental Health. Shattered Societies, Shattered Lives. New York, London, 173–189.
Ash, Timothy Garton (1997): Die Akte »Romeo«. München, Wien.
Ash, Timothy Garton (2002): Mesomnesie. In: Transit: Europäische Revue. Hrsg. am Institut für die Wissenschaften vom Menschen, Wien, Heft 22, S. 32–48.
Asmal, Kader, Asmal, Louise und Roberts, Ronald (1997): Reconciliation through Truth. A reckoning of apartheid's criminal governance. 2. Auflage. Cape Town, Oxford, New York.
Asmal, Kader, Asmal, Louise und Roberts, Ronald (2000): When the assassin cries foul: the modern Just War doctrine. In: Villa-Vicencio, Charles und Verwoerd, Wilhelm (Hrsg.): Looking back, reaching forward: reflections on the Truth and Reconciliation Commission of South Africa. Cape Town, 86–98.
Assmann, Aleida und Welzer, Harald (2005): »Das ist unser Familienerbe«. Die Erinnerung an die NS-Zeit verändert sich. Ein Gespräch. In: Haufler, Daniel und Reinecke, Stefan (Hrsg.): Die Macht der Erinnerung. Der 8. Mai 1945 und wir. Reportagen, Essays, Interviews. taz-Journal 2005/1. Berlin, S. 40–46.
Assmann, Jan (1988): Kollektives Gedächtnis und kulturelle Identität. In: Assmann, Jan und Hölscher, Tonio (Hrsg.): Kultur und Gedächtnis. Frankfurt am Main, S. 9–20.
Assmann, Jan (1991): Die Katastrophe des Vergessens. Das Deuteronomium als Paradigma kultureller Mnemotechnik. In: Assmann, Aleida und Harth, Dietrich (Hrsg.): Formen und Funktionen kultureller Erinnerung. Frankfurt am Main, S. 337–355.
Assmann, Jan (1992): Das kulturelle Gedächtnis. Schriftliche Erinnerung und politische Identität in frühen Hochkulturen. München.
Assmann, Jan und Hölscher, Tonio (Hrsg.) (1988): Kultur und Gedächtnis. Frankfurt am Main.
Austin, John L. (1972): Zur Theorie der Sprechakte. Stuttgart.

Bakker, Terri M. (1999): A healer may yet emerge from behind the mask: revisiting the tarnished image of psychology in Africa (a South African perspective). In: Journal of Psychology in Africa, 9, 161–185.
Bakker, Terri M. und Snyders, Frank J. (1999): The (hi)stories we live by: Power/knowledge and family therapy in Africa. In: Contemporary Family Therapy: An International Journal, 21 (2), 133–154.
Bar-On, Dan (1990a): The Use of a Limited Personal Morality To Rationalize Horrendous Evil: Interviews with an Auschwitz Doctor and His Son. In: Journal of Traumatic Stress, 3 (3), 415–427.
Bar-On, Dan (1990b): Children of Perpetrators of the Holocaust: Moral and Psychological After-Effects. In: Tel Aviver Jahrbuch für deutsche Geschichte XIX, S. 117–135.
Bar-On, Dan (1992a): The logic of moral argumentations of children of the Nazi era in Germany. In: International Journal of Group Tensions, 22 (1), 3–18.
Bar-On, Dan (1992b): Die Täter des Holocaust und ihre Kinder – eine paradoxe Moralität. In: Heimannsberg, Barbara und Schmidt, Christoph J. (Hrsg): Das kollektive Schweigen. Nationalsozialistische Vergangenheit und gebrochene Identität in der Psychotherapie. Köln, S. 279–315.

Bar-On, Dan (1993): Die Last des Schweigens. Gespräche mit Kindern von Nazi-Tätern. Frankfurt am Main.
Bar-On, Dan (Hrsg.) (2000): Den Abgrund überbrücken. Mit persönlicher Geschichte politischen Feindschaften begegnen. In Kooperation mit Susanne Kutz und Dirk Wegner. Hamburg.
Bar-On, Dan (2001): Aus dem gebrochenen Schweigen werden soziale Bindungen. Über vier Begegnungen zwischen Nachkommen von Überlebenden und Nachkommen von Tätern des Holocaust. In: Grünberg, Kurt und Straub, Jürgen (Hrsg.): Unverlierbare Zeit. Psychosoziale Spätfolgen des Nationalsozialismus bei Nachkommen von Tätern und Opfern. Tübingen, S. 281–326.
Bauer, Yehuda (2001): Die dunkle Seite der Geschichte. Frankfurt am Main.
Bauer, Yehuda (2002): Geschichtsschreibung und Gedächtnis am Beispiel des Holocaust. In: Transit: Europäische Revue. Hrsg. am Institut für die Wissenschaften vom Menschen, Wien, Heft 22, S. 178–192.
Baumeister, Roy (1997): Evil: Inside Human Cruelty and Violence. New York.
Bawa, Umesh (1995): Organized Violence in Apartheid South Africa: Children as Victims and Perpetrators. In: Adam, Hubertus et al. (Hrsg.): Children – War and Persecution. Proceedings of the Congress, Hamburg, Sept. 26–29, 1993. Osnabrück, S. 182–190.
Becker, David (1992): Ohne Haß keine Versöhnung. Das Trauma der Verfolgten. Freiburg im Breisgau.
Becker, David (2005): Auswirkungen organisierter Gewalt. Trauma(arbeit) zwischen individuellen und gesamtgesellschaftlichen Prozessen. In: medico international e.V. (Hrsg.): Im Inneren der Globalisierung. Psychosoziale Arbeit in Gewaltkontexten. medico-Report 26. Frankfurt, S. 148–161.
Beinart, William (2001): Twentieth-Century South Africa. Oxford.
Beland, Hermann (2000): »Ich weiß es ganz genau, aber keiner glaubt mir«. Die Beschreibung von Abwehrprozessen in einem Analysetraum. In: Körner, Jürgen und Krutzenbichler, Sebastian (Hrsg.): Der Traum in der Psychoanalyse. Göttingen, S. 102–113.
Bell, Terry (2003): Unfinished Business. South Africa, Apartheid and Truth. Unter Mitarbeit von Dumisa Buhle Ntsebeza. London, New York.
Benz, Andreas (1988): Möglichkeiten des psychoanalytischen Erstinterviews. In: Psyche. Zeitschrift für Psychoanalyse und ihre Anwendungen, 42. Jg., Heft 7, S. 577–601.
Beristan, Carlos, Valdoseda, Maite und Paez, Dario (1996): Coping with Fear and Loss at an Individual and Collective Level. Political Repression in Guatemalan Indigenous Communities. In: Perren-Klingler, Gisela (Hrsg.): Trauma. From Individual Helplessness to Goup Resources. Bern, Stuttgart, Wien, 43–70.
Bertaux, Daniel und Bertaux-Wiame, Isabelle (1980): Autobiographische Erinnerungen und kollektives Gedächtnis. In: Niethammer, Lutz (Hrsg.) (1980): Lebenserfahrung und kollektives Gedächtnis. Die Praxis der Oral History. Frankfurt am Main, S. 108–122.
Billig, Michael (1990): Collective Memory, Ideology and the British Royal Family. In: Middleton, David und Edwards, Derek (Hrsg.): Collective Remembering. London, 60–80.
Billig, M., Condor, S., Edwards, D., Gane, M., Middleton, D., Radley, A.(1988): Ideological Dilemmas. A Social Psychology of Everyday Thinking. London.
Bion, Wilfred R. (1974): Erfahrungen in Gruppen und andere Schriften. Stuttgart.

Bion, Wilfred R. (1990): Lernen durch Erfahrung. Frankfurt am Main.
Bliesener, Thomas (1980): Erzählen unerwünscht. Erzählversuche von Patienten in der Visite. In: Ehlich, Klaus (Hrsg.): Erzählen im Alltag. Frankfurt am Main,. S. 143–178.
Bloom, Len (1996): The emotional damage of apartheid: a psycho-analytic view. In: Psycho-analytic Psychotherapy in South Africa, 4 (2), 55–71.
Bloom, Len (2000): After the war is over, truth and reconciliation?: Impressions and reflections. In: Psychology in Society, 26, Special Issue: The South African Truth and Reconciliation Commission, 43–52.
Bloom, Sandra (1997): Creating Sanctuary. New York.
Blommaert, Jan, Bock, Mary und McCormick, Kay (2006): Narrative inequality in the TRC hearings: On the hearability of hidden transcripts. In: Anthonissen, Christine und Blommaert, Jan (Hrsg.): Critical Linguistic Perspectives on Coping with Traumatic Pasts. London, 37–70.
Bodibe, Cecil R. (1992): Traditional healing and Western therapeutic approaches – adversaries or reluctant neighbours? In: From Diversity to Healing. Papers from the 5th Biennal International Conference of the South African Institute of Marital and Family Therapy. Durban, 90–99.
Bohleber, Werner (1997): Trauma, Identifizierung und historischer Kontext. Über die Notwendigkeit, die NS-Vergangenheit in den psychoanalytischen Deutungsprozeß einzubeziehen. In: Psyche. Zeitschrift für Psychoanalyse und ihre Anwendungen, 51. Jg., Heft 9/10, S. 958–995.
Bohleber, Werner (1998): Täterschaft und Verleugnung. Über Tabus und Tradierung zwischen den Generationen. In: Wirth-Haland, Trin, Spangenberg, Norbert und Wirth, Hans-Jürgen (Hrsg.): Unbequem und engagiert. Horst-Eberhard Richter zum 75. Geburtstag. Gießen, S. 28–42.
Bohleber, Werner (2001): Trauma, Trauer und Geschichte. In: Leuzinger-Bohleber, Marianne und Schmied-Kowarzik, Wolfdietrich (Hrsg.): »Gedenk und vergiß – im Abschaum der Geschichte…«. Trauma und Erinnern. Hans Keilson zu Ehren. Tübingen, S. 49–64.
Boraine, Alex (2000): A Country Unmasked. Cape Town.
Boraine, Alex, Levy, Janet und Scheffer, Ronel (1997): Dealing with the Past. Truth and Reconciliation in South Africa. 2. Auflage. Cape Town.
Botman, Russel und Petersen, Robin (1996): To Remember and to Heal. Theological and Psychological Reflections on Truth and Reconciliation. Cape Town.
Bude, Heinz (1987): Deutsche Karrieren. Lebenskonstruktionen sozialer Aufsteiger aus der Flakhelfer-Generation. Frankfurt am Main.
Burger, Jörg (2004): Freund und Mörder. In: DIE ZEIT. Wochenzeitschrift, Ausgabe vom 7.4.04, Nr. 16, S. 59.
Burke, Peter (1991): Geschichte als soziales Gedächtnis. In: Assmann, Aleida und Harth, Dietrich (Hrsg.): Mnemosyne. Formen und Funktionen der kulturellen Erinnerung. Frankfurt am Main, S. 289–304.
Busch, Hans-Joachim (2001): Gibt es ein gesellschaftliches Unbewußtes? In: Psyche. Zeitschrift für Psychoanalyse und ihre Anwendungen, 55. Jg., Heft 4, S. 392–420.
Busse, Stefan (1991): Täter, Opfer, Helden – Perspektiven von Schuld. In: Forum Kritische Psychologie, Heft 27, S. 48–68.
Buur, Lars (2000a): Negotiating Ambivalence. In: Perspectives. Studies in Translatology, 8 (3), 169–186.

Buur, Lars (2000b): Institutionalising Truth: Victims, perpetrators and professionals in the everyday work of the South African Truth an Reconciliation Commission. Unveröffentlichtes Manuskript einer Ph.D. Dissertation, Department of Ethnography and Social Anthropology, Aarhus University, Dänemark.

Buur, Lars (2000c): Exchange relations. Working paper am Center for Development Research, Copenhagen. Unveröffentlichtes Manuskript.

Buur, Lars (2001): The South African Truth and Reconciliation Commission – a technique of nation state formation. In: Blom Hansen, Thomas und Stepputat, Finn (Hrsg.): States of Imagination. Durham und London, 149–181.

Buur, Lars (2002): Monumental Historical Memory: Managing Truth in the Everyday Work of the South African Truth and Reconciliation Commission. In: Posel, Deborah und Simpson, Graeme (Hrsg.): Commissioning the Past: Understanding South Africa's Truth and Reconciliation Commission. Johannesburg, 66–93.

Cassell's German & English Dictionary (1957): hrsg. von Harold T. Betteridge. London.

Cassin, Barbara (2004): Amnestie und Vergebung. Für eine Trennung von Ethik und Politik. In: Pfetsch, Frank R. (Hrsg.): Konflikt. Heidelberger Jahrbücher, Band 48. Berlin, Heidelberg, New York, S. 129–148.

Cherry, Janet, Daniel, John und Fullard, Madeleine (2002): Researching the »Truth«: A View from Inside the Truth and Reconciliation Commission. In: Posel, Deborah und Simpson, Graeme (Hrsg.): Commissioning the Past: Understanding South Africa's Truth and Reconciliation Commission. Johannesburg, 17–36.

Christie, Kenneth (2000): The South African Truth Commission. London.

Centre for the Study of Violence and Reconciliation (2005): Annual Review 2004. Johannesburg.

Centre for the Study of Violence and Reconciliation and The Khulumani Support Group (1998): Survivors' Perceptions of the Truth and Reconciliation Commission and Suggestions for the Final Report. Report based on eleven reconciliation and rehabilitation workshops undertaken by the Centre for the Study of Violence and Reconciliation between 7 August 1997 and 1 February 1998. http://www.csvr.org.za/pubslist/pubstrc.htm (18.2.2000)

Centre for the Study of Violence and Reconciliation und The Storyteller Group (o.J.): Truth and Reconciliation. An Introduction to the Truth and Reconciliation Commission. Johannesburg.

Connerton, Paul (1989): How societies remember. Cambridge.

Crapanzano, Vincent (1985): Waiting. The Whites of South Africa. London.

Crawford, Steve (1998): Lies, Damned Lies and Statistics. Results of the Unofficial TRC Survey, 4th August 1998. http://www.truth.org.za/reading/lies.htm (9.12.1998)

Cullberg Weston, Marta (1997): When Words Lose Their Meaning: From Societal Crisis to Ethnic Cleansing. In: Mind and Human Interaction, 8 (1), 20–32.

Curle, Adam (1995): Another Way. Positive response to contemporary violence. Oxford.

Demirovic, Alex (1992): Vom Vorurteil zum Neorassismus. Das Objekt »Rassismus« in Ideologiekritik und Ideologietheorie. In: Institut für Sozialforschung (Hrsg.): Aspekte der Fremdenfeindlichkeit. Frankfurt am Main, New York, S. 32–43.

de Ridder, Trudy (1997): The Trauma of Testifying. Deponents' difficult healing process. In: Track Two. Constructive Approaches to Community and Political Conflict, 6 (3–4), 30–33.

Devereux, Georges (1984): Angst und Methode in den Verhaltenswissenschaften. Frankfurt am Main.
Diekmann, Irene und Schoeps, Julius H. (Hrsg.) (2002): Das Wilkomirski-Syndrom. Eingebildete Erinnerungen oder Von der Sehnsucht, Opfer zu sein. Zürich.
Diner, Dan (1987): Ist der Nationalsozialismus Geschichte? Zu Historisierung und Historikerstreit. Frankfurt am Main.
Diner, Dan (Hrsg.) (1988): Zivilisationsbruch: Denken nach Auschwitz. Frankfurt am Main.
Diner, Dan (1995): Kreisläufe. Nationalsozialismus und Gedächtnis. Berlin.
Dörner, Andreas (1995): Politischer Mythos und symbolische Politik. Sinnstiftung durch symbolische Formen. Opladen.
Drews, Sibylle (2000): Zum »Szenischen Verstehen« in der Psychoanalyse. H. Argelander zum 80. Geburtstag. Frankfurt am Main.
Duckitt, John und Mphuting, Thobi (1998): Political Power and Race Relations in South Africa: African Attitudes Before and After the Transition. In: Political Psychology, 19 (4), 809–832.
Dudek, Peter (1992): »Vergangenheitsbewältigung«. Zur Problematik eines umstrittenen Begriffs. In: Aus Politik und Zeitgeschichte, Beilage zur Wochenzeitung »Das Parlament«, Heft 1–2, S. 44–53.Duden (2003): Deutsches Universalwörterbuch. 5., überarbeitete Auflage. Mannheim, Leipzig, Wien, Zürich.
Duras, Marguerite (1998): Der Schmerz. München.
Durkheim, Emile [1912]/(1982): Die elementaren Formen des religiösen Lebens. Frankfurt am Main.
Durrheim, Kevin (1997): Peace talk and violence: an analysis of the power of ›peace‹. In: Levett, Ann, Kottler, Amanda, Burman, Erica und Parker, Ian (Hrsg.): Culture, Power and Difference. Discourse Analysis in South Africa. London, Cape Town, 31–43.

Echebarria Echabe, Augustin und Castro, Jose Luis G. (1995): Soziales Gedächtnis – makropsychologische Aspekte. In: Flick, Uwe (Hrsg.): Psychologie des Sozialen. Repräsentationen in Wissen und Sprache. Hamburg, S. 119–139.
Ehlert, Martin und Lorke, Beate (1988): Zur Psychodynamik der traumatischen Reaktion. In: Psyche. Zeitschrift für Psychoanalyse und ihre Anwendungen. 42. Jahrgang, Heft 6, S. 502–532.Ehlich, Konrad (Hrsg.) (1980): Erzählen im Alltag. Frankfurt am Main.
Eisenmann, Barbara (1995): Erzählen in der Therapie. Eine Untersuchung aus handlungstheoretischer und psychoanalytischer Perspektive. Opladen.
Erdheim, Mario (1984): Die gesellschaftliche Produktion von Unbewußtheit. Eine Einführung in den ethnopsychoanalytischen Prozeß. Frankfurt am Main.
Erdheim, Mario (1988): Die Psychoanalyse und das Unbewußte in der Kultur. Aufsätze 1980–1987. Frankfurt am Main.
Ernest, Carnita (2004): A quest for truth and justice: Reflections on the amnesty process of the Truth and Reconciliation Commission of South Africa. Paper presented at the Conference »Ten Years of Democracy in Southern Africa«, University of South Africa, Pretoria, 23–25 August 2004. Unveröffentlichtes Manuskript am Centre for the Study of Violence and Reconciliation (csvr), Johannesburg.
Errante, Antoinette (1999): Peace Work as Grief Work in Mozambique and South Africa: Postconflict Communities as Context for Child and Youth Socialization. In: Peace and Conflict: Journal for Peace Psychology, 5 (3), 261–279.

Fairclough, Norman (1989): Language and Power. London.
Fanon, Frantz (1981): Die Verdammten dieser Erde. Frankfurt am Main.
Felman, Shoshana und Laub, Dori (1992): Testimony: Crises of Witnessing in Literature, Psychoanalysis and History. New York.
Fenichel, Otto (1952): Psychoanalyse und Gesellschaft. Aufsätze. Frankfurt am Main.
Final Report (1998): siehe Truth and Reconciliation Commission (1998).
Final Report (2003): siehe Truth and Reconciliation Commission (2003).
Fischer, Gottfried und Riedesser, Peter (1998): Lehrbuch der Psychotraumatologie. München, Basel.
Fischer Weltalmanach 2006 (2005): Zahlen, Daten, Fakten. Frankfurt am Main.
Flader, Dieter und Gieseke, Michael (1980): Erzählen im psychoanalytischen Erstinterview – eine Fallstudie. In: Ehlich, Konrad (Hrsg.): Erzählen im Alltag. Frankfurt am Main, S. 209–262.
Flader, Dieter und Schröter, Klaus (1982): Interaktionsanalytische Ansätze der Therapiegesprächsforschung. In: Flader, Dieter, Grodzicki, Wolf-Dietrich und Schröter, Klaus: Psychoanalyse als Gespräch. Interaktionsanalytische Untersuchungen über Therapie und Supervision. Frankfurt am Main, S. 7–40.
Flader, Dieter, Grodzicki, Wolf-Dietrich und Schröter, Klaus (1982). Psychoanalyse als Gespräch. Interaktionsanalytische Untersuchungen über Therapie und Supervision. Frankfurt am Main.
Flick, Uwe (Hrsg.) (1995a): Psychologie des Sozialen. Repräsentationen in Wissen und Sprache. Reinbek bei Hamburg.
Flick, Uwe (1995b): Qualitative Forschung. Theorie, Methoden, Anwendung in Psychologie und Sozialwissenschaften. Reinbek bei Hamburg.
Foster, Don, Haupt, Paul und de Beer, Maresa (2005): The Theatre of Violence. Narratives of Protagonists in the South African Conflict. Oxford.
Foucault, Michel (1974): Von der Subversion des Wissens. München.
Foulkes, S.H. (1977): Probleme der großen Gruppe vom gruppenanalytischen Standpunkt aus. Hrsg. von L. Kreeger. Stuttgart.
Fourie, Ginn (2000): A personal encounter with perpetrators. In: Villa-Vicencio, Charles und Verwoerd, Wilhelm (Hrsg.): Looking back, reaching forward: reflections on the Truth and Reconciliation Commission of South Africa. Cape Town, 230–238.
Frei, Norbert (1999): Vergangenheitspolitik. Die Anfänge der Bundesrepublik und die NS-Vergangenheit. München.
Freud, Sigmund [1910]/(1969): Eine Kindheitserinnerung des Leonardo da Vinci. In: (ders.) Studienausgabe, Band 10: Bildende Kunst und Literatur. Frankfurt am Main, S. 87–159.
Freud, Sigmund [1912–1913]/(1974): Totem und Tabu. In: (ders.) Studienausgabe, Band 9: Fragen der Gesellschaft / Ursprünge der Religion. Frankfurt am Main, S. 287–444.
Freud, Sigmund [1914]/(1975): Erinnern, Wiederholen, Durcharbeiten (Weitere Ratschläge zur Technik der Psychoanalyse II). In: (ders.) Studienausgabe, Ergänzungsband: Schriften zur Behandlungstechnik. Frankfurt am Main, S. 205–215.
Freud, Sigmund [1921]/(1974): Massenpsychologie und Ich-Analyse. In: (ders.) Studienausgabe, Band 9: Fragen der Gesellschaft / Ursprünge der Religion. Frankfurt am Main, S. 61–134.
Freud, Sigmund [1926]/(1975): Zur Frage der Laienanalyse. Unterredungen mit einem Unparteiischen. In: (ders.) Studienausgabe, Ergänzungsband: Schriften zur Behandlungstechnik. Frankfurt am Main, S. 271–341.

Fried, Erich (1990): Vielleicht. In: Es ist, was es ist. Berlin. S. 53.
Fromm, Erich (1990): Schriften aus dem Nachlaß. Herausgegeben von Rainer Funk. Weinheim, Basel.
Frost, Brian (1998): Struggling to Forgive. Nelson Mandela and South Africa's Search for Reconciliation. London.
Füchtner, Hans (1995): Unbewußtes Deutschland. Zur Psychoanalyse und Sozialpsychologie einer »Vereinigung«. Heidelberg.
Funder, Anna (2004): Stasiland. Hamburg.

Gajdukowa, Katharina (2004): Opfer-Täter-Gesprächskreise nach dem Ende der DDR. In: Aus Politik und Zeitgeschichte, Beilage zur Wochenzeitung »Das Parlament«, Heft B 41–42/2004, 4.10.2004, S. 23–27.
Galtung, Johan (1994): Und wenn nun ganze Völker die Patienten sind? Zur Pathologie des kollektiven Unterbewußtseins. In: Soziale Psychiatrie, Heft 3, S. 4–10.
Gandhi, Mahatma K. [1927]/(2003): An Autobiography or The story of my experiments with truth. Ahmedabad.
Gauck, Joachim (1991): Die Stasi-Akten. Das unheimliche Erbe der DDR. Reinbek bei Hamburg.
Gear, Sasha (2005): Trials of Transition. The case of ex-combatants. In: Davis, L. and Snyman, R. (Hrsg.): Victimology in South Africa. Pretoria, 271–279.
Gerwel, Jakes (2000): National reconciliation: holy grail or secular pact? In: Villa-Vicencio, Charles und Verwoerd, Wilhelm (Hrsg.): Looking back, reaching forward: reflections on the Truth and Reconciliation Commission of South Africa. Cape Town, 277–286.
Gibson, James L. und Macdonald, Helen (2001): Truth – Yes, Reconciliation – Maybe. South Africans Judge the Truth and Reconciliation Process. Cape Town.
Giordano, Ralph (1987): Die zweite Schuld oder von der Last Deutscher zu sein. Hamburg.
Gobodo-Madikizela, Pumla (2003): A human being died that night: a South African woman confronts the legacy of Apartheid. New York.
Gottschlich, Jürgen (1997): Versöhnung oder Recht? In: taz, die tageszeitung, Ausgabe vom 8.12.1997, S.10.
Government Gazette (1995): Hrsg. von der Republik Südafrika, (361), no.16579, Kapstadt, 26.7.1995.
Green, Ernest C. und Honwana, Alcinda (1999): Den Zorn der Götter besänftigen. Vom Wert traditioneller Heilung kriegstraumatisierter Kinder in Afrika. In: Afrika Süd, Heft 5, S. 30–32.
Grice, Howard P. (1993): Logik und Konversation. In: Meggle, Georg (Hrsg.): Handlung, Kommunikation, Bedeutung. Frankfurt am Main, S. 243–265.
Grill, Bartholomäus (1997): Mordet, zermanscht das Gehirn! Das Theater der Wahrheit und die Wahrheit des Theaters in Südafrika. Anmerkungen zu den Ritualen der Erinnerung. In: DIE ZEIT, Wochenzeitschrift, Ausgabe vom 7.11.97, S. 59.
Grill, Bartholomäus (2004): Klassenkampf statt Rassenkampf. Zehn Jahre nach dem Ende der Apartheid: Südafrika ist stabil, aber gespalten. In: DIE ZEIT, Wochenzeitschrift, Ausgabe vom 15.4.04, S. 6–7.
Grill, Bartholomäus (2005): Ach, Afrika. Berichte aus dem Inneren eines Kontinents. München.
Grubrich-Simitis, Ilse (1995): Vom Konkretismus zur Metaphorik. In: Bergmann,

Martin, Jucovy, Milton und Kestenberg, Judith (Hrsg.): Kinder der Opfer, Kinder der Täter. Psychoanalyse und Holocaust. Frankfurt am Main, S. 357–380.

Grünberg, Kurt (2000): Zur Tradierung des Traumas der nationalsozialistischen Judenvernichtung. In: Psyche. Zeitschrift für Psychoanalyse und ihre Anwendungen, 54. Jg., Heft 10, S. 1002–1037.

Grünberg, Kurt (2001): Vom Banalisieren des Traumas in Deutschland. Ein Bericht über die Tradierung des Traumas der nationalsozialistischen Judenvernichtung und über Strategien der Verleugnung und Rationalisierung der Shoah im Land der Täter. In: Grünberg, Kurt und Straub, Jürgen (Hrsg.): Unverlierbare Zeit. Psychosoziale Spätfolgen des Nationalsozialismus bei Nachkommen von Opfern und Tätern. Tübingen, S. 181–221.

Grunenberg, Antonia (2001): Die Lust an der Schuld. Von der Macht der Vergangenheit über die Gegenwart. Berlin.

Haas, Eberhard T. (2000): Opferritual und Behälter. Versuch der Rekonstruktion von Totem und Tabu. In: Psyche. Zeitschrift für Psychoanalyse und ihre Anwendungen. 54. Jg., Heft 11, S. 1110–1140.

Habermas, Jürgen (1986): Vom öffentlichen Gebrauch der Historie. In: DIE ZEIT, Wochenzeitschrift. Ausgabe vom 7. 11.86, S. 27.

Halbwachs, Maurice (1967): Das kollektive Gedächtnis. Stuttgart.

Halbwachs, Maurice (1985): Das Gedächtnis und seine sozialen Bedingungen. Frankfurt am Main.

Hamber, Brandon (1995): Do Sleeping Dogs Lie?: The psychological implications of the Truth and Reconciliation Commission in South Africa. Paper presented at the Centre for the Study of Violence and Reconciliation (CSVR), Seminar No 5, 26.7.1995. http://www.csvr.org.za/pubslist/pubstrc.htm (18.2.2000)

Hamber, Brandon (2005): Kann Wahrheit heilen? Das Modell Wahrheitskommission am Beispiel Südafrika. In: medico international e.V. (Hrsg.): Im Inneren der Globalisierung. Psychosoziale Arbeit in Gewaltkontexten. medico-Report 26. Frankfurt, S. 108–118.

Hamber, Brandon und Wilson, Richard (1999): Symbolic Closure through Memory, Reparation and Revenge in Post-Conflict Societies. Paper presented at the Traumatic Stress in South Africa Conference, hosted by the Centre for the Study of Violence and Reconciliation (csvr) in association with the African Society for Traumatic Stress Studies, Johannesburg, 27.–29.1.1999. http://www.csvr.org.za/pubslist/pubstrc.htm (21.1.2002)

Hamber, Brandon, Nageng, Dineo und O'Malley, Gabriel (2000): »Telling it like it is…«: Understanding the Truth and Reconciliation Commission from the perspective of survivors. In: Psychology in Society, no. 26, Special Issue: The South African Truth and Reconciliation Commission, 18–42.

Hamber, Brandon, Friedman Maggie, Maepa, Traggy und Mosikare, Ntombi (2001): Das Wort ergreifen. Die Geschichte der Khulumani Support Groups im Kampf um Versöhnung, Wahrheit und Gerechtigkeit in Südafrika. In: medico international (Hrsg.): Die Gewalt überleben. Psychosoziale Arbeit im Kontext von Krieg, Diktatur und Armut. medico Report 23. Frankfurt am Main, S. 45–53.

Hampe, Michael und Lotter, Maria-Sibylla (Hrsg.) (2000): »Die Erfahrungen, die wir machen, sprechen gegen die Erfahrungen, die wir haben«. Über Formen der Erfahrung in den Wissenschaften. Berlin.

Hardtmann, Gertrud (Hrsg.) (1992): Spuren der Verfolgung. Seelische Auswirkungen des Holocaust auf die Opfer und ihre Kinder. Gerlingen.
Harker, Joseph (Hrsg.) (1994): The Legacy of Apartheid. London.
Harper, Eric und Ntsime, Patrick (2000): Playing Rugby with the Truth. In: Psychology in Society, (26), Special Issue: The South African Truth and Reconciliation Commission, 53–72.
Harre, Rom (1995): Zur Epistemologie sozialer Repräsentationen. In: Flick, Uwe (Hrsg.): Psychologie des Sozialen. Repräsentationen in Wissen und Sprache. Reinbek bei Hamburg, S. 165–176.
Hassemer, Winfried und Reemtsma, Jan Philipp (2002): Verbrechensopfer. Gesetz und Gerechtigkeit. München.
Hayner, Priscilla B. (1994): Fifteen Truth Commissions – 1974 to 1994. A Comparative Study. In: Human Rights Quarterly, 16, 597–655.
Hayner, Priscilla B. (2000a): Unspeakable Truths. Confronting State Terror and Atrocity. London.
Hayner, Priscilla B. (2000b): Same species, different animal: how South Africa compares to truth commissions worldwide. In: Villa-Vicencio, Charles und Verwoerd, Wilhelm (Hrsg.): Looking back, reaching forward: reflections on the Truth and Reconciliation Commission of South Africa. Cape Town, 32–41.
Heenen-Wolff, Susann (1989): Offene Fragen zur Psychoanalyse des Nationalsozialismus und seiner Nachwirkungen. In: Psychosozial 12.Jg., Heft 38, Schwerpunktthema Familientherapie an den Grenzen, S. 81–89.
Heer, Hannes (1998): Landschaft mit Kratern. Was Wehrmachtssoldaten erinnern. In: Zeitschrift für Politische Psychologie, Sonderausgabe »Sozialisation und Identitäten – Politische Kultur im Umbruch?« 20. Workshop-Kongreß Politische Psychologie, 15.–18. Oktober 1998, Universität Hamburg, Kurzfassungen der Tagungsbeiträge, S. 22–23.
Heer, Hannes (2004): Vom Verschwinden der Täter. Der Vernichtungskrieg fand statt, aber keiner war dabei. Berlin.
Heim, Robert (1989): Das Subjekt im Text. Zur Methodologie psychoanalytischer Sozialforschung. In: Psychoanalytisches Seminar Zürich (Hrsg.): Die Gesellschaft auf der Couch. Psychoanalyse als sozial-wissenschaftliche Methode. Frankfurt am Main, S. 167–213.
Heimannsberg, Barbara (1992): Kollektive Erinnerungsarbeit und nationale Identität. In: Heimannsberg, Barbara und Schmidt, Christoph J. (Hrsg): Das kollektive Schweigen. Nationalsozialistische Vergangenheit und gebrochene Identität in der Psychotherapie. Köln, S. 17–24.
Heitmann, Vivian (1999): Unverbindliche Welten? Die sozialen Repräsentationen der deutschen Vereinigung bei Mitarbeitern von psychiatrischen und psychosozialen Versorgungseinrichtungen, psychisch Kranken und deren Angehörigen in einem Ostberliner Stadtbezirk. Tübingen.
Henri, Yazir und Merk, Usche (2002): Touren durch Kapstadt. Auf der Suche nach der verlorenen Zeit. Interview mit Yazir Henri, Leiter des Direct Action Centre for Peace and Memory. In: Rundschreiben medico international, Heft 4, S. 22–24.
Henri, Yazir und Grunebaum, Heidi (2005): Jenseits der Regenbogennation. Reflektionen über Gewalt und Erinnerung im heutigen Kapstadt. In: medico international e.V. (Hrsg.): Im Inneren der Globalisierung. Psychosoziale Arbeit in Gewaltkontexten. medico-Report 26. Frankfurt, S. 82–91.

Henry, Yazir (2000): Where healing begins. In: Villa-Vicencio, Charles und Verwoerd, Wilhelm (Hrsg.): Looking back, reaching forward: reflections on the Truth and Reconciliation Commission of South Africa. Cape Town, 166–173.

Herbst, Patricia K. (1992) :From Helpless Victim to Empowered Survivor: Oral History as a Treatment for Survivors of Torture. In: Cole, Ellen, Espiu, Olivia und Rothblum, Esther (Hrsg.): Refugee Women and their Mental Health. Shattered Societies, Shattered Lives. New York, London, 141–154.

Herman, Judith (1993): Die Narben der Gewalt. Traumatische Erfahrungen verstehen und überwinden. München.

Herman, Judith (1997): Trauma and Recovery. The aftermath of violence – from domestic abuse to political terror. New York.

Hettling, Manfred (1998): Totenkult statt Revolution. 1848 und seine Opfer. Frankfurt am Main.

Hirsch, Mathias (1997): Schuld und Schuldgefühl. Zur Psychoanalyse von Trauma und Introjekt. Göttingen.

Hirsch, Mathias (2004): Psychoanalytische Traumatologie – Das Trauma in der Familie. Psychoanalytische Theorie und Therapie schwerer Persönlichkeitsstörungen. Stuttgart.

Hoffmann, Ludger (1980): Zur Pragmatik von Erzählformen vor Gericht. In: Ehlich, Konrad (Hrsg.): Erzählen im Alltag. Frankfurt am Main, S. 28–63.

Holland, Heidi (1990): ANC – Nelson Mandela und die Geschichte des African National Congress. Braunschweig.

Holzkamp, Klaus (1990): Wer hat Schuld? – Formen defensiver Konfliktbewältigung. Unveröffentlichtes Vortragsmanuskript, Kongreß ‚Friedenspsychologie', Konstanz, 29.6.–1.7.1990.

Honneth, Axel (1994): Kampf um Anerkennung: zur moralischen Grammatik sozialer Konflikte. Frankfurt am Main.

Honwana, Alcinda (1999): The Collective Body. Challenging western concepts of trauma and healing. In: Track Two. Constructive Approaches to Community and Political Conflict, 8 (1). http://ccrweb.ccr.uct.ac.za/two/8_1/p30_collective_body.html.(20.11.2001)

Horch und Guck (2001): Historisch-literarische Zeitschrift des Bürgerkomitees »15. Januar« e.V.; Heft 33: Wahrheits- und Versöhnungskommissionen / Vergangenheitsaufarbeitung in Russland und Osteuropa. 10. Jahrgang.

Hughes-Freeland, Felicia (Hrsg.) (1998): Ritual, Performance, Media. ASA Monographs 35. London, New York.

Imber-Black, Evan, Roberts, Janine und Whiting, Richard (Hrsg.) (1995): Rituale. Rituale in Familien und Familientherapie. 2. Auflage. Heidelberg.

Ignatieff, Michael (1996): Die Demokratie der Toten. In: taz, die tageszeitung, Beilage »Index on Censorship«, 25.9.1996, S. 17–19.

Janoff-Bulman, Ronnie (1985): The Aftermath of Victimization: Rebuilding Shattered Assumptions. In: Figley, Charles R. (Hrsg.): Trauma and Its Wake: The Study and Treatment of PTSD. New York, 15–35.

Jaspers, Karl [1946]/(1996): Die Schuldfrage. Von der politischen Haftung Deutschlands. München.

Kaufhold, Roland (1994): Ein Gespräch mit David Becker. In: psychosozial, 17. Jg., Heft IV (Nr. 58), S. 123–129.

Keller, Barbara (1996): Rekonstruktion von Vergangenheit. Vom Umgang der »Kriegsgeneration« mit Lebenserinnerungen. Opladen.
Khulumani Support Group (2005): Gegen die Profiteure der Gewalt. Der Kampf um Entschädigung in Südafrika. In: medico international e.V. (Hrsg.): Im Inneren der Globalisierung. Psychosoziale Arbeit in Gewaltkontexten. medico-Report 26. Frankfurt, S. 140–145.
Kielmannsegg, Peter Graf (1989): Lange Schatten. Vom Umgang der Deutschen mit der nationalsozialistischen Vergangenheit. Berlin.
Kjeldgard, Pernille und Nexo Andersen, Eva (1999): The South African Truth and Reconciliation Commission – a Tragedy of True Lies and Video-tapes. Unveröffentlichtes Manuskript einer Abschlussarbeit für Danish Masters Degree in International Development Studies, Roskilde Universität, Dänemark.
Klein, Stefan (2005): Richten an den Schädelstätten. Die Genozid-Tribunale Ruandas in der Zwickmühle. In: Süddeutsche Zeitung, Ausgabe vom 14.5.2005, S. 3.
Kneifel, Theo (2000): Nachwort zur deutschen Ausgabe. Durch Wahrheit und Entschädigung zur Versöhnung. In: Wahrheits- und Versöhnungskommission Südafrika: Das Schweigen gebrochen. »Out of the Shadows«. Geschichte – Anhörungen – Perspektiven. Frankfurt am Main, S. 360–373.
Knigge, Volkhard (2000): Interview zum Shoah-Foundation-Film »Die letzten Tage«. In: taz, die tageszeitung, Ausgabe vom 23.3.2000, S. 11.
Kodalle, Klaus-Michael (2004): Die Geste des Verzeihens kann unerträglich sein. Interview mit Klaus-Michael Kodalle. In: taz, die tageszeitung, Ausgabe vom 30.6.04, S. 12.
Kölsch, Julia (2000): Politik und Gedächtnis. Zur Soziologie funktionaler Kultivierung von Erinnerung. Wiesbaden.
König, Hans-Dieter (2003): Psychoanalyse jenseits der Couch. Alfred Lorenzers Methode psychoanalytischer Kulturforschung. In: Gerlach, Alf, Schlösser, Anne-Marie und Springer, Anne (Hrsg.): Psychoanalyse mit und ohne Couch. Haltung und Methode. Gießen, S. 334–359.
König, Helmut (1998): Von der Diktatur zur Demokratie oder Was ist Vergangenheitsbewältigung. In: König, Helmut, Kohlstruck, Michael und Wöll, Andreas (Hrsg.): Vergangenheitsbewältigung am Ende des zwanzigsten Jahrhunderts. Leviathan – Zeitschrift für Sozialwissenschaft, Sonderheft 18. Opladen, Wiesbaden, S. 371–392.
König, Helmut (2003): Die Zukunft der Vergangenheit. Der Nationalsozialismus im politischen Bewusstsein der Bundesrepublik. Frankfurt am Main.
König, Helmut, Kohlstruck, Michael und Wöll, Andreas (Hrsg.) (1998): Vergangenheitsbewältigung am Ende des zwanzigsten Jahrhunderts. Leviathan – Zeitschrift für Sozialwissenschaft, Sonderheft 18. Opladen, Wiesbaden.
Kohen, Cecilia (1995): Politische Traumata, Unterdrückung und Rituale. In: Imber-Black, Evan, Roberts, Janine und Whiting, Richard (Hrsg.): Rituale. Rituale in Familien und Familientherapie. 2. Auflage. Heidelberg, S. 398–423.
Kramer, Helgard (Hrsg.) (*im Druck*): NS-Täter aus interdisziplinärer Perspektive. München.
Krog, Antjie (1998): Country of my skull. Johannesburg.
Krog, Antjie (2004): Dem Himmel ins Herz geschaut. Südafrikas Versöhnung passt für den Westen nicht. In: Le monde diplomatique, deutsche Ausgabe, November 2004, S. 4–5.
Kutter, Peter (1990): Das direkte und indirekte Spiegelphänomen. In: Pühl, Harald

(Hrsg.): Handbuch der Supervision. Beratung und Reflexion in Ausbildung, Beruf und Organisation. Berlin, S. 291–301.

Kutz, Florian (2001): Amnestie für politische Straftäter in Südafrika. Von der Sharpeville-Amnestie bis zu den Verfahren der Wahrheits- und Versöhnungskommission. Berlin.

Landman, Janet (1993): Regret. The Persistence of the Possible. New York.

Laplanche, J. und Pontalis, J.-B. (1973): Das Vokabular der Psychoanalyse. Frankfurt am Main.

Laub, Dori und Weine, Stevan M. (1994): Die Suche nach der historischen Wahrheit: Psychotherapeutische Arbeit mit bosnischen Flüchtlingen. Aus: Psyche. Zeitschrift für Psychoanalyse und ihre Anwendungen, 48.Jg., Heft 12, S. 1101–1122.

Lazar, Ross Allen (1990): Supervision ist unmöglich: Bions Modell des »Container und Contained«. In: Pühl, Harald (Hrsg.): Handbuch der Supervision. Beratung und Reflexion in Ausbildung, Beruf und Organisation. Berlin, S. 371–394.

Lederach, John Paul (1999): Building Peace: Sustainable Reconciliation in Divided Society. New York.

Leggewie, Claus und Meyer, Erik (2005): »Ein Ort an den man gerne geht«. Das Holocaust-Mahnmal und die deutsche Geschichtspolitik nach 1989. München.

Leuzinger-Bohleber, Marianne (1996): Einleitung. In: Leuzinger-Bohleber, Marianne und Zwiebel, Ralf (Hrsg.): Psychoanalyse heute. Klinische und kulturtheoretische Perspektiven. Opladen, S. 9–29.

Leuzinger-Bohleber, Marianne (1997): Psychoanalytische Katamneseforschung und die »Wissenschaft zwischen den Wissenschaften«. In: Leuzinger-Bohleber, Marianne und Stuhr, Ulrich (Hrsg.): Psychoanalysen im Rückblick: Methoden, Ergebnisse und Perspektiven der neueren Katamneseforschung. Giessen, S. 125–163.

Leuzinger-Bohleber, Marianne (2003): Transgenerative Weitergabe von Traumatisierungen. Einige Beobachtungen aus einer repräsentativen Katamnesestudie. In: Leuzinger-Bohleber, Marianne und Zwiebel, Ralf (Hrsg.): Trauma, Beziehung und soziale Realität. Tübingen, S. 107–135.

Leuzinger-Bohleber, Marianne, Rüger, Bernhard, Stuhr, Ulrich und Beutel, Manfred (2002): »Forschen und Heilen« in der Psychoanalyse. Ergebnisse und Berichte aus Forschung und Praxis. Stuttgart.

Leuzinger-Bohleber, Marianne und Bürgin, Dieter (2003): Generelle Einleitung. In: Leuzinger-Bohleber, Marianne, Deserno, Heinrich und Hau, Stefan (Hrsg.): Psychoanalyse als Profession und Wissenschaft. Stuttgart, S. 3–14.

Leuzinger-Bohleber, Marianne, Hau, Stefan und Deserno, Heinrich (Hrsg.) (2005): Depression – Pluralismus in Praxis und Forschung. Göttingen.

Levold, Tom, Wedekind, Erhard und Georgi, Hans (1993): Systemdynamik und therapeutische Perspektiven. In: Familiendynamik. Interdisziplinäre Zeitschrift für systemorientierte Forschung und Praxis, 18. Jg., Heft 3 »Gewalt in Familien, Gewalt gegen Familien«, S. 287–311.

Lifschitz, S. (1989): The story of the cave or finding ways to create therapeutic contexts with black clients. In: Mason, J. und Rubinstein, J. (Hrsg.): Family therapy in South Africa today. Durban.

Lifton, Robert Jay (1988): Ärzte im Dritten Reich. Stuttgart.

Limbach, Jutta (2001): Kann eine öffentliche Verarbeitung der Vergangenheit zur Stabilisierung der Demokratie beitragen? In: Alexander, Neville, Limbach, Jutta und

Gauck, Joachim: Wahrheitspolitik in Deutschland und Südafrika. Drei Pfade zur Aufarbeitung der Vergangenheit. Hannover, S. 77–94.
Lindqvist, Sven (1999): Durch das Herz der Finsternis. Ein Afrika-Reisender auf den Spuren des europäischen Völkermords. Frankfurt, New York.
Lockot, Regine (1985): Erinnern und Durcharbeiten. Zur Geschichte der Psychoanalyse und Psychotherapie im Nationalsozialismus. Frankfurt am Main.
Lorenzer, Alfred (1970): Sprachzerstörung und Rekonstruktion. Frankfurt am Main.

Marais, Hein (2001): South Africa: Limits to Change. The Political Economy of Transition. 2. Auflage. London, New York, Cape Town.
Malan, Rian (1998): Krisen weisen auf das Scheitern der Regenbogen-Nation hin. In: medico international e.V. (Hrsg.): Der Preis der Versöhnung: Südafrikas Auseinandersetzung mit der Wahrheitskommission. Frankfurt am Main, S. 47–51.
Mamdani, Mahmood (1998): Die Kommission und die Wahrheit. In: medico international e.V. (Hrsg.): Der Preis der Versöhnung: Südafrikas Auseinandersetzung mit der Wahrheitskommission. Frankfurt am Main, S. 17–22.
Mamdani, Mahmood (2000): A Diminished Truth. In: Wilmot, James und Van de Vijver, Linda (Hrsg.): After the Truth and Reconciliation Commision – Reflections on Truth and Reconciliation in South Africa. Cape Town, 60–63.
Mandela, Nelson (1994a): Der lange Weg zur Freiheit. Autobiographie. Frankfurt am Main.
Mandela, Nelson (1994b): Long Walk to Freedom. The Autobiography of Nelson Mandela. London.
Margalit, Avishai (1997): Politik der Würde. Über Achtung und Verachtung. Berlin.
Matshoba, Mtutuzeli (2002): Nothing But the Truth: The Ordeal of Duma Khumalo. In: Posel, Deborah und Simpson, Graeme (Hrsg.): Commissioning the Past: Understanding South Africa's Truth and Reconciliation Commission. Johannesburg, 131–144.
Mayring, Philipp (1990) :Einführung in die qualitative Sozialforschung. Eine Anleitung zu qualitativem Denken. München.
Mda, Zakes (2003): The role of culture in the process of reconciliation in South Africa. http://www.csvr.org.za/papers/papmda.htm (7.9.2003)
medico international rundschreiben (1997): Eine Wahrheitskommission in äußerster Position in Afrika in Kapstadt. Visite in Südafrika. In: medico international Rundschreiben, Heft 3–4, S. 10–19.
Meintjes, Berenice und Nhlengetwa, Zandile (2005): Von Waffen und Musik. Konfliktbearbeitung und Friedensarbeit in KwaZulu-Natal, Südafrika. In: medico international e.V. (Hrsg.): Im Inneren der Globalisierung. Psychosoziale Arbeit in Gewaltkontexten. medico-Report 26. Frankfurt, S. 162–173.
Meiring, Piet (2000): The *baruti* versus the lawyers: the role of religion in the TRC process. In: Villa-Vicencio, Charles und Verwoerd, Wilhelm (Hrsg.): Looking back, reaching forward: reflections on the Truth and Reconciliation Commission of South Africa. Cape Town, 123–131.
Mentzos, Stavros (1996): Interpersonale und institutionalisierte Abwehr. Erweiterte Neuausgabe, 4. Auflage. Frankfurt am Main.
Mertus, Julie (1997): The War Crimes Tribunal: Triumph of the ›International Community‹, Pain of the Survivors. In: Mind and Human Interaction, 8 (1), 47–57.

Metraux, Alexandre (2001): Wessen Kränkung? Bemerkungen zum Thema des individuellen und kollektiven Traumas. In: Grünberg, Kurt und Straub, Jürgen (Hrsg.): Unverlierbare Zeit. Psychosoziale Spätfolgen des Nationalsozialismus bei Nachkommen von Opfern und Tätern. Tübingen, S. 327–342.

Middleton, David und Edwards, Derek (Hrsg.) (1990a): Collective Remembering. London.

Middleton, David und Edwards, Derek (1990b): Introduction. In: Middleton, David und Edwards, Derek (Hrsg.): Collective Remembering. London, 1–22.

Minkley, Gary und Rassool, Ciraj (1998): Orality, memory and social history in South Africa. In: Nuttall, Sarah und Coetzee, Carli (Hrsg.): Negotiating the Past: The making of memory in South Africa. Cape Town, 89–99.

Minow, Martha (1998): Between Vengeance and Justice: facing history after genocide and mass violence. Boston.

Mitscherlich, Alexander und Mitscherlich, Margarete (1967): Die Unfähigkeit zu trauern. Grundlagen kollektiven Verhaltens. München.

Mitscherlich, Margarete (1993): Erinnerungsarbeit. Zur Psychoanalyse der Unfähigkeit zu trauern. Frankfurt am Main.

Moosa, Ebrahim (2000): Truth and reconciliation as performance: spectres of Eucharistic redemption. In: Villa-Vicencio, Charles und Verwoerd, Wilhelm (Hrsg.): Looking back, reaching forward: reflections on the Truth and Reconciliation Commission of South Africa. Cape Town, 113–122.

Morrissette, Patrick und Naden, Michelle (1998): An Interactional View of Traumatic Stress Among First Nations Counselors. In: Journal of Family Psychotherapy, 9 (3), 43–61.

Moser, Tilmann (1992): Die Unfähigkeit zu trauern: Hält die Diagnose einer Überprüfung stand? Zur psychischen Verarbeitung des Holocaust in der Bundesrepublik. In: Psyche. Zeitschrift für Psychoanalyse und ihre Anwendungen, 46. Jg., Heft 5, S. 389–405.

Moser, Ulrich (1991): Vom Umgang mit Labyrinthen. Praxis und Forschung in der Psychoanalyse – eine Bilanz. In: Psyche. Zeitschrift für Psychoanalyse und ihre Anwendungen, 45. Jg., Heft 6, S. 315–335.

Mosikare, Ntombi (1998): ,Sie sollten nicht denken, dass jetzt alles in Ordnung ist!' Ein Interview. In: medico international e.V. (Hrsg.): Der Preis der Versöhnung: Südafrikas Auseinandersetzung mit der Wahrheitskommission. Frankfurt am Main,. S. 41–46.

Müller-Hohagen, Jürgen (1988): Verleugnet, verdrängt, verschwiegen. Die seelischen Auswirkungen der Nazizeit. München.

Müller-Hohagen, Jürgen (1998): Über blinde Stellen im Geschichtsbewußtsein. Forschungserfahrungen in einer psychotherapeutischen Perspektive. In: Rüsen, Jörn und Straub, Jürgen (Hrsg.): Die dunkle Spur der Vergangenheit. Psychoanalytische Zugänge zum Geschichtsbewußtsein. Erinnerung, Geschichte, Identität 2. Frankfurt am Main,. S. 307–329.

Muller, Ampie (1997): Facing our shadow side. Afrikaners must own their complicity. In: Track Two. Constructive Approaches to Community and Political Conflict, 6 (3–4), 16–18.

Murray, Jon, Everist, Richard und Williams, Jeff (1996): Südafrika. Berlin.

Nadig, Maya (1986): Die verborgene Kultur der Frau. Ethnopsychoanalytische Gespräche

mit Bäuerinnen in Mexico. Subjektivität und Gesellschaft im Alltag von Otomi-Frauen. Frankfurt am Main.
Namer, Gerard (1983): Batailles pour la memoire. Paris.
Nerlich, Volker (2002): Apartheidkriminalität vor Gericht. Der Beitrag der südafrikanischen Strafjustiz zur Aufarbeitung eines Unrechtregimes. Berlin.
Niethammer, Lutz (Hrsg.) (1980): Lebenserfahrung und kollektives Gedächtnis. Die Praxis der Oral History. Frankfurt am Main.
Nora, Pierre (2002): Gedächtniskonjunktur. In: Transit: Europäische Revue. Hrsg. am Institut für die Wissenschaften vom Menschen, Wien. Heft 22, S. 18–31.
North, Joanna (1988): The »ideal« of forgiveness: A philosophers's exploration. In: Enright, Richard und North, Joanna (Hrsg.): Exploring Forgiveness. Madison, 97–111.
Nwoye, Augustine (2000): Sources of Gain in African Grief Therapy (AGT). In: Journal of Family Psychotherapy, 11 (1), 59–72.
Nwoye, Augustine (2001): History of Family Therapy: The African Perspective. In: Journal of Family Psychotherapy, 12 (4), 61–77.
Nyezwa, Mxolisi (2004): regen am schwarzen morgen / viele dinge muß ich ernst nehmen. In: die horen – Zeitschrift für Literatur, Kunst und Kritik, 49. Jahrgang, Band 3, Ausgabe 215, S. 55 und 58.

Odendaal, Andries (1997): For All Its Flaws: The TRC as peacebuilding tool. In: Track Two. Constructive Approaches to Community and Political Conflict, 6 (3–4), 4–6.
Oevermann, Ulrich, Allert, Tilmann, Kronau, Elisabeth und Krambeck, Jürgen (1979): Die Methodologie einer ‚objektiven Hermeneutik' und ihre allgemeine forschungslogische Bedeutung in den Sozialwissenschaften. In: Soeffner, Hans-Georg (Hrsg.): Interpretative Verfahren in den Sozial- und Textwissenschaften. Stuttgart. S. 353–434.
Osterkamp, Ute (1991): Vergangenheitsbewältigung: Aber wie? In: Forum Kritische Psychologie, Heft 27, S. 78–84.
Oz, Amos (2004): »Du kannst die Vergangenheit ignorieren, aber die Vergangenheit ignoriert Dich nicht.« In: BRIGITTE viva!-Beiheft: Menschen. 50 Jahre Gegenwart. Heft 12/2004, S. 35.

Parin, Paul (1992): Der Widerspruch im Subjekt. Ethnopsychoanalytische Studien. Frankfurt am Main.
Parin, Paul und Parin-Matthey, Goldy (1983): Medicozentrismus in der Psychoanalyse. Eine notwendige Revision der Neurosenlehre und ihre Relevanz für die Theorie der Behandlungstechnik. In: Hoffmann, S.O. (Hrsg.): Deutung und Beziehung. Kritische Beiträge zur Behandlungskonzeption und -technik in der Psychoanalyse. Frankfurt am Main, S. 86–106.
Parin, Paul und Parin-Matthey, Goldy (2000): Subjekt im Widerspruch. Gießen.
Phakati, T. Sizwe und van der Merwe, Hugo (im Druck): The impact of the amnesty process on survivors of human rights violations. In: van der Merwe, Hugo and Chapman, Audrey (Hrsg.): Truth and Reconciliation: Has the TRC Delivered. Pennsylvania.
Pick, Thomas M. (2001): The Myth of the Trauma / The Trauma of the Myth: Myths as Mediators of Some Long-Term Effects of War Trauma. In: Peace and Conflict. Journal of Peace Psychology, 7 (3), 201–226.

Pigou, Piers (2002): False Promises and Wasted Opportunities? Inside South Africa's Truth and Reconciliation Commission. In: Posel, Deborah und Simpson, Graeme (Hrsg.): Commissioning the Past: Understanding South Africa's Truth and Reconciliation Commission. Johannesburg, 37–65.
Plumelle-Uribe, Rosa Amelia (2004): Weisse Barbarei. Vom Kolonialrassismus zur Rassenpolitik der Nazis. Zürich.
Posel, Deborah und Simpson, Graeme (Hrsg.) (2002): Commissioning the Past: Understanding South Africa's Truth and Reconciliation Commission. Johannesburg.
Potter, Jonathan und Wetherell, Margaret (1995): Soziale Repräsentationen, Diskursanalyse und Rassismus. In: Flick, Uwe (Hrsg.): Psychologie des Sozialen. Repräsentationen in Wissen und Sprache. Reinbek bei Hamburg, S. 177–199.
Psychoanalytisches Seminar Zürich (Hrsg.) (1989): Die Gesellschaft auf der Couch. Psychoanalyse als sozial-wissenschaftliche Methode. Frankfurt am Main.
Pühl, Harald (1988): Angst in Gruppen und Institutionen. Frankfurt am Main.

Quindeau, Ilka (1998): Extreme Traumatisierung und Erinnerung. Die lebensgeschichtliche Erzählung als intersubjektive Rekonstruktion. In: Schlösser, Anne-Marie und Höhfeld, Kurt (Hrsg.): Trauma und Konflikt. Gießen, S. 265–279.

Raguse, Hartmut (1990): Der quasi-abwesende Supervisand – Supervision als literarisches Verstehen. In: Pühl, Harald (Hrsg.): Handbuch der Supervision. Beratung und Reflexion in Ausbildung, Beruf und Organisation. Berlin, S. 407–411.
Raguse, Hartmut (1993) Psychoanalyse und biblische Interpretation. Eine Auseinandersetzung mit Eugen Drewermanns Auslegung der Johannes-Apokalypse. Stuttgart, Berlin, Köln.
Rauschenbach, Brigitte (Hrsg.) (1992a): Erinnern, Wiederholen, Durcharbeiten. Zur Psycho-Analyse deutscher Wenden. Berlin.
Rauschenbach, Brigitte (1992b): Erbschaft aus Vergessenheit – Zukunft aus Erinnerungsarbeit. In: Rauschenbach, Brigitte (Hrsg.): Erinnern, Wiederholen, Durcharbeiten. Zur Psycho-Analyse deutscher Wenden. Berlin, S.27–55.
Rehbein, Jochen (1980): Sequentielles Erzählen. Erzählstrukturen von Immigranten bei Sozialberatungen in England. In: Ehlich, Konrad (Hrsg.): Erzählen im Alltag. Frankfurt am Main, S. 64–108.
Reichel, Peter (1995): Politik mit der Erinnerung. Gedächtnisorte im Streit um die nationalsozialistische Vergangenheit. München, Wien.
Reik, Theodor [1948]/(1983): Hören mit dem dritten Ohr. Die innere Erfahrung eines Psychoanalytikers. Frankfurt am Main.
Rhoodie, N., de Kock, C. und Couper, M. (1985): White perceptions of socio-political change in South Africa. In: Van Vuuren, D. et al.: South Africa: A Plural Society in Transition. Durban, 303–334.
Richter, Horst-Eberhard (1992): Erinnerungsarbeit und Zukunftserwartungen der Deutschen. In: Hardtmann, Gertrud (Hrsg.): Spuren der Verfolgung. Seelische Auswirkungen des Holocaust auf die Opfer und ihre Kinder. Gerlingen, S. 227–241.
Richter, Horst-Eberhard (1993): Wer nicht leiden will, muß hassen. Zur Epidemie der Gewalt. Hamburg.
Robins, Steven (1998): Das Schweigen im Haus meines Vaters. Erinnerungen, Nationalismus und die Darstellungen des Körpers. In: medico international e.V. (Hrsg.): Der

Preis der Versöhnung: Südafrikas Auseinandersetzung mit der Wahrheitskommission. Frankfurt am Main, S. 78–88.
Rojas Baeza, Paz (2000): Das Trauma der Straflosigkeit. Die späten Folgen von Folter. In: taz, die tageszeitung, Ausgabe vom 11.9.00, S. 4.
Rosenthal, Gabriele (1995): Erlebte und erzählte Lebensgeschichte. Gestalt und Struktur biographischer Selbstbeschreibungen. Frankfurt am Main.
Rosenthal, Gabriele (1997): Traumatische Familienvergangenheiten. In: Rosenthal, Gabriele (Hrsg.): Der Holocaust im Leben von drei Generationen. Familien von Überlebenden der Shoah und von Nazi-Tätern. Giessen, S. 35–50.
Rosumek, Silke (1990): Sprachliche Rituale. Vertrauensbildende Maßnahmen in der Arzt-Patient-Kommunikation. In: Ehlich, Konrad, Koerfer, Armin, Redder, Angelika und Weingarten, Rüdiger (Hrsg.): Medizin und therapeutische Kommunikation. Diskursanalytische Untersuchungen. Opladen, S. 27–39.
Rückerl, Adalbert (1984): NS-Verbrechen vor Gericht. Heidelberg.

Saakvitne, Karen und Pearlman, Laurie A. (1996): Transforming the Pain. A Workbook on Vicarious Traumatization. New York, London.
Sachs, Albie (1993a): Reparation – political and psychological considerations. In: Psychoanalytic Psychotherapy in South Africa, (2), 14–27.
Sachs, Albie (1993b): Südafrikanische Farbenlehre. Black is beautiful, brown is beautiful, white is beautiful. In: Baiculescu, Michael und Becker, Joachim (Hrsg.): Kap der kleinen Hoffnung. Das Südliche Afrika nach der Apartheid. Wien, S. 202–207.
Sacks, Howard C. (1992): Lectures on Conversation. Vol. 1–2. Oxford.
Said, Edward (2004): Clash of Definitions. Kultur und Gegenkultur. In: Le monde diplomatique, deutsche Ausgabe, 10.9.04, S. 2.
Sartre, Jean-Paul (1981): Vorwort. In: Fanon, Frantz: Die Verdammten dieser Erde. Frankfurt am Main, S. 7–28.
Schlemmer, L. (1985): The role of Blacks in politics and change in South Africa. In: Van Vuuren, D. et al.: South Africa: A Plural Society in Transition. Durban, 395–413.
Schlink, Bernhard (1995): Der Vorleser. Zürich.
Schlink, Bernhard (1998): Die Bewältigung von Vergangenheit durch Recht. In: König, Helmut, Kohlstruck, Michael und Wöll, Andreas (Hrsg.): Vergangenheitsbewältigung am Ende des zwanzigsten Jahrhunderts. Leviathan – Zeitschrift für Sozialwissenschaft, Sonderheft 18. Opladen, Wiesbaden, S. 433–451.
Scholl-Latour, Peter (1986) : Mord am großen Fluß. Ein halbes Jahrhundert afrikanische Unabhängigkeit. Stuttgart.
Schwan, Gesine (1997): Politik und Schuld. Die zerstörerische Macht des Schweigens. Frankfurt am Main.
Schwikowski, Martina (2004): Ein Volk, viele Welten. Zehn Jahre Demokratie in Südafrika. In: taz, die tageszeitung, Ausgabe vom 26.4.04, S. 4–5.
Seibert, Thomas (1998): Südafrika im Übergang: Unvollendete Revolution, aufgeschobene Gerechtigkeit. In: medico international e.V. (Hrsg.): Der Preis der Versöhnung: Südafrikas Auseinandersetzung mit der Wahrheitskommission. Frankfurt am Main, S. 32–40.
Semelin, Jacques (2004): Kalkül und Wahn. Das Phänomen Völkermord. In: Le monde diplomatique, deutsche Ausgabe, April 2004, S. 3.
Senehi, Jessica (1996): Language, Culture and Conflict: Storytelling as a Matter of Life

and Death. In: Mind and Human Interaction, 7 (3): Trauma, Transmission, Transfiguration, 150–164.
Sepamla, Sydney Sipho (2004): Dasselbe, dasselbe. In: die horen – Zeitschrift für Literatur, Kunst und Kritik, 49. Jahrgang, Band 3/2004, Ausgabe 215, S. 176.
Shotter, John (1990): The Social Construction of Remembering and Forgetting. In: Middleton, David und Edwards, Derek (Hrsg.): Collective Remebering. London, 120–138.
Shriver, Donald W. (1995): An Ethic for Enemies. Forgiveness in Politics. New York, Oxford.
Sichrovsky, Peter (1992): Das generative Gedächtnis. Kinder der Opfer und Täter. In: Rauschenbach, Brigitte (Hrsg.): Erinnern, Wiederholen, Durcharbeiten. Zur Psycho-Analyse deutscher Wenden. Berlin, S. 132–138.
Silverman, David (1993): Interpreting Qualitative Data. Methods for Analysing Talk, Text and Interaction. London.
Simpson, Graeme (1996): South Africa's Truth and Reconciliation Commission. Johannesburg.
Simpson, Graeme (2002): ›Tell No Lies, Claim No Easy Victories‹: A Brief Evaluation of South Africa's Truth and Reconciliation Commission. In: Posel, Deborah und Simpson, Graeme (Hrsg.): Commissioning the Past: Understanding South Africa's Truth and Reconciliation Commission. Johannesburg, 220–251.
Simpson, Michael A. (1998): The Second Bullet. Transgenerational Impacts of the Trauma of Conflict within a South African and World Context. In: Danieli, Yael (Hrsg.): International Handbook of Mulitgenerational Legacies of Trauma. New York, 487–511.
Slovo, Gillian (2003): Roter Staub. Frankfurt am Main.
Soyinka, Wole (1999): The Burden of Memory, the Muse of Forgiveness. New York, Oxford.
Soyinka, Wole (2000): Im Namen der Versklavten. Die Kolonialmächte müssen den Afrikanern Reparationen für das erlittene Unrecht leisten. In: DIE ZEIT, Wochenzeitung, Ausgabe vom 15.6.2000, S. 59–60.
Spangenberg, Norbert (1997): Haus ohne Hüter. Fallstudien zu den unbewussten Determinanten politischer Radikalisierung in der zweiten Generation. In: psychosozial, 20. Jahrgang, Nr. 68, Heft II, Schwerpunktthema Generation, Unbewusstes und politische Kultur, S. 43–68.
Spangenberg, Norbert und Merk, Usche (1997a): Eine Reise ins Innere Südafrikas. Nichts als die Wahrheit? – Südafrikas Weg der Vergangenheitsbewältigung. In: medico international rundschreiben, Heft 3–4, 1997, S. 34–40.
Spangenberg, Norbert und Merk, Usche (1997b): Nichts als die Wahrheit? – Südafrikas Weg der Vergangenheitsbewältigung. Unveröffentlichtes Manuskript. medico international e.V. Frankfurt am Main.
Spangenberg, Norbert und Koop, Andrea (2001): »was hängenbleibt und was verschwindet...«. Linguistische Rekonstruktion des befangenen Umgangs zwischen jüdischen und nichtjüdischen Deutschen. In: Buber, R. und Zelger, J. (Hrsg.): GABEK II. Zur qualitativen Sozialforschung. Innsbruck, Wien, S. 447–464.
Sparks, Allister (1990): The Mind of South Africa. The Story of the Rise and Fall of Apartheid. London.
Sparks, Allister (1995): Tomorrow is Another country. The Inside Story of South Africa's Negotiated Revolution. London.

Steinke, Inka (1999): Kriterien qualitativer Forschung. Ansätze zur Bewertung qualitativ-empirischer Sozialforschung. Weinheim.
Straker, Gillian und das »Sanctuaries Counselling Team« (S.C.T.) (1990): Seelische Dauerbelastung als traumatisches Syndrom – Möglichkeiten des einmaligen therapeutischen Gesprächs. In: Psyche. Zeitschrift für Psychoanalyse und ihre Anwendungen, 43. Jg, Heft 2, S. 144–163.
Straker, Gillian, Mendelsohn, Michaela und Tudin, Pam (1995): The Effects of Diverse Forms of Political Violence on the Emotional and Moral Concerns of Youth. In: Adam, Hubertus et al.: Children – War and Persecution. Proceedings of the Congress, Hamburg, Sept. 26–29 1993. Osnabrück, S. 115–123.
Straub, Jürgen (1998): Psychoanalyse, Geschichte und Geschichtswissenschaft. Eine Einführung in systematischer Absicht. In: Rüsen, Jörn und Straub, Jürgen (Hrsg.): Die dunkle Spur der Vergangenheit. Psychoanalytische Zugänge zum Geschichtsbewußtsein. Erinnerung; Geschichte, Identität 2. Frankfurt am Main, S. 12–29.
Streeck, Ulrich (Hrsg.) (2000): Erinnern, Agieren und Inszenieren. Enactments und szenische Darstellungen im therapeutischen Prozeß. Göttingen.
Sühl, Klaus (Hrsg.) (1994): Vergangenheitsbewältigung 1945 und 1989: Ein unmöglicher Vergleich? Eine Diskussion. Berlin.
Sundermeier, Theo (1990): Kultur und Nationalismus im Rassenkonflikt Südafrikas. In: Assmann, Jan und Harth, Dietrich (Hrsg.): Kultur und Konflikt. Frankfurt am Main, S. 263–287.

Tampe, Evelyn (1992): Verbrechensopfer. Schutz, Beratung, Unterstützung. Stuttgart, München.
Terr, Lenore (1990): Too scared to cry. New York.
Theissen, Gunnar (1997): Between Acknowledgement and Ignorance: How white South Africans have Dealt with the Apartheid Past. A research report based on a CSVR-public opinion survey conducted in March 1996. Johannesburg.
Theissen, Gunnar (1998): Weiße Selbstbilder. Der Habitus des Verleugnens. In: medico international e.V. (Hrsg.): Der Preis der Versöhnung: Südafrikas Auseinandersetzung mit der Wahrheitskommission. Frankfurt am Main, S. 55–60.
Theissen, Gunnar (2002): Mehrere Wahrheiten: Die südafrikanische Wahrheits- und Versöhnungskommission im Spiegelbild von Meinungsumfragen. In: WeltTrends, Zeitschrift für internationale Politik und vergleichende Studien, 10. Jg., Nr. 37, S. 65–80.
Theissen, Gunnar (2004): Chancen und Grenzen von Wahrheitskommissionen: Das Beispiel Südafrika. Unveröffentlichtes Manuskript.
Thompson, Edward P. (1980): Plebeiische Kultur und moralische Ökonomie. Aufsätze zur englischen Sozialgeschichte des 18. und 19. Jahrhunderts. Frankfurt, Berlin, Wien.
Todorov, Tzevtan (2001): Vom guten und schlechten Gebrauch der Geschichte. Wider Banalisierung und Sakralisierung. In: le monde diplomatique, deutsche Ausgabe, April 2001, S. 14–15.
Trobisch-Lütge, Stefan (2004): Das späte Gift. Folgen politischer Traumatisierung in der DDR und ihre Behandlung. Giessen.
Truth and Reconciliation Commission (1996): Truth Talk. The official Newsletter of the Truth an Reconciliation Commission, vol. 1, no. 1, November 1996.
Truth and Reconciliation Commission (1997): Truth Talk. The official Newsletter of the Truth an Reconciliation Commission, vol. 3, no. 1, November 1997.

Truth and Reconciliation Commission (1998): Final Report of the Truth and Reconciliation Commission. Band 1–5. Cape Town.
Truth and Reconciliation Commission (2003): Final Report of the Truth and Reconciliation Commission of South Africa Report. Band 6–7. Cape Town.
Turner, Victor (1989): Vom Ritual zum Theater. Der Ernst des menschlichen Spiels. Frankfurt am Main.
Tutu, Desmond (1994): The Rainbow People of God: the Making of a Peaceful Revolution. Edited by John Allen. New York.
Tutu, Desmond (1999): No Future without Forgiveness. New York, London, Toronto.
Tutu, Desmond und Gauck, Joachim (1997): »Gott ist nicht neutral«. Desmond Tutu und Joachim Gauck über Vergangenheitsbewältigung, Schuld und Sühne. In: Süddeutsche Zeitung Magazin, 7.2.97, S. 16–21.

Ustinov, Peter (2004): »Unsere Zukunft hängt davon ab, wie viel wir vergessen dürfen und an was wir uns erinnern müssen.« In: BRIGITTE viva!-Beiheft: Menschen. 50 Jahre Gegenwart. Heft 12/2004, S.23.

Van Dijk, Teun A. (1987): Communicating Racism. Ethnic Prejudice in Thought and Talk. Newbury Park, Beverly Hills, London.
Van Wyk, Johan und Voice, Paul (1990): Afrikaans as symptom-formation: A Freudian reading of »Afrikaner« history. In: Psychology in society, 14, 17–27.
Verdoolaege, Annelies (2002a): The debate on truth and reconciliation: A survey of literature on the South African Truth and Reconciliation Commission. http://africana.rug.ac.be/texts/publications/Annelies.doc (3.2.2002)
Verdoolaege, Annelies (2002b): The Human Rights Violations Hearings of the South African TRC: a bridge between individual narratives of suffering and a contextualizing master-story of reconciliation. http://africana.rug.ac.be/texts/publications/Annelies/Violations.doc (3.2.2002)
Verheugen, Günter (1986): Apartheid. Südafrika und die deutschen Interessen am Kap. Köln.
Verwoerd, Wilhelm (1997): Justice after Apartheid? Reflections on the South African Truth and Reconciliation Commission. http://www.truth.org.za/reading/justice/htm (16.9.1997)
Villa-Vicencio, Charles und Verwoerd, Wilhelm (Hrsg.) (2000): Looking back, reaching forward: reflections on the Truth and Reconciliation Commission of South Africa. Cape Town.
Vogt, Rolf und Vogt Barbara (1997): Entlehnte Schuldgefühle der deutschen Nachkriegsgenerationen. In: Psyche. Zeitschrift für Psychoanalyse und ihre Anwendungen, 51. Jahrgang, Heft 6, S. 494–569.
Volkan, Vamik D. (1991): Psychological Processes in Unofficial Diplomacy Meetings. In: Volkan, Vamik D., Montville Joseph V. und Julius, Demetrios A. (Hrsg.): The Psychodynamics of International Relationships, vol. 2: Unofficial Diplomacy at Work. Lexington, 207–222.
Volkan, Vamik D. (1998): Traumatized Societies and Psychological Care: Expanding the Concept of Preventive Medicine. In: Danieli, Yael (Hrsg.): International Handbook of multigenerational legacies of trauma. New York, 177–194.
Volkan, Vamik D. (1999): Das Versagen der Diplomatie: zur Psychoanalyse nationaler, ethnischer und religiöser Konflikte. Giessen.

Volmerg, Birgit (1988): Die Merkmale sozialer Realität und die Regeln der Umgangssprache in ihrer Bedeutung für die Methodenkonstruktion. In: Leithäuser, Thomas und Volmerg, Birgit: Psychoanalyse in der Sozialforschung: eine Einführung am Beispiel einer Sozialpsychologie der Arbeit. Opladen, S. 119–130.
Von Wyl, Agnes (2000): Erzählen und Inszenieren. Zur narrativen Konfliktdarstellung von Patientinnen mit Essstörungen. In: Streeck, Ulrich (Hrsg.): Erinnern, Agieren und Inszenieren. Enactments und szenische Darstellungen im therapeutischen Prozeß. Göttingen, S. 178–199.

Wachsmuth, Iris (2006): Verpasste Chancen? Drei Generationen ost- und westdeutscher Familien. Lebensgeschichten im Spiegel des Nationalsozialismus. Dissertation am Fachbereich Soziologie, Freie Universität Berlin.
Wagner, Peter (1995): Soziologie der Moderne. Freiheit und Disziplin. Frankfurt am Main.
Wahrheits- und Versöhnungskommission Südafrika (2000): Das Schweigen gebrochen. »Out of the Shadows«. Geschichte – Anhörungen – Perspektiven. Frankfurt am Main.
Waldmeir, Patti (1997): Anatomy of a Miracle: The End of Apartheid and the Birth of the New South Africa. New York.
Walzer, Michael (1982): Gibt es den gerechten Krieg? Stuttgart.
Walzer, Michael (2001): »Ich bin ein Patriot«. Der US-Philosoph Michael Walzer über Gründe und Folgen des 11. September. Ein Interview. In: taz, die tageszeitung, 24./25.11.01, S. 16.
Weigel, Sigrid (1999): Telescopage im Unbewussten. Zum Verhältnis von Trauma, Geschichtsbegriff und Literatur. In: Bronfen, Elisabeth, Erdle, Birgit und Weigel, Sigrid (Hrsg.): Trauma: zwischen Psychoanalyse und kulturellem Deutungsmuster. Köln, S. 51–76.
Welzer, Harald (1997): Der Mythos von der unbewältigten Vergangenheit. Über ein Interpretament der Zeitzeugenforschung zum Nationalsozialismus. In: (ders.): Verweilen beim Grauen. Essays zum wissenschaftlichen Umgang mit dem Holocaust. Tübingen, S. 49–68.
Welzer, Harald (Hg.) (2001): Das soziale Gedächtnis. Geschichte, Erinnerung, Tradierung. Hamburg.
Welzer, Harald (2002): Das kommunikative Gedächtnis. Eine Theorie der Erinnerung. München.
Welzer, Harald (2005): Täter. Wie aus ganz normalen Menschen Massenmörder werden. Frankfurt am Main.
Welzer, Harald, Montau, Robert und Plaß, Christine (1997): »Was wir für böse Menschen sind!«. Der Nationalsozialismus im Gespräch zwischen den Generationen. Tübingen.
Werlen, Iwar (1984): Ritual und Sprache. Tübingen.
Wetherell, Margaret und Potter, Jonathan (1992): Mapping the Language of Racism. Discourse and the legitimation of exploitation. New York, London.
Wiese, Bernd (1999): Südafrika mit Lesotho und Swaziland. Perthes Länderprofile. Gotha und Stuttgart.
Wilkomirski, Binjamin (1995): Bruchstücke. Aus einer Kindheit 1939–1948. Frankfurt am Main.
Wilson, Richard (1996): The Siszwe Will Not Go Away. The Truth an Reconciliation Commission, Human Rights and Nation-building in South Africa. In: African Studies, (55), 2, 1–20.

Wimmer, Claudia (2004): Südafrika: Zehn Jahre Demokratie und Freiheit. In: Solidarische Welt – Zeitschrift der Aktionsgemeinschaft Solidarische Welt e.V., Heft 187, S. 8–10.
Winnicott, Donald W. (1983): Von der Kinderheilkunde zur Psychoanalyse. Frankfurt am Main.
Winnicott, Donald W. (1987): Vom Spiel zur Kreativität. Stuttgart.
Winnicott, Donald W. (1990): Der Anfang ist unsere Heimat. Stuttgart.
Winslow, Tom (1997): Reconciliation: The Road to Healing? Collectice good, individual harm? In: Track Two. Constructive Approaches to Community and Political Conflict, 6 (3–4), 24–42.
Wittstock, Bernadette, Rozental, Lydia, Shuda, Suzanne und Makgatho, Gloria (1992): Links between rituals, ecologies of ideas, health and illness. In: From Diversity to Healing. Papers from the 5th Biennal Internationl Conference of the South African Institute of Marital and Family Therapy. Durban, 117–127.
Wodak, Ruth, Nowak, Peter, Pelikan, Johanna, Gruber, Helmut, de Cillia, Rudolf und Mitten, Richard (1990): »Wir sind alle unschuldige Täter!«: diskurshistorische Studien zum Nachkriegsantisemitismus. Frankfurt am Main.
Wollny, Anja (2004): Exkursion in eine geteilte Stadt. Die Geschichte der Apartheid und die Gegenwart der Ausgrenzung. In: medico international Rundschreiben, Heft 4, S. 10–14.
Wüstenberg, Ralf K. (2004): Die politische Dimension der Versöhnung. Eine theologische Studie zum Umgang mit Schuld nach den Systemumbrüchen in Südafrika und Deutschland. Gütersloh.

Zimmermann, Stefan (1997): Strafrechtliche Vergangenheitsaufarbeitung und Verjährung. Rechtsdogmatische und politische Analyse mit vergleichenden Ausblicken nach Tschechien, Ungarn und Frankreich. Freiburg im Breisgau.
Zulueta, Felicity de (1993): From Pain to Violence. The traumatic roots of destructiveness. London.

Filmisches Material

Boormann, John (2003): Country of my skull. Großbritannien.
van Gasteren, Louis (2003): Der Preis des Überlebens. Niederlande.
van In, Andre (1999): La commission de la verite. Deutsch: Die Wahrheitskommission. Frankreich.
Mathabane, Khalo (2004): Stories of a beautiful country. Südafrika.
Reid, Frances und Hoffmann, Deborah (2000): Long Nights' Journey into Day. Deutsch: Der lange Weg zur Freiheit. USA.

2005 · 344 Seiten · Broschur
EUR (D) 19,90 · SFr 34,90
ISBN 978-3-89806-389-0

2006 · 288 Seiten · gebunden
EUR (D) 19,90 · SFr 34,90
ISBN 978-3-89806-570-2

Horst-Eberhard Richter beschreibt die moderne westliche Zivilisation als psychosoziale Störung. Er analysiert die Flucht aus mittelalterlicher Ohnmacht in den Anspruch auf egozentrische gottgleiche Allmacht. Anhand der Geschichte der neueren Philosophie und zahlreicher sozio-kultureller Phänomene verfolgt er den Weg des angstgetriebenen Machtwillens und der Krankheit, nicht mehr leiden zu können. Die Überwindung des Gotteskomplex wird zur Überlebensfragen der Gesellschaft und des modernen Menschen.

Richters bahnbrechendes Werk neu aufgelegt und angesichts der ökonomischen Krisen und der Zunahme terroristischer Gewalt in der westlichen Gesellschaft aktuell wie nie zuvor.

Horst-Eberhard Richter, einer der bedeutendsten Psychoanalytiker und Sozialphilosophen der Gegenwart, untersucht das Schwinden von Menschlichkeit im Rausch der wissenschaftlich-technischen Revolution. Von den erfolgreich konkurrierenden Frauen eingeholt, müssten die Männer ihrerseits mehr psychologische Weiblichkeit entwickeln, um den Ausfall an sozialen Bindungskräften wettzumachen und um zu verhindern, dass sich die Armutskluft und die Komplizenschaft von fundamentalistischem Terror und kriegerischer Gegengewalt nicht verewigen.

Eine brillante Weiterentwicklung seiner Thesen aus »Der Gotteskomplex« (1979).

Psychosozial-Verlag

Goethestr. 29 · 35390 Gießen · Tel. 0641/9716903 · Fax 77742
bestellung@psychosozial-verlag.de
www.psychosozial-verlag.de

2004 • 251 Seiten • Broschur
EUR (D) 19,90 • SFr 34,90
ISBN 978-3-89806-933-5 • 3-89806-933-8

2004 • 314 Seiten · Broschur
EUR (D) 19,90 • SFr 34,90
ISBN 978-3-89806-932-8 • 3-89806-932-X

Jean Hatzfeld hat Überlebende der Massaker im April/Mai 1994 in Ruanda interviewt. Die Berichte geben tiefe Einblicke in die Traumatisierungen und Bewältigungsstrategien der Überlebenden. Zusammen mit den informativen Berichten Jean Hatzfelds über die politischen und gesellschaftlichen Hintergründe zeichnet dieses Buch ein eindringliches Bild des Völkermordes, der bis heute nicht aufgearbeitet ist.

In diesem Buch befragt Jean Hatzfeld die Täter des Völkermordes in Ruanda. Er versucht zu verstehen, warum ganz normale Bauern scheinbar plötzlich ihre Nachbarn mit Macheten und Knüppeln brutal ermordeten. Dieses einmalige Zeugnis gibt aufschlussreiche Einblicke in die Denkweisen und Verleugnungsstrategien der Täter.

In seinem Nachwort analysiert Hans-Jürgen Wirth die individuellen und kollektiven psychosozialen Prozesse, die diese Verbrechen möglich machten.

Psychosozial-Verlag

Goethestr. 29 · 35390 Gießen · Tel. 06 41/9716903 · Fax 77742
bestellung@psychosozial-verlag.de
www.psychosozial-verlag.de